Kelm (Hrsg.)
USB 2.0

Professional Series

Dipl.-Ing. Udo Eberhardt, Dr. Günter Hildebrandt,
Dipl.-Ing. Hans Joachim Kelm (Hrsg.),
Dipl.-Ing. Maik Otto, Dr. Karsten Pahnke
Dipl.-Ing. Frank Senf, Dipl.-Ing. Siegbert Schaufelberger,
Dipl.-Ing Stefan Schulze, Dipl.-Ing. Detlef Sommer

USB 2.0

Datendienste – Function – Hub – Host – Errorhandling – Powermanagement – USB-Treiber – USB-Bausteine – USB-Applikationen – Test & Analyse

Miit 180 Abbildungen

Franzis'

Die Deutsche Bibliothek – CIP-Einheitsaufnahme

Ein Titelsatz für diese Publikation
ist bei der Deutschen Bibliothek erhältlich

© 2001 Franzis' Verlag GmbH, 85586 Poing

Alle Rechte vorbehalten, auch die der fotomechanischen Wiedergabe und der Speicherung in elektronischen Medien.
Die meisten Produktbezeichnungen von Hard- und Software sowie Firmennamen und Firmenlogos, die in diesem Werk genannt werden, sind in der Regel gleichzeitig auch eingetragene Warenzeichen und sollten als solche betrachtet werden. Der Verlag folgt bei den Produktbezeichnungen im wesentlichen den Schreibweisen der Hersteller.

Satz: DTP-Satz Kugge, 80634 München
Druck und Bindung: Kösel, Kempten (www.KoeselBuch.de)
Printed in Germany - Imprimé en Allemagne.

ISBN 3-7723-7965-6

Vorwort

Der Erfolg des vorliegenden Buches liegt in seiner praktischen Anwendbarkeit begründet.

Zum einen haben es die Autoren verstanden, aus der Flut von Informationen, die sich aus der recht komplexen USB 2.0-Spezifikation und den dazu korrespondierenden Dokumenten ergeben, diejenigen herauszuheben, die für jeden Entwickler wichtig sind. Möglich wurde dies durch die umfassenden praktischen Erfahrungen der Autoren, die sie aus vielen aktuellen Entwicklungen, aber auch im Dialog mit dem Leser, insbesondere während der Durchführung von Workshops und Seminaren, sammeln konnten.

Zum anderen hat der USB besonders in den letzten drei Jahren eine stürmische Verbreitung gefunden und ist heute in jedem ausgelieferten PC zu entdecken. Es gibt kaum einen Anwendungsfall für technische Geräte, der dem PC verschlossen bleibt.

Die weitere Entwicklung wird von beiden Seiten vorangetrieben. In letzter Zeit fordert die Anwendung multimedialer Komponenten ständig neue und erweiterte Leistungen von der Hard- und Software. Hiervon sind besonders professionelle Lösungen in den Bereichen Desktop-Publishing, Messtechnik, Medizintechnik oder Lösungen für den Handel, beispielsweise Point-of-Sales-Systeme, betroffen. Des Weiteren dürfen die vielfältigen Möglichkeiten des PCs für Audio- und Videoanwendungen nicht vergessen werden. In allen diesen Anwendungsfällen sind die schnelle Datenübertragung größer 200 MBit/s und eine einfache und sichere Handhabung erfolgsbestimmende Elemente. Mit der neuen, wesentlich erweiterten USB 2.0-Spezifikation wird dem Anwender ein Datenübertragungsmedium an die Hand gegeben, welches vollständig kompatibel an die Vorteile der bisherigen USB-Spezifikationen anknüpft und in eine Richtung erweitert wurde, die es interessant und zukunftssicher für alle oben genannten Anwendungsbereiche macht.

Ein Ziel der USB 2.0-Spezifikation ist es, dass alle bestehenden USB-Lösungen auch in USB 2.0-Bussen eingesetzt werden können und dem Benutzer wie bisher den gewohnten einfachen und sicheren Umgang ermöglichen. Hierfür waren jedoch sehr komplexe Erweiterungen in einigen Festlegungen zum Protokoll, der Signalisierung und im Physical- und Link-Layer erforderlich. Die Komplexität entsprechender Bausteine, insbesondere für die Hubs, hat um den Faktor drei zugenommen. Dies ist sicherlich ein Grund dafür, dass zur Zeit nur wenige USB 2.0-fähige Bausteine und noch keine funktionierenden Hubs verfügbar sind – aber bei einigen Herstellern wird intensiv daran gearbeitet.

Die strenge Auf- und Abwärtskompatibilität des USB 2.0 hat die Autoren veranlasst, das bisherige Konzept des USB-Buches beizubehalten und nur an den Stellen zu ergänzen, an denen der USB 2.0 über die Spezifizierung des USB 1.1 hinausgeht. Besonders dem Leser mit entsprechenden Vorkenntnissen wird der Zugang zum USB 2.0 erleichtert, da regelmäßig ein Bezug zum USB 1.1 hergestellt wird. Hierdurch wird es dem Leser möglich, vollständig an sein Wissen anzuknüpfen, um sich auf die neuen Eigenschaften des USB 2.0 zu konzentrieren. Vergleichende Betrachtungen unterstützen die Aneignung des neuen Wissens.

Dem Leser liegt hiermit ein neues Buch vor, das in wesentlichen Teilen über die Darstellungen der vorangegangenen Ausgaben hinausgeht. Dies ermöglicht eine umfassende und gründliche Einarbeitung in die USB-Spezifikationen bis zur Revision 2.0 und erleichtert die Anwendung für die Entwicklung von Geräten.

Ilmenau den 6.6.2001

Inhaltsverzeichnis

1	**Einführung**	15
	1.1 USB im Überblick	15
	1.1.1 USB aus der Sicht des PC-Nutzers	15
	1.1.2 USB aus der Sicht des Entwicklers	18
	1.1.3 Einordnung	20
	1.1.4 Eigenschaften des USB	21
	1.2 Architektur	24
	1.2.1 USB-Hardware-Architektur	24
	1.2.2 USB-Software-Architektur	31
	1.2.3 USB-Kommunikationsmodell	32
	1.2.4 Geräte-Deskriptoren	34
	1.3 Anwendungsbeispiele	36
	1.3.1 USB und der Markt	36
	1.3.2 USB-Peripheriegeräte	37
	1.3.3 Betriebssysteme	38
	1.4 Standard und Informationen	39
	1.4.1 USB-Implementers-Forum	39
	1.4.2 Internet	39
2	**Grundlagen**	41
	2.1 USB-Topologie	41
	2.1.1 Einteilung der USB-Geräte	42
	2.1.2 Datentransfer zwischen Host und Functions	43
	2.1.3 Datentransfer zwischen Functions	43
	2.2 Kabel und Stecker	44
	2.2.1 Aufbau des Kabels	44
	2.2.2 USB-Steckverbindungen	45
	2.3 Elektrisches Interface und Low-Level-Protokoll (USB 1.1)	47
	2.3.1 Signal-Pegel und Slew-Rate-Begrenzung	47
	2.3.2 Connect- und Disconnect-Erkennung	48
	2.3.3 Buszustände in der USB 1.1-Spezifikation	50
	2.3.4 Elektrisches Interface	51
	2.3.5 Low-Level-Datencodierung	54
	2.3.6 High-Speed-Interface (USB 2.0)	55
	2.4 Transferarten	57
	2.4.1 Pipe- und Endpoint-Konzept	57
	2.4.2 Control-Transfer	60

2.4.3	Interrupt-Transfer	60
2.4.4	Bulk-Transfer	61
2.4.5	Isochronous-Transfer	61
2.4.6	Zusammenfassung und Bandbreitenabschätzung	63
2.5	USB-Token-Packets	64
2.5.1	Framework	64
2.5.2	Token-Packets	67
2.5.3	Data-Packets	69
2.5.4	Handshake-Packets	70
2.5.5	Special Packets	70
2.5.6	Quasistatische Ereignisse	72
2.6	Datentransfer über USB	76
2.6.1	Phasen einer USB-Transaktion	76
2.6.2	IN-Transaktion über Stream-Pipes	76
2.6.3	OUT-Transaktionen über Stream-Pipes	78
2.6.4	Flusskontrolle mittels PING und NYET	79
2.6.5	SETUP-Transaktion über Message-Pipes	81
2.7	Fehlerbehandlung auf Protokollebene	83
2.7.1	Paketfehler	83
2.7.2	Time-Out-Fehler	85
2.7.3	Falsche EOPs	85
2.7.4	Fehlerbehandlung	86
2.7.5	Data-Toggle-Mechanismus	87
2.7.6	Data-Toggle-Mechanismus bei Control-Transfer	93
2.7.7	Besonderheiten bei Isochronous-Transfer	95
2.8	Standarddeskriptoren	96
2.8.1	Hierarchiekonzept der Deskriptoren	96
2.8.2	Device-Descriptor	98
2.8.3	Configuration-Descriptor	99
2.8.4	Interface-Descriptor	101
2.8.5	Endpoint-Descriptor	102
2.8.6	String-Deskriptoren	105
2.8.7	Device-Qualifier-Descriptor	105
2.8.8	Other-Speed-Configuration-Descriptor	106
2.9	Standard-Device-Requests	107
2.9.1	Allgemeines zu USB-Device-Requests	107
2.9.2	GetStatus	108
2.9.3	SetFeature / ClearFeature	109
2.9.4	SetAddress	110
2.9.5	GetDescriptor	111
2.9.6	SetDescriptor	111
2.9.7	GetConfiguration	112
2.9.8	SetConfiguration	112
2.9.9	GetInterface	113
2.9.10	SetInterface	113

2.9.11	SynchFrame	113
2.10	Enumeration	114
2.10.1	Aufgaben der Enumeration	114
2.10.2	Genereller Ablauf	114
2.10.3	Enumeration eines gesamten USB-Baumes	120

3 Hub 123

3.1	Architektur	123
3.1.1	Hub-Controller	124
3.1.2	Hub-Repeater	124
3.1.3	Transaction-Translator	124
3.1.4	Routing-Logik	124
3.2	Hub-Ports	125
3.2.1	Downstream-Ports	125
3.2.2	Upstream-Port	129
3.2.3	Port-Indikatoren	133
3.3	Split-Transaktionen	134
3.3.1	OUT Split-Transaktion	135
3.3.2	IN Split-Transaktion	136
3.4	Endpoint-Organisation	137
3.4.1	Konfiguration	137
3.4.2	Interrupt-Generierung und -Behandlung	138
3.5	Suspend und Resume	139
3.5.1	Globales Suspend und Resume	140
3.5.2	Selektives Suspend und Resume	141
3.5.3	Suspend- und Resume-Verhalten im High-Speed-Modus	141
3.6	Reset-Verhalten	142
3.7	Behandlung von Busfehlern	142
3.7.1	Frame/Microframe-Synchronisation im Hub	142
3.7.2	Verhalten des Repeater am Ende eines Frame	144
3.8	Low-Speed-Verhalten	145
3.8.1	Full-Speed-Modus	145
3.8.2	High-Speed-Modus	147
3.9	Hub-Power-Management	147
3.9.1	Self-Powered-Hubs	147
3.9.2	Bus-Powered-Hubs	148
3.9.3	Erlaubter Spannungsabfall	149
3.10	Hub-Deskriptoren	150
3.10.1	Standard-Deskriptoren	150
3.10.2	Klassenspezifische Deskriptoren	152
3.11	Hub-Requests	154
3.11.1	Standard-Requests	154
3.11.2	Klassenspezifische Requests	155
3.12	Hub-Register	160
3.12.1	Hub-Status-Register *wHubStatus*	160

	3.12.2	Hub-Status-Change-Register *wHubChange*	161
	3.12.3	Port-Status-Register *wPortStatus*	162
	3.12.4	Port-Status-Change-Register *wPortChange*	163

4 USB Host-Controller 165
    4.1   Einführung 165
    4.2   Universal-Host-Controller-Interface (UHCI) 166
    4.2.1 Übertragungsreihenfolge 166
    4.2.2 Frame-Listen 166
    4.2.3 Transfer-Mechanismus 167
    4.2.4 Transfer-Deskriptoren 168
    4.2.5 Queue-Heads 171
    4.2.6 Register 172
    4.3   Open-Host-Controller-Interface (OHCI) 173
    4.3.1 Übertragungsreihenfolge 173
    4.3.2 Transfer-Mechanismus 174
    4.3.3 Endpoint-Deskriptoren 178
    4.3.4 Transfer-Deskriptoren 180
    4.3.5 OHCI-Register 184
    4.4   Enhanced-Host-Controller-Interface (EHCI) 185
    4.4.1 Architektur 185
    4.4.2 Host-Controller-Routing-Strategie 186
    4.4.3 Datenstrukturen 187
    4.4.4 Testbarkeit und Kompatibilität 187

5 USB-Klassen 189
    5.1   Vorteile der Festlegung von USB-Klassen 189
    5.2   Entwurfsprozess und Versionsnumerierung 190
    5.3   Allgemeine Klassenspezifikation (USB Common Class) 190
    5.3.1 Lokalisierung von USB-Treibern 190
    5.3.2 Klassen- und herstellerspezifische Deskriptoren und Requests ... 191
    5.3.3 Format von Klassenspezifikationen 192
    5.4   Human-Interface-Device-Class 194
    5.4.1 Grundlagen 194
    5.4.2 Deskriptoren 195
    5.4.3 Requests 197
    5.5   Audio-Device-Class 197
    5.5.1 Grundlagen 197
    5.5.2 Synchronisation 198
    5.5.3 Deskriptoren 198
    5.5.4 Requests 199
    5.6   Communication-Device-Class 199
    5.6.1 Grundlagen 199
    5.6.2 Communication-Interface-Class 199
    5.6.3 Data-Interface-Class 200

5.6.4	Deskriptoren		201
5.6.5	Requests		201
5.7	Printer-Device-Class		201
5.7.1	Grundlagen		201
5.7.2	Deskriptoren		202
5.7.3	Requests		203
5.8	Mass-Storage-Device-Class		204
5.8.1	Grundlagen		204
5.8.2	Unterklassen und Protokolle		205
5.8.3	Deskriptoren		206
5.8.4	Requests		207
5.9	Monitor-Control-Device-Class		207
5.10	Power-Device-Class		208
5.11	IrDA-Bridge-Device-Class		208
5.12	Legacy-Spezifikation		209
5.13	MIDI-Device-Class		210

6 Win32-Driver-Model WDM 213

6.1	Einführung		213
6.1.1	Windows-Gerätetreiber		213
6.1.2	Das WDM-Konzept		214
6.2	Grundlegende Konzepte des Win32-Driver-Model		216
6.2.1	Allgemeiner Aufbau		217
6.2.2	Virtueller Speicher		218
6.2.3	I/O-System		219
6.3	Multitasking		226
6.3.1	Prozesse und Threads		226
6.3.2	Interrupt-Bearbeitung		228
6.3.3	Codesynchronisation		229
6.4	Plug&Play		230
6.5	Power-Management		232
6.6	Tools zur Treiberentwicklung		234
6.6.1	Erzeugen von Gerätetreibern		234
6.6.2	Kernel-Debugging		235

7 USB-Treiber 237

7.1	Ebenen des USB-Treibermodells		237
7.1.1	USB-Host-Software		238
7.1.2	Gerätetreiber		240
7.2	Lokalisieren von USB-Gerätetreibern		241
7.3	Datenmodell URB		242
7.4	Schnittstelle des USB-Bustreibers USBD		244
7.4.1	Aufruf des USBD		245
7.4.2	Übergabeparameter		246
7.5	Aufgaben eines Toplevel-USB-Treibers		248

7.5.1	Haupteinstiegspunkte		248
7.5.2	Plug&Play		250
7.5.3	Power-Management		255
7.5.4	Datentransport		255
7.5.5	Schnittstellen zur Applikation		256
7.6	Klassentreiber		257
7.6.1	Geräteklassen aus Betriebssystemsicht		257
7.6.2	HID-Treiber		257

8 USB-Bausteine 261

8.1	Allgemeiner Aufbau	261
8.1.1	USB-I/O-Transceiver (USB 1.1)	262
8.1.2	Serial-Interface-Engine (SIE)	262
8.1.3	SIE/FIFO-Control-Einheit	263
8.1.4	FIFO	263
8.1.5	Mikrocontroller/State-Machine	263
8.2	USB-I/O-Treiberbausteine	264
8.3	USB-Interface-Bausteine	265
8.4	Mikrocontroller	268
8.5	Applikationsspezifische USB-Bausteine	272
8.6	Hub-Bausteine	273
8.7	Bausteine für das Power-Management	276
8.8	Bausteine für den ESD-Schutz	278
8.9	Übersicht – Anbieter von USB-Bausteinen	278

9 USB-Firmware 281

9.1	Aufgaben der Firmware	281
9.2	USB-Bridge- und Controller-Lösungen	281
9.2.1	Controller mit integriertem USB-Interface	281
9.2.2	USB-Bridge-Lösungen	283
9.3	Compound- und Composite-Geräte	286
9.3.1	Compound-Geräte	286
9.3.2	Composite-Geräte	287
9.4	Gerätekonzeption	288
9.4.1	High-, Full- oder Low-Speed	288
9.4.2	USB-Bridge- oder Controller-Lösung	288
9.4.3	Abschätzung der Busbandbreite, Auswahl der Transferart	289
9.4.4	Nutzung von USB-Klassen	291
9.4.5	Endpoint-Verwaltung	291
9.4.6	Power-Management	292
9.4.7	Entwurfsbeispiel	294
9.5	Behandlung von Standard-Device-Requests	300
9.5.1	Zustände eines Geräts aus Sicht der Firmware	300
9.5.2	Initialisierung der USB-Funktionalität	301
9.5.3	SETUP-Token über EP0	302

9.5.4	IN-Token über EP0	304
9.5.5	OUT-Token über EP0	306
9.5.6	Reaktionen auf Standard-Requests	307
9.5.7	Datentransfer über Stream-Pipes	311
9.5.8	Noch einige Tipps	313

10 Test- und Analysegeräte 315

10.1	Einsatz von Test- und Prüfgeräten	315
10.2	USB 1.1-Analysator	316
10.2.1	Triggermöglichkeiten	317
10.2.2	Suchoptionen	320
10.2.3	Darstellungsoptionen	321
10.2.4	Statistische Anzeige	322
10.2.5	Arbeit mit Files	323
10.2.6	Tips zur Fehlersuche	323
10.3	USB 2.0-Analyser	324
10.4	Debug der Mikrocontroller-Firmware	327
10.4.1	Software-Simulator	327
10.4.2	Rom-Monitor	327
10.4.3	In-Circuit-Emulator (ICE)	328
10.4.4	Übersicht zum Entwicklungszyklus einer 8051 Firmware	329
10.4.5	Debug der C541 Firmware mit Hilfe des AX51	329
10.4.6	Spezielle Unterstützung für USB-Controller (SFR-Fenster)	335
10.4.7	Performance-Messungen und Testabdeckungsanalyse	338
10.5	Weitere Testgeräte	339
10.5.1	Logikanalysator	339
10.5.2	USB-Generator	339
10.6	Prüfprogramme	342
10.6.1	usbcheck.exe	342
10.6.2	hidview.exe	345

11 Glossar 347

12 Literatur 355

Stichwortverzeichnis 357

1 Einführung

Viele PCs verwenden heute noch Konzepte für den Anschluss von Peripheriekomponenten, die aus den Anfängen der PC-Technik stammen. Diese Lösungen resultieren aus dem Originalentwurf des IBM-PCs aus den frühen 80er Jahren. Die Konzepte bzw. deren Implementation haben viele Nachteile, die sowohl Entwickler als auch Anwender von PC-Technik oft verzweifeln lassen. In den folgenden Kapiteln werden diese Nachteile beleuchtet und ihre Überwindung durch ein modernes Konzept, den USB oder auch *Universal-Serial-Bus*, dargestellt.

1.1 USB im Überblick

USB entstand aus dem Bedarf heraus, Probleme durch einen neuen modernen Ansatz zu lösen, die sich aus dem klassischen Konzept des Anschlusses von Peripheriekomponenten an den PC ergeben, wie Kosten, Handling und Erweiterbarkeit. Der USB stellt heute bereits eine Methode dar, welche

- die Kosten reduziert,
- den Anschluss und die Konfiguration für den Nutzer vereinfacht und
- viele technische Probleme, die aus dem ursprünglichen Konzept resultieren, löst.

1.1.1 USB aus der Sicht des PC-Nutzers

Die Probleme des Endanwenders bilden den Kern des neuen Ansatzes. Sowohl die Problemsituationen als auch deren Lösung mittels USB werden im Weiteren vorgestellt:

Kabelsalat

Jedes Peripheriegerät wie Tastatur, Maus, Drucker, Modem, externes Backup-Medium etc. hat ein spezielles Kabel bzw. einen speziellen Stecker. Zusätzlich muss dabei üblicherweise auf die Richtung der Verbindung geachtet werden. Beim ersten Blick auf die Rückseite eines PCs sind viele Nutzer bereits überfordert. Welches Kabel gehört wohin?

Bild 1.1: Rückseite eines typischen PCs ohne USB

USB räumt mit diesem Kabelsalat auf und stellt **ein** Kabel mit eindeutig unterscheidbaren Steckern für jede Richtung zur Verfügung.

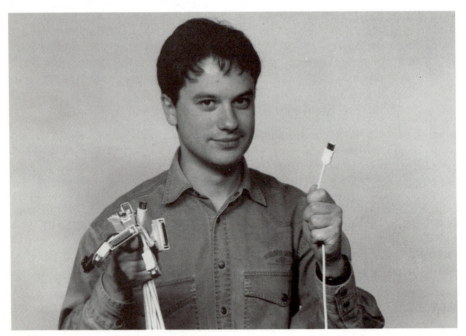

Bild 1.2: USB ersetzt Kabelsalat

Erweiterbarkeit

An den heutigen PC sind üblicherweise nicht nur Tastatur und Maus angeschlossen. In der Büroumgebung kommen neben Drucker und lokalem Netzwerk weitere Geräte wie Scanner,

Kopierer, Fax oder Modem hinzu. In mittleren oder größeren Firmennetzen werden diese Geräte häufig zentral zur Verfügung gestellt und können von mehreren Nutzern verwendet werden, die sich um deren Anschluss und Installation nicht kümmern müssen. Im typischen Home-Office reichen die Standardschnittstellen jedoch nicht aus, wenn der PC z.B. zusätzlich an die Telefonanlage angeschlossen werden soll oder ähnliche Aufgaben wahrnehmen muss. Ein modernes Anschlusskonzept für die Peripherie sollte an die Bedürfnisse des Nutzers anpassbar, d.h. skalierbar sein.

Ähnliche Probleme ergeben sich, wenn die Möglichkeiten moderner multimedialer Visionen ergründet werden. Neben kraftrückgekoppelten Spielknüppeln müssen dann auch Datenhandschuhe, 3-D-Brille und Ähnliches angeschlossen werden, doch wo bitte sind die freien Anschlüsse?

Weitere Beispiele aus verschiedenen Anwendungsbereichen lassen sich finden. So werden PCs im Kassenbereich (POS-Point Of Sales) heute bereits mit 5 und mehr seriellen Schnittstellen versehen, um alle erforderlichen Geräte von Kundendisplay bis Barcode-Leser anschließen zu können. USB bietet für viele praktische Anwendungsfälle eine nahezu unbeschränkte Anzahl anschließbarer Geräte und stellt somit eine elegante und kostengünstige Alternative dar.

Einbau und Konfiguration von Erweiterungskarten

Einige Peripheriegeräte erfordern zusätzliche Erweiterungskarten. So wird zu einem Scanner meist eine SCSI-Karte mitgeliefert. Aber warum soll sich der Nutzer mit dem Setzen von Jumpern, der Konfiguration von Interrupts und dem Zerlegen und Zusammensetzen des PCs beschäftigen, wenn er doch eigentlich nur Bilder bearbeiten will?

Nicht allein die Notwendigkeit, unter den Schreibtisch zu kriechen und den Tower hervorzuziehen (natürlich mussten vorher diverse Kabel abgezogen werden), sondern auch der Einbau und die Konfiguration der Erweiterungskarte frustrieren nicht nur Neulinge auf diesem Gebiet. Nachdem die Karte gesteckt ist, schraubt man das Gehäuse natürlich **nicht** zu, sondern probiert erst einmal, ob sich der Rechner überhaupt noch starten lässt, da man jeden unbegründeten Optimismus verloren hat. Wo liegen eigentlich die Schrauben vom PC-Gehäuse?

Trotz PCI, automatischer Geräteerkennung usw. steckt der Teufel oft im Detail. Statt der in der Beschreibung erwähnten 3 Disketten liegt eine CD im Karton, die weder eine SETUP.EXE im Wurzelverzeichnis hat, noch ist deren Verzeichnisstruktur zu entnehmen, wie die Aussagen der Installationsbeschreibung zu interpretieren sind...

Der USB bietet auf Grund seiner Eigenschaften, wie Übertragungsgeschwindigkeit und der relativ großen Anzahl anschließbarer Geräte sowie Hot-Plug-and-Play einen Ausweg aus diesem Dilemma. An einen USB-PC kann eine Vielzahl von Peripheriegeräten ohne einen Eingriff in das Gerät durch den Nutzer angeschlossen werden. Durch die entsprechenden Vorkehrungen im Betriebssystem vereinfacht sich zudem dessen Konfiguration entscheidend.

Anschluss im laufenden Betrieb

Haben Sie schon einmal vergessen, Ihre Maus an den Laptop anzuschließen, bevor Sie ihn angeschaltet haben (oder mögen Sie das *Touch-Pad* wirklich)? Nachdem das System endlich bereit ist, ist es schon wieder Zeit für einen Neustart, denn da die angeschlossenen Komponenten üblicherweise durch das Betriebssystem überprüft werden, sind die meisten Peripheriegeräte nach einem verspäteten Anschließen nicht ohne einen Neustart benutzbar.

USB bietet, unterstützt durch moderne Betriebssysteme, ein so genanntes Hot-Plug-and-Play. Im laufenden Betrieb angeschlossene Geräte werden erkannt und die zu deren Betrieb erforderliche Software (Treiber) wird durch das Betriebssystem selbstständig installiert. Für eine Vielzahl von Geräten werden die entsprechenden Treiber zum Betriebssystem bereits mitgeliefert. Besondere Treiber für Spezialgeräte sind über einen definierten Vorgang nachladbar. In keinem Fall muss der Nutzer eingreifen, um sicherzustellen, dass es keine Ressourcenkonflikte (I/O, Interrupts usw.) gibt.

Genauso wie das Anschließen von Geräten während des laufenden Betriebs funktioniert deren Entfernen problemlos. Die entsprechenden Gerätetreiber werden vom Betriebssystem automatisch aus dem Speicher entfernt.

Kompatibilität

Die Unterstützung moderner Hardware durch »klassische« Software ist ein wesentlicher Bestandteil des USB-Konzepts (auch *Legacy-Support* genannt). Hierunter wird die Unterstützung von USB-Tastatur und USB-Maus durch das BIOS-Setup oder durch MS-DOS-Applikationen verstanden.

Kosten

Die Kosten konventioneller Peripheriekomponenten werden wesentlich durch die relativ aufwendigen Steckverbinder und Kabel beeinflusst. Sind darüber hinaus spezielle Einsteckkarten erforderlich, steigen die Kosten noch einmal.

Der USB ermöglicht die Reduzierung der Gesamtbetriebskosten für moderne PC-Systeme (auch als *Total-Cost-of-Ownership* bezeichnet). Es ist wesentlich weniger Aufwand für die Systemadministration erforderlich, der üblicherweise mit dem Anschluss eines neuen Geräts verbunden ist. Auf Grund der USB-Eigenschaft Hot-Plug-and-Play kommt der durchschnittliche Anwender häufiger ohne den Systemadministrator aus.

1.1.2   USB aus der Sicht des Entwicklers

USB bietet jedoch nicht nur Vorteile für den Endanwender, sondern auch für den Hardware-, Firmware- und Software-Entwickler.

Im klassischen Ein-/Ausgabe-Konzept wurden die Peripheriegeräte in den I/O-Adressraum der CPU eingeblendet und besonderen Interrupt-Leitungen (IRQ) zugeordnet. Teilweise wurden auch DMA-Kanäle verwendet. Die Systemressourcen wurden durch IBM und später auch durch andere Hersteller speziellen Geräten zugeordnet.

So etablierten sich zwischenzeitlich bestimmte I/O-Adressen, IRQs und DMA-Kanäle, auf die sich die Softwareentwickler üblicherweise beziehen konnten. Mit der schrittweisen Erweiterung des Spektrums an Peripheriekomponenten und dem damit in Zusammenhang stehenden stetig zunehmenden Ressourcenbedarf wird die konfliktfreie Konfiguration jedoch immer mehr zu einer Glückssache.

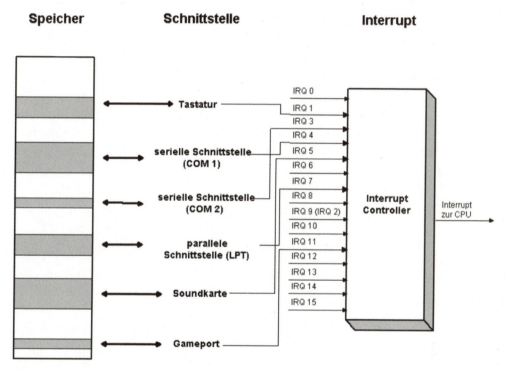

Bild 1.3: Zuordnung von Systemressourcen im klassischen PC

Interrupts

Interrupt-Leitungen sind die problematischste Systemressoure in einem konventionellen PC. Das trifft insbesondere auf ISA-Bus-Architekturen zu. Bestimme IRQs sind besonderen Geräten vorbehalten, andere hingegen können beliebig belegt werden.

I/O-Adressen

I/O-Adresskonflikte treten ebenfalls häufig auf. Obwohl der 64-KByte-I/O-Adressraum der x86-Architekturen für eine große Anzahl an Peripheriegeräten ausreicht, wird von vielen ISA-Karten nur ein Teil der Adressleitungen auscodiert und somit keine dichte Ausnutzung des I/O-Adressraums ermöglicht.

Gemeinsame Schnittstellen

Konventionelle parallele und serielle Schnittstellen erlauben lediglich den Anschluss eines einzigen Geräts (vom Spezialfall Dongle abgesehen). Dadurch wird die Flexibilität des Systems eingeschränkt, und es werden zusätzliche Erweiterungskarten erforderlich, wenn weitere Geräte angeschlossen werden sollen.

Erhöhte Systemgeschwindigkeit

Ein neuer Standard muss unter Berücksichtigung heutiger Anforderungen natürlich einen deutlich höheren Systemdurchsatz ermöglichen. Im Rahmen der Ablösung des ISA-Busses und der Beseitigung gegenwärtig bestehender Probleme im gemischten Betrieb von PCI- und ISA-Komponenten muss der neue Bus deutlich schneller sein als die klassischen »externen« Schnittstellen, wie RS-232 oder Parallelport. Die maximale Übertragungsgeschwindigkeit des zwischenzeitlich etablierten USB 1.1 von 12 MBit/s bzw. des künftigen USB 2.0 von 480 MBit/s ermöglicht externe Anschlusslösungen, die bisher Einsteckkarten erforderten. Neben dem Vorteil des einfachen Ansteckens (kein Öffnen des Geräts, Hot-Plug-and-Play..) ist die Implementierung von USB-Schnittstellen weniger aufwendig als die Realisierung einer PCI-Einsteckkarte.

1.1.3 Einordnung

Ein wesentliches Ziel für den Entwurf eines neuen Schnittstellenstandards war die Überwindung bestehender Probleme zum Vorteil für den Anwender und für den Entwickler. Tabelle Tab. 1.1 beschreibt typische Applikationen, klassifiziert nach der erforderlichen Übertragungsgeschwindigkeit.

Geschwindigkeitsklasse	Applikationen	Eigenschaften
Low-Speed 10 – 100 KBit/s	interaktive Eingabegeräte Tastatur, Maus, Peripherie für Spiele und Virtual Reality, Monitorkonfiguration	billigst hot plug/unplug einfache Benutzbarkeit mehrere Peripheriekomponenten
Medium-Speed 500 – 10.000 KBit/s	Telefonie und Audio ISDN, analoge Telefonie, Digital Audio, Scanner und Drucker	preisgünstig, einfache Benutzung garantierte Latenz und Bandbreite dynamischer Anschluss mehrere Geräte
High-Speed 25 – 500 MBit/s	Video, Disk, LAN Video Conferencing, Networking, Hard Disk	hohe Bandbreite garantierte Latenz einfaches Handling

Tab. 1.1: Applikationen nach Geschwindigkeitsklassen

Wünschenswert ist ein Buskonzept, welches sich für alle Aufgabengebiete eignet. Da sich zur Zeit noch einige Anforderungen gegenseitig ausschließen, wie z.B. Preis und Geschwindigkeit, ist abzusehen, dass es künftig zumindest zwei dominierende Peripheriebusse geben wird (siehe dazu auch MICROSOFT PC99-Standard). USB war ursprünglich für den Bereich kleiner und mittlerer Geschwindigkeit bei geringen Kosten vorgesehen. Der IEEE 1394, auch unter Apples registriertem Handelsnamen *FireWire™* bekannt, dient ursprünglich der Realisierung von Applikationen mit höherem Bandbreitenbedarf, allerdings auch zu etwas höheren Kosten. Nach Querelen um Lizenzgebühren, welche durch Apple im Jahre 1999 ausgelöst wurden, hat Intel die Definition einer »High-Speed«-Variante des USB initiiert. So entstand USB 2.0 und die klare »Aufgabenteilung« wurde aufgehoben. Im Bereich hoher Geschwindigkeiten konkurrieren seitdem USB 2.0 und IEEE 1394. Tabelle Tab. 1.2 stellt die Busse gegenüber.

Bus	Geschwindigkeit	Host-Komplexität	Peripherie-Komplexität
IEEE 1394	400 MBit/s	20.000 – 25.000 Gatter	15.000 – 20.000 Gatter
USB 1.1	12 MBit/s	20.000 Gatter	10.000 – 15.000 Gatter
USB 2.0	480 MBit/s	10.000 Gatter	15.000 – 20.000 Gatter

Tab. 1.2: Geschwindigkeit und Realisierungsaufwand

1.1.4 Eigenschaften des USB

Preisgünstige Realisierungsmöglichkeit

USB liefert einen Low-Cost-Ansatz für den Anschluss der Peripherie im PC-Umfeld. Das kostenoptimierte Design beginnt bereits bei Steckern und Kabel. Die geringe Anzahl von Pins sowie die geringen Abmessungen erlauben eine effektive Massenproduktion. Für kostensensitive Produkte mit kleineren Geschwindigkeitsanforderungen (Low-Speed) sind einfachere und dünnere Kabel verwendbar, die entsprechend der USB-Spezifikation fest mit dem Low-Speed-Gerät verbunden sind.

Eine große Bandbreite verfügbarer Standard-Mikrocontroller mit USB-Interface bzw. besondere USB-Interface-Bausteine unterstützen die kostengünstige Realisierung von USB-Peripheriegeräten. Darüber hinaus ermöglicht USB vereinfachte Lösungen für Gehäuse und Spannungsversorgung.

Durch die Einführung des Standards USB 2.0 wird dies zumindest für einige Teile relativiert. Der höhere Aufwand auf der Host-Seite ist durch extrem hohe Stückzahlen der PC-Chipsätze in der Praxis kaum zu spüren. Die Erweiterungen in den unteren Treiber-Ebenen der Betriebssysteme werden ebenfalls kaum Auswirkungen auf die Endkosten haben. Bei den Geräten wird man auf Grund der Aufwärtskompatibilität nur dann auf die High-Speed-Komponenten zurückgreifen, wenn dies auch erforderlich ist bzw. einen entscheidenden Nutzen bringt. Für diese Zusatzeigenschaften dürften dann auch zusätzliche Kosten plausibel sein. Der wesentliche Zusatzaufwand wird bei High-Speed-Hubs entstehen, da deren Silizium-Realisierung deutlich aufwendiger wird. Insbesondere in einer Übergangsphase ist deshalb mit deutlich höheren Preisen für USB 2.0-kompatible Hubs zu rechnen.

Einheitlicher Steckverbinder

USB definiert einen einheitlichen Steckverbinder mit 4 Pins. 2 Pins werden für die serielle Datenübertragung und 2 Pins für die Bereitstellung der Betriebsspannung (5V) und der Masse am USB-Gerät benutzt. Zur sicheren Unterscheidung der Upstream- und der Downstream-Richtung werden zwei verschiedene Formen von Steckverbindern verwendet (siehe Kapitel 2.2). Zwischenzeitlich gibt es neben den Standardsteckern auch Miniatur-Varianten mit deutlich kleineren Abmessungen. An den Steckern und Buchsen wird sich durch den Standard USB 2.0 nichts ändern.

Der mechanische Aufbau der Steckverbinder ist robust, und die USB-Spezifikation definiert neben den mechanischen Abmessungen und der Pin-Belegungen auch die Steckkräfte und eine erforderliche Mindeststeckhäufigkeit.

Maximal 127 Geräte anschließbar

An einen USB-Host sind maximal 127 physische USB-Geräte anschließbar. Auch wenn man berücksichtigt, dass die unvermeidlichen Mehrfachverteiler (Hubs) mitgezählt werden müssen, ist das eine sehr große Anzahl für den praktischen Betrieb. Darüber hinaus können einzelne physische USB-Geräte aus mehreren logischen USB-Geräten bestehen und außerdem mehrere unterschiedliche Informationskanäle (Pipes) besitzen. So betrachtet, ergibt sich quasi eine unbeschränkte Erweiterungs- bzw. Anschlussmöglichkeit.

Definierte Kabel

Sowohl die maximale Kabellänge (5 Meter) als auch die maximale Anzahl der über Hubs kaskadierbaren Kabelsegmente (6) ist festgelegt. Die Kabellänge wird durch die Signallaufzeit (Latenzzeit) und durch den Spannungsabfall auf der Betriebsspannungsleitung definiert. Kabel, welche korrekt der Spezifikation USB 1.1 für Full-Speed-Übertragungen entsprechen, sind auch für High-Speed-Übertragungen nach USB 2.0 tauglich.

Drei Geschwindigkeitsklassen

Der USB unterstützt drei Geschwindigkeiten: 1,5 MBit/s, als *Low-Speed* bezeichnet, 12 MBit/s, als *Full-Speed* bezeichnet, und seit USB 2.0 auch 480 MBit/s, als *High-Speed* bezeichnet. Die geringere Geschwindigkeit dient der Realisierung von preissensitiven Peripheriekomponenten, wie Maus, Tastatur etc., wodurch geringere Anforderungen an die Kabel gestellt werden können und außerdem weniger Aufwand im EMV-Bereich erforderlich wird. Im Bauelementebereich (USB-Mikrocontroller und USB-Brücken) gibt es dagegen kaum noch signifikante Preisunterschiede zwischen Low-Speed- und Full-Speed-Varianten. High-Speed-Geräte sind gegenwärtig noch recht neu und selten. Die entsprechenden Bauelemente sind dementsprechend noch teurer als Full-Speed-Varianten. Auf Grund der deutlich höheren Geschwindigkeit ist zumindest mittelfristig mit einer Preisdifferenz zu rechnen.

Vier verschiedene Transferarten

Die USB-Spezifikation definiert vier verschiedene Transferarten, um die unterschiedlichen Geräte- bzw. Applikationscharakteristiken zu unterstützen:

- *Control-Transfer* wird benutzt, um spezielle Anfragen (*Request*) an ein USB-Gerät zu senden. Dies geschieht insbesondere in der Konfigurationsphase. Diese Transferart wird für die Übermittlung von Kommandos vom Host an das USB-Gerät verwendet. Typischerweise folgt einem Control-Transfer weiterer Datentransfer.
- *Interrupt-Transfer* wird für Geräte verwendet, welche in einer klassischen PC-Umgebung Interrupts auslösen würden. Da der USB keine Hardware-Interrupts unterstützt, müssen derartige Geräte per *Polling* abgefragt werden. Ein typisches Beispiel hierfür ist statt der Erzeugung eines Interrupts beim Drücken einer Taste die periodische Abfrage der Tastatur.
- *Bulk-Transfer* dient der Übertragung großer Datenmengen, die nicht periodisch sind und keine Echtzeitanforderungen stellen. Ein typisches Beispiel hierfür sind Druckerdaten. Obwohl die Übertragungsgeschwindigkeit wichtig ist, spielt der genaue Zeitpunkt der Datenübertragung keine bedeutende Rolle.
- *Isochronous-Transfer* ist für Daten vorgesehen, welche Anforderungen an die Latenzzeit stellen. Typische Isochronous-Daten sind Audiodaten, wie sie von einem Mikrofon erzeugt werden oder an einen Lautsprecher zu übertragen sind. Solche Daten erfordern zeitliche Synchronität und eine hohe Kontinuität des Datenstromes. Diese Übertragungseigenschaften sind wichtiger als eventuelle Übertragungsfehler. Einzelne Bitfehler treten im Audiobereich als extrem kurze Aussetzer auf und beeinträchtigen die Qualität der Übertragung kaum.

Fehlerbehandlung und Korrektur

USB-Transaktionen enthalten Mechanismen zur Fehlererkennung. Diese sind erforderlich, um die fehlerfreie Übertragung der Daten sicherzustellen. Fehlerhafte Transaktionen können wiederholt werden.

Hot-Plug-and-Play

Das Anstecken eines Peripheriegerätes am Bus wird durch den USB automatisch erkannt, und die Betriebssystemsoftware konfiguriert das Gerät selbstständig, ohne Mitwirkung des Nutzers, für die sofortige Benutzung. Dies ist auch im laufenden Betrieb des Computers und der Applikationen möglich. Während des dynamischen Auf- und Abbaus der Verbindung wird kein Neustart erforderlich.

Stromversorgung über das Buskabel

Peripheriegeräte können direkt über das Buskabel versorgt werden. 5V Gleichspannung stehen zur Verfügung. Der maximal verfügbare Strom richtet sich nach dem versorgenden Hub-Port. Hubs mit eigener Stromversorgung, wie zum Beispiel der Root-Hub im PC, können pro Port maximal 500 mA bereitstellen. Hubs, welche selbst über das Buskabel versorgt werden, liefern pro Port maximal 100 mA.

Keine Blockade von Systemressourcen

USB-Geräte benötigen im Gegensatz zu ISA- oder PCI-Geräten keine eigenen Systemressourcen, wie Speicher, I/O-Adressen oder Interrupt-Leitungen.

Schlafzustand

- USB-Geräte gehen nach 3 ms Inaktivität am Bus automatisch in einen Schlafzustand (*Suspend*). Während dieser Zeit belasten spezifikationskonforme Geräte den Bus mit maximal 2,5 mA Strom.

1.2 Architektur

In diesem Kapitel werden die wesentlichen Architekturkonzepte des USB vorgestellt. Es wird die Funktionsweise und das Zusammenwirken der USB-Systemsoftware, USB-Systemhardware und der USB-Geräte einführend beschrieben. Auf alle Komponenten wird einzeln in Kurzform eingegangen. Der USB-Kommunikationsprozess wird dargestellt.

1.2.1 USB-Hardware-Architektur

Physikalische Struktur

Physikalisch handelt es sich beim USB um eine Baumstruktur. Die Endgeräte bilden die *Blattknoten* des Baumes. Zur Realisierung von *Verzweigungsknoten* benötigt man so genannte Hubs. Hubs sind Mehrfachverteiler, die den Anschluss mehrerer Geräte an einem Strang ermöglichen. Da sich Hubs kaskadieren lassen, ermöglichen sie, maximal 127 Geräte an eine USB-Wurzelschnittstelle anzuschließen. Bei der Kaskadierung von Hubs ist jedoch eine maximale Tiefe von 5 einzuhalten.

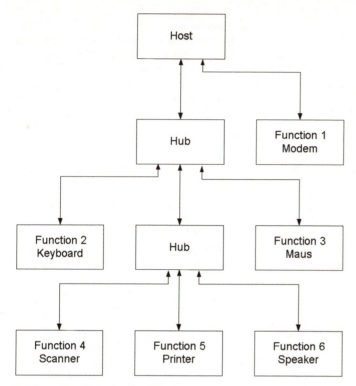

Bild 1.4: Physikalische Topologie

Logische Struktur

Logisch bildet der USB eine Stern-Architektur. Alle Endgeräte sind sternförmig an den Host angeschlossen.

Der USB-Host-Controller im PC steuert den gesamten Bus-Verkehr. Jedem Endgerät wird eine eigene USB-Adresse zugewiesen, über die es vom Host-Controller angesprochen wird. Der Host-Controller weist diese Adresse während der automatisch ablaufenden Konfigurationsphase zu (*Enumeration*). Es besteht zwischen jedem einzelnen Endgerät und dem Host eine logische Punkt-zu-Punkt-Verbindung. Jeder Bus-Verkehr wird durch den Host initiiert. Er ist der einzige Busmaster.

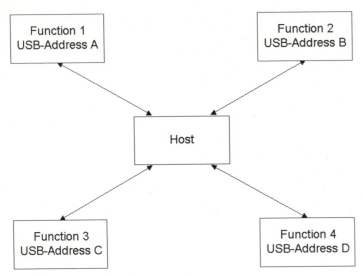

Bild 1.5: Logische Topologie

Überblick über die Hardware-Komponenten

- Im Bild 1.4 wurden bereits die wesentlichen Hardware-Komponenten des USB dargestellt, die im folgenden kurz beschrieben werden. Details findet der Leser insbesondere in den Kapiteln 4 und 5.

USB-Host-Controller und Root-Hub

Jede Übertragung von Daten über den USB erfolgt unter Kontrolle des Host, genau genommen der Host-Software. Die Host-Hardware besteht aus dem USB-Host-Controller, welcher alle Transaktionen über den Bus initiiert, und dem Root-Hub, welcher die Anschlussports für die USB-Geräte bereitstellt.

Die USB 1.1-Spezifikation definiert zwei verschiedene Controller-Designs, den *Open-Host-Controller (OHC)* und den *Universal-Host-Controller (UHC)*. Beide Controller realisieren die gleichen Grundfunktionen (auf Details und Unterschiede wird in Kapitel 4 eingegangen).

USB 2.0 erweitert die Host-Architektur um den Enhanced-Host-Controller (EHC), welcher für den High-Speed-Datentransfer zuständig ist und parallel zum USB 1.1-Host erforderlich ist. Auf das Zusammenspiel zwischen EHC und UHC bzw. OHC wird ebenfalls in Kapitel 4 eingegangen.

Der USB-Host-Controller ist verantwortlich für die Erzeugung der Transaktionen, die durch die Host-Software initiiert und zeitlich eingeordnet wurden. Der Host-Controller-Treiber baut eine verkettete Liste von Datenstrukturen auf, die die Transaktionen darstellen. Er legt deren zeitliche Abfolge (*Schedule*) fest, die innerhalb eines Zeitrahmens (*Frame*) auf dem Bus ausgeführt werden soll.

Der Host-Controller führt Schreibzugriffe zu einem USB-Gerät aus, indem er die Daten, welche an das Gerät gesendet werden sollen, aus einem durch den USB-Gerätetreiber bereitgestellten Puffer im Hauptspeicher liest. Er serialisiert diese Daten, erzeugt die USB-Transaktion und leitet die zusammengestellten Datenpakete zum Root-Hub weiter, der sie dann über den Bus sendet.

Im Falle eines Lesezugriffs erzeugt der Host-Controller die Transaktion und leitet diese an den Root-Hub weiter, der sie über den Bus sendet. Das angesprochene USB-Gerät erkennt die Anforderung von Daten und sendet diese an den Root-Hub. Der Root-Hub leitet die Daten an den Host-Controller weiter, welcher den seriellen Datenstrom in einen parallelen Datenstrom umwandelt und die Daten anschließend in den Puffer des Gerätetreibers schreibt.

Die Fehlererkennung erfolgt sowohl im Root-Hub als auch im Endgerät. Der Host-Controller ist für die Weiterleitung der Fehlermeldungen an die Host-Software zuständig.

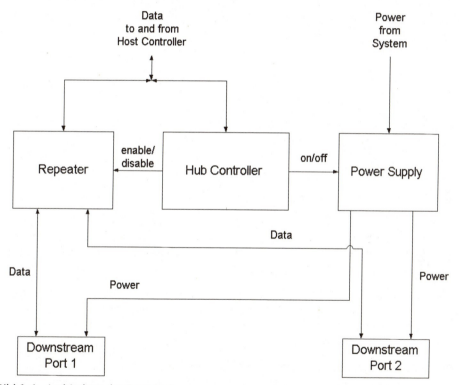

Bild 1.6: Architektur des Root-Hub

Der Root-Hub ist für das Versenden aller Transaktionen, die er vom Host-Controller übermittelt bekommt, zuständig. Er stellt die Anschlusspunkte (Ports) für die USB-Geräte bereit und realisiert folgende Aufgaben:

- Steuerung der Stromzufuhr für die USB-Ports
- Freischalten und Sperren der Ports

- Erkennen, wenn ein USB-Gerät an einen der Ports angeschlossen wird
- Verwaltung des Status für jeden Port

Der Root-Hub besteht aus Hub-Controller und Repeater. Der Hub-Controller ist für die Behandlung aller Anfragen (*Requests*) an den Hub zuständig, wie zum Beispiel die Freischaltung eines Ports. Der Repeater leitet die Transaktionen zwischen Bus und Host-Controller weiter.

USB-Hub

Neben dem Root-Hub werden durch das USB-Konzept weitere Hubs zur Erweiterung des Systems unterstützt. Ein Hub stellt zusätzliche Ports (typischerweise 2...7) für den Anschluss weiterer USB-Geräte bereit. Solche Mehrfachverteiler können als eigenständige Geräte realisiert oder als Bestandteil in andere USB-Geräte integriert werden. USB-Geräte, welche Hub- und Peripherie-Funktionen in sich vereinen, werden als *Compound-Device* bezeichnet. Für die Integration eines Hubs bieten sich Geräte an, die typischerweise auf dem Schreibtisch oder in Griffnähe des Benutzers platziert werden, da somit eine gute Zugänglichkeit der Ports besteht.

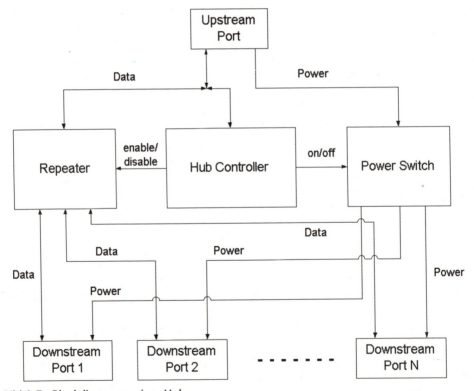

Bild 1.7: Blockdiagramm eines Hub

Hubs können eine eigene Stromversorgung besitzen (*Self-Powered*) oder über das USB-Kabel versorgt werden (*Bus-Powered*). Da im Falle der Versorgung über den Bus nicht nur der Hub selbst, sondern auch alle angeschlossenen USB-Geräte versorgt werden müssen, ist bei ihnen die Anzahl der Downstream-Ports auf 4 beschränkt.

Hubs spielen eine herausragende Rolle im Prozess des Anschließens und Entfernens von Geräten während des laufenden Betriebs (*Hot-Atachment* und *Detachment*). Hubs müssen alle derartigen Vorgänge erkennen und beim nächsten Abfragen an die Host-Software als Report übermitteln. Ebenso wie der Root-Hub bestehen auch andere Hubs aus Hub-Controller und Repeater.

Der Hub-Controller enthält, wie jedes andere USB-Endgerät, eine Bus-Interface-Einheit (SIE: *Serial-Interface-Engine*). Der Hub-Controller stellt die Deskriptoren für die Host-Software während der Enumeration bereit. Darüber hinaus verwaltet der Hub-Controller die Statusinformationen über den Hub und seine Ports. Diese Informationen dienen insbesondere dem Host, um das Anschließen und Entfernen von USB-Geräten an den Hub-Ports zu erkennen. Der Controller erhält von der Host-Software Kommandos, die Ports freizugeben oder die Stromversorgung an- oder abzuschalten.

Durch den Hub-Repeater muss der gesamte ankommende Datenverkehr auf dem Bus weitergeleitet werden. Vom Host initiierter Datenverkehr muss an alle freigegebenen Downstream-Ports des Hubs propigiert und der Datenverkehr aus Richtung eines Downstream-Port muss an den Upstream-Port durchgereicht werden.

Bei USB 2.0 ist der Hub außerdem für die Umsetzung der Geschwindigkeiten zwischen Low-Speed- bzw. Full-Speed- und High-Speed-Abschnitten des Busses zuständig. Deshalb müsen USB 2.0-fähige Hubs auch in der Lage sein, Daten zwischenzuspeichern.

USB-Endgeräte

USB-Geräte enthalten Deskriptoren, die der Host-Software darüber Auskunft geben, welche Eigenschaften und Attribute das Gerät besitzt und wie diese zu konfigurieren sind. Außerdem dienen diese Deskriptoren der Host-Software zur Erkennung der passenden gerätespezifischen Software-Treiber. Die Geräte-Deskriptoren werden auch vom Treiber selbst benutzt, um weitere Informationen zu einem Gerät zu erhalten, um es korrekt bedienen zu können. Dieser Mechanismus wird als Device-Framework bezeichnet. Mehr Informationen hierüber findet der Leser im Kapitel 5.

Wie bereits erwähnt, können Geräte in drei verschiedenen Geschwindigkeitsklassen realisiert sein.

Full-Speed-Geräte empfangen alle über den Bus gesendeten Transaktionen. Sie empfangen und senden Daten mit der maximalen Geschwindigkeit von 12 MBit/s.

Low-Speed-Geräte sind auf die Datenrate von 1,5 MBit/s beschränkt und unterstützen nicht alle Eigenschaften des USB. Prinzipiell sehen Low-Speed-Geräte nur Datenverkehr, der einem speziellen Preamble-Packet (PRE-Token) folgt. Alle Low-Speed-Ports eines Hub, an denen Low-Speed-Geräte angeschlossen sind, bleiben für jeden Full-Speed-Verkehr gesperrt. So wird verhindert, dass Full-Speed-Datenverkehr über Low-Speed-Kabel gesendet wird (siehe dazu auch Kapitel 2).

Preamble-Packets (PRE-Token) leiten einen Low-Speed-Datenverkehr ein. Sie sorgen dafür, dass die folgende Transaktion in Low-Speed gesendet wird. Im Falle eines solchen Preamble-Packets schaltet der Hub alle Low-Speed-Ports frei und erlaubt den entsprechenden Geräten, diese Transaktionen zu empfangen.

High-Speed-Geräte, welche durch die Spezifikation USB 2.0 möglich sind, können Daten mit einer maximalen Geschwindigkeit von 480 MBit/s senden und empfangen. High-Speed-Geräte werden erst nach dem Anmeldevorgang (Enumeration) welcher in der Full-Speed-Geschwindigkeit von 12 MBit/s abläuft in den High-Speed-Modus geschaltet. Damit wird verhindert, dass ein High-Speed-Gerät versucht, an einem 12 MBit/s-Port mit 480 MBit/s zu kommunizieren.

USB-Kabel

Die USB-Spezifikation definiert ein einheitliches Steckverbindersystem zum Anschluss aller Peripheriegeräte an einen Computer. Da die Steckverbinder wichtig für die Akzeptanz des USB sind, sollen im folgenden die Stecker und Kabel kurz beschrieben werden. Details zu den mechanischen und elektrischen Eigenschaften der physikalischen Datenübertragung werden in Kapitel 2.2 diskutiert.

Der USB-Stecker dient dem Anschluss eines USB-Geräts an den Port eines Hubs. Dieser Port befindet sich entweder an einem PC oder an einem Hub, der auch Bestandteil eines Composite-Geräts sein kann, z.B. Bestandteil eines Monitors.

Low-Speed-Geräte haben ein fest mit dem Gerät verbundenes Kabel, wie dies z.B. bei Mäusen der Fall ist. Full-Speed-Geräte werden über steckbare Kabel mit dem Bus verbunden. Wären nun an beiden Enden eines Kabels dieselben Stecker, erhöht sich die Wahrscheinlichkeit fehlerhafter Verbindungen, wie zum Beispiel der Kurzschluss zweier Ports eines Hubs. Da dies zur Zertstörung von Geräten führen kann und die Spezifikation im Allgemeinen die Unkenntnis der Nutzer berücksichtigt, wurden zwei Steckertypen festgelegt, die eine sichere Unterscheidung der Richtung ermöglichen.

- Serie A Stecker: Dieser Typ realisiert die Verbindung des USB-Geräts mit dem Port eines Hub, wobei der Stecker (*Plug*) am Kabel und die Buchse (*Receptacle*) am Hub angeordnet sind (Upstream-Richtung).
- Serie B Stecker: Dieser Typ ist dann erforderlich, wenn es sich um eine trennbare Verbindung des USB-Kabels am Gerät selbst handelt. Auch hier ist der Stecker am Kabel und die Buchse am Gerät angeordnet (Downstream-Richtung).

Die maximale Übertragungsgeschwindigkeit des USB 1.1 von 12 MBit/s erfordert am Kabel spezielle Maßnahmen zur Sicherung der elektromagnetischen Verträglichkeit (EMV). Deshalb haben Full-Speed-Kabel verdrillte Signaladern und sind besonders geschirmt.

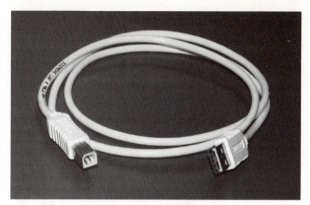

Bild 1.8: USB-Stecker Serie B und Serie A

Full-Speed-Kabel, die vollkommen dem Standard entsprechen, sind nicht nur für 12 MBit/s, sondern auch für 480 MBit/s geeignet. Damit erfordert der Standard USB 2.0 keine speziellen Kabel.

Die Low-Speed-Übertragungsrate des USB von 1,5 MBit/s wurde aus Kostengründen definiert. Ein Low-Speed-Kabel kann einfacher aufgebaut sein. Es ist nicht verdrillt und besitzt keine Abschirmung. Damit lassen sich sowohl billigere als auch dünnere und flexiblere Kabel wie z.B. für Mäuse realisieren. Low-Speed-Kabel müssen immer fest mit dem Gerät verbunden sein. Das bedeutet, sie dürfen nie Stecker vom Typ B besitzen.

1.2.2 USB-Software-Architektur

Der USB muss durch das jeweilige Betriebssystem unterstützt werden, wie dies durch Windows 98, Windows ME, Windows 2000 und den künftigen Windows-Betriebssystemen geschieht. Aber auch bei anderen Betriebssystemen, zum Beispiel von Apple oder bei diversen UNIX-Derivaten, wie Linux, ist eine USB-Unterstützung verfügbar.

Alle USB-Transaktionen werden durch die USB-Software auf dem Host-Computer initiiert. Das geschieht üblicherweise durch den jeweiligen USB-Gerätetreiber, der mit **seinem** Gerät kommunizieren will. Der USB-Bustreiber ist die Schnittstelle zwischen dem USB-Gerätetreiber und dem USB-Host-Controller. Die wesentlichen Software-Elemente werden in den folgenden Kapiteln beschrieben.

USB-Gerätetreiber

Die Aufgabe des USB-Gerätetreibers (*USB-Device-Driver*) ist die Erzeugung von Anfragen (*Requests*) an den USB-Bustreiber. Für eine Anfrage werden I/O-Request-Packets (IRP) verwendet. Diese IRPs initiieren einen Transfer von/zu USB-Endgeräten. So muss zum Beispiel der Tastatur-Treiber einen Interrupt-Transfer durch Erzeugung eines entsprechenden IRP auslösen. Darüber hinaus muss der im Beispiel erwähnte Tastatur-Treiber einen Memory-Puffer bereitstellen, in dem die Daten, welche von der USB-Tastatur geliefert werden, eingetragen werden können.

USB-Bustreiber

Der USB-Bustreiber (*USB-Driver*) kennt die spezifischen Kommunikationseigenschaften der einzelnen USB-Geräte, zum Beispiel die Datenmengen pro Frame oder Abstände zwischen den periodischen Zugriffen usw. Diese Eigenschaften erkennt der USB-Bustreiber beim Analysieren der Geräte-Deskriptoren während der Konfigurationsphase.

Wenn der USB-Bustreiber ein IRP von einem USB-Gerätetreiber erhält, erzeugt er entsprechend diesem Request einzelne Transaktionen, die innerhalb des Übertragungsrahmens (*Frame*) von 1 ms ausführbar sind. Für den Aufbau der einzelnen Transaktionen verwendet der USB-Bustreiber die oben beschriebenen Informationen über die gerätespezifischen Kommunikationseigenschaften.

USB-Host-Controller-Treiber

Der USB-Host-Controller-Treiber (*Host-Controller-Driver*) organisiert die zeitliche Abfolge der einzelnen Transaktionen (diesen Vorgang nennt man auch *Scheduling*). Dazu baut der USB-Host-Controller-Treiber eine Folge von Transaktionslisten auf. Jede dieser Listen besteht aus den noch nicht abgearbeiteten Transaktionen in Richtung eines Geräts, welches am Bus angeschlossen ist. Eine Transaktionsliste definiert die Reihenfolge der Transaktionen innerhalb des 1ms-Zeitfensters.

Da der USB-Bustreiber eine einzelne Anfrage für einen Datentransfer in mehrere Transaktionen zerlegen kann, sind diese auch auf mehrere aufeinanderfolgende Zeitfenster verteilt. Das konkrete *Scheduling* hängt von einer Reihe von Einflussfaktoren wie Transferart, Geräteeigenschaften und Busbelastung ab.

Der USB-Host-Controller-Treiber löst die Transaktionen dann über den Root-Hub aus. Dieser setzt der Reihe nach alle Transaktionen, die in der aktuellen Liste enthalten sind, in die niedrigeren Protokollebenen um.

1.2.3 USB-Kommunikationsmodell

Dass USB-Geräte im Gegensatz zu anderen Buskonzepten keine Systemressourcen wie I/O-Adressen, IRQ-Leitungen oder DMA-Kanäle benötigen, wurde bereits in Kapitel 1.1.2 erwähnt. Wie funktioniert nun aber die Kommunikation in einem USB-System?

Ein USB-Client initiiert einen Transfer, indem er bei der USB-Systemsoftware einen Transfer anfordert. Der USB-Gerätetreiber stellt einen Memory-Puffer bereit, in dem die Übertragungsdaten abgelegt werden können. Jeglicher Datentransfer zwischen einem Endpunkt (*Endpoint*) in einem USB-Gerät und dem dazugehörenden Gerätetreiber auf der Host-Seite geschieht über Kommunikations-Pipes, welche während der Konfigurationsphase aufgebaut werden.

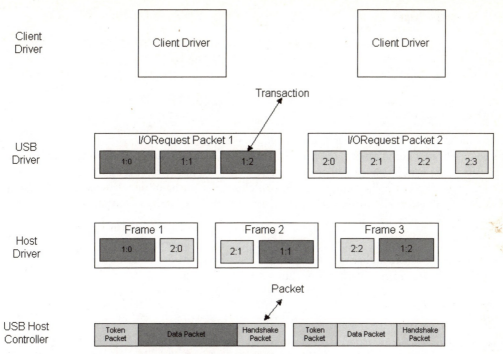

Bild 1.9: Kommunikationsebenen des USB-Protokolls

Die USB-Systemsoftware teilt diese Kommunikationsanforderungen in einzelne Transaktionen auf, wie im vorherigen Kapitel beschrieben. Der Host-Controller-Treiber führt dann die Transaktionen über den Bus aus. Diese werden durch die Host-Controller-Hardware in einzelne Pakete und diese wiederum in den physikalischen Datenstrom gewandelt.

Hieraus ergeben sich die folgenden Protokollebenen.

Transfer

Jedes USB-Gerät hat eine Menge von Endpunkten, die von der Host-Software angesprochen werden können. Die Kommunikationsebene, auf der der Datenaustausch zwischen dem Endpunkt eines Geräts und der Software auf der Host-Seite vonstatten geht, bezeichnet man als Transferebene.

Die verschiedenen Transferarten, die einem solchen Endpunkt zugeordnet sein können, wurden bereits in Kapitel 1.1.4 beschrieben. Die einem Endpunkt zugeordnete Transferart erfährt der Gerätetreiber aus den jeweiligen Deskriptoren.

I/O-Request-Paket

Wenn ein Gerätetreiber Daten von oder zu einem Endpunkt transferieren will, dann fordert er den USB-Bustreiber dazu mittels eines I/O-Request-Pakets (IRP) auf. Dieses IRP wird dann vom USB-Bustreiber behandelt.

Transaktionen

Da manche Transfers aus größeren Datenmengen bestehen, aber der Bus von mehreren Endgeräten gleichzeitig benutzt wird, muss die Busbandbreite sinnvoll aufgeteilt werden. Das bedeutet, dass große Datenpakete nicht am Stück übertragen werden können, sondern aufgeteilt werden müssen. Das ermöglicht eine sinnvolle Aufteilung der Busbandbreite auf alle anfordernden Geräte. Jeweils einen zugeordneten Teil der Busbandbreite nennt man *Transaktion*.

Die Kommunikation über den USB basiert auf der Datenübertragung in regulären Rahmen (*Frames*). USB 2.0 führt zusätzlich Microframes ein (vgl. hierzu Kapitel 2.5.1). Nicht jedes Gerät überträgt Daten während jedes Frames. Deshalb nimmt der Host-Controller-Treiber für jeden Zeitrahmen ein spezifisches Scheduling der Transaktionen vor.

Pakete

Die vom Host-Controller und dem Root-Hub generierten Transaktionen bestehen aus einer Folge von Paketen. Neben den eigentlichen Datenpaketen gibt es auch spezielle Pakete, die den Protokollrahmen bilden, und wiederum andere, die der Fehlererkennung und Fehlerbehandlung dienen. In den Kapiteln 2.5 und 2.6 wird detaillierter auf Transaktionen und Pakete eingegangen.

1.2.4 Geräte-Deskriptoren

Der Begriff Deskriptor wurde bereits mehrfach verwendet. Mit Hilfe der Deskriptoren werden die spezifischen Eigenschaften der USB-Geräte, ihre verschiedenen Konfigurationsmöglichkeiten und die konkreten Endpunkte beschrieben. Diese Deskriptoren bilden eine Deskriptor-Hierarchie.

Da die Nutzerfreundlichkeit ein wesentliches Ziel für die Spezifizierung des USB ist, wurde eine Vereinheitlichung auf der Treiberseite angestrebt. Hierfür werden die Peripheriegeräte in Geräteklassen (*Device-Class*) zusammengefasst. Die Geräte einer Klasse haben ähnliche Eigenschaften und bieten ähnliche Dienste an. Deshalb können sie von einem einheitlichen Treiber bedient werden. Die einzelnen Geräteklassen verwenden spezielle klassenspezifische Deskriptoren.

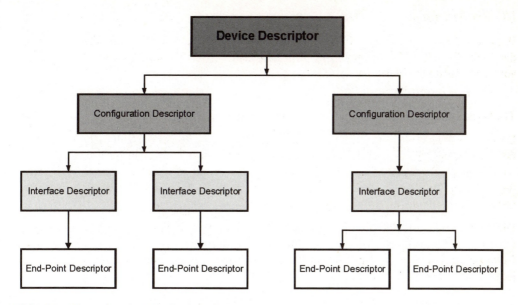

Bild 1.10: Hierarchie der Standard-Deskriptoren

Device-Descriptor

Jedes Gerät hat einen einzigen Geräte-Deskriptor, welcher nicht nur die allgemeinen Informationen über das Gerät, wie Geräteklasse, Typ und Hersteller, sondern auch Informationen über eine Default-Communication-Pipe bereitstellt, die während der Konfigurationsphase benutzt wird. Darüber hinaus liefert der Device-Descriptor eine Aussage über die Anzahl aller möglichen Konfigurationen und die Gesamtgröße alle Descriptor-Informationen in einem USB-Gerät.

Configuration-Descriptor

Ein Gerät kann mehrere Konfigurationen unterstützen. Beispielsweise kann ein Gerät mit hohem Strombedarf einen zusätzlichen Low-Power-Modus unterstützen. Dieser Modus kommt dann zur Anwendung, wenn der versorgende Hub für das Gerät keinen ausreichenden Strom liefern kann, wie das zum Beispiel bei Bus-Powerd-Hubs vorkommen kann.

Ein Gerät hat dementsprechend für jede Konfiguration einen eigenen Konfigurations-Deskriptor (*Configuration-Descriptor*).

Interface-Descriptor

Eine bestimmte Konfiguration kann eine oder mehrere logische Schnittstellen aufweisen. Modems oder ISDN-Adapter können z.B. sowohl eine Telefonie- als auch eine Datenkommunikations-Schnittstelle bereitstellen, und CD-ROMs können sowohl Massenspeicher als auch Audio- oder Video-Geräte sein. Zu jeder logischen Schnittstelle gehört auch ein korrespondierender Gerätetreiber auf der Host-Seite. Für jede der möglichen Schnittstellen wird deshalb ein spezieller Schnittstellen-Deskriptor (*Interface-Descriptor*) bereitgestellt, der neben allgemeinen Informationen zur Schnittstelle auch Angaben über die Geräteklasse enthält.

Endpoint-Descriptor

Endpunkte sind die tatsächlichen Kommunikationsstellen, welche durch die Host-Software auf der Geräteseite angesprochen werden. Die Endpunkt-Deskriptoren (*Endpoint-Descriptor*) enthalten Informationen über die Transferart und die unterstützten Übertragungsraten.

String-Descriptor

Zeichenketten-Deskriptoren (*String-Descriptor*) können an verschiedenen Stellen verwendet werden, um aussagekräftigere Informationen zu liefern, die direkt lesbar sind. Typische Beispiele sind Klartextangaben zum Hersteller oder zum USB-Gerät. Zeichenketten werden in Unicode abgelegt und unterstützen somit eine Internationalisierung.

Klassenspezifische Deskriptoren

Einige Geräteklassen benötigen neben den Standarddeskriptoren zusätzliche klassenspezifische Deskriptoren. Diese Deskriptoren sind in der Spezifikation der jeweiligen Geräteklasse beschrieben.

1.3 Anwendungsbeispiele

In diesem Kapitel werden Anwendungsbeispiele für den USB bzw. USB-Geräte vorgestellt. Dabei soll insbesondere die Bandbreite der Möglichkeiten verdeutlicht werden.

1.3.1 USB und der Markt

Eine relativ häufig gestellte Frage ist: Setzt sich USB am Markt durch? Die einfache Antwort lautet: **Ja! USB 1.1 ist bereits am Markt etabliert und verdrängt schrittweise die klassischen Schnittstellen wie RS 232 und Parallelport.**

Sowohl die Marktposition der USB-Initiatoren als auch die Einrichtung und das Wirken des Implementers-Forums bürgen dafür, dass USB zu einem Standard im PC-Geschäft wird bzw. ein solcher bleibt. Parallelen zur Einführung und Durchsetzung des PCI-Standards sind erkennbar. Ähnlich wie beim PCI werden auch beim USB keine Lizenzgebühren erhoben, um eine schnelle Marktdurchdringung zu erreichen.

Es wird erwartet, dass sich USB 2.0 ähnlich flächendeckend durchsetzen wird wie USB 1.1.

Der Trend zum USB wird durch die Definition der Anforderungen von Microsoft an aktuelle und künftige PC-Generationen unterstrichen.

Seit dem Frühjahr 1997 sind nahezu alle ausgelieferten PCs standardmäßig mit USB-Host-Controllern ausgestattet. Bei der durchschnittlichen Lebensdauer eines PCs im geschäftlichen Gebrauch von etwa 3 Jahren kann man davon ausgehen, dass seit dem Jahr 2001 jeder PC über externe USB-Schnittstellen verfügt.

1.3.2 USB-Peripheriegeräte

Nachdem sich der USB auf der PC-Seite etabliert hat, sind zwischenzeitlich eine Vielzahl von USB-Geräten verfügbar. Infolge der beschriebenen Vorteile des USB lassen sich immer deutlichere Kosteneinsparungen erkennen (wie zum Beispiel für Videoconferencing-Systeme). In naher Zukunft werden alle PC-Peripheriegeräte mit einer USB-Schnittstelle von einer Vielzahl von Herstellern angeboten werden. Einen interessanten Überblick mit Verweisen auf viele verschiedene USB-Produkte bietet die Web-Seite: *www.usbstuff.com*.

Die folgende Aufstellung soll einen Eindruck von der Bandbreite bereits verfügbarer USB-Geräte geben. Sie ist natürlich nicht vollständig und stellt auch nur eine Momentaufnahme der gegenwärtigen Situation dar:

- Tastaturen und Mäuse werden bereits von einer Vielzahl an Herstellern angeboten. Darunter sind alle namhaften Anbieter von Cherry und Logitech bis zu Microsoft.

- Joysticks und Game-Pads stehen ebenfalls in USB-Ausführung zur Verfügung. Interessant sind neue Konzepte, wie z.B. die Kraftrückkopplung, welche sich auf Grund der hohen Übertragungsrate einfach realisieren lassen.

- Kameras mit USB gibt es in unterschiedlichen Qualitätsstufen. Neben einfachen Ausführungen ohne Datenkompression, die einen großen Teil der Busbandbreite benötigen, gibt es auch digitale Fotoapparate mit USB-Anschluss, die mit einem kleinen Teil der Busbandbreite auskommen.

- Monitore mit USB-Anschluss haben oft integrierte USB-Hubs. Ansonsten dient der USB zur Steuerung und Einstellung des Monitors, jedoch nicht für die Übertragung von Bildinformation. Ein Hersteller von Monitoren mit USB-Anschluss ist z.B. die Fa. NEC. NEC ist ein Gründer des USB-Implementers-Forums.

- Drucker werden gegenwärtig sowohl mit konventionellen parallelem Anschluss als auch mit einem USB-Anschluss ausgestattet. Solche Geräte werden unter anderem von den Firma EPSON und HP angeboten. Da hierbei die Tintenstrahldrucker eine Vorreiterrolle spielen, ist anzunehmen, dass in Kürze aus Preisgründen dann der »alte« Parallelport am Drucker wegfallen wird.

- Für die Inbetriebnahme von Scannern bedeutet USB eine wesentliche Erleichterung. Es sind keine SCSI-Karten erforderlich, und es wird trotzdem eine ausreichend große Übertragungsrate erreicht. Es sind bereits mehrere USB-Scanner verfügbar.

- Bei Audio-Geräten sind besonders aktive Lautsprecher interessant. Diese wurden als Erstes von die Fa. Philips angeboten. Inzwischen gibt es ein großes Spektrum von Anbietern in allen Qualitätsklassen.

- Kommunikations- und Netzwerkkomponenten, die mit USB-Schnittstellen ausgerüstet werden, sind Modems und ISDN-Terminaladapter. Für ISDN-Adapter, welche die Bündelung der Kanäle unterstützen, sind die Geschwindigkeitsvorteile des USB gegenüber der seriellen Schnittstelle von Bedeutung. Telefone mit USB-Schnittstelle werden zum Beispiel von Northern Telecom, einem Gründer des USB-Implementers-Forums, angeboten. Der USB ist darüber hinaus eine preisgünstige Alternative für kleinere Computernetze. Entsprechende Komponenten werden z.B. von Anchor angeboten.
- Der USB bietet deutliche Vorteile für Kopierschutz-Anwender, um endlich vom Aufeinanderstecken verschiedener Dongles an der parallelen Schnittstelle wegzukommen. Als Beispiele seien hier die Fa. Aladin und WIBU genannt.

Der neue Standard USB 2.0 ermöglicht darüber hinaus weitere neuartige oder verbesserte Geräte:

- Scanner mit hoher Auflösung und hoher Datenübertragungsrate erlauben ein hinreichend schnelles Arbeiten.
- Digitale Fotoapparate mit USB 2.0 Interface erlauben die deutlich schnellere Abspeicherung von hochauflösenderen Bildern bei erträglichen Transportzeiten.
- Ähnlich wie bei Kameras erlaubt USB 2.0 bei MP3-Playern eine deutliche Reduktion der Upload-Zeiten.

1.3.3 Betriebssysteme

USB wurde insbesondere durch die neueren 32-Bit-Betriebssysteme von Microsoft vorangetrieben. Aber auch in anderen Umgebungen beginnt der USB an Bedeutung zu gewinnen.

MacOS

Seit dem Apple-Betriebssystem MAC OS 8.5 und dem iMacs wird bereits USB unterstützt. Für Interessenten pflegt Apple eine eigene spezifische USB-Web-Site, die gegenwärtig unter folgender URL zu erreichen ist: *http://gemma.apple.com/dev/usb/*. Apple war durch seine Legacy-Free-Rechner praktisch der Vorreiter für USB-Equipment.

Details zur USB-Unterstützung für das MacOS findet man unter *developer.apple.com/dev/usb/usbmacos.htm*.

Linux und FreeBSD

Da Linux eines der beliebtesten UNIX-Derivate ist, welches auch auf einer typischen PC-Plattform läuft, besteht Nachfrage nach einer USB-Implementation unter Linux. Seit dem Linux-Kernel 2.4 ist die USB-Unterstützung generell vorhanden. Bereits in speziell angepassten Varianten des Linux-Kernel 2.2 war der Betrieb von USB-Geräten möglich. Eine Linux-USB-Seite findet der Leser unter der URL: *http://www.usb-linux.org/*.

FreeBSD ist genauso wie Linux ein kostenlos erhältliches UNIX-Derivat. Innerhalb des FreeBSD-Projekts gibt es verschiedene Entwicklungsrichtungen, wie z.B. einen USB-Stack. Aktuelle Informationen sind am besten durch einen Besuch auf der Web-Site *www.freebsd.org* zu erhalten.

Kommerzielle UNIX-Versionen

Durch den Druck aus der PC-Welt wird USB über kurz oder lang auch in der Welt der klassischen UNIX-Workstation-Anbieter Einzug halten.

1.4 Standard und Informationen

Neben dem USB-Implementers-Forum und dessen Rolle sollen weitere wichtige Informationsquellen vorgestellt werden.

1.4.1 USB-Implementers-Forum

Das USB-Implementers-Forum wurde von den Firmen Compaq, Digital Equipment Corp., IBM PC Corp., Intel, Microsoft, NEC und Northern Telecom gegründet. Inzwischen haben sich mehrere hundert Firmen in diesem Konsortium vereint.

Ziel dieses Forums ist es, die Entwicklung von USB voranzutreiben und die Konformität bekannt gewordener USB-Anwendungen zum USB-Standard zu überwachen. Jedes Produkt, das den USB-Standard erfüllen soll, muss zusammen mit anderen USB-Produkten Tests in verschiedenen Umgebungen durchlaufen. Getestet werden sowohl die Funktionalität als auch die Fähigkeit zur Interoperabilität.

Weitere Informationen sind unter *www.usb.org* abrufbar.

1.4.2 Internet

Eine sehr gute Informationsquelle sind die Web-Seiten der im PC-Bereich aktiven Hardware- und Software-Hersteller. Als kurze Auswahl hier nur die Seiten der Gründungsmitglieder des USB-Implementers-Forums *(http://www.usb.org)*:

Für Entwickler sind die Seiten von Intel und Microsoft als Informationsquelle sehr interessant. *Intel* (www.intel.com) hat eine Reihe spezieller USB-Web-Seiten eigens für Entwickler, *developer.intel.com/design/usb*, die Informationen zu USB-Bauelementen und Entwicklungswerkzeugen, aber auch allgemeine USB-Infos wie FAQs, Präsentationsfolien etc. enthalten.

Microsoft (*www.microsoft.com*) bietet nicht nur Informationen zur USB-Unterstützung der aktuellen Betriebssystemversionen, sondern auch über das MSDN (*Microsoft Developer Network*) Unterstützung für Software- und Treiberentwicklungen.

Compaq (*www.compaq.com*), *Digital Equipment Corp. (DEC)* (*www.pc.digital.com*), *IBM* PC Corp. (*www.pc.ibm.com*), *NEC* (*www.nec.com*) und *Northern Telecom* (*www.nortel.com*) bieten im wesentlichen Informationen zur USB-Integration in ihre eigenen Produkte an sowie spezielle USB-Treiber, daneben einige Pressemitteilungen und *White-Papers*. Dies sind eher Informationen allgemeiner Art.

Neben den Gründern des Implementers-Forums sind für den Entwickler ebenfalls die IC-Anbieter eine wichtige Informationsquelle (siehe dazu auch Kapitel 8). Da bereits viele Halbleiterfirmen von A – wie AMS/Thesys (*www.thesys.de/assp/usb.htm*) bis Z – wie Zilog (*www.zilog.com*) USB-Bausteine anbieten, ist infolge der herrschenden Dynamik eine vollständige Übersicht nicht möglich. Die Autoren bieten deshalb als einen kleinen Service eine USB-Web-Seite unter der Adresse *www.emsys.de/usb*. Dort sind auch aktuelle Informationen zu weiteren Entwicklungswerkzeugen von ASIC-Macros über spezielle Compiler für USB-Mikrocontroller, bis hin zu Emulatoren und Protokoll-Analysegeräten zu finden.

2 Grundlagen

2.1 USB-Topologie

USB hat als Topologie eine kaskadierte Sternstruktur (Tired-Star) mit einem Host im Ursprung. Die Endgeräte heißen Functions. Zur Verzweigung des Busses und zur Bereitstellung von mehreren Anschlüssen dienen Hubs.

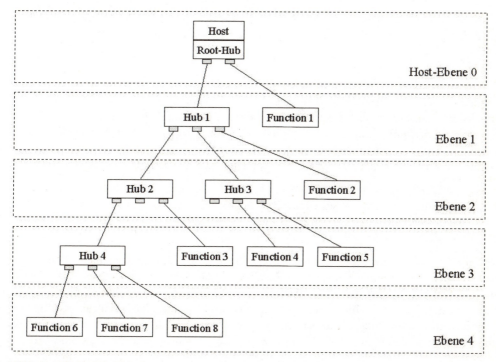

Bild 2.1: USB-Topologie

USB ist ein echter Single-Master-Bus. Nur der Host besitzt die Masterfunktion und kann Datentransfers auf dem Bus initiieren. Kein anderes Gerät, egal ob Hub oder Function, darf ohne Anforderung durch den Host senden. Allerdings können USB 2.0-kompatible High-Speed-Hubs selbstständig Transaktionen mit angeschlossenen Full- und Low-Speed-Geräten durchführen. Solche Transaktionen werden jedoch ebenfalls durch den Host initiiert.

2.1.1 Einteilung der USB-Geräte

Host

Sämtliche Transaktionen auf dem USB werden durch den Host gesteuert. Der Host ist in der Regel im PCI-Chipsatz des PCs vorhanden und enthält einen integrierten Root-Hub, der meist zwei Ports bereitstellt. Diese Ports sind an der Rückseite des PCs für den Anschluss von weiteren USB-Geräten zugänglich. Es gibt derzeit drei Implementierungsvarianten für Hosts: UHCI und OHCI für USB 1.1-kompatible Hosts sowie EHCI für USB 2.0-kompatible High-Speed-Hosts (siehe Kapitel 4). Der Host übernimmt die Verwaltung der Bandbreiten und des Power-Managements für den gesamten Bus. Der zeitliche Ablauf aller Transaktionen wird durch die Host-Software gesteuert. An den Bus neu angesteckte Geräte werden durch den Host enumeriert und damit dem System zur Verfügung gestellt. Vom Bus entfernte Geräte werden durch den Treiberstack des Host beim System abgemeldet.

Zur zeitlichen Synchronisation aller Geräte am Bus sendet der Host jede Millisekunde ein Start-of-Frame-Token auf den Bus. Hierdurch wird die Zeit auf dem Bus in 1-ms-Frames eingeteilt.

Hub

Der Einsatz von Hubs ermöglicht den Anschluss von mehreren Geräten an ein bestehendes Port. Jeder Hub besitzt ein Upstream-Port, das in Richtung Host zeigt, und mehrere Downstream-Ports in Richtung der Functions oder weiterer Hubs. Vom Host gesendete Daten werden durch einen Hub an alle seine aktiven Downstream-Ports weitergeleitet. In der entgegengesetzten Richtung werden die Daten nur zum Upstream-Port durchgeschaltet.

In reinen USB 1.1-Bus-Systemen sind Hubs immer Full-Speed-Geräte. Ein Full-Speed-Hub schützt angeschlossene Low-Speed-Geräte vor Full-Speed-Datenverkehr. Sollen Low-Speed-Daten gesendet werden, wird dies den Hubs durch ein spezielles Token (PRE-Token) angekündigt.

USB 2.0-kompatible Hubs beherrschen alle drei definierten Geschwindigkeiten. Sie dienen deshalb auch der Entkopplung von Low- und Full-Speed-Geräten gegenüber dem High-Speed-Host. USB 2.0-kompatibler Host und USB 2.0-kompatibler Hub kommunizieren mittels High-Speed-Transfer, während Hub- und Low/Full-Speed-Gerät mit der jeweiligen Geräte-Geschwindigkeit kommunizieren. Zu diesem Zweck besitzen USB 2.0-kompatible Hubs einen so genannten Transaction-Translator (TT), dessen Funktion in Kap. 4 näher beschrieben wird.

Eine wesentliche Aufgabe der Hubs ist das Power-Management für angeschlossene Geräte. Hubs können über den Bus mit Strom gespeist werden oder eine eigene Stromversorgung besitzen. Hubs sind weiterhin für das Erkennen eines Connect (Anstecken eines Geräts an einen Downstream-Port) oder eines Disconnect (Abziehen eines Geräts) verantwortlich.

Function

Endgeräte wie Tastatur, Drucker, Modem usw. werden im USB-Umfeld Functions genannt. Nach einem Power-On-Reset besitzt eine Function die Defaultadresse 0. Erst im Verlauf der

Enumeration wird dem Gerät eine eigene Adresse durch den Host zugewiesen. USB-Functions können entweder als High-, Full- oder Low-Speed-Geräte implementiert werden. Für Full-Speed-Geräte ist die Datentransferrate auf 12 MBit/s festgelegt. Low-Speed-Geräte können nur Daten mit einer Datenrate von 1,5 MBit/s senden oder empfangen. High-Speed-Geräte können sowohl in High-Speed (480 MBit/s) als auch in Full-Speed kommunizieren. Dies ermöglicht den Einsatz von High-Speed-Geräten auch an einem USB 1.1-kompatiblen Host oder Hub.

Functions können zusammen mit einem Hub in einem USB-Gerät untergebracht werden. Ein bekanntes Beispiel hierfür ist die USB-Tastatur mit integriertem USB-Hub. Durch die gute Erreichbarkeit der Anschlüsse ist die Erweiterung des USB für den Nutzer sehr leicht möglich (z.B. Mouse und Joystick an der Hub-Tastatur). Die Stromversorgung kann über das USB-Kabel (Bus-Powered) oder durch ein eigenes Netzteil erfolgen (Self-Powered). Solange eine Function noch nicht komplett konfiguriert ist, darf sie den Bus mit maximal 100 mA belasten. Nach dem Aktivieren ihrer Konfiguration darf die Stromaufnahme bis zu 500 mA betragen.

2.1.2 Datentransfer zwischen Host und Functions

Der USB 1.1-Datentransfer vom Host zur Function (Downstream-Richtung) erfolgt im Broadcast-Modus, d.h. alle Daten, die der Host sendet, werden durch die Hubs an alle Geräte verteilt. Nur das Gerät, welches seine eigene Adresse im Token-Paket erkennt, antwortet. Die Übertragung dieser Antwort geschieht dann auf dem kürzesten Wege von der Function zum Host (Upstream-Richtung). Dabei passierte Hubs leiten die Signale nur an ihren Upstream-Port weiter, jedoch nicht an Geräte, die an Downstream-Ports angeschlossen sind.

Im USB 2.0-High-Speed-Modus erfolgt durch die High-Speed-Hubs eine Entkopplung des High-Speed-Datentransfers zwischen High-Speed-Hub und High-Speed-Host vom Full-/Low-Speed-Datenverkehr zwischen High-Speed-Hub und Full-/Low-Speed-Function. Dadurch können an einem USB 2.0-kompatiblen Host mit Hilfe von USB 2.0-kompatiblen Hubs mehrere USB 1.1-kompatible Busse quasi-parallel betrieben werden.

2.1.3 Datentransfer zwischen Functions

Eine direkte Kommunikation zwischen zwei Functions ohne Beteiligung des Host ist nicht möglich. Folgendes Beispiel dient der Erläuterung: Wenn Daten von der Function 8 zu Function 5 gesendet werden sollen, holt der Host zuerst die Daten von Function 8 über die Hubs 4, 2, 1 und sendet danach die Daten wieder im Broadcast-Modus auf den Bus. Die Daten werden dann über Hub 1 und 3 von Function 5 empfangen.

2.2 Kabel und Stecker

2.2.1 Aufbau des Kabels

Beim Universal-Serial-Bus wird ein einheitliches Stecker- und Kabelsystem benutzt. Dieses Konzept ist ein wesentlicher Erfolgsfaktor für diesen Busstandard. Insbesondere sollen dicke Kabel und verschiedene Steckertypen sowie erforderliche Adapter, wie diese z.B. bei externen SCSI- und COM-Schnittstellen üblich sind, vermieden werden.

Auch für USB 2.0-Geräte können die USB 1.1-kompatiblen Kabel und Stecker weiterhin benutzt werden. Allerdings sind die Anforderungen an die elektrische Qualität der Kabel hoch, weshalb für USB 2.0 nur nachweislich USB 1.1-taugliche Kabel verwendet werden sollten.

Die USB-Kabel enthalten immer 4 elektrische Leitungen: Masse- und Power-Leitung für die Stromversorgung des USB-Geräts über den Bus, und die Datenleitungen D+ und D-.

Leitung	Pin-Nummer am Stecker	Adern-Farbe
VCC	1	Rot
D-	2	Weiß
D+	3	Grün
GND	4	Schwarz

Tab. 2.1: Steckerbelegung und Adernfarben

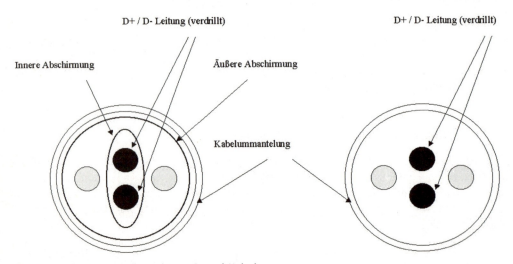

Bild 2.2: Aufbau von Full- und Low-Speed-Kabeln

Der physikalische Aufbau des Kabels unterscheidet sich je nach seiner Verwendung für ein Low-Speed- oder High/Full-Speed-Gerät. In den Kabeln für High- bzw. Full-Speed-Geräte sind die zwei Datenleitungen D+ und D- miteinander verdrillt und zusätzlich abgeschirmt. Diese Maßnahme dient der Minimierung hochfrequenter Störabstrahlung bzw. des Einflusses von äußeren Störfeldern. Die beiden Leitungen für die Stromversorgung sind nicht miteinander verdrillt. Das ganze Kabel ist noch einmal von einer äußeren Abschirmung umgeben.

Die Länge des Kabels für High/Full-Speed-Geräte ist auf 5 m begrenzt. Dies ergibt sich aus den geforderten Signallaufzeiten von maximal 30 ns für ein Kabelsegment innerhalb der USB-Topologie. Kann diese Bedingung nicht erfüllt werden, dann müssen die Kabel entsprechend kürzer konfektioniert werden. Mit zunehmender Kabellänge werden auch die verwendeten Kabelstärken angepasst, um die Spannungsverluste auf den Stromversorgungsleitungen niedrig zu halten.

Kabeltyp	Längen-Widerstand	Max. Länge
AWG 28	0,232 Ω / m	0,81 m
AWG 26	0,145 Ω / m	1,31 m
AWG 24	0,091 Ω / m	2,08 m
AWG 22	0,057 Ω / m	3,33 m
AWG 20	0,036 Ω / m	5,00 m

Tab. 2.2: Kabellängen in Abhängigkeit vom Kabeltyp

Bei Kabeln für Low-Speed-Geräte sind die beiden Datenleitungen nicht miteinander verdrillt und die Abschirmung entfällt. Low-Speed-Kabel sind deshalb dünner und flexibler, so wie es für Geräte wie Maus und Joystick auch erwünscht ist. Die Kabellänge ist auf 3 m begrenzt. Low-Speed-Geräte besitzen immer *fest angewachsene* Kabel, d.h., es gibt keine Low-Speed-Geräte mit USB-Buchse. Auf diese Weise soll verhindert werden, dass ungeschirmte Kabel irrtümlich für Full- oder High-Speed-Geräte verwendet werden.

Low-Speed-Geräte dürfen ausschließlich in USB 1.1-Systemen mit ungeschirmten Kabeln eingesetzt werden. Nach der neuen USB 2.0-Spezifikation müssen immer geschirmte Kabel verwendet werden. Dies gilt auch dann, wenn Low-Speed-Geräte gemeinsam mit USB 2.0-Geräten in einem System Verwendung finden.

2.2.2 USB-Steckverbindungen

Für den Universal-Serial-Bus sind zwei verschiedene Stecker definiert: die Stecker der A-Serie mit flachem, rechteckigem Querschnitt, und die Stecker der B-Serie mit quadratischem Querschnitt. Die in den Steckern befindlichen Kontakte für VCC und GND sind etwas länger als die für D+ und D-, um sicherzustellen, dass die Versorgung mit Betriebsspannung vor dem Kontakt der Datenleitungen gewährleistet ist.

Jede lösbare Steckverbindung an einem USB-Kabelende, welche in Upstream-Richtung zum Host zeigt, ist ein Stecker der A-Serie. Somit besitzen alle Low-Speed-Endgeräte einen A-Stecker an ihrem fest angeschlossenen Kabel. Die B-Serie wird als Abschluss an Kabelsegmenten genutzt, die in Downstream-Richtung zum USB-Gerät zeigen. Full- und High-Speed-Endgeräte (z.B. Drucker, Scanner) mit abziehbarem Kabel sind deshalb mit einer B-Buchse versehen.

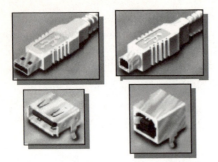

Bild 2.3: USB-Stecker A- und B-Serie

Die Verwendung von zwei mechanisch unterschiedlichen Steckern soll eine einfache, aber gleichzeitig sichere Handhabung des USB garantieren. Es lassen sich weder Schleifen noch andere verbotene Verbindungen herstellen. Allerdings sollte darauf geachtet werden, dass entsprechend der USB-Spezifikation nur Kabel mit einem A-Stecker an einem Ende und einem B-Stecker am anderen Ende erlaubt sind.

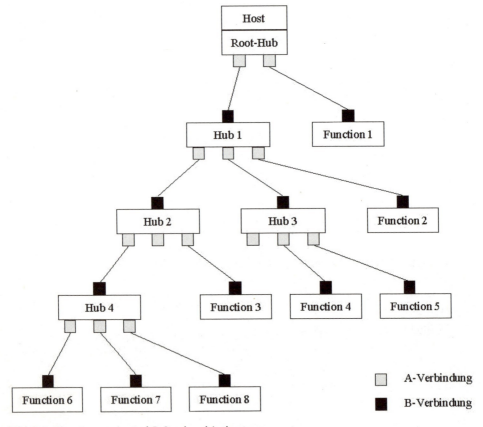

Bild 2.4: Einsatz von A- und B-Steckverbindungen

Leider werden vom Handel immer noch nicht erlaubte Kabel mit zwei A- oder zwei B-Steckern angeboten. Auch Verlängerungskabel mit z.B. einem A-Stecker und einer A-Kupplung oder »Gender-Changer« sind zu finden. Vor dem Einsatz dieser nicht USB-konformen Kabel und Adapter soll hier dringend gewarnt werden, da dies zum Zusammenbruch des USB-Datenverkehrs bis hin zur irreparablen Beschädigung von Geräten führen kann!

Mit der USB 2.0-Spezifikation erfolgte auch die Einführung eines miniaturisierten B-Steckers »Mini-B« für kleine externe Geräte wie z.B. PDAs, Handys und externe Diskettenlaufwerke.

2.3 Elektrisches Interface und Low-Level-Protokoll (USB 1.1)

Die Einführung des High-Speed-Modus in der USB 2.0-Spezifikation brachte insbesondere für das elektrische Interface und für das Low-Level-Protokoll umfangreiche Änderungen mit sich, welche im Kapitel 2.3.6 ausführlich beschrieben werden.

2.3.1 Signal-Pegel und Slew-Rate-Begrenzung

Die beiden Datenleitungen D+ und D- werden bis auf wenige Ausnahmefälle (SE0, EOP, RESET) differentiell getrieben. Der Low-Pegel wird mit 0 V und der High-Pegel wird mit 3,3 V durch den jeweiligen Sender getrieben.

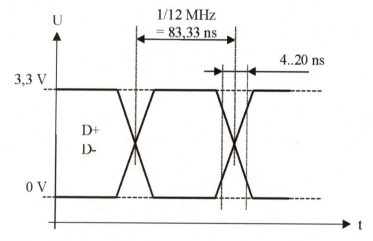

Bild 2.5: Elektrische Signale im Full-Speed-Mode

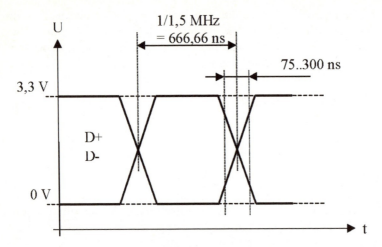

Bild 2.6: Elektrische Signale im Low-Speed-Mode

Um die Störabstrahlung der Kabel zu minimieren, müssen die Signalanstiegs- und -abfallzeiten durch die elektrischen Treiber begrenzt werden. Da diese Zeiten für Full-Speed- und Low-Speed-Geräte unterschiedlich definiert sind, werden analoge Treiber mit programmierbarer Slew-Rate eingesetzt. Bei Full-Speed-Geräten darf die Anstiegs- bzw. Abfallzeit zwischen 4 ns und 20 ns und bei Low-Speed-Geräten zwischen 75 ns und 300 ns liegen.

2.3.2 Connect- und Disconnect-Erkennung

Da der USB ein echter Hot-Plug-and-Play-Bus ist, sind Mechanismen implementiert, um Anstecken bzw. Abziehen eines USB-Geräts während des laufenden Betriebes zu erkennen. Diese Connect- und Disconnect-Erkennung wird auf elektrischer Ebene realisiert.

Die beiden Datenleitungen D+ und D- sind an den Downstream-Ports der Hubs mit jeweils 15 kΩ an Masse gelegt. Im Gegensatz hierzu ist beim USB-Gerät auf der Upstream-Seite eine Leitung über einen 1,5 kΩ Pull-Up-Widerstand mit 3,3 V verbunden. Bei Full-Speed-Geräten ist dies die D+ -Leitung, bei Low-Speed-Geräten dagegen D-.

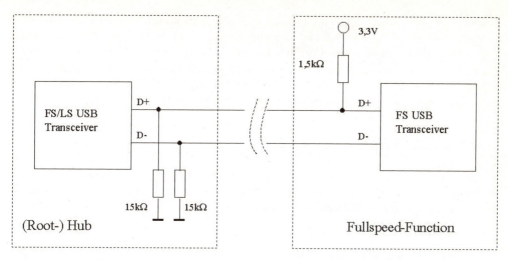

Bild 2.7: Connect-Erkennung für Full-Speed-Gerät

Der Hub überwacht an jedem Downstream-Port beide Datenleitungen, ohne sie mit einem Pegel zu treiben. Ist kein Gerät angeschlossen, ziehen die 15 kΩ Pull-Down-Widerstände beide Leitungen auf Low-Pegel. Wird ein Full-Speed-Gerät an diesen Downstream-Port angeschlossen, bewirkt der Pull-Up-Widerstand von 1,5 kΩ an D+ einen High-Pegel auf dieser Leitung. Der Hub erkennt diese Pegeländerung und signalisiert nach 2,5 µs stabilem High-Pegel auf D+ ein Connect-Ereignis an den Host. Dieser kümmert sich dann um die Enumeration des neu angesteckten Geräts. Da der Hub unterscheidet, ob durch das neu angesteckte Gerät die D+- oder die D-Leitung auf High-Pegel liegt, besitzt er gleichzeitig die Information über die Geschwindigkeitsklasse des Geräts.

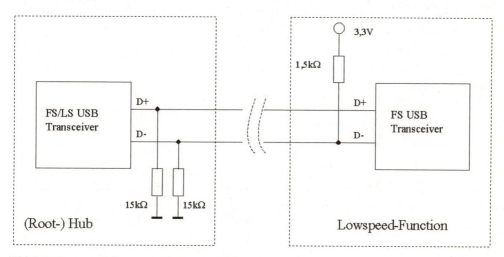

Bild 2.8: Connect-Erkennung für Low-Speed-Gerät

Analog zur Connect-Erkennung wird auch ein Disconnect erkannt. Treibt der Hub kein Signal auf sein Downstream-Port, so befindet sich eine Leitung auf Low und die andere auf High, entsprechend der unterstützten Geschwindigkeit des angesteckten Geräts. Gehen beide Leitungen auf Low und verbleiben dort länger als 2,5 µs, wird dies als ein Disconnect erkannt. Auch in diesem Falle wird der Hub den Host benachrichtigen, der daraufhin das abgezogene Gerät (oder auch mehrere Geräte) aus seiner Konfiguration entfernt.

2.3.3 Buszustände in der USB 1.1-Spezifikation

Auf den Datenleitungen wird entweder eine *Differentielle 1* oder eine *Differentielle 0* getrieben. Ist die D+-Leitung positiver als die D--Leitung, wird von *Differentielle 1* gesprochen. Im umgekehrten Fall liegt eine *Differentielle 0* vor.

- *Differentielle 1*, wenn D+ − D- > 200 mV
- *Differentielle 0*, wenn D- − D+ > 200 mV

Im Ruhezustand werden die beiden Datenleitungen nicht getrieben. Ihr Pegel wir nur durch die beiden 15 kΩ Pull-Down-Widerstände an der Upstream-Seite und dem 1,5 kΩ Pull-Up-Widerstand an einer Leitung auf der Downstream-Seite bestimmt. Dieser Zustand wird für beide Geschwindigkeitsklassen als *J*-Zustand (*Idle*) bezeichnet.

Bei Fullspeed-Geräten liegt die D+-Leitung auf High-Pegel. Der *J*-Zustand stellt hier eine *differentielle 1* dar. Bei Low-Speed-Geräten liegt die D--Leitung auf High-Pegel. Der *J*-Zustand stellt hier eine *0* dar.

Der *K*-Zustand entspricht dem invertierten *J*-Zustand. Dieser wird nur erreicht, wenn die Datenleitungen entgegen ihrem Ruhepotential getrieben werden. Der *K*-Zustand wird auch als *Resume*-Signal benutzt.

		D+	D-	*Differentiell*
Low-Speed	*J*-Zustand (*Idle*)	Low	High	0
	K-Zustand (*Resume*)	High	Low	1
Full-Speed	*J*-Zustand (*Idle*)	High	Low	1
	K-Zustand (*Resume*)	Low	High	0

Tab. 2.3: Logische Buszustände

Außerhalb des passiven *Idle*-Zustandes werden die beiden Busleitungen immer aktiv getrieben. Zu Beginn einer Datenübertragung werden die Datenleitungen durch den differentiellen Treiber des Senders immer invers zum *Idle*-Zustand getrieben. Der Übergang vom passiven *J*-Zustand zu einem aktiv getriebenen *K*-Zustand wird als Start-of-Packet (SOP) bezeichnet.

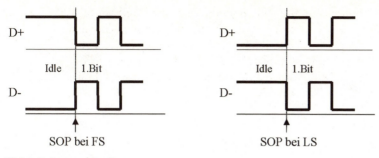

Bild 2.9: Start-of-Packet

Neben dem differentiellen Ansteuern der Leitungen müssen die Treiber auch die Fähigkeit besitzen, beide Leitungen mit Low zu treiben. Dieser spezielle Zustand wird *SE0* (Single-Ended-Zero) genannt. Um das Ende eines Datenpakets zu signalisieren, wird der *SE0*-Zustand vom Sender für 2 Taktzyklen getrieben, gefolgt von mindestens einem Taktzyklus *Idle*. Diese Signalfolge wird End-of-Packet genannt (EOP).

Wird der SE0-Zustand länger als 2,5 µs getrieben, wird dies vom USB-Gerät als USB-Reset interpretiert. Ein Reset kann nur vom Host aus initiiert werden und wird durch einen Hub ausgeführt.

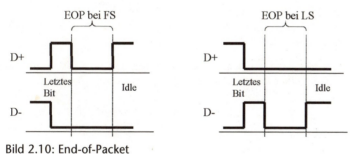

Bild 2.10: End-of-Packet

2.3.4 Elektrisches Interface

Alle USB-Geräte besitzen ein elektrisches Interface, das sich in 3 Komponenten einteilen lässt:

- Differentieller Empfänger
- Differentieller Treiber
- Single-Ended Empfänger

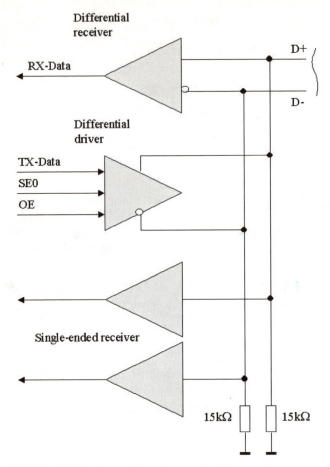

Bild 2.11: Elektrisches Interface eines Downstream Port

Der differentielle Empfänger dient dem Entsymmetrieren der auf den Datenleitungen empfangenen Daten. Die differentiell empfangenen Daten werden hier wieder in normale Logikpegel umgewandelt. Der Empfänger muss eine differentielle Schaltschwelle von 200 mV aufweisen, wenn sich beide Datenleitungen in einem Spannungsbereich zwischen 0,8...2,5 V befinden.

Neben dem differentiellen Empfänger befinden sich an jeder Leitung jeweils ein *Single-Ended-Receiver*. Im engeren Sinne sind dies einfache nichtinvertierende Treiber mit Schmitt-Trigger-Charakteristik und einer Schaltschwelle zwischen 0,8 und 2,0 V. Mit Hilfe dieser Empfänger werden nichtdifferentielle Zustände auf den beiden Datenleitungen D+ und D- detektiert. Dies sind insbesondere Connect und Disconnect sowie *SE0*-Zustände (EOP bzw. USB-RESET).

2.3 Elektrisches Interface und Low-Level-Protokoll (USB 1.1)

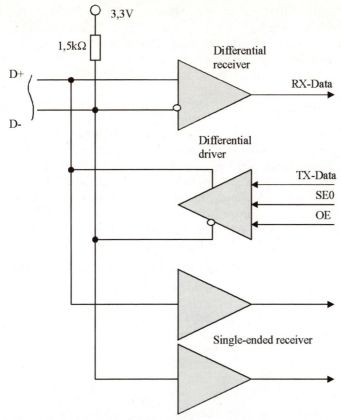

Bild 2.12: Elektrisches Interface eines Upstream Port

Um die Datenleitungen zu treiben, werden analoge Treiberstufen verwendet. Nur damit können die unterschiedlichen Slew-Rates für Full- und Low-Speed verwirklicht werden. Neben dem Symmetrieren der zu übertragenden Daten muss auch die Möglichkeit bestehen, einen *SE0*-Zustand zu treiben.

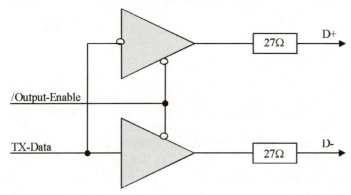

Bild 2.13: Differentieller Treiber

Die Treiber werden meist in CMOS-Technologie gefertigt. Allerdings ist damit nicht die laut USB-1.1-Spezifikation erforderliche Ausgangsimpedanz zwischen 28 und 44 Ω zu erreichen, da die Treiber niederohmiger sind. Deswegen sind auf (fast) jedem Design zwei typische Reihenwiderstände (22 ... 27 Ω) in den Datenleitungen zu finden.

2.3.5 Low-Level-Datencodierung

Im Gegensatz zu anderen einfachen seriellen Verbindungen (z.B. der COM-Schnittstelle) wird bei der USB-Datenübertragung eine Codierung der Daten vorgenommen. Hierdurch soll einerseits eine höhere Datensicherheit erreicht werden, andererseits wird eine Taktrückgewinnung ermöglicht. Zum Zweck der Codierung werden die Daten in einem Schieberegister serialisiert, durchlaufen einen Bit-Stuffer und werden anschließend durch einen NRZI-Encoder geführt. Der daraus gewonnene NRZI-Datenstrom wird durch die differentiellen Treiber symmetriert und auf die D+- und die D-Leitung getrieben. Auf der Empfängerseite wird der gesamte Prozess umgekehrt, so dass letztendlich die Nutzdaten wieder zur Verfügung stehen.

Aus der NRZI-Codierung erklärt sich die Notwendigkeit des Bit-Stuffing. NRZI steht für *Non-Return-to-Zero-Inverted* und ist ein in der Informationselektronik oft verwendetes Codierungsverfahren. Wird im seriellen Eingangsdatenstrom eine 0 erkannt, dann wird im NRZI-Datenstrom ein Polaritätswechsel forciert. Bei einer 1 im Datenstrom bleibt dagegen die Polarität des NRZI-Ausgangs unverändert. Mehrere aufeinander folgende Nullen führen also zu einem ständigen Polaritätswechsel.

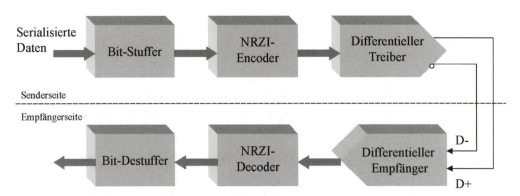

Bild 2.14: Datenfluss der Low-Level-Datencodierung

Der Empfänger synchronisiert seine PLL auf das zu empfangende Signal mit Hilfe dieser Signalwechsel. Gleichzeitig ist damit die Taktrückgewinnung garantiert. Bleiben die Signalwechsel über eine längere Zeit aus, kann dies zu einem Synchronisationsverlust zwischen Sender und Empfänger führen. Damit auch bei vielen aufeinander folgenden Einsen im Nutzdatenstrom dies nicht geschieht, ist vor dem NRZI-Encoder ein Bit-Stuffer in den Datenstrom eingefügt. Erkennt dieser im Datenstrom sechs aufeinander folgende Einsen, wird danach automatisch eine 0 in den Datenstrom eingefügt. Diese zusätzliche Bit-Stuff-Null forciert im NRZI-Encoder wieder einen Polaritätswechsel.

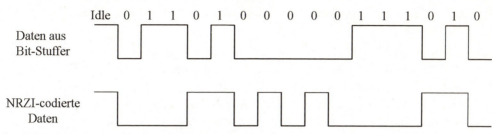

Bild 2.15: NRZI-Codierung des serialisierten Datenstroms

Auf der Empfängerseite zählt nach dem NRZI-Decoder der Bit-Destuffer die Anzahl der empfangenen Einsen mit. Nach sechs aufeinander folgenden Einsen erwartet der Destuffer die auf Senderseite eingefügte Bit-Stuff-Null und entfernt diese wieder aus dem Datenstrom, so dass die reinen Nutzdaten am Schieberegister wieder zur Verfügung stehen.

Das Einfügen und Entfernen der Bit-Stuff-Null ist ein reiner Automatismus ohne jegliche Ausnahmen. Auch wenn der Nutzdatenstrom nach sechs Einsen eine Null enthält, wird trotzdem zusätzlich eine Bit-Stuff-Null eingefügt. Sind die letzten zu übertragenden Bits im Datenstrom sechs Einsen, so wird ebenfalls eine Bit-Stuff-Null angehängt.

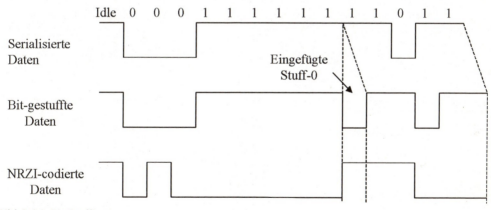

Bild 2.16: Bit-Stuffing

2.3.6 High-Speed-Interface (USB 2.0)

Für eine Datenrate von 480 MBit/s erwies sich der bisher verwendete Busabschluss (15 k Pull-Down auf Upstream-Seite und 1,5 k Pull-Up auf Downstream-Seite) als ungeeignet. Auch der relativ hohe Spannungshub von 3,3 V und das Treiben der Leitungen durch analoge Spannungstreiber erwies sich als problematisch. Nach Simulationen und Laborversuchen wurden schließlich folgende elektrische Vorraussetzungen für den High-Speed-Modus definiert:

- Einsatz von differentiellen Stromtreibern für 17,78 mA
- Kein Pull-Up-Widerstand auf Downstream-Seite
- Beidseitiger Abschluss des Busses mit Z = 45 Ohm ± 10% für eine maximale Reflexionsunterdrückung

Sind die Datenleitungen auf beiden Seiten mit je 45 Ohm abgeschlossen, beträgt der effektive Widerstand 22,5 Ohm, womit der Stromtreiber einen nominellen Spannungshub (Spitze-Spitze) von 400 mV erzeugen kann.

Um diese Anforderungen zu erfüllen, sind für High-Speed wesentlich komplexere Transceiver als die bisher für USB 1.1 verwendeten notwendig. Bild 2.17 zeigt den prinzipiellen Aufbau eines High-Speed-fähigen Transceivers. Die differentiellen Receiver und notwendigen Stromtreiber für den High-Speed-Modus arbeiten parallel zu den bisher genutzten USB 1.1-kompatiblen Full/Low-Speed-Transceivern.

Für den beidseitigen Abschluss mit jeweils 45 Ohm werden die Full-Speed-Treiber benutzt. Die innere Impedanz des Transceivers und des externen Reihenwiderstandes muss nach der USB 2.0-Spezifikation 45 Ohm betragen. Im High-Speed-Modus treiben die Full-Speed-Transceiver ein SE0 auf die Datenleitungen. Sie stellen somit einen virtuellen Massepunkt mit einer angekoppelten Impedanz von 45 Ohm dar.

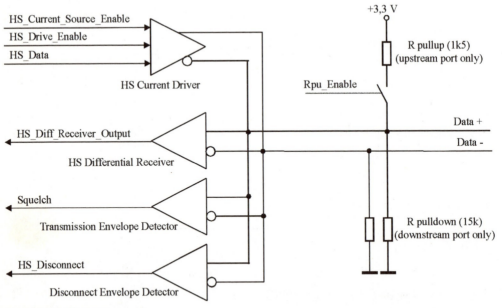

Bild 2.17: USB 2.0 Transceiver

Auf Grund des nicht mehr vorhandenen Pull-Up-Widerstandes in der High-Speed-Betriebsart ist es dem (logisch) darüberliegenden Host/Hub nicht mehr auf herkömmliche Weise möglich, das Entfernen eines Geräts vom Bus zu erkennen. In USB 1.1-Bussystemen wird laut Spezifikation ein Disconnect-Zustand erkannt, wenn der Hub auf den Datenleitungen für die Zeitdauer von >2,5 µs einen SE0-Zustand erkennt (SE0 = Single Ended Zero, beide Datenleitungen liegen auf logisch 0). Im High-Speed-Modus ist der Bus jedoch dann im SE0-Zustand, wenn keine Stromquelle aktiv ist. Für die Disconnect-Erkennung nutzt man deshalb den fehlenden Abschluss auf der Geräteseite aus. Treibt ein Hub einen K- oder J-Zustand auf die Datenleitungen, ohne dass ein Gerät angeschlossen ist, so wirkt der Strom auf effektiv 45 Ohm anstatt auf 22,5 Ohm. Dadurch entsteht eine Spannungsüberhöhung von 400mV auf 800mV Spitze-Spitze auf der Treiberseite, welche durch den im Transceiver implementierten »Disconnect Envelope Detector« erkannt wird. Die Überprüfung dieses Zustandes erfolgt allerdings nur während der letzten 8 Bit des 40 Bit langen EOP-Feldes eines Micro-Frame-Tokens.

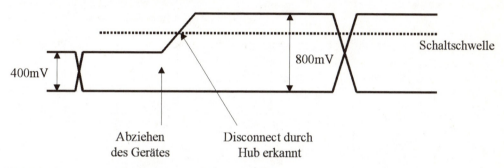

Bild 2.18: Spannungsüberhöhung als Disconnect-Erkennung

Eine zusätzliche Rauschunterdrückung durch den Transmission-Envelope-Detector sorgt bei differentiellen Spannungspegeln ≤ 100 mV dafür, dass die Signale des differentiellen Receivers nicht ausgewertet werden (Squelch).

Änderungen innerhalb des Low-Level-Protokolls gab es außerdem bei der Codierung des SYNC-Feldes, welches zu Beginn jedes Token gesendet wird. Dieses SYNC-Feld wurde von 8 auf 32 Bit Länge erweitert und soll damit das sichere Einrasten der digitalen PLL auch dann ermöglichen, wenn sich das Gerät, vom Host aus gesehen, hinter mehreren Hubs befindet.

Da die Datenübertragung im High-Speed-Modus nur unter Verwendung des Differential-Pair-Prinzips sicher gestaltet werden kann und der High-Speed-IDLE-Zustand einem SE0 entspricht, wurde auch eine andere Codierung des EOP (End-Of-Packet) gewählt. In der USB 1.1-Spezifikation wurde ein EOP durch ein 2 Taktzyklen langes SE0, gefolgt vom Idle-Zustand, festgelegt. Dagegen entspricht im High-Speed-Modus ein Bit-Stuff-Error (min. 7 aufeinander folgende »1« im Datenstrom) dem EOP.

2.4 Transferarten

2.4.1 Pipe- und Endpoint-Konzept

Physikalisch besteht die Verbindung zu einem USB-Gerät lediglich aus der D+- und D-Leitung. Der USB unterstützt jedoch die Einrichtung mehrerer virtueller logischer Datenkanäle, den so genannten Pipes. Jede Pipe endet in einem Endpoint.

58 Kapitel 2: Grundlagen

Jedes USB-Gerät kann mehrere Endpoints und somit mehrere Pipes unterstützen. Physikalisch gesehen, ist ein Endpoint eine FIFO mit einer festgelegten Tiefe, welche USB-Daten empfangen oder senden kann. Bei der Adressierung von USB-Daten auf dem Bus wird neben der 7-Bit-USB-Adresse des Geräts eine weitere 4 Bit breite Endpoint-Nummer gesendet, wodurch die angesprochene FIFO in einem USB-Gerät eindeutig identifiziert ist. Weiterhin dient die Richtung des Datentransfers implizit als zusätzliches Adressierungsmerkmal für den entsprechenden Endpoint.

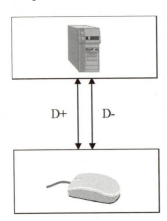
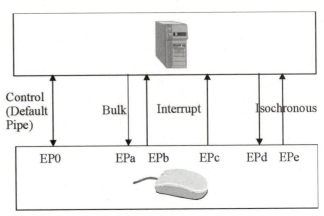

Bild 2.19: Pipe-Konzept vom USB

Dieses Konzept erlaubt die Implementierung von mehreren, logisch unabhängigen Geräten innerhalb eines physikalischen USB-Geräts. Mehrere Endpoints können zu einem Interface zusammengefasst werden. Hieraus wird deutlich, dass der USB im Gegensatz zu den konventionellen proprietären Protokollen über die V24-Schnittstelle keinen privaten Header benötigt, um das adressierte logische Gerät zu bestimmen.

Alle USB-Geräte müssen einen Control-Endpoint EP0 unterstützen. Dieser Endpoint ist der einzige bidirektionale Endpoint. Über EP0 können sowohl Daten empfangen als auch gesendet werden. Alle anderen Endpoints arbeiten unidirektional, sie können Daten entweder empfangen oder senden.

Definition der Datenübertragungsrichtung

Die Richtung des Datentransfers wird immer aus Sicht des Host bestimmt. Endpoints in Functions, die nur Daten empfangen können, sind OUT-Endpoints. Ein typisches Beispiel für einen Transfer in OUT-Richtung ist die Übertragung von Druckdaten vom PC zum Drucker. OUT-Transfers laufen also immer in Downstream-Richtung ab.

Wenn Daten in Upstream-Richtung von einer Function zum Host übertragen werden, dann liegt ein IN-Transfer vor. Function-Endpoints, die nur Daten senden können, sind also immer IN-Endpoints.

Zuordnung der Endpoints zu den Transferarten

Zur Übertragung von Daten sind vier verschiedene Transferarten festgelegt:

- Control-Transfer
- Interrupt-Transfer
- Bulk-Transfer
- Isochronous-Transfer

Dem Endpoint EP0 ist immer der Control-Transfer zugeordnet. Zu allen anderen Endpoints lässt sich jeweils eine beliebige Transferart frei zuordnen. Als Beispiel sei ein Gerät mit folgendem Endpoint-Layout vorgestellt:

Endpoint-Nummer	Richtung	Endpoint-Adresse	Transferart
EP 0	BIDIR	0x00	Control
EP 1	IN	0x81	Interrupt
EP 1	OUT	0x01	Bulk
EP 2	IN	0x82	Bulk
EP 3	OUT	0x03	Isochronous

Tab. 2.4: Beispiel für Endpoint-Layout

Dass der Endpoint EP1 zweimal vergeben wurde, ist kein Fehler, sondern Absicht. Neben der 4-Bit-Endpoint-Nummer dient die Richtungsangabe zur eindeutigen Identifizierung eines Endpoints. Nur die aus Endpoint-Nummer und Richtung gebildete Endpoint-Adresse kennzeichnet einen Endpoint eindeutig. Physikalisch wie logisch sind die beiden Endpoints mit der Nummer 1 also verschieden. Nicht erlaubt sind z.B. zwei EP1, wenn beide in OUT-Richtung arbeiten.

Die maximale Anzahl der je Gerät unterstützten Endpoints ergibt sich aus der 4-Bit-Endpoint-Nummer und der Richtungszuordnung. Neben dem bidirektionalen Control-Endpoint EP0 können maximal 15 IN- **und** 15 OUT-Endpoints implementiert werden.

Message- und Stream-Pipes

Für den USB werden zwei unterschiedliche Pipe-Konzepte unterstützt:

- Message-Pipes
- Stream-Pipes

Daten, die über Message-Pipes übertragen werden, besitzen eine durch die USB-Spezifikation definierte Struktur. Über Message-Pipes übertragene Daten werden also durch die Firmware des jeweiligen Empfängers interpretiert. Message-Pipes werden mittels Control-Transfers realisiert und nichtperiodisch durch den Host bedient. Ein USB-Gerät muss den Host darüber informieren, ob die per Message-Pipe übertragenen Daten erfolgreich interpretiert werden konnten. Die Ablaufsteuerung hierfür wird in Kapitel 2.6.5. erklärt.

Der in jedem USB-Gerät vorhandene Endpoint EP0 ist immer mit dem Control-Transfer assoziiert. Die hier übertragenen Daten sind in der USB-Spezifikation [1] Kapitel 9 als Standard-Device-Requests definiert. Die mit Endpoint EP0 etablierte Pipe ist deshalb immer eine Message-Pipe.

Zwischen den verschiedenen Protokollabschnitten (*Stages*) der Message-Pipes kann der Host über Stream-Pipes mit anderen Geräten kommunizieren. Verschachtelte Message-Transfers zu einem Gerät sind allerdings verboten. Dies erleichtert wesentlich die Firmware-Implementierung in den Geräten.

Stream-Pipes übertragen Datenströme, die nicht durch die USB-Spezifikation definiert sind. Sie eignen sich also für das Versenden aller möglichen Daten. Stream-Pipes arbeiten immer unidirektional und können Bulk-, Isochronous- und Interrupt-Transfers unterstützen.

Generell überträgt der USB nur notwendige Daten. Wenn z.B. nur 20 Byte über eine 64 Byte tiefe FIFO versendet werden sollen, braucht die FIFO nicht auf 64 Byte aufgefüllt werden. Datenpakete, die kürzer als die FIFO-Tiefe sind, werden nicht besonders angekündigt.

2.4.2 Control-Transfer

Zur Steuerung und Konfiguration eines USB-Geräts dient der Control-Transfer. Control-Transfers sind immer mit dem EP0 assoziiert und können deshalb bidirektional ablaufen. Die OUT-FIFO des Control-Endpoints muss mindestens 8 Byte aufnehmen können, da Standard-Device-Requests per Definition immer 8 Byte lang sind.

Für Low-Speed-Geräte ist die FIFO-Größe des EP0 auf exakt 8 Byte festgelegt. Full-Speed-Geräte können FIFO-Tiefen von 8, 16, 32 oder 64 Byte haben. Bei High-Speed-Geräten ist die FIFO-Tiefe fix auf 64 Byte festgelegt. Für die Datenübertragung von der Function zum Host wird immer die maximale FIFO-Größe benutzt. Diese ist im Device-Descriptor codiert. Für den Control-Transfer sind auf dem Bus bis zu 10 % der verfügbaren Bandbreite reserviert. Die Daten werden immer garantiert angeliefert, da das USB-Protokoll eine integrierte Fehlerkorrektur besitzt. Zusätzlich greift hier ein doppeltes Handshake-Modell, wie es in Kap. 2.6.5. beschrieben ist.

2.4.3 Interrupt-Transfer

Zur Übertragung von kleinen Datenmengen dienen Interrupt-Pipes. Typische Anwendungen sind die Statusabfrage von Geräten oder die Übertragung von Tastenanschlägen bei Keyboards.

Der Begriff »Interrupt« darf an diese Stelle nicht als extern initiierte Unterbrechung des Prozessors verstanden werden. Da der USB ein Single-Master-System ist, darf kein Gerät ohne Aufforderung senden. Interrupt-Endpoints werden deshalb durch den Host zyklisch abgefragt (Polling). Das Polling-Intervall kann ein Vielfaches von 1 ms betragen und ist im Endpoint-Descriptor definiert. Innerhalb eines Frame (1 ms) ist ein mehrfaches Abfragen eines Interrupt-Endpoints nicht möglich.

Die FIFO-Größe ist bei Low-Speed-Geräten auf maximal 8 Byte begrenzt. Entwickler sind angehalten, die Datenmengen nicht größer als notwendig werden zu lassen. Beispielsweise ist für eine Low-Speed-Maus ein Interrupt-Endpoint mit einer FIFO-Tiefe von 3 Byte ausreichend. Bei Low-Speed-Tastaturen sind 8 Byte üblich. Full-Speed-Geräte können beliebige FIFO-Größen zwischen 1 Byte bis maximal 64 Byte haben. High-Speed-Geräte können bis zu 3.072 Byte innerhalb eines Micro-Frames übertragen. Dies geschieht allerdings nicht in einem Block, sondern in bis zu 3 Datenpaketen mit einer Größe von bis zu 1.024 Byte.

Für Interrupt- und Isochronous-Transfers sind bis zu 90 % der verfügbaren Bandbreite auf dem Bus reserviert. Sie haben somit einen garantierten Zugriff auf den Bus. Interrupt-Transfers unterliegen der integrierten Fehlerkorrektur des USB-Protokolls.

Wenn der zyklisch abgefragte Endpoint keine Daten für den Host hat, antwortet er auf das IN-Token mit einem NAK. In der USB 1.0-Spezifikation wurde der Interrupt-Transfer ausschließlich für die IN-Richtung spezifiziert. Ab der USB 1.1-Spezifikation ist er auch für die OUT-Richtung erlaubt.

2.4.4 Bulk-Transfer

Zur Übertragung von großen und zeitunkritischen Datenmengen dient der Bulk-Transfer. Diese Transferart ist für beide Richtungen spezifiziert. So können z.B. in OUT-Richtung Daten an einen Drucker übertragen oder in IN-Richtung Daten von einem Scanner abgeholt werden. Bulk-Daten werden nur innerhalb der noch verfügbaren Bandbreite übertragen. Allerdings gibt es hier einige Unterschiede im Rahmen der Host-Spezifikation für UHCI bzw. für OHCI (siehe Kapitel 4).

Bulk-Endpoints werden nur angesprochen, wenn auch wirklich Daten vorhanden sind. Bei OUT-Richtung beginnt der Host ohne vorherige Ankündigung zu senden. Sollen dagegen Daten über einen Bulk-Endpoint in IN-Richtung transportiert werden, so wird dies meist mit einem Status-Byte über einen Interrupt-IN-Endpoint beim Host angemeldet.

Bulk-Transfer ist nur für High- und Full-Speed-Geräte spezifiziert. Low-Speed-Geräte unterstützen lediglich Control- und Interrupt-Transfer. Die FIFO-Tiefe von Full-Speed-Bulk-Endpoints kann 8, 16, 32 oder 64 Byte betragen. Innerhalb eines 1-ms-Frame kann ein Bulk-Endpoint mehrfach angesprochen werden. Dadurch wird die schnelle Übertragung von großen Datenmengen möglich.

High-Speed-Bulk-Tansfers werden mit 512 Byte großen Datenpaketen durchgeführt.

Auch der Bulk-Transfer unterliegt der Fehlerkorrektur des USB-Protokolls. Die Daten werden somit garantiert fehlerfrei übertragen.

2.4.5 Isochronous-Transfer

Ein wesentliches Merkmal des USB ist die Unterstützung des Isochronous-Transfer. Damit ist die Übertragung von Daten möglich, die eine konstante Bandbreite erfordern. Typische Anwendungsbeispiele sind die Übertragung von Audio- bzw. Videodaten.

Der Isochronous-Transfer hat immer einen garantierten Zugriff auf den Bus. Die FIFO eines isochronen Endpoint wird innerhalb des 1-ms-Frame genau einmal übertragen. Zusammen mit den Interrupt-Transfers sind bis zu 90 % der USB-Bandbreite für diese periodischen Transferarten reserviert. Isochrone Endpoints werden nur von High- und Full-Speed-Geräten unterstützt. In der USB 1.1-Spezifikation durfte die FIFO-Größe mit beliebigen Werten zwischen 1 und 1.023 (!) Byte festgelegt und im Endpoint-Descriptor codiert werden.

Isochrone Datentransfers im High-Speed-Modus können bis zu 3.072 Byte innerhalb eines 125 µs langen Microframe übertragen. Dies geschieht durch die Übertragung von bis zu 3 Datenpaketen mit einer maximalen Größe von maximalen Größe von 1.024 Byte.

Isochrone Datentransfers unterliegen keiner Fehlerbehandlung! Außerdem wird bei der Datenübertragung durch das Empfangsgerät kein Handshake gesendet. Für die praktische Nutzung dieses Übertragungskonzeptes muss dies berücksichtigt werden. Es kommen nur Anwendungen in Frage, für die die Echtzeitübertragung der Daten wichtiger ist als die absolut korrekte Übermittlung. Bei der Übertragung von Audiodaten zu Lautsprechern entsteht kein Qualitätsmangel durch den Verlust eines oder mehrerer Samples. Verspätete Daten sind während einer isochronen Übertragung unnütze Daten.

Für die isochrone Übertragung muss die Applikation die Synchronisation zwischen Datenquelle (z.B. Audio-CD im CD-ROM-Laufwerk) und Datensenke (z.B. USB-Lautsprecher) gewährleisten. Dies erfordert einen Synchronisationsmechanismus, der zusammen mit der Datenrate den potenziellen Verlust von Daten verhindert. In der USB-Spezifikation sind dazu 3 grundlegende Mechanismen definiert:

Asynchron

Isochrone Datenströme werden dann als asynchron bezeichnet, wenn sie auf einen externen Takt oder freilaufenden Takt synchronisiert sind. In diesem Falle laufen sie zum 1-ms-USB-Frame asynchron.

Synchron

Synchrone Geräte können ihre isochronen Endpoints auf den 1-ms-Framepuls synchronisieren. Falls ein Gerät dies nicht kann, so kann auch der zugehörige Host-Treiber für dieses Gerät eine Nachjustierung der Framelänge vornehmen, um damit eine Synchronisation auf den 1ms-USB-Takt zu erreichen. USB erlaubt einem einzigen *Master*-Gerät die Manipulation der Framelänge zum Zweck der Synchronisation.

Adaptiv

Geräte, die sich adaptiv synchronisieren, können ihren Datenstrom in einem gewissen Bereich anpassen. Als Beispiel soll eine isochrone Pipe für 16-Bit-Audio-Daten mit einer Sampling-Rate von 44,1 kHz betrachtet werden. In den meisten Frames werden 88 Byte gesendet. Etwa alle 10 Frames müssen jedoch 90 Byte gesendet werden, um die Datenrate wieder anzupassen.

2.4.6 Zusammenfassung und Bandbreitenabschätzung

Die folgende Tabelle soll noch einmal eine Zusammenfassung der vier unterstützten Transferarten darstellen.

Transferart	FIFO-Tiefe in Byte		Fehlerkorrektur	Bandbreite
Control	Low-Speed:	8	ja	max. 10 % garantiert
	Full-Speed:	8, 16, 32, 64		
	High-Speed:	64		
Interrupt	Low-Speed:	1...8	ja	max. 90% garantiert
	Full-Speed:	1...64		(zusammen mit Isochronous)
	High-Speed:	1...3.072		
Bulk	Full-Speed:	8, 16, 32, 64	ja	nur bei verfügbarer Bandbreite
	High-Speed:	512		
Isochronous	Full-Speed:	1...1.023	nein	max. 90% garantiert
	High-Speed:	1...3.072		(zusammen mit Interrupt)

Tab. 2.5: Zusammenfassung der Transferarten

Bei der Konzeption eines USB-Geräts ist neben den Eigenschaften der Endpoints auch die maximal erreichbare Datenübertragungsrate von Interesse. Die folgende Tabelle stellt eine Abschätzung dar. Protokoll-Overhead und Bit-Stuffing sind bei der Kalkulation der Bandbreiten mit eingerechnet.

Transferart	Protokoll-Overhead in Byte	Maximale FIFO-Tiefe in Byte	Übertragungen pro Microframe	Max. erreichbare Bandbreite
Control	45	64	max. 1 (EHCI)	4,0 MBit/s
Interrupt	13	3 x 1.024	1	192 MBit/s
Bulk	13	512	max. 12	384 MBit/s
Isochronous	9	3 x 1.024	1	192 MBit/s

Tab. 2.6: Maximale Datenraten für High-Speed-Geräte

Transferart	Protokoll-Overhead in Byte	Maximale FIFO-Tiefe in Byte	Übertragungen pro Frame	Max. erreichbare Bandbreite
Control	45	64	max. 13 (OHCI)	6,6 MBit/s
			Max. 1 (UHCI)	512 KBit/s
Interrupt	13	64	1	512 KBit/s
Bulk	13	64	max. 19	9,7 MBit/s
Isochronous	9	1.023	1	8,2 MBit/s

Tab. 2.7: Maximale Datenraten für Full-Speed-Geräte

64 Kapitel 2: Grundlagen

Low-Speed-Geräte sind nur für kleine Datenmengen vorgesehen und unterstützen deshalb nur Control- und Interrupt-Endpoints.

Transferart	Protokoll-Overhead in Byte	Maximale FIFO-Tiefe in Byte	Übertragungen pro Frame	Max. erreichbare Bandbreite
Control	46	8	Max. 3 (OHCI)	192 KBit/s
			Max. 1 (UCHI)	64 KBit/s
Interrupt	13	8	1 je 8 Frames	8 KBit/s

Tab. 2.8: Maximale Datenraten für Low-Speed-Geräte

2.5 USB-Token-Packets

2.5.1 Framework

Die Bandbreite auf dem USB wird durch den Host in 1-ms-Zeitabschnitte (Frames) eingeteilt. Bei einem Bustakt von 12 MHz im Full-Speed-Modus können innerhalb eines Frame entsprechend 12.000 Bit übertragen werden. Im Low-Speed-Modus und bei einem Bustakt von 1,5 MHz können entsprechend 1.500 Bit je Frame übertragen werden.

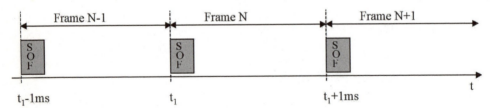

Bild 2.20: Zeittakt des USB

Damit alle Geräte diese Frame-Einteilung erkennen, wird durch den Host im Full-Speed-Modus jede Millisekunde ein Start-of-Frame-Token (SOF) im Full-Speed-Modus gesendet. Dieses Paket besitzt auf dem Bus die höchste Priorität. Es enthält eine fortlaufende 11 Bit breite Framenummer. Ist der maximale Wert von 0x7FF erreicht, wird wieder mit 0x000 gestartet.

Idle	SYNC	SOF	FRAME #	CRC5	EOP
11965	00000001	0xA5	0x7FD	0x1F	2

Idle	SYNC	SOF	FRAME #	CRC5	EOP
11964	00000001	0xA5	0x7FE	0x1D	2

Idle	SYNC	SOF	FRAME #	CRC5	EOP
11964	00000001	0xA5	0x7FF	0x02	2

Idle	SYNC	SOF	FRAME #	CRC5	EOP
11964	00000001	0xA5	0x000	0x08	2

Idle	SYNC	SOF	FRAME #	CRC5	EOP
11966	00000001	0xA5	0x001	0x17	2

Idle	SYNC	SOF	FRAME #	CRC5	EOP
11966	00000001	0xA5	0x002	0x15	2

Idle	SYNC	SOF	FRAME #	CRC5	EOP
11966	00000001	0xA5	0x003	0x0A	2

Idle	SYNC	SOF	FRAME #	CRC5	EOP
11966	00000001	0xA5	0x004	0x14	2

Bild 2.21: Leeres Full-Speed-Framework

Da Low-Speed-Geräte durch Hubs vor Full-Speed-Datenverkehr geschützt werden müssen, können diese SOF-Token nicht an Low-Speed-Geräte gesendet werden. Andererseits können diese Zeitmarken auch nicht weggelassen werden, da sonst das USB-Gerät einschläft (*Suspend-Modus*). Um dies zu verhindern, muss durch den Hub ein spezielles Low-Speed-Signal erzeugt werden. Jede Millisekunde, mit Eintreffen eines SOF an der Upstream-Seite eines Hubs, treibt dieser ein EOP-Signal (so genanntes Low-Speed-Keep-Alive) an den Downstream-Ports mit Low-Speed-Geräten (siehe hierzu auch Kapitel 3.7). Das Kabelsegment zum Low-Speed-Gerät wird für 2 Low-Speed-Taktzyklen mit beiden Leitungen auf Low getrieben, um danach wieder in den *Idle*-Zustand zu gehen.

Idle	EOP
1498	2

Idle	EOP
1498	2

Idle	EOP
1498	2

Idle	EOP
1498	2

Idle	EOP
1498	2

Idle	EOP
1498	2

Idle	EOP
1498	2

Idle	EOP
1498	2

Bild 2.22: Leeres Low-Speed-Framework

Für den High-Speed-Modus wurde auch das Framework geändert. Ein normaler Frame wird durch den Host in 8 Microframes von je 125 µs Länge eingeteilt. Jeder Microframe wird durch das Senden eines SOF-Token im High-Speed-Modus (µSOF) eingeleitet. Die im SOF enthaltene 8 Bit breite Framenummer wird dabei nur nach jeweils 8 Microframes inkrementiert. Innerhalb eines Microframe von 125 µs Länge können bei 480 MBit/s immerhin 60.000 Bits übertragen werden.

2.5 USB-Token-Packets

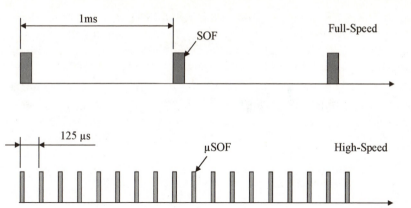

Bild 2.23: Frames und Microframes

Bedingt durch das geänderte elektrische und Low-Level-Protokoll wurde das SYNC-Feld für die High-Speed-Token auf 32 Bit verlängert. Außerdem wird das Ende des Paketes nicht mit einem EOP, sondern mit einem Bit-Stuff-Error angezeigt. Dieses ist nur bei den µSOF-Token auf 40 Bit verlängert, um ein Disconnect zu erkennen.

SE0 / Idle	HS-SYNC	SOF	Frame #	CRC5	Ext.HS-EOP
59936	...0000000000000001	0xA5	0x002 (0)	0x1F	0x7FFFFFFFFF
SE0 / Idle	HS-SYNC	SOF	Frame #	CRC5	Ext.HS-EOP
59936	...0000000000000001	0xA5	0x002 (1)	0x1F	0x7FFFFFFFFF
SE0 / Idle	HS-SYNC	SOF	Frame #	CRC5	Ext.HS-EOP
59936	...0000000000000001	0xA5	0x002 (2)	0x1F	0x7FFFFFFFFF
SE0 / Idle	HS-SYNC	SOF	Frame #	CRC5	Ext.HS-EOP
59936	...0000000000000001	0xA5	0x002 (3)	0x1F	0x7FFFFFFFFF
SE0 / Idle	HS-SYNC	SOF	Frame #	CRC5	Ext.HS-EOP
59936	...0000000000000001	0xA5	0x002 (4)	0x1F	0x7FFFFFFFFF
SE0 / Idle	HS-SYNC	SOF	Frame #	CRC5	Ext.HS-EOP
59936	...0000000000000001	0xA5	0x002 (5)	0x1F	0x7FFFFFFFFF
SE0 / Idle	HS-SYNC	SOF	Frame #	CRC5	Ext.HS-EOP
59936	...0000000000000001	0xA5	0x002 (6)	0x1F	0x7FFFFFFFFF
SE0 / Idle	HS-SYNC	SOF	Frame #	CRC5	Ext.HS-EOP
59936	...0000000000000001	0xA5	0x002 (7)	0x1F	0x7FFFFFFFFF
SE0 / Idle	HS-SYNC	SOF	Frame #	CRC5	Ext.HS-EOP
59936	...0000000000000001	0xA5	0x003 (0)	0x1F	0x7FFFFFFFFF

Bild 2.24: Leeres High-Speed-Framework

2.5.2 Token-Packets

USB-Datenverkehr wird durch den Host mittels Token-Packets initiiert. Jedes Full- oder Low-Speed-Paket beginnt mit einem 8-Bit-SYNC-Feld. Dieses besteht aus 7 Nullen und einer folgenden Eins. Die aufeinander folgenden Nullen bewirken durch die NRZI-Codierung der Daten einen mehrfachen Polaritätswechsel auf den Datenleitungen. Hierauf synchronisiert sich die in jedem USB-Gerät enthaltene PLL und garantiert nach dem Einrasten eine sichere Abtastung des seriellen Datenstroms. Für High-Speed-Token wurde das SYNC-Feld auf 32 Bit verlängert.

Das nächste übertragene Byte ist der PID (Packet-Identifier). Er besteht aus dem 4-Bit-Identifikationsfeld und dem folgenden 4-Bit-Check-Feld. Das Check-Feld beinhaltet den invertierten Wert des Identifikationsfeldes (Einerkomplement). Der PID gibt Auskunft darüber, um welche Art von Paket es sich handelt. Sowohl der PID als auch die Daten werden seriell immer mit dem LSB zuerst gesendet.

PID-Name	PID (3..0)	PID (hex)	Gruppe
SOF	0101b	A5h	Token-Packet
SETUP	1101b	2Dh	Token-Packet
IN	1001b	69h	Token-Packet
OUT	0001b	E1h	Token-Packet
DATA0	0011b	C3h	Data-Packet
DATA1	1011b	4Bh	Data-Packet
ACK	0010b	D2h	Handshake-Packet
NAK	1010b	5Ah	Handshake-Packet
STALL	1110b	1Eh	Handshake-Packet
PRE	1100b	3Ch	Special-Packet

Tab. 2.9: Codierung des PID

Durch die in der USB 2.0-Spezifikation geänderten Protokolle wurde die Einführung weiterer PID notwendig, die allerdings nur im High-Speed-Modus eingesetzt werden. Das High-Speed-ERROR-PID hat die gleiche Codierung wie das Full-Speed-PRE-PID.

PID-Name	PID (3..0)	PID (hex)	Gruppe
DATA2	0111b	87H	Data-Packet
MDATA	1111b	0FH	Data-Packet
NYET	0110b	96H	Handshake-Packet
PING	0100b	B4H	Special-Packet
ERROR	1100b	3CH	Special-Packet
SPLIT	1000b	78H	Special-Packet

Tab. 2.10: Codierung der durch USB 2.0 zusätzlich definierten PID

Entsprechend dem gesendeten PID werden die nachfolgenden Daten im Empfänger verschieden interpretiert. Die Decodierung der Daten übernimmt die Serial-Interface-Engine (SIE), die in jedem USB-Gerät vorhanden ist. Dem SOF-PID folgen weitere 11 Bit mit der Framenummer. Diese Daten werden stets mit einer 5-Bit-CRC geschützt. Zuletzt wird durch ein EOP das Ende des SOF-Token anzeigt. SOF-Token werden von allen Full-Speed-Geräten erkannt und sind nicht speziell an ein Gerät adressiert.

2.5 USB-Token-Packets

SYNC	SOF	Frame #	CRC5	EOP
00000001	0xA5	0x7FD	0x1F	2

Start-of-Frame-Token

SYNC	SETUP	ADDR	EP	CRC5	EOP
00000001	0x2D	0x01	0x00	0x17	2

Setup-Token

SYNC	IN	ADDR	EP	CRC5	EOP
00000001	0x69	0x03	0x01	0x07	2

In-Token

SYNC	OUT	ADDR	EP	CRC5	EOP
00000001	0xE1	0x02	0x02	0x01	2

Out-Token

Bild 2.25: Token-Packets

Im Gegensatz zum SOF werden SETUP-, IN- und OUT-Token nur für ein bestimmtes Gerät gesendet. Nur das Gerät, welches seine eigene USB-Adresse erkennt, darf auf das Token reagieren. Dem PID folgt zunächst die 7-Bit-USB-Adresse und danach die 4-Bit-Endpoint-Nummer. Damit ist die FIFO, für welche das nachfolgende Daten-Paket bestimmt ist, hinreichend adressiert. Die Adresse und Endpoint-Nummer ist wieder durch eine 5-Bit-CRC geschützt. Wie bei jedem USB-Token folgt ein EOP, um das Ende des Token zu signalisieren.

2.5.3 Data-Packets

Die eigentlichen Nutzdaten werden beim USB über so genannte Data-Packets übertragen. Dabei wird zwischen DATA0 und DATA1 unterschieden. Der Aufbau ist vollkommen identisch. Werden große Datenblöcke in mehreren Paketen übertragen, werden dafür immer abwechselnd DATA0- und DATA1-Pakete genutzt. Dies ist eine wesentliche Voraussetzung für die integrierte Fehlerbehandlung durch die höheren Protokollschichten (siehe auch Kapitel 2.7).

SYNC	DATA0	DATA	CRC16	EOP
00000001	0xC3	00 11 22 33 44 55 66 77	0xCBA8	2

Data-0-Token

SYNC	DATA1	DATA	CRC16	EOP
00000001	0x4B	88 99 AA BB CC DD EE FF	0x8705	2

Data-1-Token

Bild 2.26: Data-Packets

Data-Packets beginnen mit einem SYNC-Feld, gefolgt von dem PID-Feld. Danach folgen die Nutzdaten, die je nach Geschwindigkeitsklasse, FIFO-Größe und Übertragungsart bis zu 1.024 Byte lang sein können. Die Daten sind durch eine 16-Bit-Prüfsumme geschützt. Es sind auch Datenpakete zulässig, die keine Nutzdaten enthalten. Diese so genannten Zero-Data-Packets werden insbesondere in der Status-Stage von Control-Transfers benutzt.

Durch die USB-Spezifikation 2.0 wurden weitere Daten-PIDs definiert (DATA2 und MDATA). Diese werden allerdings nur für isochrone Transfers im High-Speed-Modus benutzt.

2.5.4 Handshake-Packets

Das erfolgreiche oder nicht erfolgreiche Annehmen von Daten wird durch das Empfangsgerät durch ein Handshake-Packet quittiert. Diese Pakete bestehen nur aus dem SYNC-Feld mit dem nachfolgenden PID-Feld. Danach folgt sofort das EOP. Eine Sicherung durch eine CRC erfolgt nicht, das Check-Feld im PID-Wort ist ausreichend.

SYNC	ACK	EOP
00000001	0xD2	2

ACK-Token

SYNC	NAK	EOP
00000001	0x5A	2

NAK-Token

SYNC	STALL	EOP
00000001	0x1E	2

STALL-Token

Bild 2.27: Handshake-Packets

Wurden die Daten erfolgreich empfangen, wird ein Acknowledge (ACK) gesendet. Erfolgreich bedeutet, die Daten konnten in die FIFO übernommen werden und Daten und CRC korrespondieren miteinander. Das Senden des Handshake-Packets ist vollkommen in der SIE-Hardware implementiert. NAK-Handshakes haben in OUT- bzw. IN-Richtung unterschiedliche Bedeutung. Konnte ein Gerät keine Daten empfangen, weil z.B. die OUT-FIFO noch blockiert ist, wird mit einem Not-Acknowledge (NAK) quittiert. Dann initiiert der Host eine Wiederholung der Datenübertragung. NAK werden auch von IN-Endpoints verwendet, wenn sie abgefragt werden. In diesem Fall bedeutet NAK, dass keine neuen Daten vorhanden sind. NAK können nur von Functions generiert werden. Da der Host jeden Datentransfer initiiert, ist er auch immer in der Lage, die Daten anzunehmen. Ist ein Gerät nicht in der Lage, Daten zu empfangen oder zu senden, und kann dieser Zustand nicht ohne Intervention vom Host beseitigt werden, wird ein STALL gesendet. Auch dieses Token kann nur durch Functions gesendet werden. Ein STALL bedeutet immer einen schwerwiegenden Fehler. Die angesprochene FIFO muss das Senden des STALL aufrechterhalten, bis der Host durch einen Request (ClearFeature mit dem Parameter ENDPOINT_STALL) die FIFO zurücksetzt.

2.5.5 Special Packets

PRE-Token

Low-Speed-Geräte werden durch die Hubs vor Full-Speed-Datenverkehr geschützt. Möchte der Host ein Low-Speed-Gerät ansprechen, so muss der Low-Speed-Datenverkehr für die Hubs angekündigt werden. Dies geschieht durch das PRE-Token. Es besteht wieder aus dem SYNC-Feld, gefolgt von die PRE-PID. Dieses Token wird nur im Full-Speed-Modus gesendet.

2.5 USB-Token-Packets

SYNC	PRE
00000001	0x3C

Bild 2.28: PRE-Token

Achtung: Das PRE-Token ist das einzige Token, welches **kein** EOP am Ende verwendet!

Erkennt ein Hub ein PRE-Token, aktiviert er die Verbindung von seinem Upstream-Port zu seinen Downstream-Ports, an denen Low-Speed-Geräte angeschlossen sind. Dem PRE-Token folgt eine *Idle*-Phase mit einer Länge von 4 Full-Speed-Taktzyklen. Innerhalb dieser Zeit muss der Host die Low-Speed-Ports aktiviert haben. Danach werden die Daten für das Low-Speed-Gerät gesendet. Mit dem Erkennen des Low-Speed-EOP deaktiviert der Hub wieder seine Low-Speed-Ports. Zum besseren Verständnis dient das folgende Beispiel.

SYNC	PRE	Idle	SYNC	SETUP	ADDR	EP	CRC5	EOP
00000001	0x3C	4	00000001	0x2D	0x01	0x00	0x1F	2

Full-Speed — Low-Speed

Bild 2.29: Verwendung des PRE-Token

Split-Token

Bei der Kommunikation mit einer Low- oder Full-Speed-Function, welche hinter einem High-Speed-Hub angeschlossen ist, werden Split-Token benutzt. Dadurch werden die Full- oder Low-Speed-Daten in High-Speed-Geschwindigkeit zwischen Host und High-Speed-Hub übertragen. Dies ermöglicht die Entkopplung der »langsamen« Full- bzw. Low-Speed-Geräte vom High-Speed-Bus. Die klassischen USB 1.1-kompatiblen Geräte können die High-Speed-Kommunikation zwischen USB 2.0-Geräten somit nicht ausbremsen. Jede Transaktion zu einem Full- oder Low-Speed-Gerät wird mit einem Start-Split-Token eingeleitet und mit einem Complete-Split-Token beendet. Weitere Details und Beispiele hierzu findet der Leser in Kap. 3.

Das Split-Token ist von seiner Struktur etwas komplexer aufgebaut als die herkömmlichen Token, wie das folgende Bild zeigt.

Nach dem 32 Bit langen SYNC-Feld steht die PID 0x78. Die folgende 7 Bit breite Adresse ist die USB-Adresse des High-Speed-Hub, an welchem das Full/Low-Speed-Gerät angeschlossen ist, mit welchem kommuniziert werden soll. Das SC-Bit gibt an, ob es sich bei dem Token um ein Start- oder Complete-Split-Token handelt.

Die 7 Bit breite Port-Nummer gibt an, an welchem Port des Hub sich das anzusprechende Gerät befindet. Diese Information ist notwendig, falls im High-Speed-Hub für jeden Downstream-Port ein eigener Transaction-Translator benutzt wird.

Durch das S- und E-Bit (steht für Start und End) wird die Relation zwischen High-Speed- und Full-Speed-Datenverkehr angegeben. Je nach Bitkonstellation weiß der High-Speed-Host, ob das empfangene/gesendete Paket am Anfang/Ende oder in der Mitte des Full-Speed-Transfers steht.

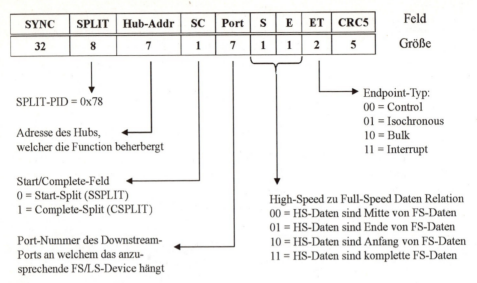

Bild 2.30: Aufbau des Split-Token

Außerdem wird durch das 2 Bit breite ET-Feld angegeben, ob es sich bei dem Transfer zur USB-Function um einen periodischen (Interrupt- oder Isochronous-) Transfer oder um einen nichtperiodischen (Bulk- oder Control-) Transfer handelt. Diese Information benötigt der Hub, da für den Transaction-Translator jeweils verschiedene Datenpfade für die periodischen/nichtperiodischen Transfers benutzt werden.

2.5.6 Quasistatische Ereignisse

USB-Reset unter USB 1.1

Werden die beiden Datenleitungen D+ und D- länger als 2,5 µs im SE0-Zustand getrieben, interpretieren USB-Geräte dies als Bus-Reset. Resets können grundsätzlich nur vom Host initiiert werden. Sie werden jedoch immer nur von dem jeweiligen Downstream-Port des Hub getrieben, an welchem sich das Gerät befindet und welches ein Bus-Reset erfahren soll.

Nach dem Anstecken eines neuen Geräts an einen freien Downstream-Port eines Hub wird das Gerät durch den Host enumeriert. Dabei wird genau dieses »selektive Reset« benutzt. Das verhindert, dass der Hot-Plug-and-Play-Mechanismus inklusive seiner Resets zum Reset des gesamten Busses führt.

Reset und High-Speed-Erkennung unter USB 2.0

High-Speed-fähige USB-Geräte müssen sich prinzipiell zunächst als Full-Speed-Geräte anmelden. Während der USB-Reset-Phase wird von einem High-Speed-fähigen Gerät ein Handshake initiiert. Wird dieses Handshake von dem davor liegenden Hub erwidert, verlassen der Hub und das High-Speed-Gerät die Reset-Phase im High-Speed-Modus. Für den geforderten beidseitigen Abschluss ist es notwendig, den Pull-Up-Widerstand auf Geräteseite abschaltbar zu gestalten. Das während der USB-Reset-Phase vom Gerät initiierte Handshake entspricht einem K-Zustand auf den Datenleitungen und wird als »Chirp« bezeichnet. Dieser K-Zustand kann trotz des vom Hub getriebenen SE0-Zustandes unter folgenden Voraussetzungen initiiert werden:

- Der auf Geräteseite befindliche Pull-Up-Widerstand ist zugeschaltet
- Keine High-Speed-Terminierung aktiv
- High-Speed-Stromquelle treibt Strom auf D-Leitung

Das »Chirp« muss vom davor liegenden High-Speed-Hub erkannt und innerhalb von 100 µs in Form einer alternierenden K-J-K-J-Sequenz erwidert werden. Erkennt das Gerät wiederum mindestens 3 K-J-Übergänge, muss es innerhalb von 500 µs den Pull-Up-Widerstand abschalten und die High-Speed-Terminierung aktivieren.

Ein USB 1.1-kompatibler Host oder Hub erwidert das vom Gerät initiierte Handshake nicht, und das High-Speed-Gerät arbeitet im Full-Speed-Modus.

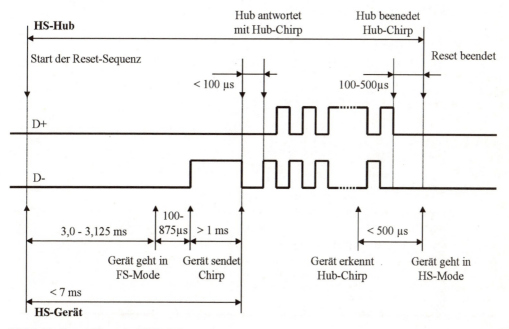

Bild 2.31: Reset-Phase bei USB 2.0

Suspend

USB-Geräte unterstützen zum Zweck der Energieeinsparung das Einschlafen des Busses (*Suspend*). Das Einschlafen wird aber nicht über einen Befehl initiiert, sondern geschieht durch das Abschalten der Start-of-Frames bzw. der Low-Speed-Keep-Alives. Sieht ein Gerät länger als

3 ms keinen Datenverkehr auf seinen Busleitungen (d.h. der Bus ist ständig im *Idle*-Zustand), muss es automatisch den *Suspend*-Status einnehmen. *Suspend* ist kein aktiver Zustand, sondern ist gekennzeichnet durch die Passivität des USB. In diesem Betriebsmodus darf die Stromaufnahme über das USB-Kabel maximal 500 µA für Low-Power-Geräte bzw. 2,5 mA für High-Power-Geräte betragen!

Hubs unterstützen an ihren Downstream-Ports auch das selektive Einschlafen von einzelnen USB-Geräten oder Bussegmenten.

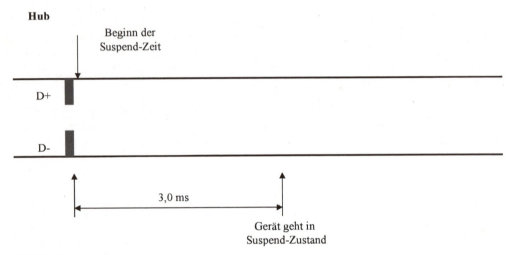

Bild 2.32: Suspend-Pegel unter USB 1.1

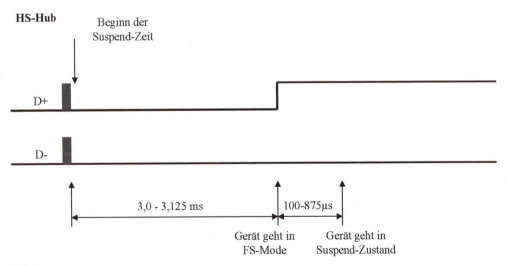

Bild 2.33: Suspend-Pegel unter USB 2.0

USB 2.0-kompatible High-Speed-Geräte müssen beim Erkennen der Suspend-Bedingung wieder in den Full-Speed-Modus zurückschalten. Dies geschieht durch Anschalten des 1,5 kOhm Pull-Up-Widerstandes an der D+-Leitung. Die elektrischen Buszustände entsprechen dann dem unter USB 1.1. Nach weiteren 100 bis 875µs muss dass Gerät dann in den stromsparenden Schlafzustand gehen.

Resume

Um ein im *Suspend* befindliches Gerät oder Bussegment wieder aufzuwecken, wird ein *Resume*-Signal benutzt. *Resume* bedeutet aktives Treiben der beiden Datenleitungen D+ und D- mit dem invertierten *Idle*-Pegel (K-Zustand) für mindestens 10 ms. Danach wird der normale aktive Zustand wieder eingenommen, SOF bzw. Low-Speed-Keep-Alives werden wieder gesendet, der Datenverkehr kann wieder stattfinden. Wenn der *Resume*-Zustand durch den Host getrieben wird, ist dies ein globales *Resume*.

Wenn ein Endgerät den Bus aufwecken möchte (z.B. USB-Maus wird bewegt), kann auch dieses das *Resume*-Signal treiben. Diese Art des Aufweckens wird Remote-Wakeup genannt. Diese Eigenschaft ist optional und kann durch ein Gerät unterstützt werden (ist im Configuration-Descriptor codiert).

Da sich High-Speed-Geräte während des Suspend wie Full-Speed-Geräte verhalten, werden sie auch entsprechend wieder aufgeweckt. Nach Beendigung des Full-Speed-K-Zustandes muss das Gerät innerhalb von 1,33 µs seinen Pul-Up-Widerstand von der D+-Leitung abschalten und wieder in den High-Speed-Modus gehen.

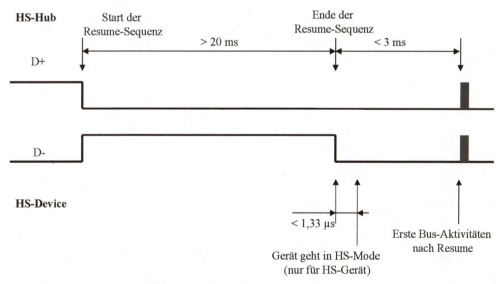

Bild 2.34: Resume-Pegel unter USB 1.1/2.0

2.6 Datentransfer über USB

2.6.1 Phasen einer USB-Transaktion

Jede Transaktion von Daten über den USB besteht aus mehreren Phasen. In der ersten Phase wird ein Token-Paket vom Host gesendet, da nur dieser einen Transfer initiieren kann. Je nachdem, welche Datenübertragungsrichtung im Token-Paket festgelegt ist, werden in der 2. Phase die Daten gesendet:

Token	Sender Token-Phase	Sender Daten-Phase	Sender Handshake-Phase
SETUP	Host	Host	Function
OUT	Host	Host	Function
IN	Host	Function	Host

Tab. 2.11: Transaction-Phasen

In der 3. Phase, der Handshake-Phase, wird der erfolgreiche Empfang von Daten durch den Empfänger quittiert. Das folgende Bild zeigt die erfolgreiche Datenübertragung von einer Function zum Host. Die beiden Symbole vor den Transfers sollen dem Einsteiger den Sender der Daten anzeigen: Das PC-Symbol bedeutet: der Host ist Sender; das Maus-Symbol bedeutet: die Function ist Sender.

Idle	SYNC	OUT	ADDR	EP	CRC5	EOP		Token-Phase
4	00000001	0xE1	0x02	0x02	0x01	2		

Idle	SYNC	DATA0	DATA			CRC16	EOP	Data-Phase
3	00000001	0xC3	00 11 22 33 44 55 66 77			0xCBA8	2	

Idle	SYNC	ACK	EOP	Handshake-Phase
5	00000001	0xD2	2	

Bild 2.35: Phasen einer USB-Transaktion

Die Transaktion kann aus 2 oder 3 Phasen bestehen, je nachdem, ob die Übertragung erfolgreich war oder nicht. Im Folgenden werden die möglichen Fälle erklärt. Hierbei wird nach Stream-Pipes, wie sie für Bulk-, Interrupt- und Isochronous-Transfer benutzt werden, und nach Message-Pipes für den Control-Transfer unterschieden.

2.6.2 IN-Transaktion über Stream-Pipes

In der Token-Phase wird durch den Host ein IN-Token mit nachfolgender Adresse und Endpoint der anzusprechenden Function gesendet. Sind in der angesprochenen FIFO Daten vorhanden, werden diese mit geringer Verzögerung (typ. 2...4 Taktzyklen) nach dem EOP des Token-Packet gesendet. Konnte der Host die Daten erfolgreich empfangen und entsprechen die Daten und die CRC einander, wird dies der Function durch Senden eines ACK-Pakets während der Handshake-Phase mitgeteilt.

2.6 Datentransfer über USB

Idle	SYNC	IN	ADDR	EP	CRC5	EOP
4	00000001	0x69	0x02	0x02	0x01	2

Idle	SYNC	DATA0	DATA	CRC16	EOP
3	00000001	0xC3	00 11 22 33 44 55 66 77	0xCBA8	2

Idle	SYNC	ACK	EOP
5	00000001	0xD2	2

Bild 2.36: IN-Transaktion ohne Fehler

Die Übertragung von Nutzdaten beginnt immer mit DATA0-Paketen. Ist der zu übertragende Datenblock länger als die FIFO-Tiefe des Senders, werden die Daten in mehreren aufeinander - folgenden Datenpaketen übertragen. Dabei werden abwechselnd DATA0- und DATA1-PID gesendet. Das Senden eines jeden einzelnen Datenpakets wird mit Hilfe eines IN-Token vom Host initiiert.

Idle	SYNC	SOF	Frame #	CRC5	EOP
11966	00000001	0xA5	0x002	0x15	2

Idle	SYNC	IN	ADDR	EP	CRC5	EOP
4	00000001	0x69	0x02	0x02	0x01	2

Idle	SYNC	DATA0	DATA	CRC16	EOP
5	00000001	0xC3	00 11 22 33 44 55 66 77	0xCBA8	2

Idle	SYNC	ACK	EOP
3	00000001	0xD2	2

Idle	SYNC	SOF	Frame #	CRC5	EOP
11804	00000001	0xA5	0x003	0x0A	2

Idle	SYNC	IN	ADDR	EP	CRC5	EOP
4	00000001	0x69	0x02	0x02	0x01	2

Idle	SYNC	DATA1	DATA	CRC16	EOP
5	00000001	0x4B	88 99 AA BB CC DD EE FF	0x8705	2

Idle	SYNC	ACK	EOP
3	00000001	0xD2	2

Idle	SYNC	SOF	Frame #	CRC5	EOP
11802	00000001	0xA5	0x004	0x14	2

Bild 2.37: IN-Transaktion mit mehreren Data-Packets

Sollten die durch den Host empfangenen Daten und die dazugehörige CRC nicht zueinander passen, sendet der Host kein Handshake. In diesem Falle wird durch die Function ein Time-Out-Fehler detektiert. Für eine nochmalige Übertragung der Daten muss der Host nochmals einen Transfer durch Senden eines IN-Token initiieren.

Wenn die Function nicht in der Lage ist, Daten zu liefern, wird statt der Datenphase ein *NAK*-Handshake an den Host gesendet. Dies informiert den Host darüber, dass die Function noch nicht bereit ist, neue Daten zu senden. Das ist kein Fehler, sondern dient der normalen Ablaufkontrolle bei Interrupt-, Bulk- und Control-Transfer. Auch in diesem Fall wird der Host zu einem späteren Zeitpunkt noch einmal ein IN-Token senden, um einen erfolgreichen Datentransfer zu erreichen.

Idle	SYNC	IN	ADDR	EP	CRC5	EOP
4	00000001	0x69	0x02	0x02	0x01	2

Idle	SYNC	NAK	EOP
5	00000001	0x5A	2

Bild 2.38: IN-Transfer auf nicht bereites Gerät

Wenn der angesprochene Endpoint einer Function keine Daten liefern kann und dieser Zustand nicht durch die Firmware beseitigt werden kann, muss dieser Endpoint durch die Firmware des Geräts deaktiviert werden. Alle IN-Token auf diesen Endpoint beantwortet die Function dann mit einem STALL-Handshake.

Idle	SYNC	IN	ADDR	EP	CRC5	EOP
4	00000001	0x69	0x02	0x02	0x01	2

Idle	SYNC	STALL	EOP
5	00000001	0x1E	2

Bild 2.39: IN-Transfer auf deaktivierten Endpoint

2.6.3 OUT-Transaktionen über Stream-Pipes

Durch OUT-Transaktionen werden Daten vom Host zu einer Function übertragen. Zuerst wird durch den Host ein OUT-Token mit Adresse und Endpoint der anzusprechenden Function gesendet. Unmittelbar danach werden die Daten gesendet. Die erfolgreiche Aufnahme der Daten durch die Function wird von ihr mit einem AC*K*-Handshake quittiert. Bei mehreren aufeinander folgenden Datenpaketen werden auch hier abwechselnd DATA0 und DATA1-Pakete übertragen.

Idle	SYNC	OUT	ADDR	EP	CRC5	EOP
4	00000001	0xE1	0x02	0x02	0x01	2

Idle	SYNC	DATA0	DATA	CRC16	EOP
3	00000001	0xC3	00 11 22 33 44 55 66 77	0xCBA8	2

Idle	SYNC	ACK	EOP
5	00000001	0xD2	2

Bild 2.40: OUT-Transaktion ohne Fehler

2.6 Datentransfer über USB

Der Host prüft nicht, ob die OUT-FIFO der Function in der Lage ist, Daten aufzunehmen. Lediglich über die Handshake-Phase wird der Host über den Erfolg der Datenübertragung informiert. Konnten die Daten nicht erfolgreich übertragen werden, so wird durch die Function ein NAK-Handshake gesendet. In diesem Fall wird der Host zu einem späteren Zeitpunkt den OUT-Transfer wiederholen.

Idle	SYNC	OUT	ADDR	EP	CRC5	EOP
4	00000001	0xE1	0x02	0x02	0x01	2

Idle	SYNC	DATA0	DATA	CRC16	EOP
3	00000001	0xC3	00 11 22 33 44 55 66 77	0xCBA8	2

Idle	SYNC	NAK	EOP
5	00000001	0x5A	2

Bild 2.41: OUT-Transaktion auf nicht bereites Gerät

Ist der OUT-Endpoint einer Function dauerhaft nicht in der Lage, Daten zu empfangen, so wird dieser Endpoint durch die Firmware des Geräts deaktiviert. Alle empfangenen OUT-Token mit nachfolgender Datenphase werden dann von der Function mit einem STALL-Handshake beantwortet.

Idle	SYNC	OUT	ADDR	EP	CRC5	EOP
4	00000001	0xE1	0x02	0x02	0x01	2

Idle	SYNC	DATA0	DATA	CRC16	EOP
3	00000001	0xC3	00 11 22 33 44 55 66 77	0xCBA8	2

Idle	SYNC	STALL	EOP
5	00000001	0x1E	2

Bild 2.42: OUT-Transaktion auf deaktivierten Endpoint

2.6.4 Flusskontrolle mittels PING und NYET

Eines der Hauptprobleme unter USB 1.1 stellt das häufige Abblocken von OUT-Transfers durch langsame USB-Functions dar. Dies geschieht durch Senden eines NAK-Token in der Handshake-Phase des OUT-Transfers. Obwohl die Daten durch das Gerät nicht angenommen werden, werden sie trotzdem immer wieder auf dem Bus übertragen. Dieses unnütze, aber nicht zu vermeidende Senden von nicht aktzeptierten Daten führt zu einer merklichen Busbelastung und bremst gleichzeitig andere USB-Geräte aus.

Aus Gründen der Kompatibilität wurden in der USB 2.0-Spezifikation keine Änderungen am verwendeten Flussprotokoll für USB 1.1-kompatible Full- und Low-Speed-Datentransfers mittels NAK- und ACK-Token vorgenommen.

Die High-Speed-Kommunikation zwischen einem High-Speed-Host und einem High-Speed-Hub oder einer High-Speed-Function wurde jedoch mit einem erweiterten Flussprotokoll definiert. Dieses Protokoll kommt bei folgenden Transferarten zur Anwendung.

80 *Kapitel 2: Grundlagen*

- Bulk-Out-Transfer im High-Speed-Mode
- Data-Out-Stage bei Control-Transfers im High-Speed-Mode

Zu diesem Zwecke wurden zwei neue High-Speed-Token, PING-Token und NYET-Token eingeführt, die nur zur Flusskontrolle für High-Speed-OUT-Transaktionen dienen.

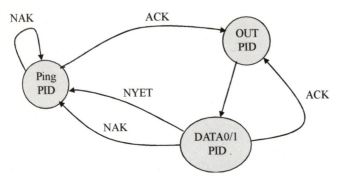

Bild 2.43: Host-Statemachine der USB 2.0 Flusskontrolle

Das PING-Token dient als Anfrage an einen High-Speed-Endpoint, ob dieser bereit ist, neue Daten zu empfangen. Ist dies nicht der Fall, so wird dieses PING-Token durch das Endgerät mit einem NAK-Token beantwortet. Der Host wird dann durch das Senden von weiteren PING-Tokens weiterhin den Zustand des Endpoint pollen.

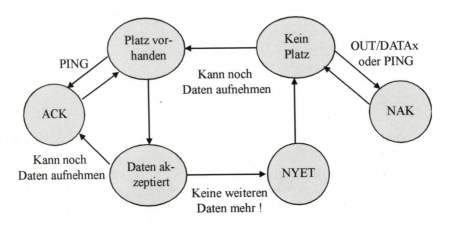

Bild 2.44: Function-Statemachine der USB 2.0-Flusskontrolle

Wird ein PING-Token durch das Gerät mit ACK beantwortet, so ist dieses bereit, neue OUT-Daten zu akzeptieren. Der Host kann dann die OUT-Daten übertragen. Das Handshake-Token des OUT-Datentransfers gibt Auskunft darüber, ob das Gerät bereit ist, weitere Daten zu empfangen. Lautete die Antwort ACK, so akzeptiert das Gerät die Daten und der Host darf weitere Daten an das Gerät übertragen. War die Antwort NYET, so wurden die Daten durch das Gerät zwar akzeptiert, es ist aber nicht mehr in der Lage, weitere Daten anzunehmen. In diesem Falle muss der Host erst wieder durch Senden eines PING-Token den Zustand des Endpoint abfragen, um den Zeitpunkt der erneuten Empfangsbereitschaft festzustellen.

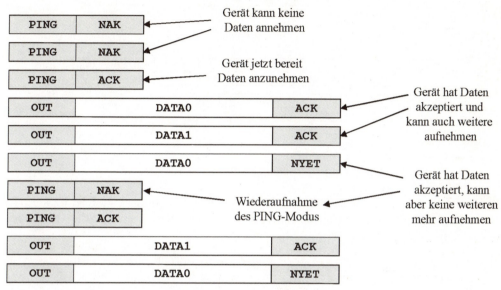

Bild 2.45: Flusskontrolle bei High-Speed Bulk-OUT-Transfer

2.6.5 SETUP-Transaktion über Message-Pipes

Control-Transfers verwenden ein erweitertes Handshake-Modell, das über das Ablaufprotokoll realisiert wird. Bei der Übertragung von Standard-Device-Requests reicht die Bestätigung der erfolgreichen Datenübertragung nur mit einem ACK-Handshake nicht aus. Das USB-Gerät bestätigt ebenfalls die erfolgreiche Interpretation des Requests. Diese weitere Protokollschicht besteht aus mehreren Transaktionen, den *Stages* (vgl. hierzu auch Kapitel 2.4.1).

Abhängig von der Datenübertragungsrichtung wird zwischen 2-Stage-Control-Transfer und 3-Stage-Control-Transfer unterschieden.

	2-Stage-Control-Transfer	*3-Stage-Control-Transfer*
1. Stage	Setup-Stage	Setup-Stage
2. Stage	Status-Stage	Daten-Stage
3. Stage	–	Status-Stage

Tab. 2.12: Stages bei Control-Transfers

Jeder Control-Transfer beginnt mit einer Setup-Transaktion, der Setup-Stage. Sind keine weiteren Daten an die Function zu übertragen, folgt daraufhin unmittelbar die Status-Stage, welche den Control-Transfer beendet.

Kapitel 2: Grundlagen

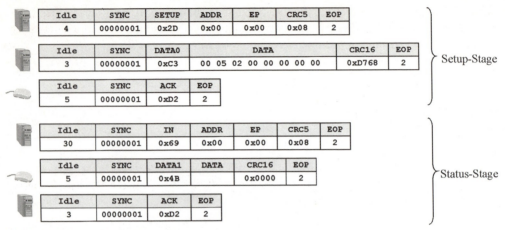

Bild 2.46: 2-Stage-Control-Transfer

Wurde in der Setup-Stage eine weitere Datenübertragung angekündigt, so folgt diese in der Daten-Stage. Die Status-Stage beendet den Transfer und bestätigt die erfolgreiche Abarbeitung des Requests.

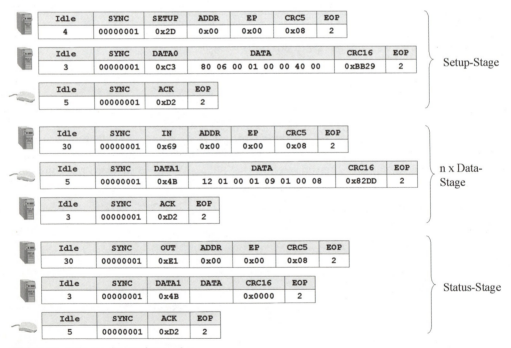

Bild 2.47: 3-Stage-Control-Transfer

Der in der Status-Phase einer Setup-Stage (*) durch die Function gesendete ACK-Handshake bedeutet lediglich, dass die Daten erfolgreich empfangen werden konnten. Um dem Host die

2.7 Fehlerbehandlung auf Protokollebene

korrekte Interpretation des ausgesendeten Request zu bestätigen, wird während der Status-Stage durch den Empfänger der Daten außerdem ein DATA1-Paket gesendet. Dieses Paket enthält jedoch keine Daten. Unmittelbar nach dem DATA1-PID folgt die 16-Bit-CRC. Das Zero-Data-Paket (leeres DATA1-Paket) wird als Bestätigung für die erfolgreiche Abarbeitung des Request interpretiert.

2.7 Fehlerbehandlung auf Protokollebene

Alle Datentransfers, außer dem Isochronous-Transfer, unterstützen ein Fehlerbehandlungsprotokoll, das auch unter schwierigen Bedingungen eine sichere Datenübertragung garantiert. Fehler können auf verschiedenen Ebenen erkannt werden.

Neben den in diesem Kapitel vorgestellten Fehlern auf Protokollebene gibt es noch Fehler, die insbesondere durch Hubs behoben werden müssen. Dazu zählen Babble und Loss-of-activity. Die Beschreibung dieser Fehlerbilder erfolgt im Kapitel 3.6.1.

2.7.1 Paketfehler

USB-Geräte können drei verschiedene Arten von Paketfehlern unterscheiden:

- PID-Fehler
- CRC-Fehler
- Bit-Stuff-Fehler
- Tritt einer dieser Fehler während des Empfangs von Daten auf, wird das USB-Gerät die Daten ignorieren und kein Handshake-Paket senden. Der Host wird hierdurch einen Time-Out-Fehler erkennen und die Datenübertragung wiederholen.

PID-Check

Jedes Paket enthält nach dem SYNC-Wort ein PID-Wort. Das PID-Wort besteht aus 4 Bit für die PID-Codierung und dem Einerkomplement dieser 4 Bit.

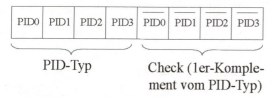

Bild 2.48: Aufbau des PID-Feldes

Das PID-Feld wird während des Empfangs durch die SIE überprüft. Sind die beiden Hälften des Bytes nicht komplementär zueinander oder wurde eine nicht definierte PID empfangen, führt dies zu einer internen Fehlermeldung.

CRC-Fehler

Die Nutzdaten aller Pakete werden, außer bei den Handshake- und dem PRE-Token, durch eine CRC-Prüfsumme geschützt (*Cyclic-Redundancy-Checking*). Der CRC bietet Schutz vor Einzel- und Doppel-Bit-Fehlern. Für Token-Pakete wird eine 5-Bit-CRC benutzt und für Datenpakete eine 16-Bit-CRC. Der PID wird durch diese CRC nicht geschützt.

Pakettyp	Größe	Geschützte Daten	CRC
SOF	11 Bit	11 Bit Framenummer	5 Bit CRC
IN	11 Bit	7 Bit Adresse & 4 Bit EP-Nummer	5 Bit CRC
OUT	11 Bit	7 Bit Adresse & 4 Bit EP-Nummer	5 Bit CRC
SETUP	11 Bit	7 Bit Adresse & 4 Bit EP-Nummer	5 Bit CRC
DATA0	max. 1.024 Byte	Nutzdaten	16 Bit CRC
DATA1	max. 1.024 Byte	Nutzdaten	16 Bit CRC
DATA2	max. 1.024 Byte	Nutzdaten	16 Bit CRC
MDATA	max. 1.024 Byte	Nutzdaten	16 Bit CRC

Tab. 2.13: CRC-geschützte Felder

Die CRC wird durch die SIE des sendenden Geräts während der Datenserialisierung errechnet und automatisch dem Paket hinzugefügt. Dies passiert noch vor der Bit-Stuff- und NRZI-Codierung. Auch die Auswertung der CRC im Empfangsgerät geschieht automatisch und in Echtzeit unmittelbar nach dem Entfernen der Bit-Stuff-Nullen. Wird das EOP empfangen, ist auch der CRC-Check beendet. Die 5-Bit-CRC für die Token-Pakete basiert auf dem folgenden Generator-Polynom:

$$G[X] = X^5 + X^2 + 1$$

Dieses Polynom kann als Bitpattern 00101b bei der CRC-Generierung interpretiert werden. Wenn alle Bits korrekt empfangen wurden, entsteht im Empfänger das Residuum 01100b. Die 16-Bit-CRC für die Datenpakete basiert auf folgendem Generator-Polynom.

$$G[X] = X^{16} + X^{15} + X^2 + 1$$

Die Interpretation als Bitpattern ergibt den Wert 1000 0000 0000 0101b. Wurden alle Bits fehlerfrei empfangen, entsteht im Empfänger das Residuum 1000 0000 0000 1101b.

Bit-Stuff-Fehler

Durch den Bit-Stuffer im Sender wird nach 6 aufeinander folgenden Einsen eine Bit-Stuff-Null eingefügt. Der Empfänger zählt die Anzahl der gelesenen Einsen und erwartet nach 6 aufeinander folgenden Einsen eine Bit-Stuff-Null, die er aus dem Datenstrom wieder entfernt. Ist diese Bit-Stuff-Null im Datenstrom nicht vorhanden, d.h., es wurden 7 Einsen hintereinander gesehen, wird ein Bit-Stuff-Fehler erkannt und die empfangenen Daten verworfen.

2.7.2 Time-Out-Fehler

Bei jeder Datenübertragung zwischen Sender und Empfänger wird eine Zeit definiert, in welcher der Empfänger den Empfang der Daten gegenüber dem Sender bestätigen muss. Diese Zeitspanne wird als die Bus-Turn-Around-Zeit bezeichnet. Wird innerhalb dieser Zeit vom Sender keine Bestätigung empfangen, gilt der Transfer als fehlerhaft. Beispielsweise wartet der Host nach dem Senden eines OUT-Pakets und folgendem Data-Paket diese festgelegte Zeit auf das Handshake des USB-Geräts. Die Bus-Turn-Around-Zeit des USB wird durch die Verzögerungszeiten der Verbindungsleitungen und der Hubs bestimmt. Folgende, maximale Verzögerungszeiten sind in der USB-Spezifikation festgelegt:

- Kabel-Verzögerung: 30 ns
- Hub-Verzögerung: 40 ns

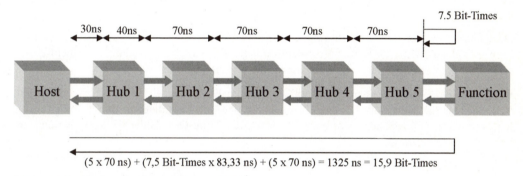

Bild 2.49: Verzögerungszeiten auf dem USB

- Zum Beispiel ergibt sich bei einer maximalen Ausbaustufe des USB mit 5 Hubs und 6 Kabelsegmenten eine maximale Verzögerungszeit von 10 x (30 ns + 40 ns) = 700 ns. Außerdem werden der Function noch 7,5 Taktzyklen für die Verzögerung auf dem eigenen Kabel und für die Berechnung der Bestätigung zugestanden. Diese Zeitspanne entspricht dem Abstand vom EOP-zu-Idle-Übergang des empfangenen Pakets bis zum nächsten Start-of-Packet-Übergang des zu sendenden Pakets.

- Der Host muss mindestens 16 Taktzyklen auf eine Antwort warten. Nach 18 Taktzyklen wird ein Time-Out-Fehler erkannt und der Transfer wird für ungültig erklärt. Dies gilt sowohl für Full-Speed- als auch für Low-Speed-Transaktionen. Danach muss der Host einen neuen Transfer initiieren.

2.7.3 Falsche EOPs

Durch Fehler während der Datenübertragung kann der Empfänger im USB-Datenstrom ein vermeintliches EOP erkennen, obwohl der Sender die Übertragung noch nicht beendet hat. Ein falsches EOP führt in der Regel zu einer falschen Prüfsumme beim CRC-Check. Bei Datenpaketen werden die jeweils letzten 16 Bits und bei Token-Paketen jeweils die letzten 5 Bits vor dem EOP als CRC interpretiert. Eine Übereinstimmung mit den Nutzdaten und der vermeintlichen CRC ist dann äußerst unwahrscheinlich.

Ein falsches EOP wird durch den Host und die Functions unterschiedlich behandelt. Vorrangiges Ziel ist die Vermeidung von Buskollisionen.

Empfängt die Function bei fehlerhafter Datenübertragung ein falsches EOP, verhält sie sich passiv. Sollte der Host weitere Daten senden, kann dies zur Kollision führen, wenn die Function ein Handshake-Paket senden sollte.

Initiiert die Function kein Handshake, zeigt ihre Passivität dem Host an, dass die Datenübertragung fehlerhaft ist und eine Wiederholung notwendig wird. Empfängt der Host ein falsches EOP, verhält er sich zunächst ebenfalls passiv. Die Function erhält kein Handshake und erkennt somit den missglückten Transfer. Für den Host ist es jetzt wichtig, den Zeitpunkt für den nächsten Datentransfer zu bestimmen, ohne eine eventuelle Kollision mit einem noch sendenden Gerät zu riskieren.

Dazu beobachtet der Host weiterhin die D+- und D-Leitungen. Gibt es keine Polaritätswechsel innerhalb der nächsten 7 Taktzyklen, so nimmt der Host an, dass die Function nicht mehr sendet. Der Host muss noch weitere 16 Taktzyklen warten und kann erneut senden.

Beobachtet der Host jedoch noch Aktivitäten auf den Leitungen, wartet er bis zum richtigen EOP oder bis zur Inaktivität. In beiden Fällen muss der Host anschließend weitere 16 Taktzyklen bis zum nächsten Senden warten, damit auch der Time-Out-Zähler in der Function den Fehler detektieren kann.

2.7.4 Fehlerbehandlung

Host-Seite

Da der Host sämtliche Transaktionen auf dem USB initiiert, ist er immer in der Lage, angeforderte Daten aufzunehmen. Eine blockierte FIFO o.ä. ist hier also nicht möglich. Deshalb kann z.B. ein durch ein IN-Token angefordertes Datenpaket nicht mit einem NAK abgewiesen werden. Auch ein STALL-Token kann der Host nicht senden. Die Handshake-Phase beschränkt sich beim Host also auf das Senden oder Nicht-Senden eines ACK als Handshake-Packet.

Konnten die Daten fehlerfrei in die Empfangs-FIFO des Host aufgenommen werden (d.h kein CRC-Fehler, Bit-Stuff-Fehler, PID-Fehler), so wird durch die Hardware automatisch das Senden des ACK ausgelöst. Trat dagegen ein Fehler auf, so verhält sich der Host passiv. Es wird also kein ACK gesendet. Die Function erkennt dann nach Erreichen des Time-Out den missglückten Datentransfer.

Function-Seite

Functions unterstützen alle Arten von Handshake-Paketen. Sie können ACK, NAK oder STALL senden. Konnten die Daten eines OUT-Transfers erfolgreich und fehlerfrei in der Empfangs-FIFO der Function aufgenommen werden, so wird durch die Hardware das Senden des ACK-

Handshake forciert. Traten dagegen beim Empfang von Daten Fehler auf, so verhalten sich auch Functions passiv. Dies führt letztendlich zu einem Time-Out-Fehler im Host und zu einem Wiederholen des OUT-Transfers.

Konnten die per OUT-Transfer übertragenen Daten durch die Function nicht angenommen werden, weil z.B. die FIFO noch nicht wieder frei ist (Mikrocontroller hat die FIFO noch nicht ausgelesen), so initiiert das Gerät automatisch das Senden eines NAK-Token als Handshake.

In IN-Richtung werden die Daten, welche in der Sende-FIFO der Function enthalten sind, nur dann gesendet, wenn alle folgende Bedingungen erfüllt sind:

- USB-Adresse ist als gültig erkannt
- USB-Endpoint-Nummer ist als gültig erkannt
- Sende-FIFO durch Firmware ist gefüllt und freigegeben

Konnte die Firmware die IN-FIFO noch nicht komplett füllen und freigeben, so wird automatisch ein NAK in der zweiten Phase der IN-Transaktion durch die Function-Hardware gesendet.

Das Senden eines STALL als Handshake auf einen Transfer muss durch die Firmware innerhalb einer Function expliziet forciert werden. Die Blockierung der FIFO muss bis zum Eintreffen eines ClearFeature-Requests(ENDPOINT_STALL) aufrechterhalten werden.

2.7.5 Data-Toggle-Mechanismus

Der Data-Toggle-Mechanismus dient der Aufrechterhaltung der Synchronisation zwischen Sender und Empfänger bei großen Datenpaketen mit vielen aufeinander folgenden Transfers.

Alle Transferarten, außer dem isochronen Transfer, unterstützen die Übertragung von Daten mittels Data-Toggle-Protokoll. Die zwei Typen von Datenpaketen DATA0 und DATA1 werden dabei alternierend gesendet und durch den Empfänger verifiziert. Sender und Empfänger müssen zu diesem Zweck jeweils ein internes Data-Toggle-Bit für jede etablierte Pipe besitzen.

Erfolgreicher OUT-Transfer

An dem folgenden Beispiel soll der Data-Toggle-Mechanismus während einer fehlerfreien Datenübertragung erklärt werden. Die Zahlen in den Klammern verdeutlichen dabei die einzelnen Schritte der Abläufe.

Es wird angenommen, dass die internen Toggle-Bits von Sender (Host) und Empfänger (Function) auf 0 stehen. Der Host sendet (1) ein OUT-Token mit der Adresse des USB-Geräts und des anzusprechenden Endpoints. Die Function erkennt ihre Adresse (2) in dem Paket und bereitet sich auf den Empfang und das Speichern der Daten in die angegebene FIFO vor. Nach dem EOP des OUT-Token beginnt der Host mit dem Senden der Nutzdaten (3). Er benutzt hierzu ein Datenpaket, das seinem internen Toggle-Bit entspricht, hier also mit DATA0-PID.

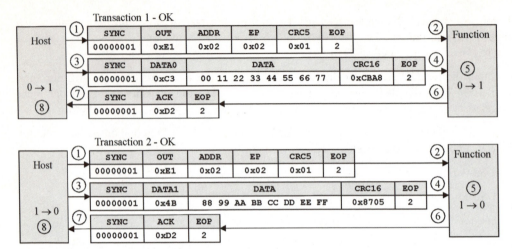

Bild 2.50: Fehlerfreie OUT-Datenübertragung

Das Gerät empfängt die Daten (4) und vergleicht die Datenfeld-PID mit seinem internen Toggle-Bit. Stimmen sie überein, kann der Transfer als erfolgreich angesehen werden (abhängig von wieteren Checks) und das interne Toggle-Bit in der Function wird invertiert (5). Schließlich sendet die Function ein ACK-Handshake (6), um dem Host den erfolgreichen Datentransfer zu quittieren. Der Host empfängt das Handshake-Paket (7) und invertiert daraufhin ebenfalls sein internes Toggle-Bit (8). Damit ist der Transfer sowohl für den Sender als auch für den Empfänger erfolgreich abgelaufen – beide internen Toggle-Bits stimmen wieder überein. Die zweite Transaktion läuft analog zur ersten ab. Durch den Host wird jetzt ein DATA1-Paket gesendet, entsprechend seinem internen Toggle-Bit.

OUT-Transfer mit fehlerhaftem Datenpaket

Wenn während der Datenübertragung ein Fehler im Datenpaket auftritt, werden die Toggle-Bits auf Sender und Empfängerseite nicht invertiert. Das folgende Beispiel soll dies verdeutlichen.

Bis zum Zeitpunkt (3) läuft der gesamte Vorgang noch fehlerfrei ab und entspricht dem oben beschriebenen Beispiel. Der Empfänger vergleicht beim Einlesen, ob die Daten der CRC entsprechen (4). Ist dies nicht der Fall (Daten und CRC sind im Bild grau dargestellt), so werden die Daten verworfen. Die Function invertiert in diesem Fall ihr internes Toggle-Bit nicht (5) und verhält sich passiv. Der Host wartet sein Time-Out ab und detektiert das Ausbleiben des Handshake-Pakets. Er erklärt den Transfer daraufhin für ungültig und invertiert sein internes Toggle-Bit ebenfalls nicht (6).

Der Host versucht zu einem späteren Zeitpunkt, das Datenpaket noch einmal zu senden. Die zweite Transaktion beginnt wieder mit dem Senden des OUT-Token (1) und dessen Empfang durch die Function (2). Schließlich werden die Daten, die während der ersten Transaktion fehlerhaft waren, noch einmal gesendet (3). Die Function erkennt diesmal die fehlerfreien Daten als gültig (4) und invertiert daraufhin ihr internes Toggle-Bit (5). Sie sendet ihr Handshake-

Paket zum Host (6). Dieser empfängt die Bestätigung (7) und invertiert daraufhin ebenfalls sein internes Toggle-Bit (8).

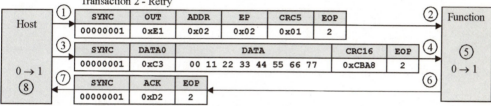

Bild 2.51: OUT-Datenübertragung mit Datenpaket-Fehler

Jetzt sind wieder beide Toggle-Bits identisch, und sowohl der Host als auch die Function betrachten den Transfer als erfolgreich abgeschlossen.

OUT-Transfer mit fehlerhaftem Handshake-Paket

Für die Synchronisation der beiden internen Toggle-Bits war in den beiden oben beschriebenen Beispielen die Verwendung von zwei Daten-PIDs (DATA0 und DATA1) nicht zwingend notwendig. Sollte jedoch das Handshake-Paket fehlerhaft übertragen werden, kann die Synchronisation zwischen den beiden Toggle-Bits verloren gehen. Ein Datenverlust bei den Übertragungen wäre die Folge. Wie dies vermieden wird, soll anhand des folgenden Beispiels erläutert werden.

Am Anfang sind beide Toggle-Bits synchron. Der Host sendet ein OUT-Token (1) an die Function (2). Die Daten sendet der Host entsprechend seinem internen Toggle-Bit als DATA0-Paket (3). Die Function empfängt die Daten erfolgreich (4) und invertiert anschließend ihr internes Toggle-Bit (5), welches dann eine 1 enthält. Abschließend sendet die Function ein ACK-Handshake an den Host. Bis zu diesem Zeitpunkt ist noch alles in Ordnung. Wird durch äußere Einflüsse das Handshake-Paket zerstört, empfängt der Host dieses Paket mit Fehlern oder gar nicht (7). Bei einem fehlerhaften Handshake (z.B. verstümmeltes Token, PID-Check fehlerhaft) invertiert der Host sein internes Toggle-Bit nicht (8) und nimmt an, dass die Function die Daten nicht korrekt empfangen hat. Der Host wird dann einen zweiten Versuch unternehmen und die gleichen Daten nochmal übertragen.

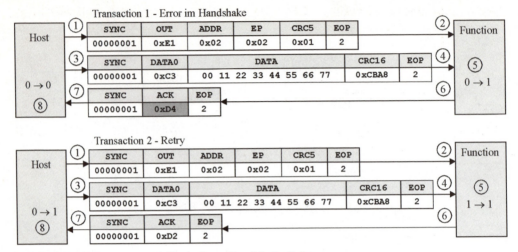

Bild 2.52: OUT-Transfer mit fehlerhaftem Handshake-Paket

Auch dieser zweite Versuch startet mit dem Senden des OUT-Token (1), das von der Function empfangen wird (2). Der Host sendet erneut die Daten (3) als DATA0-Paket (entsprechend seinem internen Toggle-Bit), von denen er annimmt, dass die Function diese nicht korrekt erhalten hat. Die Function empfängt das DATA0-Paket fehlerfrei (4), stellt aber fest, dass das Toggle-Bit des empfangenen Datensatzes nicht mit dem internen Toggle-Bit übereinstimmt. Die Function registriert, dass sie außerhalb der Toggle-Synchronisation läuft, und verwirft deshalb die empfangenen Daten. Das eigene interne Toggle-Bit invertiert sie dann nicht (5). Da die Daten fehlerfrei empfangen wurden (unabhängig davon, ob die Toggle-Synchronisation stimmt), wird trotzdem ein Handshake-Paket von der Function-SIE gesendet (6). Dadurch wird erreicht, dass wieder Toggle-Synchronisation mit dem Host hergestellt wird. Empfängt der Host das Handshake-Paket (7), invertiert auch er sein internes Toggle-Bit.

Zusammenfassend betrachtet, kam es temporär zu einem Verlust der Toggle-Synchronisation zwischen Sender und Empfänger. Host und Function waren unterschiedlicher Auffassung darüber, ob der Transfer erfolgreich abgeschlossen wurde. Der Data-Toggle-Mechanismus erlaubte das Erkennen dieses Synchronisationsverlustes und ermöglichte die erneute Synchronisation beider internen Toggle-Bits.

Erfolgreicher IN-Transfer

Das folgende Beispiel dient der Veranschaulichung eines fehlerfreien Transfers in IN-Richtung.

Es wird wieder angenommen, dass die Toggle-Bits von Sender (Host) und Empfänger (Function) initiial auf 0 stehen. Um den Datentransfer anzustoßen, sendet der Host ein IN-Token (1) mit der Adresse des USB-Geräts und dem darin anzusprechenden Endpoint. Die Function erkennt ihre eigene Adresse (2) und die Endpoint-Nummer im IN-Token. Sind in der angesprochenen IN-FIFO Daten vorhanden und ist die FIFO durch die Firmware der Function freigegeben, dann wird die SIE mit dem Senden der Daten nach dem EOP der Token-Phase beginnen (3). Die Daten werden dabei mit dem DATA-PID gesendet, welcher dem internen Toggle-

Bit entspricht. Der Host empfängt die Daten von der Function (4) und prüft dabei die CRC. Stimmen Daten und CRC überein, so wird das interne Toggle-Bit für diese Pipe im Host invertiert (5) und durch die Hardware ein ACK als Handshake-Paket gesendet (6). Wenn die Function das Handshake problemlos empfangen hat (7), dann wird auch sie ihr internes Toggle-Bit invertieren. Der Transfer ist damit abgeschlossen, und sowohl Host als auch Function sehen ihn als erfolgreich an. Beide Toggle-Bits sind wieder synchron.

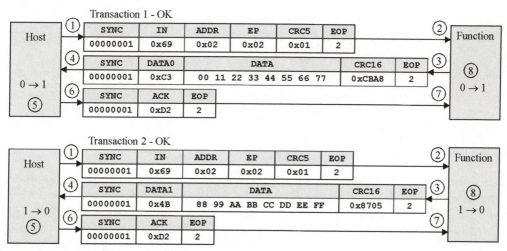

Bild 2.53: Fehlerfreie IN-Datenübertragung

Der zweite Transfer läuft analog zum ersten ab, nur dass die Daten jetzt enstprechend dem Function-Toggle-Bit mit DATA1-PID gesendet werden.

IN-Transfer mit fehlerhaftem Datenpaket

Tritt während der Daten-Phase ein Fehler auf, dann werden die beiden Toggle-Bits im Host und in der Function nicht invertiert.

Der Transfer läuft bis zum Zeitpunkt (3) genau nach dem vorherigen, fehlerlosen Beispiel ab. Erkennt der Host beim Empfang der Daten einen Fehler (Daten und CRC sind im Bild grau dargestellt), so verhält er sich passiv. Es wird kein Handshake gesendet und das interne Toggle-Bit wird nicht invertiert (5). Die in der FIFO enthaltenen Daten müssen verworfen werden. Die Function wartet bis zum Time-Out auf das Handshake-Paket. Konnte keines empfangen werden, so wird auch das interne Toggle-Bit nicht invertiert (6). Die in der Sende-FIFO enthaltenen Daten dürfen in diesem Fall durch die Firmware nicht mit neuen Daten überschrieben werden.

92 Kapitel 2: Grundlagen

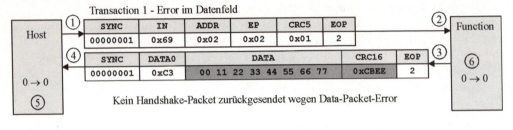

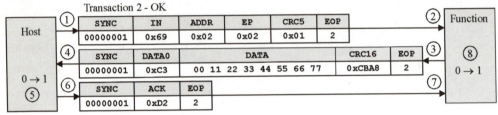

Bild 2.54: IN-Datenübertragung mit Datenpaket-Fehler

Der Host erkennt den fehlgeschlagenen Transfer und versucht eine wiederholte Übertragung zu initiieren. Dazu sendet er wieder ein IN-Token (1), welches von der Function empfangen wird (2). Die Function sendet die in der Sende-FIFO enthaltenen, alten Daten erneut als DATA0-Paket, so wie dies das interne Toggle-Bit anzeigt. Diesmal empfängt der Host die Daten fehlerfrei (4) und invertiert daraufhin sein Toggle-Bit (5). Stimmen Daten und CRC überein, so sendet die Hardware auch automatisch ein ACK-Paket an die Function (5). Der erfolgreiche Empfang des Handshake-Pakets (6) bewirkt in der Function das Invertieren des Toggle-Bit. Nun sind wieder beide Toggle-Bits synchron, und sowohl der Host als auch die Function betrachten den Transfer als erfolgreich abgeschlossen.

IN-Transfer mit fehlerhaftem Handshake-Paket

Im Falle eines zerstörten Handshake-Pakets geht die Synchronisation zwischen den Toggle-Bits im Host und in der Function verloren. Durch den Data-Toggle-Mechanismus kann dieser Fehlerfall aber erkannt und behoben werden.

Bis zum Zeitpunkt (6) läuft der Transfer noch problemlos ab: Der Host hat die Daten richtig empfangen, konnte sein Toggle-Bit invertieren (5) und sendete ein ACK-Paket (6). Wird dieses Handshake-Paket aber auf der Leitung zerstört, so empfängt die Function nur ein fehlerhaftes oder kein ACK-Paket (7). Sie wird daraufhin ihr internes Toggle-Bit nicht kippen (8) und die Daten in der Sende-FIFO für ein erneutes Versenden bereithalten.

2.7 Fehlerbehandlung auf Protokollebene

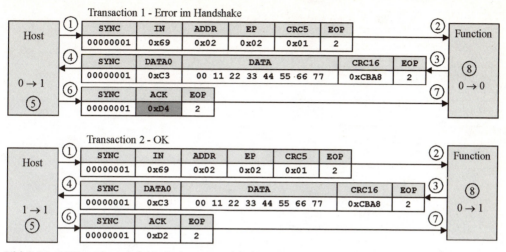

Bild 2.55: IN-Transfer mit fehlerhaftem Handshake-Paket

Sobald der Host das nächste IN-Token sendet (1), wird die Function die alten Daten nochmals als DATA0-Paket senden (3). Der Host empfängt die Daten (4), stellt aber einen inkorrekten PID fest. Entsprechend seinem internen Toggle-Bit erwartet er ein DATA1-Paket. Er verwirft die Daten daraufhin und invertiert sein internes Toggle-Bit nicht (5). Da die Daten und die CRC aber stimmten, wird durch die Hardware das Senden des ACK-Handshakes (6) initiiert. Dies führt beim Empfang (7) zum Invertieren des internen Toggle-Bit in der Function (8).

Nun sind wieder beide Toggle-Bits synchron zueinander, obwohl zwischenzeitlich Host und Function unterschiedlicher Meinung über den Erfolg der Datenübertragung waren. Der Toggle-Mechanismus ermöglichte das Erkennen dieses Zustandes und die erneute Re-Synchronisation der Toggle-Bits.

2.7.6 Data-Toggle-Mechanismus bei Control-Transfer

Der Control-Transfer unterliegt dem Handshake-Protokoll, wie es im Kapitel 2.6.5 beschrieben ist. In der Setup-Stage wird ein DATA0-Paket gesendet, das z.B. einen Standard-Device-Request enthält. Die folgende Daten-Stage beginnt immer mit einem DATA1-Paket. Werden mehrere aufeinander folgende Datenpakete übertragen, alternieren auch hier die Datenpakete mit DATA0- und DATA1-PID.

Probleme können sich ergeben, wenn das Handshake für das letzte Token in der Daten-Stage fehlerhaft ist. Dies soll anhand des folgenden Beispiels erläutert werden.

Wenn das Handshake der letzten IN-Transaktion durch äußere Einflüsse zerstört wird, kommt es zum Verlust der Toggle-Synchronisation zwischen Host und Function. Der Host sendet ein ACK-Handshake nach dem letzten IN-Token und erklärt den Transfer für erfolgreich. Die Function empfängt das Handshake aber nicht und betrachtet das vorangegangene IN-Token als fehlerhaft. Die Function invertiert ihr internes Toggle-Bit deshalb nicht und erwartet noch einmal dasselbe IN-Token vom Host, um ihre Sendung zu wiederholen.

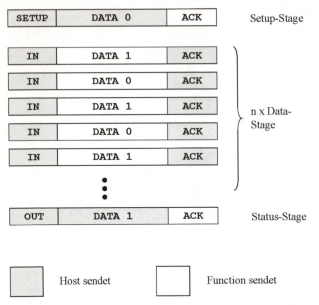

Bild 2.56: Toggle-Mechanismus während eines Control-IN-Transfers

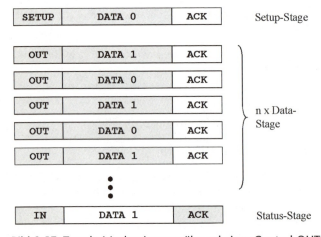

Bild 2.57: Toggle-Mechanismus während eines Control-OUT-Transfers

Die 3. Stage behebt das Problem des Synchronisationsverlustes. In der Status-Stage wird ein OUT-Transfer mit einem leeren DATA1-Paket (ein so genanntes Zero-Data-Paket) durch den Host gesendet. Die Function erkennt die Änderung der Transferrichtung und betrachtet dies als Bestätigung des Host dafür, dass er alle IN-Token erfolgreich empfangen konnte.

Dieses Beispiel gilt in gleicher Weise für einen Control-Transfer mit Transferrichtung vom Host zur Function. Auch hier wird durch Senden eines IN-Token mit Zero-Data-Paket in der Status-Stage der erfolgreiche Abschluss der Daten-Stage angezeigt.

2.7.7 Besonderheiten bei Isochronous-Transfer

Isochronous-Transfers unterliegen keiner Fehlerbehandlung (verspätete Daten sind unnütze Daten). Der Sender in der Datenphase erhält deshalb keine Rückmeldung darüber, ob die Daten erfolgreich beim Empfänger angekommen sind. Auf die Handshake-Phase sowie das Toggeln des DATA-PID wird verzichtet. Datenpakete werden nur mit DATA0-PID gesendet.

Idle	SYNC	SOF	Frame #	CRC5	EOP
11824	00000001	0xA5	0x002	0x15	2

Idle	SYNC	IN	ADDR	EP	CRC5	EOP
4	00000001	0x69	0x02	0x02	0x01	2

Idle	SYNC	DATA0	DATA	CRC16	EOP
5	00000001	0xC3	00 11 22 33 44 55 66 77	0xCBA8	2

Idle	SYNC	SOF	Frame #	CRC5	EOP
11825	00000001	0xA5	0x002	0x15	2

Idle	SYNC	IN	ADDR	EP	CRC5	EOP
4	00000001	0x69	0x02	0x02	0x01	2

Idle	SYNC	DATA0	DATA	CRC16	EOP
5	00000001	0xC3	88 99 AA BB CC DD EE FF	0x8705	2

Idle	SYNC	SOF	Frame #	CRC5	EOP
11823	00000001	0xA5	0x002	0x15	2

Idle	SYNC	IN	ADDR	EP	CRC5	EOP
4	00000001	0x69	0x02	0x02	0x01	2

Idle	SYNC	DATA0	DATA	CRC16	EOP
5	00000001	0xC3	77 FF 66 EE 55 DD 44 CC	0xA5D2	2

Bild 2.58: Isochroner IN-Transfer

Für Isocronous-Transfers im High-Speed-Modus wurden zwei weitere PID, MDATA und DATA2, definiert, die je nach Transferrichtung unterschiedlich benutzt werden. Bei einem isochronen OUT-Transfer gibt das PID des letzten Pakets die Anzahl der übertragenen Pakete innerhalb des Microframe an. Die im gleichen Microframe zuvor gesendeten Pakete benutzen das PID MDATA. Durch diesen Mechanismus kann der Empfänger fehlende Datenpakete detektieren. Die Sequenz der PIDs startet in jedem Microframe neu.

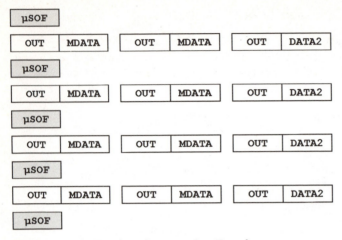

Bild 2.59: High-Speed Isochronous-Out-Transfer

Bei isochronen IN-Transfers gibt das PID des ersten Datenpakets die Anzahl der folgenden Datenpakete innerhalb des Microframe an. Die folgenden Pakete werden jeweils mit kleiner werdender PID gesendet. Dadurch kann der Host Time-Outs oder Fehler erkennen. Die PID-Sequenz startet auch hier in jedem Microframe neu.

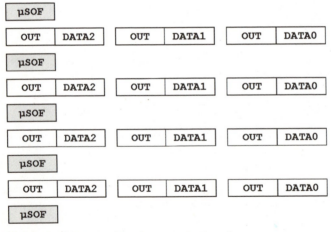

Bild 2.60: High-Speed Isochronous-In-Transfer

2.8 Standarddeskriptoren

2.8.1 Hierarchiekonzept der Deskriptoren

Um ein echtes Plug-and-Play zu verwirklichen, muss der Host ein neu an den USB angestecktes Gerät identifizieren können. Deskriptoren dienen der Beschreibung der physikalischen und logischen Eigenschaften eines Geräts. Diese Deskriptoren werden vom Host während der Enumeration durch den Standard-Request GetDescriptor abgefragt.

Ein Deskriptor ist ein durch die USB-Spezifikation definiertes Bytefeld, in dem die Eigenschaften des Geräts codiert sind. Es werden fünf (USB 1.1) bzw. sieben (USB 2.0) verschiedene Arten von Standarddeskriptoren unterschieden:

Deskriptortyp	Code	Bemerkungen
Device-Descriptor	0x01	
Configuration-Descriptor	0x02	
String-Descriptor	0x03	
Interface-Descriptor	0x04	
Endpoint -Descriptor	0x05	
Device-Qualifier-Descriptor	0x06	nur für USB 2.0 High-Speed-Geräte
Other-Speed-Configuration-Descriptor	0x07	nur für USB 2.0 High-Speed-Geräte

Tab. 2.14: Codierung der Deskriptortypen

Die Verwendung von String-Deskriptoren ist optional, alle anderen Deskriptortypen müssen implementiert sein. Neben diesen hier genannten Standarddeskriptoren gibt es noch klassenspezifische Deskriptoren (z.B. für Hubs), welche im Kapitel 5 im Rahmen der Vorstellung der verschiedenen Klassen näher erläutert werden.

Die Deskriptoren sind hierarchisch geordnet. Jedes Gerät besitzt genau einen Device-Descriptor, in dem einige grundlegende Eigenschaften beschrieben sind. Jedoch kann jedes USB-Gerät mehrere Konfigurationen unterstützen, wobei aber nur eine Konfiguration aktiviert sein kann. Die Auswahl der gewünschten Konfiguration geschieht durch den Standard-Device-Request SetConfiguration.

Eine weitere Ebene tiefer befinden sich die Interfaces. Innerhalb einer Konfiguration können mehrere Interfaces gleichzeitig existieren. Einzige Bedingung bei deren Implementierung ist die Verwendung von sich gegenseitig ausschließenden Endpoints. Lediglich der Control-Endpoint EP0 wird von allen Interfaces benutzt (engl.: shared Endpoint). Die Verwendung von mehreren Interfaces ermöglicht die Implementierung von USB-Geräten, die mehrere, gleichzeitig vorhandene, logische Funktionen unterstützen.

Am Beispiel einer multimediafähigen Tastatur mit integrierten Lautsprechern sollen diese Zusammenhänge näher erläutert werden. Auf das Interface 0 wird die Tastaturfunktionalität, entsprechend der HID-Klassendefinition, gelegt. Das Interface 1 bedient die Lautsprecher, entsprechend der Audio-Klassendefinition. Dieses Konzept der *Composite-Devices* erlaubt die Vereinigung von mehreren USB-Klassen in einem Gerät. Außerdem vereinfacht es erheblich die Programmierung der Treiber im PC, da generische Standardklassentreiber für die verschiedenen Interfaces benutzt werden können. Jeder Entwickler ist angehalten, bei der Konzeption seines Geräts die Möglichkeiten der gleichzeitigen Interfaces zu berücksichtigen.

Zu einem Interface gehören immer ein oder mehrere Endpoints. In den Endpoint-Deskriptoren sind jeweils die physikalischen und logischen Eigenschaften der FIFO beschrieben. Alle in einem Gerät vorhandenen Endpoints werden durch jeweils einen Endpoint-Descriptor vollständig beschrieben. Nur der Control-Endpoint EP0 wird bereits im Device-Descriptor beschrieben.

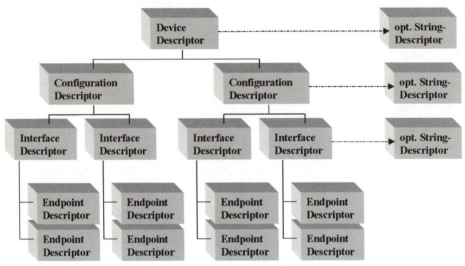

Bild 2.61: Hierarchische Struktur der Deskriptoren

2.8.2 Device-Descriptor

Die Notierung von 2-Byte-Werten wird immer im Little-Endian-Format vorgenommen: Zuerst steht der Low-Teil, danach der High-Teil. Die Ordnungszahlen der Bytes und die nachfolgende Beschreibung korrespondieren mit der jeweiligen Offsetstelle.

Offset	Feldbezeichnung	Länge	Beschreibung	Beispielwerte
0	bLength	1	Größe dieses Deskriptors in Byte	0x12
1	bDescriptorType	1	Deskriptortyp = Device-Descriptor	0x01
2	bcdUSB	2	Version der USB-Spec.(z.B. 1.1)	0x10, 0x01
4	bDeviceClass	1	Klassen-Code	0x00
5	bDeviceSubClass	1	Subklassen-Code	0x00
6	bDeviceProtocoll	1	Protokoll-Code	0x00
7	bMaxPacketSize0	1	Tiefe der EP0-FIFO in Byte (z.B. 8)	0x08
8	idVendor	2	Vendor-ID des Herstellers (z.B. IMMS)	0x3C, 0x05
10	idProduct	2	Produkt-ID (z.B.0x9084)	0x84, 0x90
12	bcdDevice	2	Release-Nr. des Produkts (z.B.1.02)	0x02, 0x01
14	iManufacturer	1	String-Index für »Hersteller«	0x01
15	iProduct	1	String-Index für »Produkt«	0x02
16	iSerialNumber	1	String-Index für »Seriennummer«	0x03
17	bNumConfigurations	1	Zahl möglicher Konfiguratione	0x01

Tab. 2.15: Aufbau des Device-Descriptor

Der Device-Descriptor muss in jedem Gerät vorhanden sein und ist immer 18 Byte lang. Die Länge des Deskriptors ist im Byte 0 codiert. Byte 1 enthält den Deskriptortyp. Die nächsten zwei Bytes 2, 3 beinhalten die Version der unterstützten USB-Spezifikation im BCD-Format. Eine Notation von 0x0213 entspricht beispielsweise der USB-Spec. 2.13.

Die nächsten drei Bytes 4, 5, 6 beinhalten Angaben über Klassen-, Subklassen- und Protokoll-Code. Diese Werte müssen im Device-Descriptor noch nicht gesetzt sein, da der Interface-Descriptor diese Möglichkeit ebenfalls bietet. Lässt sich das Gerät in eine Klasse einordnen, sollten diese Werte auf jeden Fall in einem dieser beiden Deskriptoren definiert werden.

Das nächste Byte 7 beschreibt die FIFO-Größe des Endpoints EP0. Diese Angabe ist zur Beschreibung von EP0 vollkommen ausreichend, da dieser Endpoint per Definition als Control-Endpoint angesprochen wird.

Die Vendor-ID in den Bytes 8, 9 ist für jedes Gerät zwingend vorgeschrieben. Jeder Hersteller, der Mitglied im USB-Implementers-Forum (IF) ist, erhält eine Vendor-ID. Nichtmitglieder können eine Vendor-ID gegen eine Gebühr (200 $, Stand Sept. 2000, Kontakt über e-mail an admin@usb.org) beim IF beantragen. Auch diverse Chip-Hersteller bieten ihren Kunden ein Sub-Leasing von Vendor-ID an.

Die Produkt-ID in den Bytes 10, 11 sowie die Release-Nummer des Geräts (in BCD-Format) in Bytes 12, 13 können durch den Geräteentwickler selbstständig vergeben werden.

Die folgenden drei Bytes 14, 15, 16 stellen Indizes zur Abfrage der optionalen String-Deskriptoren dar. Der hier eingetragene Wert wird als Index beim GetDescriptor für Strings benutzt. Werden keine String-Deskriptoren unterstützt, sind diese Werte auf 0x00 gesetzt. Byte 14 stellt einen Index für die Beschreibung des Herstellers bereit, Byte 15 für die Beschreibung des Produkts und Byte 16 für eine Seriennummer.

An letzter Stelle des Device-Descriptors, im Byte 17, steht die Anzahl der unterstützten Konfigurationen. Somit erkennt der Host, wie viele Configuration-Deskriptoren abzufragen sind.

2.8.3 Configuration-Descriptor

Wie in jedem anderen Deskriptor enthält auch der Configuration-Descriptor in den beiden ersten Bytes Länge und Typ des Deskriptors.

Die Begriffsbestimmung zum Configuration-Descriptor bedarf allerdings einiger Vorbemerkungen. Der eigentliche Configuration-Descriptor ist immer 9 Byte lang. Wird mit dem Standard-Request GetDescriptor der Configuration-Descriptor abgefragt, wird eine Kollektion aus dem eigentlichen Configuration-Descriptor, dem 1. Interface-Descriptor, einem eventuell vorhandenen klassenspezifischen Descriptor, den zu diesem Interface gehörenden Endpoint-Descriptor(en), dem 2. Inferface-Descriptor usw. geliefert. Hieraus wird deutlich, dass eine zweite Längenangabe für die Gesamtlänge dieser Kollektion notwendig ist, welche in den Bytes 2 und 3 codiert wird.

Offset	Feldbezeichnung	Länge	Beschreibung	Beispielwerte
0	bLength	1	Größe dieses Deskriptors in Byte	0x09
1	bDescriptorType	1	Deskriptortyp = Configuration-Descriptor	0x02
2	wTotalLength	2	Länge aller zu dieser Konfiguration gehörenden Deskriptoren (z.B.34)	0x22, 0x00
4	bNumInterfaces	1	Anzahl der zu dieser Konfiguration gehörenden Interfaces (z.B.1)	0x01
5	bConfigurationValue	1	Nummer dieser Konfiguration (z.B.1) (Argument für SetConfiguration)	0x01
6	iConfiguration	1	String-Index für »Konfiguration«	0x04
7	bmAttributes	1	Attribute für diese Konfiguration (z.B. Bus-powered, Remote-Wakeup-Support)	0xA0
8	MaxPower	1	Stromaufnahme in dieser Konfiguration in 2 mA-Einheiten (z.B.50 mA)	0x1A

Tab. 2.16: Aufbau des Configuration-Descriptor

Im folgenden Byte 4 wird die Anzahl der Interfaces angegeben, die unter dieser Konfiguration zur Verfügung stehen.

Um die Konfiguration mit dem Request SetConfiguration zu aktivieren, wird der *bConfigurationValue* im folgenden Byte 5 als Parameter für diesen Request gesetzt. Dieser Wert ist frei wählbar, muss aber ungleich 0 sein, da dieser Wert benutzt wird, um durch den Host das USB-Gerät in den unkonfigurierten Zustand zu setzen. Wenn die Konfiguration noch mit einem String-Descriptor beschrieben wird, wird der Index für diesen String im Byte 6 eingetragen.

Bitposition	Bedeutung unter USB 1.0	Bedeutung unter USB 1.1
7	Bus-powered Device	Reserviert – auf 1 setzen
6	Self-powered Device	Self-Powered-Device
5	Remote-Wakeup	Remote-Wakeup
4...0	Reserviert – auf 0 setzen	Reserviert – auf 0 setzen

Tab. 2.17: Bedeutung der Attribute-Bitmap im Configuration-Descriptor

Das Byte 7 (*bmAttributes*) wird als Bitmap interpretiert: Bit 7 und 6 geben Auskunft über die Stromversorgung des Geräts in dieser Konfiguration.. Wird das Gerät durch eine eigene Stromversorgung gespeist, so ist Bit 6 gesetzt. Unter USB 1.0 wurde Bit 7 noch codiert (Bus-Powered-Device), ab USB 1.1 ist dieses Bit aus Gründen der Abwärtskompatibilität auf 1 zu setzen.

Ist das Gerät in der Lage, den eingeschlafenen Bus per Remote-Wakeup aufzuwecken, wird dies durch ein gesetztes Bit 5 angezeigt. In diesem Falle muss diese Fähigkeit durch Befehle wie Setbzw. ClearFeature aktivierbar bzw. deaktivierbar sein! Die Bits 4 bis 0 werden zur Zeit nicht genutzt, sind aber für zukünftige Erweiterungen des USB-Standards vorgesehen und sollten deshalb auf 0 gesetzt werden. Das letzte Byte des Configuration-Descriptors gibt die Stromaufnahme des Geräts aus dem USB-Kabel in 2 mA-Einheiten in dieser Konfiguration an. Bei Geräten mit eigener Stromversorgung wird dieser Wert auf 0 gesetzt.

2.8.4 Interface-Descriptor

Der Interface-Descriptor kann durch den Host nicht separat abgefragt werden, sondern wird immer als Teil der Configuration-Descriptor-Collection übertragen.

In Byte 2 wird die Interface-Nummer codiert. Wenn mehrere Interfaces innerhalb einer Konfiguration unterstützt werden, dann werden verschiedene Interface-Nummern für die einzelnen Interfaces vergeben. Üblicherweise werden die Interfaces von 0 an hochgezählt. Ein Interface kann mehrere Alternate Settings besitzen, was insbesondere bei Interfaces mit isochronen Endpoints von Bedeutung ist.

Diese Problematik soll am Beispiel einer PC-Kamera erläutert werden. Diese Geräte übertragen Daten mit unterschiedlichen Bandbreiten per Isochronous-Transfer. Wird die Kamera nicht genutzt, sollte die Bandbreite auf 0 (*AlternateSetting* = 0) herabgesetzt werden, um eine unnötige Busbelastung zu vermeiden. Wird dagegen die Kamera aktiviert, benötigt sie in diesem Beispiel eine Bandbreite von 2 MBit/s. Um darauf umzuschalten, wird mit dem Request Set-Interface das *AlternateSetting* auf 1 gesetzt.

Die *AlternateSetting*s ermöglichen die Einrichtung von mehreren gleichartigen Interfaces mit der gleichen Interface-Nummer, die sich nur durch verschiedene Bandbreiten unterscheiden. Zu jedem Paar *Interface-Nummer/AlternateSetting* gehört auch ein Satz Endpoint-Deskriptoren. Dort wird z.B. durch Setzen der FIFO-Tiefe auf 0 die Bandbreite auf 0 reduziert. Entwickler von Geräten, die insbesondere Isochronous-Transfer benutzen, sollten das *AlternateSetting* 0 verwenden, um eine Bandbreite von 0 einzustellen.

Offset	Feldbezeichnung	Länge	Beschreibung	Beispielwerte
0	bLength	1	Größe dieses Deskriptors in Byte	0x09
1	bDescriptorType	1	Deskriptortyp = Interface	0x04
2	bInterfaceNumber	1	Interface-Nummer (z.B.0)	0x00
3	bAlternateSetting	1	AlternateSetting für dieses Interface	0x00
4	bNumEndpoints	1	Anzahl der zu diesem Interface gehörenden Endpoints ohne EP0 (z.B.1)	0x01
5	bInterfaceClass	1	Klassen-Code (Tastatur)	0x03
6	bInterfaceSubClass	1	Subklassen-Code (Boot-Device)	0x01
7	bInterfaceProtocol	1	Protokoll-Code (z.B.0)	0x00
8	iInterface	1	String-Index für »Interface«	0x05

Tab. 2.18: Aufbau des Interface-Descriptor

Im Byte 4 wird die Anzahl der zu diesem Paar *Interface/AlternateSetting* gehörenden Endpoints festgelegt (außer Endpoint EP0).

Die folgenden drei Bytes 5, 6, 7 für Klassen-, Subklassen- und Protokoll-Code haben die gleiche Bedeutung wie im Device-Descriptor. Das Eintragen von Werten ungleich 0 ist nur dann zulässig, wenn diese drei Bytes im Device-Descriptor mit 0 belegt sind. Werden diese Werte im Device-Descriptor sowie im Interface-Descriptor mit 0 beschrieben, erfolgt die Auswahl des WDM-Treibers auf Host-Seite nur anhand der Vendor- und Produkt-ID aus dem Device-Descriptor.

Wenn für das Interface auch eine textuelle Beschreibung vorhanden ist, kann der Index zur Abfrage dieses Strings im letzten Byte 8 eingetragen werden.

2.8.5 Endpoint-Descriptor

Jeder Endpoint hat einen eigenen Endpoint-Descriptor. Für Endpoint EP0 existiert kein eigener Deskriptor, da dieser schon innerhalb des Device-Descriptor hinreichend beschrieben ist. Auch die Endpoint-Deskriptoren können nicht einzeln durch den Host abgefragt werden, sondern nur als Untermenge bei der Abfrage des Configuration-Descriptor gesendet werden.

Offset	Feldbezeichnung	Länge	Beschreibung	Beispielwerte
0	bLength	1	Größe dieses Deskriptors in Byte	0x07
1	bDescriptorType	1	Deskriptortyp = Endpoint	0x05
2	bEndpointAddress	1	Endpoint-Adresse (z.B.IN, EP1)	0x81
3	bmAttributes	1	Transferart (z.B.Interrupt-Endpoint)	0x03
4	wMaxPacketSize	2	FIFO-Größe des Endpoints (z.B.8 Byte)	0x08, 0x00
6	bIntervall	1	Polling-Intervall (z.B.16 ms)	0x10

Tab. 2.19: Aufbau eines Endpoint-Descriptor (USB 1.1)

Im Byte 2 ist auf dem unteren Nibble die Endpoint-Nummer eingetragen. Zusammen mit dem Richtungs*Bit* auf Bit 7 ergibt sich daraus die Endpoint-Adresse. Ist Bit 7 gesetzt, handelt es sich um einen IN-Endpoint, andernfalls um einen OUT-Endpoint. Wenn EP1 z.B. ein IN-Endpoint ist, so hat er die Endpoint-Adresse 0x81.

Im Byte 3 (*bmAttributes*) ist in den untersten zwei Bits die Transferart codiert, die durch diesen Endpoint unterstützt wird. Folgende Möglichkeiten sind zulässig:

Transferart	bmAttribute[1..0]
Control-Transfer	00
Isochronous-Transfer	01
Bulk-Transfer	10
Interrupt-Transfer	11

Tab. 2.20: Codierung der Transferarten im Endpoint-Descriptor

Die Tiefe der FIFO, die mit diesem Endpoint assoziiert ist, wird in den nächsten zwei Bytes 4, 5 angegeben. Da isochrone Endpoints (unter USB 1.1) bis zu 1.023 Byte tiefe FIFO haben können, sind für diese Angabe zwei Bytes reserviert.

Das letzte Byte 6 definiert das Polling-Intervall in 1-ms-Einheiten für Interrupt- und Isochronous-Endpoints und wird auch nur für solche ausgewertet. Trotzdem sollte bei allen anderen Transferarten dieses Byte auf 0 gesetzt werden. Erfahrungsgemäß fragt der Hub aber nicht mit exakt dieser Zeit ab, sondern rundet das Pollingintervall auf die nächste 2er-Potenz ab. Dies dient einer ausbalancierten und kalkulierbaren Busauslastung beim Polling von mehreren Geräten mit Interrupt-Endpoints. Wird z.B. der Wert 0x0A eingetragen, so fragt der Host nicht alle 10 ms, sondern alle 8 ms ab. Dieses 8-ms-Polling-Intervall wird dann aber exakt eingehalten.

Erweiterte Codierung der bmAttributes in der USB 2.0-Spezifikation

In der USB 2.0-Spezifiation wurde die Codierungsvorschrift für isochrone Endpoints weiter verfeinert, um die Synchronisations- und Nutzungseigenschaften dieser Endpoints zu beschreiben.

Achtung: Für alle Endpoints mit anderen Transferarten (Bulk/Interrupt /Control) sind die im Folgenden beschriebenen Bits für bmAttributes auf 0 zu setzen.

Synchronisations-Type	*bmAttribute[3..2]*
Keine Synchronisation	00
Asynchron	01
Adaptiv	10
Synchron	11

Tab. 2.21: Codierung der Synchronisations-Eigenschaften im Endpoint-Descriptor

Auf den Bitstellen 3..2 wird die Synchronisations-Art des Endpoint codiert. Wenn ein isochroner Endpoint als Feedback-Endpoint arbeitet, so muss die Synchronisationsart auf ‚Keine Synchronisation' gesetzt sein.

Endpoint-Verhalten	*bmAttribute[5..4]*
Daten-Endpoint	00
Expliziter Feedback-Endpoint	01
Impliziter Feedback-Daten-Endpoint	10
Reserviert	11

Tab. 2.22: Codierung der Endpoint-Nutzung im Endpoint-Descriptor

Mit Hilfe der Bits 5..4 wird die Nutzung des Endpoint beschrieben. Ein Endpoint kann ganz normal isochrone Daten übertragen oder als Rate-Feedback-Endpoint für einen anderen isochronen Endpoint arbeiten. Die Zuordnung zwischen miteinander korrespondieren Daten und

Feedback-Endpoint erfolgt über die gleiche Endpoint-Nummer. Da ein Feedback-Endpoint immer in entgegengesetzter Richtung zum Daten-Endpoint arbeitet, ist dies kein Verstoß gegen die Eindeutigkeit von Endpoint-Adressen (z.B. 0x01 = OUT-Isochronous-Endpoint 1 für Datentransfer sowie 0x81 = IN-Isochronous-Endpoint als korrespondierender Feedback-Endpoint). Es ist auch möglich, mit einem Feedback-Endpoint mehrere isochrone Daten-Endpoints zu steuern. Detailliertere Informationen zu dieser Thematik sind in der USB 2.0-Spezifikation zu finden.

Anzahl der Transaktionen	wMaxPacketSize[12..11]	wMaxPacketSize[10..0]	
1 Transaktion pro Microframe	00	1	- 1.024
2 Transaktionen pro Microframe	01	513	- 1.024
3 Transaktion pro Microframe	10	683	- 1.024
Reserviert	11		

Tab. 2.23: Codierung der Transaktionen im Endpoint-Descriptor

In den Bits 12..11 von wMaxPacketSize erfolgt die Codierung, mit wie vielen Paketen per Microframe die High-Speed-Daten im Interrupt- oder Isochronous-Mode übertragen werden. Für Bulk-Transfer ist dieser Wert auf 00 gesetzt.

Erweiterte Codierung von bInterval in der USB 2.0-Spezifikation

In der USB 2.0-Spezifikation wird das im bInterval-Feld codierte Polling-Intervall je nach Geschwindigkeitsklasse des Geräts und Transferart unterschiedlich interpretiert:

Transferart	Full-/Low-Speed	High-Speed
Control	0	NAK-Rate (0..255)
Bulk	0	NAK-Rate (0..255)
Interrupt	Polling-Intervall in 1 ms (1..255)	Polling-Intervall in $2^{(x-1)}$ ms (x = 1..16)
Isochronous	1	Polling-Intervall in $2^{(x-1)}$ ms (x = 1..16)

Tab. 2.24: Codierung der Polling-Intervalle im Endpoint-Descriptor (USB 2.0)

Für High-Speed Bulk- und Control-Endpoints gibt der Wert die maximale Anzahl der NAK innerhalb eines Microframe an. Steht dieser Wert z.B bei einem Bulk-OUT-Endpoint auf 2, so wird dieser Endpoint maximal 2 Transfers innerhalb eines Microframe mit NAK beantworten.

Bei High-Speed-Geräten mit Interrupt- oder Isochronous-Endpoints wird der um 1 dekrementierte Wert vom bInterval-Feld als Exponent zu 2 genutzt, um das Polling-Intervall festzulegen. Ist z.B bInterval auf 4 gesetzt, so wird der Endpoint mit einem Intervall von $2^{(4-1)} = 8$ ms gepollt.

2.8.6 String-Deskriptoren

Um zusätzliche textuelle Beschreibungen vom Hersteller, Gerät, Seriennummer usw. zu erhalten, können optional String-Deskriptoren verwendet werden. In den ersten beiden Bytes ist wie üblich Länge und Typ des Deskriptors codiert.

Die Zeichen des Strings werden im UNICODE-Format gespeichert. Für jedes Zeichen sind zwei Bytes notwendig. Im englischsprachigen Raum vereinfacht sich die Konvertierung eines ASCII-Zeichens in ein UNICODE-Zeichen auf das Voranstellen einer 0x00. Das Zeichen A wird im UNICODE als 0x0041 geschrieben. Durch die Notierung im Little-Endian-Format steht die 0x00 im String-Descriptor jedoch hinter dem ASCII-Code. Da für die Längenangabe des String-Descriptor nur ein Byte reserviert ist, sind Zeichenketten von bis zu 126 Zeichen möglich (126 x 2 Byte UNICODE pro Zeichen + 1 Byte Längenangabe + 1 Byte Deskriptortyp).

Wenn Strings durch das USB-Gerät unterstützt werden, muss ein GetDescriptor-Request mit dem String-Index 0 (Language-Descriptor) wie folgt beantwortet werden: (0x04, 0x03, 0x09, 0x04). Byte 0 ist die Längenangabe = 4 Byte, Byte 1 der Deskriptortyp = String-Descriptor. Die folgenden zwei Bytes 2, 3 stellen einen 16-Bit-Sprachen-Index für den UNICODE dar. Im englischsprachigen Raum ist dieser Wert 0x0409 (Achtung – Little-Endian-Notierung nicht vergessen!). Sollen verschiedene Sprachen durch das Gerät unterstützt werden, so werden die jeweiligen Language-IDs an den Language-Descriptor angehängt und die entsprechende Längenangabe im 1 Byte modifiziert.

Offset	Feldbezeichnung	Länge	Beschreibung	Beispielwerte
0	bLength	1	Länge dieses Deskriptors in Byte (z.B.10)	0x0A
1	bDescriptorType	1	Deskriptortyp = String	0x03
2	wUnicode	2	1.Zeichen (z.B. »I« = 0x0049)	0x49, 0x00
4	wUnicode	2	2.Zeichen (z.B. »M« = 0x004D)	0x4D, 0x00
6	wUnicode	2	3.Zeichen(z.B. »M« = 0x004D)	0x4D, 0x00
8	wUnicode	2	4.Zeichen(z.B. »S« = 0x0053)	0x53, 0x00

Tab. 2.25: Aufbau eines String-Descriptor

Werden keine Strings unterstützt, ist in allen Deskriptorfeldern für String-Indizes konsequent der Wert 0x00 einzutragen, da es sonst zu einem Abbruch der Enumeration kommen kann, wenn dem Host bei der Abfrage von String-Deskriptoren nicht korrekt geantwortet wird.

2.8.7 Device-Qualifier-Descriptor

Dieser Deskriptor wird nur in der USB 2.0-Spezifikation für Geräte und dessen High-Speed-Fähigkeiten beschrieben. Wenn ein High-Speed-Gerät gerade im Full-Speed-Modus arbeitet, kann über die Abfrage dieses Deskriptors das Verhalten des Geräts im High-Speed-Modus abgefragt werden.

Offset	Feldbezeichnung	Länge	Beschreibung	Beispielwerte
0	bLength	1	Größe dieses Deskriptors in Byte	0x0A
1	bDescriptorType	1	Deskriptortyp = Device-Qual.-Descriptor	0x06
2	bcdUSB	2	Version der USB-Spec.(z.B. 2.00)	0x00, 0x02
4	bDeviceClass	1	Klassen-Code	0x00
5	bDeviceSubClass	1	Subklassen-Code	0x00
6	bDeviceProtocoll	1	Protokoll-Code	0x00
7	bMaxPacketSize0	1	Tiefe EP0-FIFO in Byte (fix 64)	0x40
8	bNumConfiguartions	1	Zahl der mögl. Konfigurationen in HS	0x01
9	bReserved	1	Reserviert für zukünft. Erweiterungen	0x00

Tab. 2.26: Aufbau des Device-Qualifier-Descriptor

Der Aufbau ist dem des normalen Device-Descriptor sehr ähnlich. Zwingend ist jedoch, dass der Wert für bcdUSB mindestens 0x0200 betragen muss. Auch die FIFO-Tiefe für Endpoint 0 ist durch die USB 2.0-Spezifikation auf 64 Byte festgelegt.

2.8.8 Other-Speed-Configuration-Descriptor

Der Other-Speed-Configuration-Descriptor beschreibt die Konfiguration eines High-Speed-Geräts, wenn es im High-Speed-Modus arbeitet. Die Struktur dieses Deskriptors ist identisch mit der des normalen Configuration-Descriptor. Lediglich der Typ wird entsprechend Tabelle 2.14 codiert.

Offset	Feldbezeichnung	Länge	Beschreibung	Beispielwerte
0	bLength	1	Größe dieses Deskriptors in Byte	0x09
1	bDescriptorType	1	Deskriptortyp = Configuration-Descriptor	0x07
2	wTotalLength	2	Länge aller zu dieser Konfiguration gehörenden Deskriptoren (z.B.34)	0x22, 0x00
4	bNumInterfaces	1	Anzahl der zu dieser Konfiguration gehörenden Interfaces (z.B.1)	0x01
5	bConfigurationValue	1	Nummer dieser Konfiguration (z.B.1) (Argument für SetConfiguration)	0x01
6	iConfiguration	1	String-Index für »Konfiguration«	0x04
7	bmAttributes	1	Attribute für diese Konfiguration (z.B. Bus-powered, Remote-Wakeup-Support)	0xA0
8	MaxPower	1	Stromaufnahme in dieser Konfiguration in 2 mA-Einheiten (z.B.50 mA)	0x1A

Tab. 2.27: Aufbau des Other-Speed-Configuration-Descriptor

Achtung: Sollte ein USB 2.0-kompatibles Gerät nur Full- oder Low-Speed unterstützen, so muss der Versuch des Host, den Device-Qualifier-Descriptor oder den Other-Speed-Configuration-Descriptor abzufragen, zu einem Request-Error führen (STALL auf EP0-Pipe).

2.9 Standard-Device-Requests

2.9.1 Allgemeines zu USB-Device-Requests

Die Standard-Device-Requests stellen eine Untermenge der USB-Device-Request dar. Alle USB-Geräte müssen auf USB-Device-Requests antworten, unabhängig davon, ob das Gerät noch auf der Defaultadresse 0 arbeitet oder bereits anders adressiert und konfiguriert wurde.

USB-Device-Requests und die dazugehörigen Parameter sind immer 8 Byte lang und werden wie folgt genutzt.

Offset	Feldbezeichnung	Größe in Byte	Belegung
0	bmRequestType	1	Bitmap
1	bRequest	1	Byte
2	wValue	2	16 Bit Wort
4	wIndex	2	16 Bit Wort
6	wLength	2	16 Bit Wort

Tab. 2.28: Allgemeine Codierung der USB-Device-Requests

Alle hier erläuterten Requests werden mittels SETUP-Token über den bidirektionalen Control-Endpoint EP0 abgewickelt. Damit unterliegen alle USB-Device-Requests auch dem doppelten Handshake-Modell. Je nach Datentransfer-Richtung wird deshalb immer ein 2- oder 3-Stage Control-Transfer abgewickelt.

Anhand der im ersten Byte (Offset 0) enthaltenen Bitmap kann entschieden werden, um welchen Request es sich handelt.

Bit-Position	Bedeutung
Bit 7	Datentransfer-Richtung während der (optionalen) Daten-Stage 0 = vom Host zum Gerät 1 = vom Gerät zum Host
Bit 6,5	Request-Typ 00 = Standard-Request 01 = Klassenspezifischer Request 10 = Vendorspezifischer Request 11 = Reserviert
Bit 4...0	Empfänger des Request 00000 = Device 00001 = Interface 00010 = Endpoint 00011 = Andere alle anderen Belegungen sind reserviert

Tab. 2.29: Codierung der Bitmap *bmRequestTyp*

Wird durch das Gerät ein Request empfangen, der nicht gedeutet werden kann oder nicht unterstützt wird, antwortet das Gerät mit einem STALL der Control-Pipe. Sendet der Host ein IN-Token, um Deskriptordaten abzuholen, erhält er als Antwort ein STALL. Unabhängig davon, ob die EP0-Control-Pipe deaktiviert ist (d.h. auf IN- und OUT-Token nur noch STALL sendet) oder nicht, muss sie immer SETUP-Token empfangen können. Durch den Empfang des SETUP-Token wird automatisch die STALL-Bedingung vom Endpoint 0 entfernt.

Request	bRequest	Codierung im bRequest	Unterstützung
GetStatus	GET_STATUS	0x00	immer
ClearFeature	CLEAR_FEATURE	0x01	immer
SetFeature	SET_FEATURE	0x03	immer
SetAddress	SET_ADDRESS	0x05	immer
GetDescriptor	GET_DESCRIPTOR	0x06	immer
SetDescriptor	SET_DESCRIPTOR	0x07	optional
GetConfiguration	GET_CONFIGURATION	0x08	immer
SetConfiguration	SET_CONFIGURATION	0x09	immer
GetInterface	GET_INTERFACE	0x0A	immer
SetInterface	SET_INTERFACE	0x0B	immer
SynchFrame	SYNCH_FRAME	0x0C	optional

Tab. 2.30: Codierung der verschiedenen Standard-Device-Requests

Die hier aufgezählten Standard-Device-Requests sind für alle USB-Geräte definiert. Zusätzlich können noch klassenspezifische Requests definiert sein.

2.9.2 GetStatus

Der Host kann den Status des USB-Geräts jederzeit über einen GetStatus-Befehl abfragen. Die Statusabfrage kann auf drei verschiedenen Layern erfolgen: Device-Status, Interface-Status und Endpoint-Status. Welcher Status abgefragt wird, ist in den unteren 2 Bits des Feldes *bmRequestType* codiert.

bmRequestType	bRequest	wValue	wIndex	wLength
1000 0000 b	0x00	0x0000 (fix)	0x0000 (fix)	0x0002 (fix)
1000 0001 b			Interface-Nummer	
1000 0011 b			Endpoint-Adresse	

Tab. 2.31: GetStatus-Request

Die Statusinformationen werden dabei als ein 16-Bit-Wort im Little-Endian-Format während der Daten-Stage des Control-Transfers zum Host gesendet. Praktisch bedeutet dies, dass zuerst das Low-Byte mit den Bits 0 bis 7 und danach das High-Byte mit den Bits 8 bis 15 gesendet wird.

GetStatus (Device)

Das zurückgegebene 16-Bit-Wort ist wie folgt codiert:

Bitnummer	
0	Self-Power-Bit
1	Remote-Wakeup-Bit
2...15	Reserviert – auf 0 setzen

Tab. 2.32: Codierung der GetStatus(Device)-Bitmap

Das Self-Power-Bit gibt an, ob das Gerät gerade über den Bus mit Strom versorgt wird (Self-Power-Bit=0) oder ob die Stromversorgung anderweitig erfolgt (Self-Power-Bit=1). Der Host überprüft damit insbesondere Geräte, die beide Stromversorgungsarten unterstützen können.

Das Remote-Wakeup-Bit gibt darüber Auskunft, ob der Mechanismus zum Aufwecken des Busses aus dem Schlafzustand (*Suspend*-Zustand) gerade aktiviert (Remote-Wakeup-Bit=1) oder deaktiviert ist (Remote-Wakeup-Bit=0). Nach einem Reset ist dieser Mechanismus immer deaktiviert. Eine Umschaltung kann durch die Requests SetFeature bzw. ClearFeature mit dem Feature-Selektor REMOTE_WAKEUP erfolgen.

GetStatus (Interface)

Der Interface-Status ist in der USB-Spezifikation als reserviert definiert. Das während der Daten-Stage zurückgegebene 16-Bit-Statuswort enthält deshalb nur Nullen.

GetStatus (Endpoint)

Die Endpoint-Adresse (Endpoint-Nummer und Richtungsangabe in Bit 7) des abzufragenden Endpoint ist im Low-Byte des Feldes *wIndex* codiert. Im zurückgesendeten 16-Bit-Wort ist lediglich das Bit 0 mit der Stall-Information codiert, alle anderen Bits sind auf 0 gesetzt. Es gilt LSB=1, wenn der angeforderte Endpoint gerade deaktiviert ist, und LSB=0, wenn der Endpoint korrekt arbeitet und aktiviert ist. Eine Umschaltung dieses Status kann durch die Requests ClearFeature bzw. SetFeature mit dem Feature-Selektor ENDPOINT_STALL erfolgen.

2.9.3 SetFeature / ClearFeature

Über diese beiden Requests lassen sich vordefinierte Eigenschaften von Geräten ein- oder ausschalten. Derzeit sind nur zwei verschiedene Features für Standard Device Requests definiert.

Feature Selektor	Code	Empfänger
DEVICE_REMOTE_WAKEUP	0x0001	Device
ENDPOINT_STALL	0x0000	Endpoint

Tab. 2.33: Feature-Selektoren

Der Feature-Selektor wird in das Feld *wValue* eingetragen. Die Codierung der beiden Requests ist identisch, bis auf die Belegung des Feldes *bRequest*.

bmRequestType	bRequest	wValue	wIndex	wLength
0000 0000 b	0x01	Feature-Selektor	0x0000 (fix)	0x0000 (fix)
0000 0001 b			Interface-Nummer	
0000 0010 b			Endpoint-Adresse	

Tab. 2.34: ClearFeature-Request

bmRequestType	bRequest	wValue	wIndex	wLength
0000 0000 b	0x03	Feature-Selektor	0x0000 (fix)	0x0000 (fix)
0000 0001 b			Interface-Nummer	
0000 0010 b			Endpoint-Adresse	

Tab. 2.35: SetFeature-Request

Diese Requests sind Control-Transfers mit nur 2 Stages, d.h., es werden keine Daten an den Host zurückgegeben. Nur ein Zero-Data-Paket wird nach erfolgreicher Ausführung des Request während der Status-Stage auf das OUT-Token des Host zurückgesendet.

2.9.4 SetAddress

Nach einem Power-On-Reset bzw. USB-Reset besitzt jedes USB-Gerät seine Defaultadresse 0x00. Während der Enumeration wird dem Gerät durch den Host eine neue Adresse zugewiesen, die ungleich 0x00 ist. Dies geschieht durch den SetAddress-Request. Die neue Adresse ist im Low-Teil des Feldes *wValue* festgelegt.

bmRequestType	bRequest	wValue	wIndex	wLength
0000 0000 b	0x05	neue Adresse (Low)	0x0000 (fix)	0x0000 (fix)

Tab. 2.36: SetAddress-Request

An Bit 7 des Feldes *bmRequestType* lässt sich der 2-Stage-Control-Transfer erkennen. Es werden also keine Daten zum Host zurückgesendet, sondern lediglich ein Zero-Data-Paket während der Status-Stage.

ACHTUNG: Die Status-Stage muss noch mit der alten Defaultadresse behandelt werden. Erst nachdem die Status-Stage abgeschlossen ist, darf die neue Adresse im Gerät durch die Firmware gesetzt werden!

2.9.5 GetDescriptor

Alle in einem USB-Gerät vorhandenen Deskriptoren werden mittels des GetDescriptor-Request durch den Host angefordert. Der Standard Device Request GetDescriptor unterstützt dabei nur das Auslesen von Device-, Configuration- und String-Deskriptoren. Interface- und Endpoint-Deskriptoren können nicht direkt gelesen werden, sondern nur zusammen mit dem Configuration-Descriptor.

bmRequestType	bRequest	wValue	wIndex	wLength
1000 0000 b	0x06	Deskriptortyp (High) Index (Low)	0x0000 oder Language-ID	Länge

Tab. 2.37: GetDescriptor-Request

Im High-Teil des Feldes *wValue* steht der Typ des Deskriptors, der durch den Host angefordert wird. Bei 0x01 wird der Device-Descriptor abgefragt, bei 0x02 der Configuration-Descriptor mit allen dazugehörenden Interface-, Klassen- und Endpoint-Deskriptoren. Das Feld *wIndex* ist für den Device-Descriptor mit 0x00 belegt. Für Multi-Konfigurationsgeräte mit n verschiedenen Konfigurationen können die n Konfigurations-Deskriptoren dadurch abgefragt werden, dass der Index im Low-Teil von *wValue* von 0 bis n-1 läuft.

Wird ein String-Descriptor abgefragt, ist als Deskriptortyp 0x03 eingetragen und der Low-Teil des Feldes *wValue* enthält den Index des angeforderten Deskriptors. Im Feld *wIndex* muss die Language-ID stehen, welche angibt, in welcher Sprache der String-Descriptor geliefert werden soll.

Die Deskriptoren werden während der Daten-Stage des 3-Stage-Control-Transfers zurückgegeben. Im Feld *wLength* gibt der Host an, wie viele Bytes der Host akzeptieren kann. Ist der Deskriptor länger als der in *wLength* angegebene Wert, so muss der Deskriptor durch die Firmware auf diesen Wert gekürzt werden!

Die FIFO-Tiefe des Control-Endpoint ist oft kleiner als die Länge eines Deskriptors (typisch ist eine 8-Byte-FIFO für EP0). Die Firmware muss also dafür sorgen, dass der Deskriptor portionsweise verschickt wird.

Am Beispiel des Auslesens des 18 Byte langen Device-Descriptor über die 8 Byte große FIFO des EP0 soll dies näher erläutert werden. Auf das erste IN-Token nach dem SETUP-Befehl werden die ersten 8 Bytes des Deskriptors gesendet, auf das folgende IN-Token die nächsten 8 Bytes und auf das dritte und letzte IN-Token die restlichen 2 Bytes. Hat der Host die Daten empfangen, quittiert er dies mit der Status-Stage.

2.9.6 SetDescriptor

Der optionale SetDescriptor-Request kann von Geräten unterstützt werden, die eine nachträgliche Änderung von Deskriptoren oder eine Implementierung von zusätzlichen Deskriptoren unterstützen. Dies ist insbesondere für das Setzen von Serien-Nummern und OEM-Strings nützlich.

bmRequestType	bRequest	wValue	wIndex	wLength
0000 0000 b	0x07	Deskriptortyp (High) Index (Low)	0x0000 oder Language-ID	Länge des neuen Deskriptors

Tab. 2.38: SetDescriptor-Request

Der Aufbau des Request ist dem GetDescriptor-Befehl ähnlich. Allerdings werden keine Daten durch den Host mittels IN-Token abgefragt, sondern der neue Deskriptor wird während der Datenphase mit einem oder mehreren OUT-Token an das Gerät übertragen.

2.9.7 GetConfiguration

Dieser Request ermöglicht dem Host, die derzeit vom Gerät eingenommene Konfiguration abzufragen.

bmRequestType	bRequest	wValue	wIndex	wLength
1000 0000 b	0x08	0x0000 (fix)	0x0000 (fix)	0x0001 (fix)

Tab. 2.39: GetConfiguration-Request

Während der Daten-Stage wird ein Byte mit dem *bConfigurationValue* zurückgesendet. Wird dagegen 0x00 zurückgesendet, befindet sich das Gerät nicht im konfigurierten Zustand.

2.9.8 SetConfiguration

Dieser Befehl wird benutzt, um dem USB-Gerät eine Konfiguration zuzuweisen. Zuvor hat der Host alle Device- und Configuration-Deskriptoren gelesen und kennt somit alle möglichen Konfigurationen.

bmRequestType	bRequest	wValue	wIndex	wLength
0000 0000 b	0x09	bConfigurationValue (Low-Teil)	0x0000 (fix)	0x0000 (fix)

Tab. 2.40: SetConfiguration-Request

Die gewünschte Konfiguration wird im Low-Teil des Feldes *wValue* gesendet. Solange das Gerät nicht im konfigurierten Zustand ist, darf nur der bidirektionale Endpoint EP0 aktiviert sein, und die Stromaufnahme über das USB-Kabel ist auf maximal 100 mA begrenzt. Erst nach dem Setzen einer Konfiguration dürfen alle zu dieser Konfiguration gehörenden Endpoints aktiviert werden und die Stromaufnahme darf mehr als 100 mA betragen.

2.9.9 GetInterface

Unter einer Konfiguration können gleichzeitig mehrere Interfaces existieren, die wiederum sich gegenseitig ausschließende *AlternateSetting*s besitzen können. Der Befehl GetInterface wird benutzt, um das gerade aktive *AlternateSetting* eines Interface zu detektieren. Im Low-Teil des Feldes *wIndex* ist das Interface codiert, dessen *AlternateSetting* abgefragt werden soll.

bmRequestType	bRequest	wValue	wIndex	wLength
1000 0001 b	0x0A	0x0000 (fix)	Interface-Nummer (Low-Teil)	0x0001 (fix)

Tab. 2.41: GetInterface-Request

Als Antwort auf diesen Request wird während der Daten-Stage ein Byte mit dem Wert des gerade aktiven *AlternateSetting* zurückgesendet.

2.9.10 SetInterface

Dieser Befehl wird benutzt, um ein *AlternateSetting* für ein Interface zu aktivieren.

bmRequestType	bRequest	wValue	wIndex	wLength
0000 0001 b	0x0B	AlternateSetting (Low-Teil)	Interface (Low-Teil)	0x0000 (fix)

Tab. 2.42: SetInterface-Request

2.9.11 SynchFrame

Dieser optionale Befehl wird nur von isochronen Endpoints benutzt, die ausschließlich Pattern-Synchronisation unterstützen. Wenn der angesprochene Endpoint diese Synchronisierungsart nicht unterstützt oder es sich gar nicht um einen isochronen Endpoint handelt, wird mit einem STALL geantwortet.

bmRequestType	bRequest	wValue	wIndex	wLength
1000 0010 b	0x0C	0x0000 (fix)	Endpoint-Adresse (Low-Teil)	0x0002 (fix)

Tab. 2.43: SynchFrame-Request

2.10 Enumeration

2.10.1 Aufgaben der Enumeration

Unter Enumeration wird die Identifizierung und Konfigurierung eines USB-Geräts verstanden, welches neu an den USB angesteckt wurde. Das Anstecken und Abziehen eines Geräts wird durch den Hub detektiert, an den das Gerät angesteckt wurde. Durch den Hub wird der Host darüber informiert, ob ein Full- oder Low-Speed-Gerät angesteckt wurde. Die Host-Software übernimmt dann die weitere Enumeration.

2.10.2 Genereller Ablauf

Zuerst versucht der Host einen ersten Datentransfer mit der neu angesteckten Function aufzubauen. Dieser erste Kommunikationsversuch findet noch auf der Defaultadresse 0 des Geräts statt. Dazu sendet der Host einen Standard-Device-Request (üblicherweise GetDescriptor mit dem Parameter DEVICE_DESCRRIPTOR) und wartet auf eine Antwort. Hat das Gerät die ersten 8 Bytes seines Device-Descriptor übertragen, sendet der Host ein OUT-Token mit einem folgenden Zero-Data-Paket. Das vorgezogene Senden der Status-Stage bricht den Transfer ab. Der Host initiiert dann ein selektives Reset für das neue Gerät.

Danach erfolgt das Umsetzen der Adresse durch Senden des Standard-Requests SetAddress mit der neuen Adresse als Parameter. Die Status-Stage für diesen Transfer läuft noch auf der alten Defaultadresse 0 ab. Erst nach erfolgreichem Abschluss des kompletten Transfers darf das Gerät die neue Adresse für weitere Requests benutzen.

Jetzt wird der Device-Descriptor durch den Host abgefragt. Die darin enthaltenen Informationen unterstützen den Host bei der Auswahl eines geeigneten Treibers für dieses Gerät. Dazu dienen insbesondere die Angaben in den Feldern Vendor-ID und Produkt-ID. Die Hostsoftware durchsucht mit diesen Informationen seine Driver-Data-Base und versucht einen Eintrag für dieses Gerät zu finden. Ist diese Suche nicht erfolgreich, werden die Felder Klassen-Code, Subklassen-Code und Protokoll-Code ausgewertet. Die darin enthaltenen Informationen werden genutzt, um einen generischen Treiber für diese Geräteklasse zu laden. Schlägt auch dieser Versuch fehl, wird der Hardwareassistent geöffnet (in Windows 98), der nach einem geeigneten Treiber verlangt.

Durch die Abfrage des Device-Descriptor weiß der Host, wie viele Konfigurationen dieses Gerät annehmen kann. Deshalb erfolgt als Nächstes die Abfrage des ersten Configuration-Descriptor mit allen dazugehörenden Interface- und Endpoint-Deskriptoren. Sollte zu dieser Konfiguration noch ein klassenspezifischer Deskriptor gehören, wird dieser zwischen dem Interface- und den Endpoint-Deskriptor gesendet.

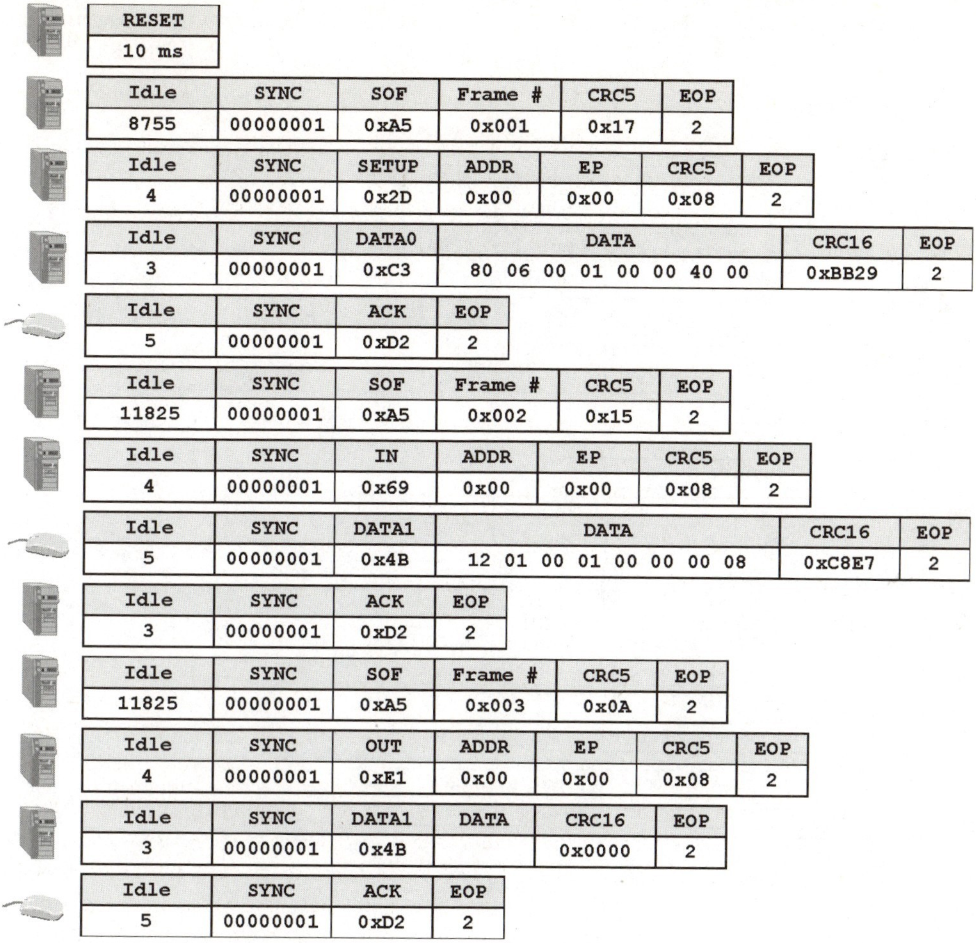

2.10 Enumeration

	Idle	SYNC							
	RESET								
	10 ms								

	Idle	SYNC	SOF	Frame #	CRC5	EOP			
	8755	00000001	0xA5	0x001	0x17	2			

	Idle	SYNC	SETUP	ADDR	EP	CRC5	EOP		
	4	00000001	0x2D	0x00	0x00	0x08	2		

	Idle	SYNC	DATA0	DATA				CRC16	EOP
	3	00000001	0xC3	80 06 00 01 00 00 40 00				0xBB29	2

	Idle	SYNC	ACK	EOP
	5	00000001	0xD2	2

	Idle	SYNC	SOF	Frame #	CRC5	EOP
	11825	00000001	0xA5	0x002	0x15	2

	Idle	SYNC	IN	ADDR	EP	CRC5	EOP
	4	00000001	0x69	0x00	0x00	0x08	2

	Idle	SYNC	DATA1	DATA				CRC16	EOP
	5	00000001	0x4B	12 01 00 01 00 00 00 08				0xC8E7	2

	Idle	SYNC	ACK	EOP
	3	00000001	0xD2	2

	Idle	SYNC	SOF	Frame #	CRC5	EOP
	11825	00000001	0xA5	0x003	0x0A	2

	Idle	SYNC	OUT	ADDR	EP	CRC5	EOP
	4	00000001	0xE1	0x00	0x00	0x08	2

	Idle	SYNC	DATA1	DATA	CRC16	EOP
	3	00000001	0x4B		0x0000	2

	Idle	SYNC	ACK	EOP
	5	00000001	0xD2	2

Bild 2.62: Enumeration 1 – Erster Kommunikationsversuch

Unterstützt das Gerät weitere Konfigurationen, werden die jeweiligen Deskriptoren ebenfalls abgefragt.

Der Host kennt nun alle möglichen Konfigurationen und Eigenschaften des neuen Geräts und kann anhand verschiedener Kriterien eine Konfiguration auswählen. Zu diesen Kriterien gehört insbesondere die Ressourcenbelastung des Busses durch das neue Gerät. Die beiden wichtigsten Ressourcen sind die Bandbreitenausnutzung (FIFO-Größe und Polling-Intervalle, die im Endpoint-Descriptor codiert sind) und die Stromaufnahme des Geräts in der jeweils gewählten Konfiguration (im Configuration-Descriptor codiert).

Wird z.B ein Gerät über den USB mit Strom versorgt, so darf es im noch nicht konfigurierten Zustand den Bus mit maximal 100 mA belasten. Nach Zuweisung einer Konfiguration darf die Stromaufnahme das Geräts bis zu 500 mA betragen (High-Power-Device), wenn es über den Bus versorgt wird. Da der Host die Stromressourcen des Hub kennt, an welchen das USB-Gerät angesteckt wurde, kann er entscheiden, ob für das Gerät diese Konfiguration zulässig ist. Bei Geräten, die keinen Strom über die USB-Leitung entnehmen, entfällt diese Problematik.

	RESET						
	10 ms						

	Idle	SYNC	SOF	Frame #	CRC5	EOP	
	4712	00000001	0xA5	0x00D	0x05	2	

	Idle	SYNC	SOF	Frame #	CRC5	EOP	
	11966	00000001	0xA5	0x00E	0x07	2	

	Idle	SYNC	SETUP	ADDR	EP	CRC5	EOP
	4	00000001	0x2D	0x00	0x00	0x08	2

	Idle	SYNC	DATA0	DATA		CRC16	EOP
	3	00000001	0xC3	00 05 02 00 00 00 00 00		0xD768	2

	Idle	SYNC	ACK	EOP			
	5	00000001	0xD2	2			

	Idle	SYNC	SOF	Frame #	CRC5	EOP	
	11825	00000001	0xA5	0x00F	0x18	2	

	Idle	SYNC	IN	ADDR	EP	CRC5	EOP
	4	00000001	0x69	0x00	0x00	0x08	2

	Idle	SYNC	DATA1	DATA	CRC16	EOP	
	5	00000001	0x4B		0x0000	2	

	Idle	SYNC	ACK	EOP			
	3	00000001	0xD2	2			

Alte Adresse (0x00) gültig

Neue Adresse (0x02) gültig

	Idle	SYNC	SOF	Frame #	CRC5	EOP	
	11889	00000001	0xA5	0x010	0x0F	2	

	Idle	SYNC	SOF	Frame #	CRC5	EOP	
	11966	00000001	0xA5	0x011	0x10	2	

Bild 2.63: Enumeration 2 – USB-Reset und Adress-Umsetzung

Ist der Bus bereits durch andere Geräte gut ausgelastet, kann es zu Problemen bei der Aufteilung der Bandbreite kommen. Erfordert das neue Gerät mehr Bandbreite, als momentan zur Verfügung steht, prüft der Host, ob andere Geräte mit geringeren Bandbreiten betrieben werden können. Ist dies der Fall, wird der Host versuchen, durch Umkonfigurierung dieser Geräte wieder genügend Bandbreite für das neue Gerät zu gewinnen.

2.10 Enumeration

Idle	SYNC	SOF	Frame #	CRC5	EOP		
11966	00000001	0xA5	0x020	0x19	2		

Idle	SYNC	SETUP	ADDR	EP	CRC5	EOP	
4	00000001	0x2D	0x02	0x00	0x15	2	

Idle	SYNC	DATA0	DATA	CRC16	
3	00000001	0xC3	80 06 00 01 00 00 12 00	0xD768	

Idle	SYNC	ACK	EOP
5	00000001	0xD2	2

Idle	SYNC	SOF	Frame #	CRC5	EOP		
11825	00000001	0xA5	0x021	0x06	2		

Idle	SYNC	IN	ADDR	EP	CRC5	EOP	
4	00000001	0x69	0x02	0x00	0x15	2	

Idle	SYNC	DATA1	DATA	CRC16	EOP
5	00000001	0x4B	12 01 00 01 00 00 00 08	0x82DD	2

Idle	SYNC	ACK	EOP
3	00000001	0xD2	2

Idle	SYNC	SOF	Frame #	CRC5	EOP		
11825	00000001	0xA5	0x022	0x04	2		

Idle	SYNC	IN	ADDR	EP	CRC5	EOP	
4	00000001	0x69	0x02	0x00	0x15	2	

Idle	SYNC	DATA0	DATA	CRC16	EOP
5	00000001	0xC3	6A 04 03 00 05 03 00 00	0x3139	2

Idle	SYNC	ACK	EOP
3	00000001	0xD2	2

Bild 2.64: Enumeration 3 – Device-Descriptor-Abfrage

Beansprucht ein Gerät zu viele Ressourcen, wird bei mehreren verfügbaren Konfigurationen untersucht, ob eine alternative Konfiguration mit weniger Ressourcen auskommt. Ist nur eine Konfiguration für das USB-Gerät möglich und kann der Host die Ressourcen nicht bereitstellen, wird an dieser Stelle die Enumeration des Geräts abgebrochen. Der Hub, an den das neue Gerät angesteckt wurde, bekommt vom Host den Befehl, das entsprechende Downstream-Port zu deaktivieren. Ob für den Anwender ein Hinweis auf dem Bildschirm erscheinen wird, hängt wesentlich von der Implementierung der Host-Treiber ab.

Idle	SYNC	SOF	Frame #	CRC5	EOP
11966	00000001	0xA5	0x040	0x12	2

Idle	SYNC	SETUP	ADDR	EP	CRC5	EOP
4	00000001	0x2D	0x02	0x00	0x15	2

Idle	SYNC	DATA0	DATA	CRC16
3	00000001	0xC3	80 06 00 02 00 00 F1 03	0xB5A3

Idle	SYNC	ACK	EOP
5	00000001	0xD2	2

Idle	SYNC	SOF	Frame #	CRC5	EOP
11825	00000001	0xA5	0x041	0x0D	2

Idle	SYNC	IN	ADDR	EP	CRC5	EOP
4	00000001	0x69	0x02	0x00	0x15	2

Idle	SYNC	DATA1	DATA	CRC16	EOP
5	00000001	0x4B	09 02 22 00 01 01 00 A0	0x5019	2

Idle	SYNC	ACK	EOP
3	00000001	0xD2	2

Idle	SYNC	SOF	Frame #	CRC5	EOP
11825	00000001	0xA5	0x042	0x0F	2

Idle	SYNC	IN	ADDR	EP	CRC5	EOP
4	00000001	0x69	0x02	0x00	0x15	2

Idle	SYNC	DATA0	DATA	CRC16	EOP
5	00000001	0xC3	32 09 04 00 00 01 03 01	0xACB2	2

Idle	SYNC	ACK	EOP
3	00000001	0xD2	2

Bild 2.65: Enumeration 4 – Configuration-Descriptor-Abfrage

Die Abfrage des Device-Descriptor und des Configuration-Descriptor mit allen darunter liegenden Deskriptoren kann durch den Host mehrfach erfolgen. Dies begründet sich durch das dynamische Nachladen der Treiberschichten in der Host-Software. Jede neu geladene Treiberschicht wird die Deskriptoren wieder erneut abfragen und die für sie relevanten Informationen daraus verarbeiten. Ein Zwischenspeichern der Deskriptoren, um sie allen Treiberschichten zur Verfügung zu stellen, geschieht im Host nicht.

Konnte der Host alle Treiberschichten laden und waren genügend Ressourcen vorhanden, weist der Host dem Gerät eine Konfiguration zu. Dies geschieht durch Senden des Standard-Device-Requests SetConfiguration. Als Parameter wird dabei die *bConfigurationValue* gesendet. Der für diese Konfiguration angegebene maximale Strom kann ab diesem Zeitpunkt über die Busleitung entnommen werden.

Idle	SYNC	SOF	Frame #	CRC5	EOP
11966	00000001	0xA5	0x060	0x03	2

Idle	SYNC	SOF	Frame #	CRC5	EOP
11966	00000001	0xA5	0x061	0x1C	2

Idle	SYNC	SETUP	ADDR	EP	CRC5	EOP
4	00000001	0x2D	0x02	0x00	0x08	2

Idle	SYNC	DATA0	DATA		CRC16	EOP
3	00000001	0xC3	00 09 01 00 00 00 00 00		0xE4A4	2

Idle	SYNC	ACK	EOP
5	00000001	0xD2	2

Gerät nicht konfiguriert

Konfiguration 1 aktiviert

Idle	SYNC	SOF	Frame #	CRC5	EOP
11825	00000001	0xA5	0x062	0x1E	2

Idle	SYNC	IN	ADDR	EP	CRC5	EOP
4	00000001	0x69	0x02	0x00	0x01	2

Idle	SYNC	DATA1	DATA	CRC16	EOP
5	00000001	0xB4		0x0000	2

Idle	SYNC	ACK	EOP
3	00000001	0xD2	2

Idle	SYNC	SOF	Frame #	CRC5	EOP
11889	00000001	0xA5	0x063	0x01	2

Idle	SYNC	SOF	Frame #	CRC5	EOP
11966	00000001	0xA5	0x064	0x1F	2

Bild 2.66 : Enumeration 5 – Aktivieren einer Konfiguration

Die Firmware der Function aktiviert außerdem alle zu dieser Konfiguration gehörenden Endpoints. Werden Interfaces mit mehreren *AlternateSetting*s benutzt, so werden die Endpoints mit den Eigenschaften initialisiert, die für *AlternateSetting* 0 angegeben sind. Deshalb sollte *AlternateSetting* 0 immer solche Einstellungen unterstützen, die mit minimalen Bandbreiten auskommen. Praktisch bedeutet dies, dass isochrone Endpoints bei *AlternateSetting* 0 keine Bandbreite benötigen. Die FIFO-Tiefe für solche Endpoints ist mit dem Wert 0 im Endpoint-Descriptor eingetragen.

Sind neben den Standard-Deskriptoren noch klassenspezifische Deskriptoren für ein Interface vorhanden (z.B. HID-Descriptor bei Tastaturen), werden diese jetzt durch den klassenspezifischen Treiber abgefragt.

Besitzt eine Konfiguration ein oder mehrere Interfaces, werden diese anschließend aktiviert. Dazu wird der Request SetInterface für jedes in dieser Konfiguration unterstützte Interface gesendet. Als Parameter dient dabei das durch den Host gewählte *AlternateSetting*. Wird ein *AlternateSetting* ≠ 0 gewählt, müssen die Endpoints eventuell durch die Firmware neu konfiguriert werden.

Muss das Gerät außerdem mit klassenspezifischen Requests konfiguriert werden, geschieht dies zu diesem Zeitpunkt. Bei Tastaturen bedeutet das z.B. das Senden eines SetReport-Requests, welcher die LEDs in den Initialzustand setzt.

Die Enumeration für ein neu angestecktes Gerät ist jetzt im Wesentlichen abgeschlossen. Interrupt-Endpoints werden zyklisch abgefragt, und isochrone Endpoints werden jede Millisekunde angesprochen.

Wenn eine Neukonfigurierung des Geräts erforderlich wird, kann dies jederzeit mit einem Device-Request durch die Host-Software vorgenommen werden. Die Firmware muss nach abgeschlossener Enumeration jederzeit auf einen Control-Transfer über EP0 reagieren können. Treten z.B. Probleme mit dem Gerät auf, die nicht durch die Host-Software gelöst werden können, kann das Gerät durch Senden des Befehls SetConfiguration mit dem Parameter *bConfigurationValue* = 0 wieder in den nicht konfigurierten Zustand versetzt werden.

2.10.3 Enumeration eines gesamten USB-Baumes

Nach einem Power-on-Reset arbeiten alle USB-Geräte auf ihrer Defaultadresse 0. Wie wird realisiert, dass alle Geräte in einem USB-Baum enumeriert werden?

Die Lösung liegt im Verhalten der Hubs. Nach einem Power-on-Reset sind sämtliche Downstream-Ports deaktiviert. Die Enumeration soll an dem folgenden Topologie-Beispiel erläutert werden.

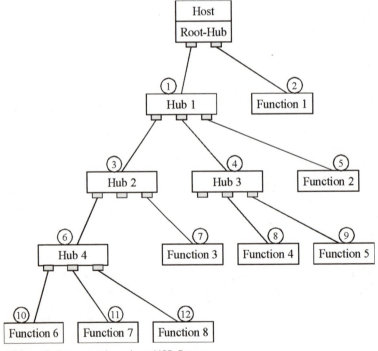

Bild 2.67: Enumeration eines USB-Baums

Die ersten Standard-Device-Requests nach dem Reset werden nur vom Hub 1 gesehen. Alle anderen Geräte erreicht zu diesem Zeitpunkt noch kein Datenverkehr, da die Downstream-

Ports des Hub 1 deaktiviert sind. Es wird also zuerst der Hub 1 enumeriert. Ist dieser Prozess abgeschlossen, so fragt der Host den Interrupt-Endpoint des Hub ab und stellt fest, dass noch weitere Geräte an dessen Downstream-Ports angeschlossen sind.

Deshalb wird als Nächstes der Port 1 des Hub 1 freigeschaltet und die hier angeschlossene Function 1 enumeriert. Arbeitet auch dieses Gerät auf einer neuen, einmaligen USB-Adresse, wird Port 2 vom Hub 1 aktiviert werden. Die dort befindliche Funktion 2 wird jetzt enumeriert. Dieser Prozess zieht sich durch den gesamten Baum, bis alle Geräte enumeriert worden sind.

Ob der Baum zuerst in vertikaler Richtung und dann in horizontaler Richtung oder umgekehrt enumeriert wird, ist von der Treiberimplementation auf der Host-Seite abhängig. Letztendlich ist diese Reihenfolge egal, da in jedem Fall der gesamte Baum eindeutig enumeriert wird. Das vorhergehende Bild zeigt eine Enumeration-Sequenz in horizontaler Richtung.

3 Hub

Das Kapitel gibt einen detaillierten Überblick über die Architektur und Funktion von USB-Hubs. Der Inhalt orientiert sich am Kapitel 11 der USB 2.0-Spezifikation.

Die Namen von Requests, Registern, Registerfeldern sowie einigen State-Machines und deren Zustandsbezeichnungen wurden aus der USB-Spezifikation übernommen, um dem Leser die Arbeit mit der Spezifikation zu erleichtern.

3.1 Architektur

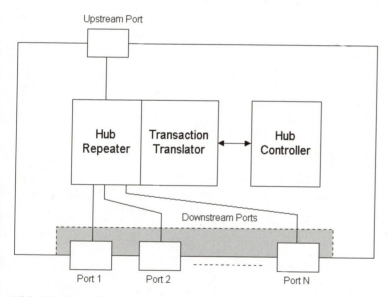

Bild 3.1: Blockdiagramm eines USB-Hub

Bild 3.1 zeigt den prinzipiellen Aufbau eines Hub und dessen Aufteilung in Hub-Controller, Hub-Repeater, Transaction-Translator und Routing-Logik.

Die USB 2.0-Spezifikation erweitert die USB 1.1-Spezifikation um den High-Speed-Modus. Mit dieser neuen Geschwindigkeitsklasse werden vor allem mit Hinsicht auf die geforderte Auf- und Abwärts-Kompatibilität weitaus höhere Anforderungen an die Funktionen der Hubs gestellt, als dies noch bei der Spezifikation USB 1.1 der Fall war.

3.1.1 Hub-Controller

Der Hub-Controller ist verantwortlich für die Kommunikation zwischen Hub und Host. Er wird beim Anstecken an den Bus wie jedes andere USB-Gerät konfiguriert und erhält eine eigene Adresse.

Auf Host-Seite kann der Hub-Treiber über den Standard-Endpoint EP0 unter Verwendung verschiedener Requests den Repeater beeinflussen (siehe Kapitel 3.11).

Auftretende Statusänderungen am Hub oder einem der Downstream-Ports werden dem Host über einen Interrupt-IN-Endpoint (Endpoint EP1) mitgeteilt.

3.1.2 Hub-Repeater

Aufgabe des Repeater ist die Herstellung der Verbindung in Upstream- und Downstream-Richtung. Ein am Upstream-Port ankommendes Paket muss an alle aktivierten Downstream-Ports durchgereicht werden. Während des *Idle*-Zustandes befinden sich alle Ports im Empfangsmodus.

Sendet ein USB-Gerät ein Paket an ein aktives Downstream-Port, baut der Hub-Repeater die Verbindung in Upstream-Richtung auf. Die Daten werden dabei an *keine* weiteren Downstream-Ports propagiert.

Unter Verwendung der Signale *EOF1* und *EOF2*, die vom Frame-Timer generiert werden (siehe Kapitel 3.7.2), können Auswirkungen von eventuell auftretenden Fehlern vom Typ Babble oder Loss-Of-Activity (LOA) unterdrückt werden.

3.1.3 Transaction-Translator

Der Transaction-Translator nimmt High-Speed-Split-Transactions auf und übersetzt diese in Full-/Low-Speed-Transactions, wenn der Hub im High-Speed-Modus arbeitet und Full-/Low-Speed-Geräte angeschlossen sind. Einen genaueren Überblick über Split-Transactions gibt das Kapitel 3.3.3.

3.1.4 Routing-Logik

Die in diesem Block befindliche Logik entscheidet darüber, ob ein Downstream-Port vom Transaction-Translator kontrolliert wird oder die Daten vom Repeater durchgereicht werden. Dabei muss unterschieden werden, ob der Hub selbst an einem High-Speed- oder Full-Speed-Port angeschlossen ist.

Befindet sich der Hub in einer High-Speed-Umgebung, werden angeschlossene Full-/Low-Speed-Geräte über den Transaction-Translator versorgt, während High-Speed-Geräte über einen High-Speed-Repeater versorgt werden, welcher die Daten in einem kleinen Zwischenspeicher (Elastic Buffer) puffert und mit eigenem Takt an das High-Speed-Gerät weitergibt. Der Zwischenspeicher muss eine Tiefe von mindestens 12 Bit aufweisen und dient dem Ausgleich der Differenz zwischen

Repeater-Takt und dem Takt, mit welchem die Daten gesendet wurden. Da eine Taktabweichung von maximal 500 ppm erlaubt ist, beträgt der Unterschied zwischen den beiden Takten maximal 1.000 ppm. Das längste Datenpaket hat eine Länge von 9.644 Bit (1 Kbyte Daten, SYNC, PID, Bitstuffing), woraus eine Abweichung von 9,644 Bit resultiert. Die in der Spezifikation gewählte Mindesttiefe von 12 Bit ist damit ausreichend. Ist der Hub an einem Full-Speed-Port angeschlossen, bleibt der Transaction-Translator inaktiv, und die Daten werden über einen Full-/Low-Speed-Repeater an angeschlossene Geräte weitergeleitet.

3.2 Hub-Ports

3.2.1 Downstream-Ports

Das Bild 3.2 zeigt die State-Machine mit den möglichen Port-Zuständen für die Downstream-Ports. Die State-Machine wird über externe Ereignisse (Erkennen des Ansteckens oder Entfernens eines Geräts, von Resume-Zuständen, der Geschwindigkeitsklasse usw.) oder decodierte Requests des Hub-Controllers gesteuert. Die Funktion besteht darin, das Verhalten des Port beim Propagieren von Daten zu beeinflussen, und spezielle Funktionen (Suspend/Resume/Port-Reset) zu ermöglichen. Tabelle 3.1 zeigt und erläutert die Übergangsbedingungen für die State-Machine.

Signalname	*Beschreibung*
Power_Source_Off	Port_Power nicht verfügbar. (Überstrombedingung oder Entfernung externer Stromversorgung)
Over_current	Auftreten einer Überstrombedingung
EOI	Ende eines definierten Zeitintervalls
SE0	Empfang eines SE0-Zustands
Disconn_Detect	Entfernen eines Geräts erkannt
LS	Angeschlossenes Gerät ist ein Low-Speed-Gerät
SOF	Start-Of-Frame-Token empfangen
PK	K-Zustand für mindestens 2,5 µs detektiert
PS	SE0-Zustand für mindestens 2,5 µs detektiert
K	K-Zustand detektiert
Rx_Resume	State-Machine des Upstream-Receiver ist im Resume-Zustand (siehe Kapitel 3.2.2)
Rx_Suspend	State-Machine des Upstream-Receiver ist im Suspend-Zustand
Rptr_Exit_WFEOPFU	State-Machine des Repeater verlässt den WFEOPFU-Zustand (siehe Kapitel 3.7.2)
Rptr_Enter_WFEOPFU	State-Machine des Repeater geht in den WFEOPFU-Zustand
Port_Error	Port-Fehler. Liegt dann vor, wenn der Repeater eine Verbindung in Upstream- oder Downstream-Richtung aufgebaut hat, und das Frame-Ende erreicht wird (siehe Kapitel 3.7.2)
SetTest	Übergang in einen Test-Modus nach Empfang eines SetPortFeature(PORT_TEST)-Request
Configuration = 0	Der Hub-Controller wurde (noch) nicht konfiguriert.

Tab. 3.1: Signalnamen der State-Machine Downstream-Ports

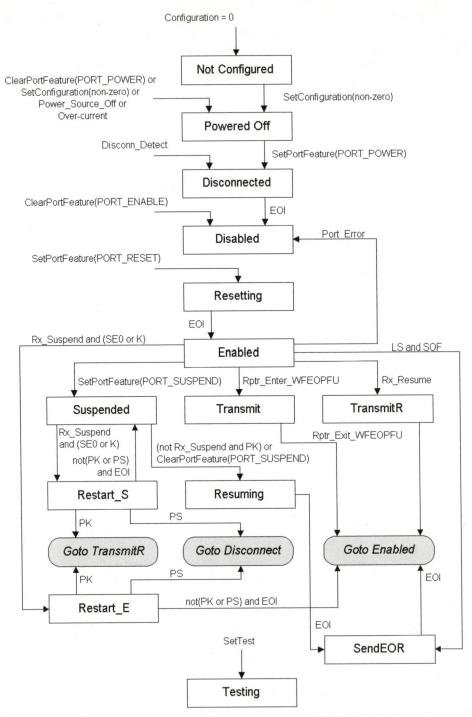

Bild 3.2: State-Machine für Downstream-Ports

Not-Configured

Dieser Zustand wird von allen Downstream-Ports eingenommen, bis der Hub über einen Request SetConfiguration auf einen Konfigurationswert verschieden von Null gesetzt wird. In diesem Zustand treibt der Hub ein *SE0* auf alle Downstream-Ports.

Powered-Off

Das Port nimmt diesen Zustand nach dem Setzen der Konfiguration oder nach einem speziellen Request vom Typ ClearPortFeature(PORT_POWER) oder Abschaltung der Stromversorgung am Port durch Überstrom ein. Für Hubs mit schaltbarer Stromversorgung existiert während dieses Zustandes am Port keine Stromversorgung für die dort angeschlossenen Geräte und die Datenleitungen befinden sich im hochohmigen Zustand.

Disconnected

Das Port nimmt diesen Zustand nach einem Request SetPortFeature(PORT_POWER), nach Detektion eines angesteckten Geräts oder nach Ablauf eines Zeitintervalls in einem der *Restart*-Zustände ein. Der Hub ist im *Disconnect*-Zustand in der Lage, das Anstecken eines USB-Geräts zu erkennen.

Disabled

Der Übergang vom *Disconnect*-Zustand in den *Disabled*-Zustand erfolgt, wenn das Anstecken eines Geräts erkannt wurde oder das Gerät an diesem Port am Ende eines Frame immer noch sendet (fr_error) oder durch einen Request ClearPortFeature(PORT_ENABLE). Der Hub darf in diesem Zustand sowohl in Upstream- als auch in Downstream-Richtung über dieses Port noch keine Daten propagieren.

Resetting

Der Übergang in diesen Zustand wird durch einen Request SetPortFeature(PORT_RESET) ausgelöst und bewirkt das Treiben eines *SE0*-Signals für mindestens 10 ms. Die Beendigung der Reset-Sequenz bewirkt das Setzen des korrespondierenden Change-Bits im Register *wPortChange* (siehe Kapitel 3.12.4) und den Übergang in den *Enabled*-Zustand.

Enabled

In diesem Zustand wartet der Hub auf Daten aus Upstream- oder Downstream-Richtung.

Transmit

Der *Transmit*-Zustand wird für High-/Full-Speed-Ports nach Detektion eines Zustandes verschieden vom *J*-Zustand am Upstream-Port eingenommen.

Für Low-Speed-Ports erfolgt der Übergang in diesen Zustand erst nach einem erkannten PRE-Token.

Im High-Speed-Modus dient dieser Zustand weiterhin der Erkennung eines Disconnect-Zustandes, da an High-Speed-Ports ein solcher Zustand nur während des Sendens erfolgen kann. Dabei wird die fehlende Terminierung genutzt, welche zu einer Spannungsüberhöhung führt. (siehe Kapitel xxx)

TransmitR

Wenn auf Upstream-Seite ein Resume erkannt wurde, geht der Hub in diesen Zustand über und treibt ein Resume an alle aktiven Downstream-Ports.

Suspended

Entsprechend der USB-Spezifikation ist es möglich, Teile des Busses in den stromsparenden *Suspend*-Zustand zu versetzen. Dies wird erreicht, indem das Port, an welchem sich ein Gerät befindet, über einen Request SetPortFeature(PORT_SUSPEND) in den *Suspend*-Zustand versetzt wird.

Ähnlich dem *Disabled*-Zustand werden auch in diesem Zustand keine Daten propagiert, wodurch das an diesem Port befindliche Gerät nach 3 ms den *Suspend*-Zustand einnimmt. Detaillierte Informationen zum Suspend-/Resume-Verhalten findet man im Kapitel 3.5.

Die Nutzung des selektiven Suspend-Modus findet Anwendung bei Ausgabegeräten wie Drucker und Plotter, welche sich oft im inaktiven Zustand befinden.

Resuming

In diesem Zustand treibt der Hub eine Resume-Sequenz (*K*-Zustand) für die Zeitdauer von 20 ms auf das entsprechende Port.

SendEOR

Der Zustand wird nach Beendigung der Resume-Sequenz oder für die Generierung des Low-Speed-Keep-Alive-Signals (siehe Kapitel 3.8) eingenommen. An Full-/Low-Speed-Ports wird in diesem Zustand ein *SE0* für zwei Low-Speed-Taktzyklen, gefolgt von einem *J* für die Dauer von einem Low-Speed-Taktzyklus gesendet. Befindet sich ein Port im High-Speed-Modus, wird für die Dauer von drei Low-Speed-Taktzyklen ein Idle-Zustand auf den Bus getrieben. Weiterhin muss im High-Speed-Modus die High-Speed-Terminierung reaktiviert werden, da diese während der vorangegangenen Suspend-/Resume-Zustände abgeschaltet ist.

Restart_S/Restart_E

Diese Zustände sind notwendig, um beim Start einer Resume-Sequenz mögliche vorübergehende SE0-Zustände zu ignorieren. Die Detektion eines *K*-Zustands führt zum sofortigen Übergang in den *Transmit*-Zustand. Wird innerhalb von 10 ms kein *K*-Zustand erkannt, wird der *Disconnect*-Zustand eingenommen.

Testing

Dieser Zustand wird immer dann eingenommen, wenn der Hub-Controller einen SetPortFeature(PORT_TEST)-Request decodiert. Das Port muss dabei den im Request codierten Zustand einnehmen. (siehe Kapitel xxx)

3.2.2 Upstream-Port

Nachfolgend werden die am Upstream-Port befindlichen zwei wichtigsten Komponenten Empfänger und Sender und deren Zustandsübergänge beschrieben.

Da im Full-/Low-Speed-Modus sowohl differentielle als auch Single-Ended-Signale erzeugt und ausgewerte werden, sind diese in den nachfolgenden State-Machines mit DJ, DK (differentielles J/K) und SJ, SK, SE0 (Single-Ended J/K/Zero) bezeichnet.

Im High-Speed-Modus werden nur differentielle Signale genutzt. Diese werden zur Unterscheidung mit HJ und HK bezeichnet (High-Speed J/K-Zustand).

Empfänger

Die möglichen Zustände und Zustandsübergänge des Upstream-Port für die Empfängerseite zeigt Bild 3.3.

Die Aufgabe dieser State-Machine ist es, statische Buszustände wie RESET, SUSPEND und RESUME zu erkennen. Tabelle 3.2 zeigt und erläutert die dazugehörigen Übergangsbedingungen. Die Bedeutung der einzelnen Zustände ist in Tabelle 3.3 beschrieben.

Im Weiteren wird den einzelnen Buszuständen die entsprechende Signalisierung auf der D+- und D-Leitung zugeordnet. (vgl. hierzu Kapitel 2.3.3) Die Signale *J* und *K* bewirken dann die einzelnen Zustandsübergänge.

130 Kapitel 3: Hub

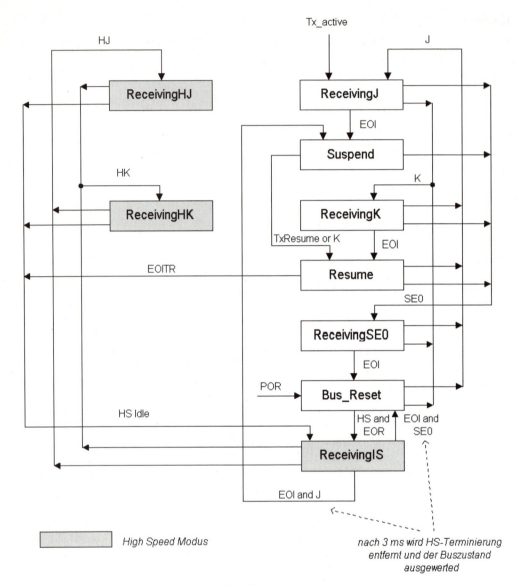

Bild 3.3: State-Machine Upstream-Port/Empfängerseite

Signalname	Beschreibung
HS	Port arbeitet im High-Speed-Modus
Tx_active	Sender (siehe Bild 3.4) befindet sich im aktiven Zustand
J	Empfang eines J-Zustands am Upstream-Port

Signalname	Beschreibung
HJ	Empfang eines High-Speed J-Zustands am Upstream-Port
EOI	Ende eines definierten Zeitintervalls
EOITR	Nach einem Zustandsübergang von K nach SE0 wird 24 Full-Speed-Taktzyklen gewartet
HK, K	Empfang eines K-Zustands am Upstream-Port
Tx_resume	Sender befindet sich im Resume-Zustand
HS_Idle	Empfang eines Idle-Zustandes im High-Speed-Modus
SE0	Empfang eines SE0-Zustands am Upstream-Port im Full-Speed-Modus
POR	Power-On-Reset

Tab. 3.2: Signalnamen der State-Machine Upstream-Port / Empfängerseite

Zustand	Beschreibung
ReceivingIS	Dieser Zustand wird eingenommen, wenn im High-Speed-Modus ein *Idle*-Zustand erkannt wurde (SE0-Zustand auf den Datenleitungen) oder am Ende eines *Resume*- oder *Reset*-Zustandes.
ReceivingHJ	Dieser Zustand wird eingenommen, wenn ein High-Speed *J*-Zustand erkannt wurde.
ReceivingJ	Dieser Zustand kann von jedem (nicht High-Speed-) Zustand außer von *Suspend* erreicht werden, wenn der Empfänger ein statisches *J* detektiert oder wenn sich der Sender im aktiven Zustand befindet.
Suspend	Befindet sich die State-Machine mehr als 3 ms im Zustand *ReceivingJ*, erfolgt ein Übergang nach *Suspend*. Befindet sich die State-Machine mehr als 2 ms in diesem Zustand, ist für den gesamten Hub-Controller der *Suspend*-Zustand definiert.
ReceivingK	Dieser Zustand kann von jedem Zustand außer von *Resume* erreicht werden, wenn am Empfänger ein *K* detektiert wird und sich die State-Machine des Repeater in einem der Zustände *WFSOP* und *WFSOPFU* befindet. Mit dem Übergang in diesen Zustand wird ein Timer gestartet, der für die Detektion einer Resume-Bedingung notwendig ist. (Zeitintervall mindestens 2,5 µs)
Receiving HK	Dieser Zustand wird eingenommen, wenn ein High-Speed *K*-Zustand erkannt wurde.
Resume	Ein Übergang in diesen Zustand erfolgt nach Ablauf des oben genannten Zeitintervalls oder wenn sich die State-Machine des Senders im Zustand *Sresume* befindet und ein *K* am Upstream-Port detektiert wird.
ReceivingSE0	Außer vom Zustand *Bus_Reset* ist der Übergang in diesen Zustand von jedem anderen Zustand beim Empfang eines *SE0*-Signals möglich. Mit dem Übergang in diesen Zustand wird ein Timer mit einem Intervall von 2,5 µs gestartet, welcher eine Unterscheidung zwischen einem *EOP* und einer Reset-Bedingung erlaubt.
Bus_Reset	Dieser Zustand ist der interne *Reset*-Zustand des Hub und wird nach einem Power-On-Reset (POR) oder nach Erkennen einer statischen Reset-Bedingung auf dem Bus erreicht.

Tab. 3.3: Zustände der State-Machine Upstream-Port/Empfängerseite

Sender

Die State-Machine für die Senderseite verfolgt die Signale am Upstream-Port während der Repeater eine Verbindung in Upstream-Richtung aufgebaut hat, um potenzielle Busfehler rechtzeitig zu erkennen und entsprechend zu behandeln. Bild 3.4 zeigt das prinzipielle Verhalten. Die Tabellen 3.4 und 3.5 beinhalten wieder die Erklärung der Zustände und der dazu gehörenden Übergangsbedingungen.

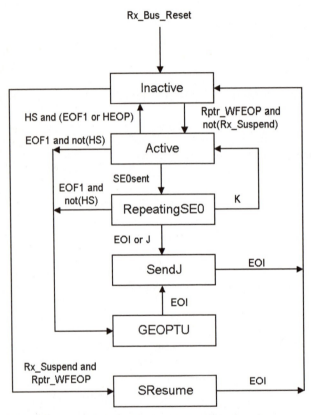

Bild 3.4: State-Machine Upstream Port/Senderseite

Signalname	Beschreibung
Rx_Bus_Reset	Signal vom Empfänger, wenn sich dieser im Zustand *Bus_Reset* befindet
EOF1	Signal vom Frame-Timer (siehe Kapitel 3.6.1)
J	Senden eines J-Signals
Rptr_WFEOP	Signal vom Repeater, wenn sich dieser im Zustand WFEOP befindet
K	Senden eines K-Signals
SE0sent	SE0 wurde für mindestens einen Takt gesendet

Signalname	Beschreibung
Rx_Suspend	Signal vom Empfänger befindet sich im Zustand *Suspend*
HEOP	High-Speed-EOP
HS	Upstream-Port arbeitet im High-Speed-Modus
EOI	Ende eines definierten Zeitintervalls

Tab. 3.4: Signalnamen der Upstream-Port State-Machine/Senderseite

Zustand	Beschreibung
Inactive	*Reset*- bzw. *Idle*-Zustand der State-Machine.
Active	Verbindung in Upstream-Richtung ist aufgebaut, Daten werden von einem Downstream-Port zum Host weitergeleitet.
RepeatingSE0	Eine Verbindung in Upstream-Richung ist aufgebaut, SE0 wird von einem Downstream-Port zum Host weitergeleitet. Ein Timer bewirkt, dass dieser Zustand nach 23 Full-Speed-Taktzyklen verlassen wird.
SendJ	Der Hub treibt für die Dauer von einem Takt ein J-Signal in Upstream-Richtung.
GEOPTU	Generate-End-Of-Packet-Towards-Upstream-Port.
	Signalisiert der Frame-Timer ein *EOF1* und befindet sich der Sender im Zustand *Active* oder im Zustand *RepeatingSE0*, muss die Übertragung mit dem Senden eines Full-Speed EOP beendet werden.
Sresume	In diesem Zustand treibt der Hub für die Dauer von mindestens 1 ms aber höchstens 15 ms ein Resume-Signal (K-Zustand) in Upstream-Richtung.

Tab. 3.5: Zustände der Upstream-Port State-Machine/Senderseite

3.2.3 Port-Indikatoren

Bereits auf der Basis der Spezifikation USB 1.x implementierte USB-Hubs enthalten öfters Indikatoren in Form von LEDs, welche den Zustand des Hub oder dessen Downstream-Ports anzeigen. Die Art der Implementation dieser Indikatoren folgten keinem Standard. Da solche Indikatoren nicht Bestandteil der Spezifikation USB 1.x waren, und diese auch keinen Einfluss auf die eigentliche Funktionalität des Hub haben, konnte jeder Hersteller die Funktion der Indikatoren selbst festlegen.

Mit der Spezifikation USB 2.0 wurde die Funktion dieser Indikatoren festgelegt. Ob sie implementiert werden, ist weiterhin optional. Ein zusätzliches Bit im Feld *wHubCharacteristics* des Hub-Descriptor (siehe Kapitel 3.10.2) zeigt an, ob der Hub-Port Indikatoren nach der Spezifikation USB 2.0 unterstützt.

Port-Indikatoren müssen am Hub derart angebracht sein, dass eine Zuordnung zum entsprechenden Downstream-Port erkennbar ist. Die Indikatoren müssen weiterhin die Farben Grün und Amber anzeigen können. Tabelle 3.6 zeigt die möglchen Farbkombinationen und deren Bedeutung.

Grün	Amber	Bedeutung
aus	aus	Hub deaktiviert
aus	an	Fehler
an	aus	Port aktiviert und arbeitet fehlerfrei
blinkt	aus	Aufmerksamkeit des Nutzers wecken, initiiert durch Software
aus	blinkt	Aufmerksamkeit des Nutzers wecken, initiiert durch Hardware
blinkt	blinkt	Reserviert

Tab. 3.6: Port-Indikator Farbcodierungen

Über den klassenspezifischen Request SetPortFeature(PORT_INDICATOR) (siehe Kapitel 3.11.2) ist es möglich, die Port-Indikatoren mit Hilfe von Software zu setzen (manueller-Modus), oder die Port-Status-Informationen zum Setzen der Indikatoren zu nutzen (automatischer-Modus).

Blinkende Indikatoren dienen dazu, die Aufmerksamkeit des Nutzers auf den Hub bzw. das entsprechende Port zu lenken. Ob das Blinken durch den Hub selbst oder durch die Software initiiert wurde, lässt sich der Farbcodierung entnehmen.

3.3 Split-Transaktionen

Arbeitet ein Hub im High-Speed-Modus und an dessen Downstream-Ports befinden sich Full-/Low-Speed-Geräte, muss der Hub diese Geräte vom High-Speed-Datenverkehr isolieren und an die Geräte gerichtete Daten in der passenden Geschwindigkeit weiterleiten. Dies erfolgt unter Verwendung von Split-Transaktionen. Für die Behandlung von Split-Transaktionen dient der integrierte Transaction-Translator (TT). Bild 3.5 zeigt den prinzipiellen Aufbau des Transaction-Translator. Der TT beinhaltet einen High-Speed-Handler, einen Full-/Low-Speed-Handler und Speichersegmente für Sende-/Empfangsdaten.

Der High-Speed-Handler nimmt Start-Split-Transaktionen an, erwidert Complete-Split-Transaktionen und legt zu sendende Daten in entsprechenden Speichersegmenten ab. Dabei sind getrennte Speicherbereiche für periodische und aperiodische Transferarten vorgesehen.

Der Full-/Low-Speed-Handler übernimmt die Rolle eines USB 1.1-kompatiblen Host. Dabei werden Daten aus dem Speicher im Full- oder Low-Speed-Modus an angeschlossene Geräte gesendet, und vom Gerät erhaltene Daten für die weitere Bearbeitung durch den High-Speed-Handler in den dafür vorgesehenen Speicherbereichen abgelegt. Auch hier müssen getrennte Speichersegmente für periodische und aperiodische Transferarten vorgesehen werden.

3.3 Split-Transaktionen

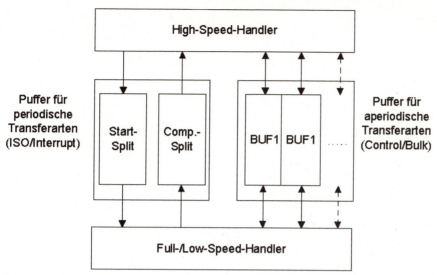

Bild 3.5: Prinzipieller Aufbau des Transaction-Translator

Diese speziellen Start/Complet-Split-Token sind in Kapitel 2.5.5 erläutert.

Die Sequenzen für Split-Transaktionen von Bulk-/Control-, Interrupt- und Isochronen-Transfer unterscheiden sich. So muss beispielsweise der Full-/Low-Speed-Handler bei Bulk-/Control-Transfer fehlgeschlagene Transaktionen automatisch wiederholen, was bei den periodischen Transferarten (Interrupt- und Isochron) nicht der Fall ist.

Die Funktionsweise von Split-Transaktionen für die verschiedenen Transferarten ist in der Spezifikation USB 2.0 umfangreich dokumentiert. Eine detaillierte Erklärung würde den Rahmen dieses Buches sprengen. Der interessierte Leser sei daher auf das Kapitel 11 der Spezifikation verwiesen.

Die nachfolgenden Abschnitte zeigen zwei einfache Beispiele für Split-Transaktionen in IN- und OUT-Richtung.

3.3.1 OUT Split-Transaktion

Bild 3.6 zeigt ein einfaches Beispiel einer Split-Transaktionen in OUT-Richtung für Bulk-/Control-Transfer.

Der Host leitet die Transaktion mit dem Senden eines Start-Split-Token ein. Diesem folgt das OUT-/SETUP-Token und das Datenpaket. Der High-Speed-Handler quittiert dieses Token mit einem ACK. Der Full-/Low-Speed-Handler versucht nun zum nächstmöglichen Zeitpunkt eine Transaktion im Full-/Low-Speed-Modus zum entsprechenden Gerät durchzuführen. In dem Beispiel startet der Host ein Complete-Split, bevor die Transaktion zum Gerät beendet wurde. Hier kommt der Einsatz des speziellen NYET-Token (Not Yet) zum Einsatz, welches dem Host signalisiert, dass die Transaktion durch den Full-Speed-Handler noch nicht komplettiert wurde. Durch erneutes Senden des Complete-Split-Token wird vom High-Speed-Handler die Transaktion mit dem vom Gerät erhaltenen Handshake quittiert (ACK/NAK/STALL).

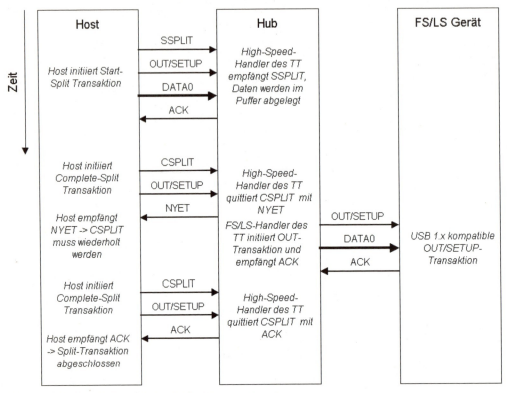

Bild 3.6: OUT Split-Transaktion Bulk-/Control-Transfer

3.3.2 IN Split-Transaktion

Bild 3.7 zeigt das Beispiel einer Split-Transaktionen in IN-Richtung für Bulk-/Control-Transfer.

Der Host leitet auch hier die Transaktion mit dem Senden eines Start-Split-Token ein. Diesem folgt ein IN-Token. Der High-Speed-Handler quittiert auch dieses Token mit einem ACK. Der Full-/Low-Speed-Handler versucht daraufhin eine Transaktion im Full-/Low-Speed Modus zum entsprechenden Gerät durchzuführen. In diesem Beispiel liefert das Gerät auf das generierte IN-Token zwar Daten, welche aber infolge eines Übertragungsfehlers vom Full-/Low-Speed-Handler nicht akzeptiert werden. Auf das hierauf vom Host gesendete Complete-Split-Token wird vom High-Speed-Handler die Transaktion mit einem NYET-Handshake quittiert. Der Full-/Low-Speed-Handler wiederholt die fehlgeschlagene Transaktion und empfängt die Daten dieses Mal korrekt. Diese Daten werden vom High-Speed-Handler auf das nächste Complete-Split-Token hin zum Host gesendet. Eventuell fehlerhafte Übertragungen im High-Speed-Pfad führen dazu, dass die Complete-Split-Transaktion vom Host wiederholt wird.

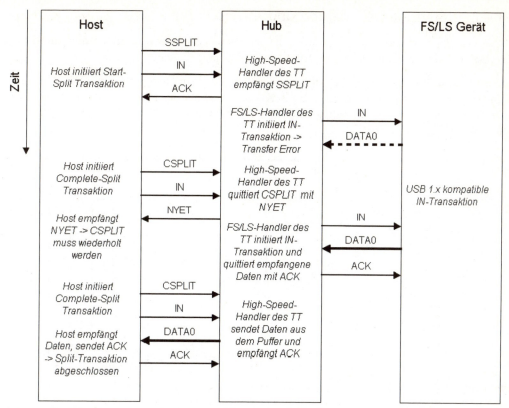

Bild 3.7: IN Split-Transaktion Bulk-/Control-Transfer

3.4 Endpoint-Organisation

3.4.1 Konfiguration

Der Hub wird wie jedes andere USB-Gerät über den Control-Endpoint EP0 konfiguriert. Während dieser Konfigurationsphase ist der Interrupt-Endpoint EP1 inaktiv.

Durch die Abfrage der Standard-Deskriptoren und eines Hub-Descriptor werden der Host-Software genaue Informationen über die Konfiguration des Hub übermittelt.

Der Hub gilt als konfiguriert, wenn dessen Interrupt-Endpoint über die Host-Software aktiviert wurde.

3.4.2 Interrupt-Generierung und -Behandlung

Während des normalen Betriebs werden der Host-Software mögliche Statusänderungen der Hub-Ports oder des Hub selbst über den Interrupt-Endpoint bekannt gegeben.

Keine Statusänderungen bewirken die Beantwortung der vom Host gesendeten IN-Token mit einem NAK. Als Folge vorangegangener Änderungen sendet der Hub in Beantwortung eines IN-Token dem Host eine Bitmap, aus welcher dieser entnehmen kann, an welchem Port eine Statusänderung aufgetreten ist.

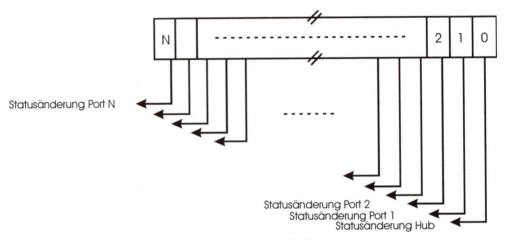

Bild 3.8: Aufbau der Bitmap für Hub- und Port-Statusänderungen

Die Bitmap hat eine Größe von mindestens 1 Byte. Hat der Hub weniger als sieben Downstream-Ports, besitzen nur die Bits Gültigkeit, welche ein vorhandenes Port repräsentieren.

Für die Interrupt-Behandlung muss auf eine erfolgte Statusänderung hin der Hub-Treiber auf Host-Seite über den Control-Endpoint EP0 den Status der betroffenen Ports abfragen. Zu jedem Port-Status-Bit existiert genau ein Change-Bit. Über einen speziellen Request ist es dem Treiber möglich, dieses Change-Bit zu löschen und den Prozess für die Behandlung der Statusänderungen zu reinitialisieren. Den Ablauf dieses Prozesses zeigt Bild 3.9.

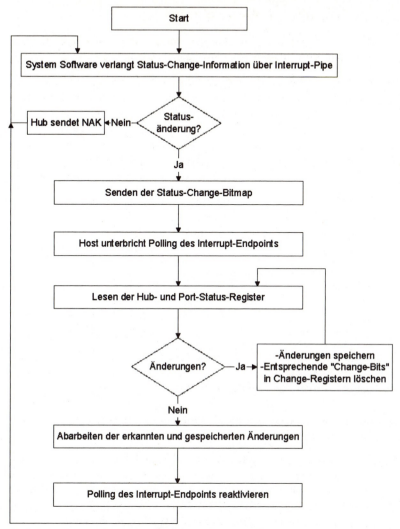

Bild 3.9: Prozess für Behandlung von Statusänderungen

Die Auswertung der Port-Change Informationen erfolgt jeweils am Ende eines Frame.

3.5 Suspend und Resume

Die USB-Spezifikation definiert einen stromsparenden Modus (Suspend), der von allen USB-Geräten unterstützt werden muss. In diesem Modus darf der Stromverbrauch eines High-Power-Geräts nicht mehr als 2,5 mA und für Low-Power-Geräte nicht mehr als 500 µA betragen. Eine typische Methode für die Implementation ist die interne Taktabschaltung. Da ein Gerät ohne Takt nur noch asynchron geweckt werden kann, erfordert dies ein statisches, vom

Idle-Zustand verschiedenes Signal. Dieser statische Buszustand wird als Resume bezeichnet und entspricht dem invertierten *Idle*-Zustand. (siehe Kapitel 2.5.6)

Hubs müssen den *Suspend*-Zustand sowohl global für den ganzen USB als auch selektiv für einzelne USB-Geräte unterstützen.

3.5.1 Globales Suspend und Resume

Ein globales Suspend wird vom Host initiiert und bewirkt das Einschlafen des gesamten Busses. Wie jedes andere USB-Gerät nimmt auch der Hub nach 3 ms fehlender Busaktivität den *Suspend*-Zustand ein. Sämtliche an den Downstream-Ports befindlichen Geräte müssen dann das gleiche Verhalten aufweisen.

Der Bus kann entweder in Downstream-Richtung vom Host oder in Upstream-Richtung von einem der angeschlossenen Geräte geweckt werden (Remote-Wakeup).

Signalisierung des Resume in Downstream-Richtung

Das Aufwecken des Hub kann durch ein statisches Resume-Signal am Hub-Root-Port erfolgen. Dabei sendet der Host für mindestens 20 ms ein Resume-Signal und beendet die Resume-Sequenz mit einem Low-Speed-EOP (Full-Speed) oder dem *Idle*-Zustand (High-Speed).

Der Hub wird durch das Resume-Signal reaktiviert und treibt das Resume-Signal an alle Downstream-Ports, die sich im *Enabled*- oder *Suspend*-Zustand befinden. Unmittelbar nach Beendigung der Resume-Sequenz muss der Hub-Repeater wieder in der Lage sein, Daten in Downstream-Richtung weiterzuleiten, um ein Zurückfallen der dort angeschlossenen USB-Geräte in den *Suspend*-Zustand nach weiteren 3 ms zu verhindern.

Signalisierung des Resume in Upstream-Richtung

Eine weitere Möglichkeit, den Hub aufzuwecken, besteht in der Resume-Signalisierung durch eines der Geräte an einem der Downstream-Ports, wenn das am Port befindliche Gerät die DEVICE_REMOTE_WAKEUP-Funktion unterstützt. Detektiert der Hub ein Resume-Signal an einem solchen Port, propagiert er dieses Signal in Upstream-Richtung *und* an alle weiteren Downstream-Ports, die sich im *Enabled*-Zustand befinden. Das Resume-Signal wird auch in Richtung des Ports gesendet, von welchem aus das Resume-Signal initiiert wurde. Die Spezifikation erlaubt ein Treiben der Datenleitungen mit gleicher Polarität.

Der Hub muss das Resume-Signal für mindestens 1 ms und für höchstens 15 ms auf den Datenleitungen treiben. Beendet wird die Resume-Sequenz äquivalent der Signalisierung in Downstream-Richtung vom Host nach mindestens 20 ms mit einem Low-Speed-*EOP*-Signal im Full-/Low-Speed-Modus bzw. einem Übergang in den *Idle*-Zustand im High-Speed-Modus.

Optional kann auch der Hub die Funktion DEVICE_REMOTE_WAKEUP unterstützen, welche über einen entsprechenden Request aktiviert und deaktiviert werden kann. Ein Hub mit einer solchen aktiven Funktion signalisiert ein Resume in Upstream-Richtung beim Anstecken oder beim Entfernen eines USB-Geräts an einem der Downstream-Ports des Hub.

3.5.2 Selektives Suspend und Resume

Jeder Hub ist in der Lage, über dedizierte Requests einzelne Ports in den *Suspend*-Zustand zu versetzen. Dies bewirkt das Einschlafen des an diesem Port befindlichen Geräts oder eines Teilstranges, wenn über diese Ports keine Signale mehr propagiert werden.

Selektives Resume kann durch folgende Bedingungen hervorgerufen werden:

- USB-Gerät initiiert Resume (DEVICE_REMOTE_WAKEUP-Funktion)
- USB-Gerät am Port im *Suspend*-Zustand wird entfernt
- Resume wird vom Host unter Verwendung eines Request vom Typ ClearPortFeature(PORT_SUSPEND) initiiert

Für den Fall, dass die Resume-Sequenz vom angeschlossenen Gerät aus initiiert wurde, muss der Hub innerhalb von 100 µs ein Resume-Signal in Richtung des Geräts reflektieren und nach einer Zeitdauer von mindestens 20 ms mit einem Low-Speed-EOP (Full-/Low-Speed) bzw. dem Übergang in den *Idle*-Zustand (High-Speed) beenden.

Wird ein Gerät, welches sich im *Suspend*-Zustand befindet, von einem Port entfernt, erfolgt keine Resume-Signalisierung. Dem Host wird lediglich die Statusänderung über den Interrupt-Endpoint mitgeteilt.

Erhält der Hub einen Request ClearPortFeature(PORT_SUSPEND), muss er auf das entsprechende Port für mindestens 20 ms ein Resume-Signal senden. Die Beendigung der Resume-Sequenz bewirkt das Setzen eines dafür definierten Bit im *wPortChange*-Register (siehe Kapitel 3.12.4) und daraufhin die Mitteilung dieser Statusänderung über den Interrupt-Endpoint.

3.5.3 Suspend- und Resume-Verhalten im High-Speed-Modus

Da im High-Speed-Modus auf der Geräteseite die Terminierung nicht wie bei Full-/Low-Speed-Geräten unter Verwendung eines Pull-Up-Widerstandes auf einer der Datenleitungen erfolgt, entspricht in diesem Modus der Idle-Zustand einem SE0. Damit ist die Verwendung dieses speziellen Buszustandes für die Signalisierung von USB-Reset und EOP nicht mehr möglich. Weiterhin kann mit aktivierter High-Speed-Terminierung bei einem detektieren SE0-Zustand auf den Datenleitungen keine Aussage darüber getroffen werden, ob gerade ein USB-Reset gesendet wird oder ob kein Datentransfer mehr stattfindet (High-Speed-*Idle*-Zustand). Aus diesem Grund musste zur Lösung dieses Problems ein besonderer Algorithmus spezifiziert werden:

Detektiert ein High-Speed-Gerät für die Zeitdauer von mehr als 3 ms einen SE0-Zustand auf den Datenleitungen, wird die High-Speed-Terminierung deaktiviert und der für die Full-Speed-Terminierung nötige Pull-Up-Widerstand hinzugeschaltet. Stellt sich danach ein *J*-Zustand ein, geht das Gerät in den Suspend-Zustand. Wird weiterhin ein SE0 erkannt, entspricht dies einem USB-Reset.

Befindet sich ein High-Speed-Gerät im Suspend-Zustand, bleibt dessen Full-Speed-Terminierung aktiv. Das Gerät speichert die Information, dass es vor dem Suspend im High-Speed-

Modus gearbeitet hat. Nach einem Resume (Übergang vom *K-* in den *SE0*-Zustand) muss das Gerät innerhalb von zwei Low-Speed-Takten in den High-Speed-Modus zurückkehren und den Pull-Up-Widerstand entfernen.

3.6 Reset-Verhalten

Hubs sind in der Lage, ein USB-Reset zu detektieren und dieses an die Downstream-Ports weiterzugeben. Arbeitet der Hub an einem Full-Speed-Port, wird ein USB-Reset durch einen mindestens 2,5 µs langen SE0-Zustand definiert. Im High-Speed-Modus ist eine Reset-Erkennung nur möglich, wenn die High-Speed-Terminierung deaktiviert und der Full-Speed-Pull-Up-Widerstand zugeschaltet wird (siehe vorheriger Abschnitt).

Nach Beendigung der Reset-Sequenz muss sich der Hub im folgenden Zustand befinden:

- Hub Controller besitzt die Adresse 0
- Alle Register besitzen Reset-Werte
- Alle Downstream-Ports befinden sich im logischen *Powered-Off*–Zustand
- Repeater ist sensitiv für eingehende Daten

Ein Hub im *Suspend*-Zustand muss ebenfalls in der Lage sein, ein Reset zu detektieren.

Außerdem kann vom Host über einen Request SetPortFeature(PORT_RESET) ein Reset auf einzelne Ports initiiert werden. In diesem Fall wird vom Hub an das entsprechende Port für mindestens 10 ms ein *SE0*-Signal gesendet. Die Beendigung der Reset-Sequenz wird dem Host über das Setzen eines Bits im *wPortChange*-Register und das Auslösen eines Interrupts über den Interrupt-Endpoint mitgeteilt.

3.7 Behandlung von Busfehlern

3.7.1 Frame/Microframe-Synchronisation im Hub

Der Hub ist verantwortlich für die Behandlung von Busfehlern der Art LOA (Loss-of-Activity) und Babble.

Loss-of-Activity wird beispielsweise durch den Ausfall eines Geräts während des Datentransfers hervorgerufen, was das Fehlen des *EOP*-Signals bewirkt.

Als Babble bezeichnet man die Fehlfunktion eines Geräts, wenn dieses sporadisch unaufgefordert Daten sendet. Dieser Zustand kann zu Buskollisionen führen.

Für die Behandlung dieser Busfehler besitzt der Repeater einen (Micro-)Frame-Timer. Dieser synchronisiert sich auf die SOF-Token, welche vom Host in 1-ms-Abständen (Full-Speed-Modus) bzw. 125-µs-Abständen (High-Speed-Modus) gesendet werden.

3.7 Behandlung von Busfehlern

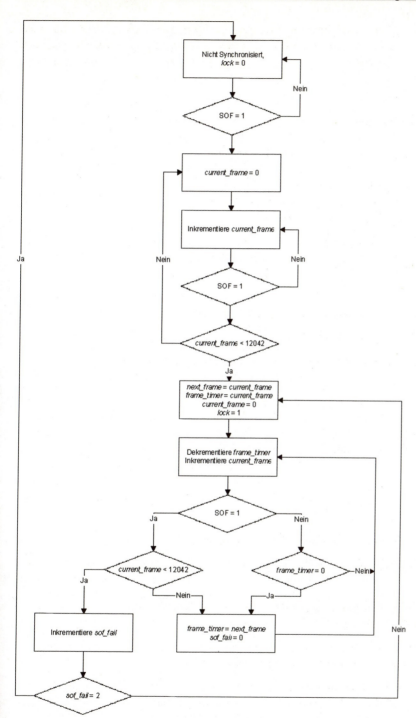

Bild 3.10: Synchronisations-Mechanismus für den Frame-Timer

Der (Micro-)Frame-Timer generiert zwei End-Of-Frame-Signale *EOF1* und *EOF2*. Laut USB-Spezifikation liegt im High-Speed-Modus *EOF1* 560 Bit und *EOF2* 64 Bit vor Beginn des nächsten (μ)SOF-Token. Im Full-Speed-Modus liegt *EOF1* 32 Bit und *EOF2* 10 Bit vor Beginn des nächsten SOF-Token. Die Berechnung der Lage dieser beiden Punkte resultiert aus dem Skew zwischen Host und Hub und ist detailliert in der USB-Spezifikation [1] dargelegt.

Bild 3.10 zeigt die in der USB-Spezifikation vorgeschlagene Möglichkeit der Implementierung des Synchronisations-Mechanismus für den (Micro-)Frame-Timer.

Für die Implementierung sind zwei Zähler und ein Register nötig:

- *frame_timer*: Setzbarer Abwärtszähler
- *current_frame*: Aufwärtszähler für das aktuelle Frame/Microframe-Intervall
- *next_frame*: Register zum Speichern von *current_frame*

Außerdem ist ein Signal *lock* definiert, welches den Zustand der Synchronität anzeigt.

Mit den in der Spezifikation definierten Toleranzwerten für verwendete Takte kann für den Hub ein Frame zwischen 11.958 und 12.042 Takte lang sein. Die Länge eines Microframe liegt zwischen 59.904 und 60.096 High-Speed-Takten. Der im Bild 3.10 verwendete Parameter *max_fl* ist dementsprechend gleich 12.042 im Full-Speed-Modus und 60.096 im High-Speed-Modus. Ist der Zähler *current_frame* größer als *max_fl*, entspricht das einem nicht detektierten (μ)SOF-Token. Werden hintereinander mehr als zwei (μ)SOF-Token nicht erkannt, meldet das der Frame-Timer unter Verwendung des Signals *lock* und versucht erneut auf detektierte SOF-Token zu synchronisieren.

3.7.2 Verhalten des Repeater am Ende eines Frame

Das Verhalten des Repeater am Ende eines Frame, bei noch vorhandener Busaktivität, wird insbesondere durch die Signale *EOF1* und *EOF2* bestimmt, welche vom Frame-Timer generiert werden. Bild 3.11 zeigt die möglichen Zustände und die Bedingungen für Zustandsübergänge des Repeater.

Im Zustand *WFSOPFU* wartet der Repeater auf ein *SOP* aus Upstream-Richtung.

Ohne Busaktivität befindet sich der Repeater im Zustand *WFSOP* und wartet auf Datenpakete aus Upstream- oder Downstream-Richtung. Ein *EOF1* in diesem Zustand bewirkt den Übergang nach *WFSOPFU*. Damit wird gewährleistet, dass der Repeater in der Lage ist, das vom Host gesendete SOF-Token zu empfangen.

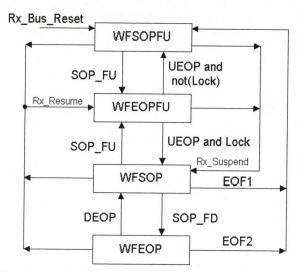

Bild 3.11: State-Machine des Repeater

Im Zustand *WFEOP* wartet der Repeater auf ein *EOP* aus Downstream-Richtung. Für den Fall, dass ein Gerät zum Zeitpunkt *EOF2* immer noch Daten sendet, nimmt der Repeater den Zustand *WFSOPFU* ein und deaktiviert das entsprechende Port. Zum Zeitpunkt *EOF1* sendet der Hub zum Host ein gültiges *EOP*-Signal. Die erfolgte Deaktivierung eines Port bewirkt das Löschen des entsprechenden Bits (*PORT_ENABLE*) im Port-Status-Register *wPortStatus* und die Generierung eines Interrupts.

3.8 Low-Speed-Verhalten

3.8.1 Full-Speed-Modus

Wird ein Hub an einen USB 1.1-kompatiblen Host/Hub angeschlossen, werden nur Full- und Low-Speed-Daten übertragen. Die Spezifikation des USB für 1,5 und 12 MBit/s erfordert dabei eine besondere Behandlung von Low-Speed-Daten und die Möglichkeit, ein angeschlossenes Gerät als Full-Speed- oder Low-Speed-Gerät zu identifizieren.

Angeschlossene Geräte werden in Abhängigkeit von den Pegeln auf den Datenleitungen als Full-Speed- oder Low-Speed-Gerät detektiert (vergleiche hierzu Kapitel 2.3.2), für Full-Speed-Geräte liegt die D+-Datenleitung auf High, für Low-Speed-Geräte die D-Datenleitung. Damit ist auch die Codierung der Buszustände *J* und *K* für Full-Speed/Low-Speed entgegengesetzt (siehe Kapitel 2.3.3). Low-Speed-Daten werden bis zum Upstream-Port des Hub, an welchem sich das Low-Speed-Gerät befindet, unter Verwendung der Full-Speed-Codierung aber mit der Low-Speed-Taktrate (1,5 MHz) gesendet. Es ist die Aufgabe des Repeater, die Daten an dem Port zu invertieren, an welchem sich ein Low-Speed-Gerät befindet. Daten vom Low-Speed-Gerät in Upstream-Richtung müssen ebenso invertiert werden.

Angeschlossene Low-Speed-Geräte müssen durch den Hub vor Full-Speed-Datenverkehr geschützt werden. Vom Host gesendete Low-Speed-Pakete werden mit einem PRE-Token besonders gekennzeichnet. (siehe Kapitel 2.5.5). Bild 3.12 und Bild 3.13 verdeutlichen diese Zusammenhänge.

SYNC	PRE	Idle	SYNC	IN	ADDR	EP	CRC5	EOP
00000001	0x3C	4	00000001	0x69	0x02	0x02	0x01	2

SYNC	DATA1	DATA			CRC16	EOP
00000001	0x4B	88 99 AA BB CC DD EE FF			0x8705	2

SYNC	PRE	Idle	SYNC	ACK	EOP
00000001	0x3C	4	00000001	0xD2	2

Bild 3.12: Low-Speed IN-Transfer

SYNC	PRE	Idle	SYNC	OUT	ADDR	EP	CRC5	EOP
00000001	0x3C	4	00000001	0xE1	0x02	0x02	0x01	2

SYNC	PRE	Idle	SYNC	DATA0	DATA	CRC16	EOP
00000001	0x3C	4	00000001	0xC3	00 11 22 33 44 55 66 77	0xCBA8	2

SYNC	ACK	EOP
00000001	0xD2	2

Bild 3.13: Low-Speed OUT-Transfer

Low-Speed-Keep-Alive

Da an Low-Speed-Geräte vom Hub nur Low-Speed-Daten propagiert werden, wird ein solches Gerät auch kein SOF-Token erreichen, welches vom Host im 1-ms-Abstand gesendet wird. Befindet sich am Bus eine USB-Tastatur als Low-Speed-Gerät, welches typischerweise alle 8 ms vom Host abgefragt wird, würde diese Tastatur nur alle 8 ms Datenverkehr auf dem Bus erkennen. Da laut USB-Spezifikation jedes Gerät den *Suspend*-Zustand einnehmen muss, wenn für länger als 3 ms keine Busaktivität vorhanden ist, würde diese Tastatur ständig den *Suspend*-Zustand einnehmen.

Die USB-Spezifikation definiert deshalb ein Low-Speed-Keep-Alive, welches ebenfalls im 1-ms-Abstand vom Hub gesendet wird.

Das Low-Speed-Keep-Alive muss jeweils zu einem Zeitpunkt generiert werden, zu welchem das Vorhandensein von Low-Speed-Daten auf dem Bus ausgeschlossen ist. Die Spezifikation schreibt einen Zeitpunkt vor, der zwischen dem EOF2 und dem Ende des SOF-Token liegt. Für die Erfüllung dieser Forderung wird typischerweise der integrierte Frame-Timer genutzt.

3.8.2 High-Speed-Modus

Das Low-Speed-Verhalten an einem Hub im High-Speed-Modus wird durch den Transaction-Translator bestimmt.

Der Hub ist in der Lage, die Geschwindigkeitsklasse eines angeschlossenen Geräts zu bestimmen. So kann beispielsweise ein direkt angeschlossenes Low-Speed-Gerät erkannt werden. In diesem Fall müssen an diesem Port die Low-Speed-Keep-Alive-Strobes generiert werden. An den Port gerichtete Split-Transaktionen werden unter Verwendung der Start-Split- und Complete-Split-Token als Full-/Low-Speed-Transaktionen gekennzeichnet. Da der Host Informationen darüber besitzt, an welchem Port Full- oder Low-Speed-Geräte angeschlossen sind, werden Split-Transaktionen auch portweise ausgeführt. Die Port-Nummer, auf welcher die durchzuführende Split-Transaktion durchgeführt werden soll, ist ebenfalls im Start-/Complete-Split-Token codiert (vergleiche Kapitel 2.5.5). Damit werden Full-/Low-Speed-Daten hinter High-Speed-Hubs nicht mehr an alle angeschlossenen Full-/Low-Speed-Geräte übertragen, was eine kleine Besonderheit gegenüber dem im USB 1.1 spezifizierten Broadcast-Modus darstellt.

3.9 Hub-Power-Management

Der USB bietet neben der Datenübertragung auch die Möglichkeit der Stromversorgung für angeschlossene Geräte über den USB. Damit spielen Hubs nicht nur eine entscheidende Rolle beim Datentransfer, sondern auch im Power-Management des gesamten Bus-Konzeptes.

Für die Unterstützung des Power-Managements durch den Hub gibt es verschiedene Möglichkeiten der Implementierung, die über das Bitfeld *wHubCharacteristics* des Hub-Descriptor (vgl. Kapitel 3.10.2) charakterisiert werden.

Die Eigenschaften der zwei Hauptklassen, der Bus-Powered- und Self-Powered-Hubs, werden nachfolgend beschrieben und erläutert.

3.9.1 Self-Powered-Hubs

Die Information, ob es sich bei einem Hub um ein Gerät mit eigener Stromversorgung (Self-Powered-Hub) handelt, kann dem Configuration-Descriptor entnommen werden (siehe Kapitel 2.8.3).

Hubs dieser Art versorgen über die eigene Stromversorgung die Downstream-Ports und eventuell vorhandene weitere im Hub-Gehäuse integrierte USB-Geräte (Compound-Device). Der Hub kann über den Bus oder über die integrierte Stromversorgung betrieben werden.

Bild 3.14 zeigt das Beispiel der Implementierung eines Hub mit integriertem USB-Gerät und eigener Stromversorgung.

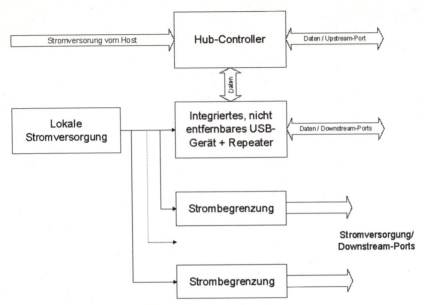

Bild 3.14: Self-Powered-Hub als Compound-Device

Über jedes Downstream-Port muss eine Stromversorgung von 500 mA sichergestellt sein. Damit ist die maximale Anzahl der Ports nur durch die Stromversorgung begrenzt. Die USB-Spezifikation empfiehlt jedoch, höchstens 7 Ports zu verwenden.

Für einen Self-Powered-Hub werden durch die USB-Spezifikation an den Downstream-Ports Schalter für die Stromversorgung vorgeschrieben. Diese können so organisiert sein, dass das An- und Abschalten der Stromversorgung individuell für jedes Port oder für zusammengefasste Gruppen von Ports möglich ist.

In Self-Powered-Hubs müssen für die Stromversorgung der Downstream-Ports intelligente Schalter eingesetzt werden, die den Strom überwachen, welcher über die jeweiligen Ports entnommen wird. Bei auftretender Überstrombedingung (I > 500 mA) meldet der Hub diesen Zustand der Host-Software und trennt das entsprechende Port oder die betreffende Gruppe von Ports von der Stromversorgung.

Der Host oder ein Self-Powered-Hub muss an den Downstream-Ports eine Spannung von 4,75...5,25 V liefern.

3.9.2 Bus-Powered-Hubs

Nutzt der Hub ausschließlich die Stromversorgung über den Bus, darf er wie jedes USB-Gerät eine maximale Stromaufnahme von 500 mA aufweisen. Dies setzt voraus, dass der Hub entweder am Host oder an einem anderen Self-Powered-Hub angeschlossen ist.

Tipp: *Die Kaskadierung von mehreren Bus-Powered-Hubs ist nicht möglich.*

Die vorgegebene maximale Stromaufnahme von 500 mA begrenzt die Anzahl der Downstream-Ports, da laut USB-Spezifikation ein Bus-Powered-Hub für jedes Downstream-Port 100 mA bereitstellen muss. Bild 3.15 zeigt das Beispiel eines Bus-Powered-Hub mit integriertem USB-Gerät und der maximalen Anzahl von 4 Downstream-Ports. Intelligente Schalter begrenzen die Stromaufnahme an den Downstream-Ports auf 100 mA. Ist der Gesamtstromverbrauch von Hub und integriertem USB-Gerät größer als 100 mA, können nur noch maximal 3 Downstream-Ports implementiert werden.

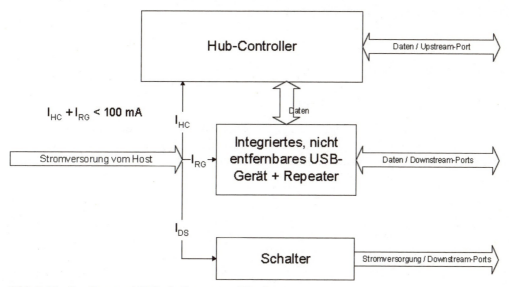

Bild 3.15: Bus-Powered-Hub als Compound-Device

3.9.3 Erlaubter Spannungsabfall

Die Bestandteile des Bussystems führen zu Spannungsabfällen an den Kabeln, Steckern und Bus-Powered-Hubs. Folgende Festlegungen sind in der USB-Spezifikation getroffen:

- Gesamter Spannungsabfall einer Verbindung bestehend aus A-Steckern, B-Steckern und Kabel maximal 125 mV (Stecker 15 mV, Kabel 95 mV)

- Spannungsabfall zwischen Upstream- und Downstream-Port eines Bus-Powerd Hub maximal 100 mV

Mit den festgelegten Werten ergibt sich im ungünstigsten Fall ein Spannungsabfall von 350 mV (2 Kabelsegmente Power/GND 250 mV + Spannungsabfall Hub 100mV) und damit eine Spannung am Downstream-Port eines Bus-Powered-Hub von 4,4 V. An einem solchen Downstream-Port kann nur ein Low-Power-Gerät mit einer Stromaufnahme von maximal 100 mA angeschlossen werden. Der Spannungsabfall über Kabel und Stecker beträgt mit dieser Stromaufnahme 1/5 des oben genannten Spannungsabfalls. Damit kann der Spannungsabfall über Kabel und Stecker zu einem solchen Gerät zusätzlich 50 mV betragen. Low-Power-Geräte müssen daher im ungünstigsten Fall mit einer Spannung von 4,35 V auskommen.

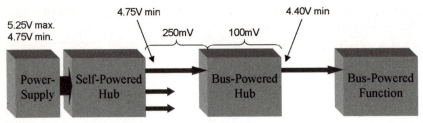

Bild 3.16: Spannungsabfälle am Bussystem

3.10 Hub-Deskriptoren

3.10.1 Standard-Deskriptoren

Der Hub muss während des Enumeration-Prozesses auf entsprechende Anforderungen des Host (Request) Standard-Deskriptoren senden, welche das Laden des richtigen Gerätetreibers bewirken. Die Hub-Spezifikation definiert bestimmte Felder für die folgenden Standard-Deskriptoren (siehe auch Kapitel 2.8):

- Device-Descriptor
- Device_Qualifier-Descriptor
- Interface-Descriptor
- Configuration-Descriptor
- Other_Speed_Configuration-Descriptor
- Endpoint-Descriptor

Hubs liefern an den Host unterschiedliche Standard-Deskriptoren zurück, abhängig davon, ob sie im High-Speed- oder Full-/Low-Speed-Modus arbeiten. Ein USB 2.0 kompatibler Hub kann bis zu drei verschiedene Deskriptorsätze liefern: einen für den Full-/Low-Speed-Betrieb und einen oder zwei Deskriptorsätze für den High-Speed-Modus.

Der Transaction-Translator eines im High-Speed-Modus arbeitenden Hub kann pro Port oder gemeinsam für alle Ports implementiert werden. Der gemeinsame TT muss von allen Hubs unterstützt werden, während die Implementation eines TT für jeden Port optional ist. Ein Hub mit mehreren Transaction-Translators hat einen zusätzlichen Interface-Descriptor mit dazugehörigem Endpoint-Descriptor. In Hubs mit einem TT ist das *bDeviceProtocol*-Feld im Device-Descriptor auf »1«, und das *bInterfaceProtocol*-Feld im Interface-Descriptor auf »0« gesetzt.

Unterstützt der Hub mehrere TTs, so muss das *bDeviceProtocol*-Feld des Device-Descriptor auf »2« gesetzt sein. Ein solcher Hub besitzt zwei Interface-Descriptors, einen in welchem das *bInterfaceProtocol*-Feld auf »1« und einen in welchem das *bInterfaceProtocol*-Feld auf »2« gesetzt ist. Der Hub kann vom Host über einen SET_INTERFACE-Request auf ein »Alternate Setting« (0 oder 1) derart konfiguriert werden, dass er mit einem einzelnen oder mehreren TTs arbeitet.

3.10 Hub-Deskriptoren

Die folgenden Tabellen geben nur die für Hub spezifischen Bestandteile der Standard-Deskriptoren wieder. Alle nicht angegebenen Felder müssen entsprechend der USB-Spezifikation (Kapitel 9.5) mit Standardwerten belegt werden.

Device-Descriptor

Feldbezeichnung	Wert
bDeviceClass	HUB_CLASSCODE (0x09)
bDeviceSubClass	0
bDeviceProtocol	0 : Hub arbeitet im Full-/Low-Speed-Modus 1 : Hub unterstützt einen TT 2 : Hub unterstützt mehrere TTs
bNumConfigurations	1 (eine Konfiguration)

Tab. 3.7: Für den Hub spezifische Felder des Device-Descriptor

Device_Qualifier-Descriptor

Feldbezeichnung	Wert
bDeviceClass	HUB_CLASSCODE (0x09)
bDeviceSubClass	0
bDeviceProtocol	0 : Hub arbeitet im Full-/Low-Speed-Modus 1 : Hub unterstützt einen TT 2 : Hub unterstützt mehrere TTs

Tab. 3.8: Für den Hub spezifische Felder des Device_Qualifier-Descriptor

Interface-Descriptor

Feldbezeichnung	Wert
bNumEndpoints	1
bInterfaceClass	HUB_CLASSCODE (0x09)
bInterfaceSubClass	0
bInterfaceProtocol	0 : Hub arbeitet im Full-/Low-Speed-Modus oder Hub arbeitet im High-Speed-Modus und unterstützt nur einen TT 1 : Hub unterstützt mehrere TTs, es existiert ein weiterer Interface-Descriptor, mit bInterfaceProtocol = 2 2 : Wert existiert nur im zweiten Interface-Descriptor, wenn der Hub mehrere TTs unterstützt

Tab. 3.9: Für den Hub spezifische Felder des Interface-Descriptor

Configuration-Descriptor

Feldbezeichnung	Wert
MaxPower	Maximalwert der Leistungsaufnahme des Hub in dieser Konfiguration

Tab. 3.10: Für den Hub spezifische Felder des Interface-Descriptor

Other_Speed_Configuration-Descriptor

Der Inhalt des Other_Speed_Configuration-Descriptor hängt davon ab, ob mit diesem Deskriptor das Verhalten für Full- oder High-Speed beschrieben wird.

Feldbezeichnung	Wert
bNumInterfaces	Deskriptor beschreibt Verhalten im High-Speed-Modus: 1: Hub unterstützt nur einzelnen TT 2: Hub unterstützt mehrere TTs Deskriptor beschreibt Verhalten im Full-Speed-Modus: 1: (Hub besitzt ein Interface)

Tab. 3.11: Für den Hub spezifisches bNumInterface-Feld des Other_Speed_Configuration-Descriptor

Endpoint-Descriptor

Feldbezeichnung	Wert
bEndpointAddress	abhängig von jeweiliger Implementation; Bit 7: Richtungsbit = 1 (IN)
wMaxPacketSize	abhängig von jeweiliger Implementation
bmAttributes	0x03; Transferart = Interrupt
bInterval	0xFF; Maximales Pollingintervall (Abfrage des Interrupt Endpoints alle 255 ms)

Tab. 3.12: Hub-spezifische Felder des Endpoint-Descriptor

3.10.2 Klassenspezifische Deskriptoren

Hub-Descriptor

Einziger klassenspezifischer Deskriptor ist der Hub-Descriptor. Den Aufbau des Deskriptors und die Beschreibung der einzelnen Felder zeigt Tabelle 3.9.

3.10 Hub-Deskriptoren

Offset	Feldbezeichnung	Länge (Bytes)	Beschreibung
0	bDescLength	1	Gesamtlänge dieses Deskriptors in Bytes
1	bDescriptorType	1	Deskriptortyp: 0x29 für Hub-Descriptor
2	bNbrPorts	1	Anzahl der unterstützten Downstream-Ports
3	wHubCharacteristics	2	Bits 1..0: Modus für schaltbare Spannungsversorgung der Downstream-Ports 00–nur Schalten von allen Ports gleichzeitig möglich 01–Ports einzeln schaltbar 1x–Reserviert: nur genutzt von Hubs ohne schaltbare Stromversorgung der Ports nach Spezifikation USB 1.0 Bit 2: Identifikation als Compound-Device 0–Hub gehört nicht zum Compound-Device 1–Hub ist Bestandteil eines Compound-Device Bits 4..3: Modus für Überstromschutz 00– Globaler Überstromschutz, Grundlage für die Meldung einer Überstrombedingung ist die Summe aller Ströme der Downstream-Ports 01– selektiver Überstromschutz, Meldung einer Überstrombedingung erfolgt individuell für jedes Port 1x–Kein Überstromschutz, nur möglich bei Hubs ohne eigene Stromversorgung Bits 6..5: »TT-Think-Time« (maximale Zeit zwischen zwei Transaktionen auf dem FS/LS-Bus) 00 – 8 FS Taktzyklen 01 – 16 FS Taktzyklen 10 – 26 FS Taktzyklen 11 – 32 FS Taktzyklen Bit 7: Unterstützung von Port-Indikatoren 0 – Port-Indikatoren werden nicht unterstützt und PORT_INDICATOR-Requests werden nicht unterstützt 1 – Port-Indikatoren werden unterstützt und die Port-Indikatoren können über einen PORT_INDICATOR-Requests gesteuert werden Bits 15..8: Reserviert

Offset	Feldbezeichnung	Länge (Bytes)	Beschreibung
5	bPwrOn2PwrGood	1	Zeit in 2-ms-Intervallen vom Anschalten der Spannungsversorgung bis zum stabilen Anliegen der Spannung am Port
6	bHubContrCurrent	1	Maximale Stromaufnahme des Hub-Controller in mA
7	DeviceRemovable	1..32	gibt an, ob an einem Port ein Gerät entfernt werden kann 0–Gerät ist entfernbar 1–Gerät ist nicht entfernbar (Bestandteil des Hub) Die Bitmap ist wie folgt aufgebaut: Bit 0: Reserviert Bit 1: Port 1 Bit 2: Port 2 ... Bit n: Port n, n < 256 (entspricht maximal 32 Bytes)
8..39	PortPwrCtrlMask	1..32	Entsprechend Spezifikation USB 1.0 wurden mit dieser Bitmap Ports gekennzeichnet, die beim Schalten der Spannungsversorgung einer Gruppe von Ports nicht betroffen sind. Das derart komplizierte Power-Management wurde in der Spezifikation 1.1 vereinfacht und das Feld wird nur noch aus Kompatibilitätsgründen benötigt. Der Aufbau der Bitmap entspricht dem des Feldes *DeviceRemovable*. Alle Bits müssen auf 1 gesetzt werden.

Tab. 3.13: Aufbau des Hub-Descriptor

3.11 Hub-Requests

3.11.1 Standard-Requests

Für die Beantwortung von Requests für Standard-Deskriptoren (Standard-Request) gelten für Hubs härtere Anforderungen bezüglich der maximalen Antwortzeiten gegenüber anderen USB-Geräten.

Die Zeit für die Komplettierung eines Request ohne Datenphase beträgt maximal 50 ms. Für die Komplettierung eines Standard-Request mit Datenphase gelten folgende Zeiten:

- Zeit vom Setup-Packet bis zum ersten Datenpaket der Datenphase: 50 ms
- Zeit zwischen zwei Datenphasen   50 ms
- Zeit zwischen dem letzten Datenpaket und Status-Phase   50 ms

Da Hubs eine essenzielle Rolle während des Enumeration-Prozesses spielen, wird in der USB-Spezifikation eine mittlere Reaktionszeit des Hub auf alle Requests von 5 ms empfohlen.

Tabelle 3.14 zeigt die möglichen Standard-Requests für Hubs.

Request	Unterstützung durch Hub
ClearFeature	standardmäßig unterstützt
GetConfiguration	standardmäßig unterstützt
GetDescriptor	standardmäßig unterstützt
GetInterface	nicht unterstützt, da Hubs nur ein Interface unterstützen dürfen
GetStatus	standardmäßig unterstützt
GetAddress	standardmäßig unterstützt
SetConfiguration	standardmäßig unterstützt
SetDescriptor	Optional
SetFeature	Standardmäßig unterstützt
SetInterface	nicht unterstützt, da Hubs nur ein Interface unterstützen dürfen
SyncFrame	nicht unterstützt, da Hubs keinen Isochronous-Datentransfer unterstützen

Tab. 3.14: Standard-Requests für Hubs

3.11.2 Klassenspezifische Requests

Die Tabelle 3.15 zeigt eine Zusammenfassung aller klassenspezifischen Requests für Hubs. Alle aufgeführten Requests besitzen eine Länge von 8 Byte. Die Felder *bmRequestType* und *bRequest* sind mit jeweils einem Byte codiert. Für die Felder *wValue*, *wIndex* und *vLength* stehen je 2 Byte zur Verfügung.

Request	bmRequestType (1 Byte)	bRequest (1 Byte)	wValue (2 Byte)	wIndex (2 Byte)	wLength (2 Byte)
GetHubDescriptor	1010 0000b	GET_DESCRIPTOR	Typ u. Index oder Sprach- ID	0x0000	erwartete Länge
GetHubStatus	1010 0000b	GET_STATUS	0x0000	0x0000	0x0004
GetPortStatus	1010 0011b	GET_STATUS	0x0000	Port	0x0004
ClearPortFeature	0010 0011b	CLEAR_FEATURE	FS	Port	0x0000

Request	bmRequestType (1 Byte)	bRequest (1 Byte)	wValue (2 Byte)	wIndex (2 Byte)	wLength (2 Byte)
SetPortFeature	0010 0011b	SET_FEATURE	FS	Port	0x0000
ClearHubFeature	0010 0000b	CLEAR_FEATURE	FS	0x0000	0x0000
SetHubFeature	0010 0000b	SET_FEATURE	FS	0x0000	0x0000
SetHubDescriptor	0010 0000b	SET_DESCRIPTOR	Typ u. Index oder Sprach-ID	0x0000	Deskriptor
ClearTTBuffer	00100011b	CLEAR_TT_BUFFER	Adresse, Endpoint	Port	0x0000
ResetTT	00100011b	RESET_TT	0x0000	Port	0x0000
StopTT	00100011b	STOP_TT	0x0000	Port	0x0000

Tab. 3.15: Klassenspezifische Hub-Requests

Der Wert *FS* (Feature-Selector) stellt einen Zeiger dar, dessen mögliche Bedeutungen und die dazugehörigen Codierungen aus Tabelle 3.16 entnommen werden können. Für die Codierung von *bRequest* siehe Kapitel 2.9.

Feature-Selector	Wert, Empfänger
C_HUB_LOCAL_POWER	0x00, Hub
C_HUB_OVER_CURRENT	0x01, Hub
PORT_CONNECTION	0x00, Port
PORT_ENABLE	0x01, Port
PORT_SUSPEND	0x02, Port
PORT_OVER_CURRENT	0x03, Port
PORT_RESET	0x04, Port
PORT_POWER	0x08, Port
PORT_LOW_SPEED	0x09, Port
C_PORT_CONNECTION	0x10, Port
C_PORT_ENABLE	0x11, Port
C_PORT_SUSPEND	0x12, Port
C_PORT_OVER_CURRENT	0x13, Port
C_PORT_RESET	0x14, Port
PORT_TEST	0x15, Port
PORT_INDICATOR	0x16, Port

Tab. 3.16: Codierung des Hub-Feature-Selector

GetHubDescriptor

Diesem Request folgt eine Datenphase mit dem Hub-Descriptor als Dateninhalt. (Kapitel 3.10.2)

Das Feld *wValue* beinhaltet den Descriptor-Typ (*bDescriptorType* = 0x29).

Die erwartete Descriptor-Länge wird im Feld *wLength* übertragen. Ist dieser Wert größer als die tatsächliche Länge, wird der gesamte Descriptor gesendet. Ist der Wert kleiner, erfolgt nur die Übermittlung der ersten Bytes, die in *wLength* angegeben sind.

GetHubStatus

In der auf diesen Request folgenden Datenphase mit einer Datenlänge von 4 Byte erfolgt die Übermittlung der Hub-Register *wHubStatus* und *wHubChange* (Kapitel 3.12).

GetPortStatus

Die auf diesen Request folgende Datenphase beinhaltet die Übertragung der Port-Register *wPortStatus* und *wPortChange*.

ClearPortFeature

Ein Request dieser Art mit einem in Tabelle 3.16 definierten Feature-Selector bewirkt das Löschen eines Bits im entsprechenden Port-Status-Register *wPortStatus* oder Port-Status-Change-Register *wPortChange*. Die Reaktionen des Hub auf diese Requests wurden oben ausführlich erklärt.

Die erfolgreiche Behandlung dieser Requests wird vom Hub mit einem Zero-Data-Packet bestätigt.

SetPortFeature

Dieser Request erlaubt das Setzen eines Bit in den Registern *wPortStatus* und *wPortChange* für die Feature-Selector-Werte:

- PORT_RESET
- PORT_SUSPEND
- PORT_POWER
- PORT_TEST
- PORT_INDICATOR

Der Request ermöglicht die Beeinflussung der Funktionen des Hub-Repeaters. Die Requests ClearPortFeature und SetPortFeature stellen somit die wichtigsten Requests für die Steuerung des Repeater dar.

Die Unterstützung des Request für die oben genannten Feature-Selector-Werte ist an folgende ergänzende Regeln gebunden:

- Befindet sich ein Port im *Powered-Off*–Zustand, hat der Request SetPortFeature (PORT_RESET) keine Funktion.
- Befindet sich ein Port in einem anderen als dem *Enabled*–Zustand, hat der Request SetPortFeature(PORT_SUSPEND) keine Funktion.
- Befindet sich ein Port nicht im *Powered-Off*–Zustand, hat der Request SetPortFeature(PORT_POWER) keine Funktion.

Die Bedeutung der in der Spezifikation USB 2.0 neu definierten Feature-Selector-Werte PORT_TEST und PORT_INDICATOR sind in den Tabellen 3.17 und 3.18 beschrieben.

wIndex[15..8]	Test-Mode-Beschreibung
0x00	Reserviert
0x01	Test_J
0x02	Test_K
0x03	Test_SE0_NAK
0x04	Test_Packet
0x05	Test_Force_Enable
0x06..0x3F	Reserviert für Standartests
0x40..0xBF	Reserviert
0xC0..0xFF	Reserviert für herstellerspezifische Tests

Tab. 3.17: Codierung für Test-Modes

wIndex[15..8]	Port-Indikator-Farbe	Port-Indikator-Modus
0x00	Farbe wird von Hardware automatisch gesetzt (vergl. Tabelle 3.5)	Automatisch
0x01	Amber	Manuell
0x02	Grün	Manuell
0x03	Aus	Manuell
0x04..0xFF	Reserviert	Reserviert

Tab. 3.18: Codierung für Port-Indikatoren

Die Unterstützung für folgende Feature-Selector-Werte ist optional:

- C_PORT_CONNECTION
- C_PORT_RESET
- C_PORT_ENABLE
- C_PORT_SUSPEND
- C_PORT_OVER_CURRENT

Ein Setzen dieser Werte im *wPortChange*-Register hat keine Bedeutung, da diese Registerwerte nur vom Repeater gesetzt und vom Host über einen Request ClearPortFeature im Sinne einer Bestätigungsfunktion wieder gelöscht werden.

ClearHubFeature

Über diesen Request können von der Host-Software die Change-Bits des Hub-Registers *wHub-Change* zurückgesetzt werden (Kapitel 3.12.2).

Der Hub akzeptiert diesen Request mit dem Senden eines Zero-Data-Packet.

SetHubFeature

Eine Unterstützung dieses Request ist ebenfalls optional. Er erlaubt das Setzen der Change-Bits C_HUB_LOCAL_POWER und C_HUB_OVER_CURRENT im Hub-Register *wHubChange*. Das Setzen dieser Bits hat keine Bedeutung und besitzt ausschließlich eine diagnostische Funktion.

Wird der Request vom Hub akzeptiert, folgt dem Request ein Zero-Data-Packet. Unterstützt der Hub diesen Request nicht, so reagiert er auf das IN-Token der folgenden Datenphase mit einem STALL-Handshake.

SetHubDescriptor

Dieser Request stellt eine klassenspezifische Erweiterung des Standard-Request SET_DESCRIPTOR dar und gleicht diesem in der Handhabung. (vgl. Kapitel 2.9.6)

Eine Unterstützung dieses Request ist optional. Er erlaubt ein Überschreiben des klassenspezifischen Hub-Descriptor, welcher in der folgenden Datenphase übermittelt wird.

Unterstützt ein Hub diesen Request nicht, reagiert er in der Datenphase mit einem STALL-Handshake.

GetBusState

Die Unterstützung dieses Request ist optional und besitzt ausschließlich eine diagnostische Funktion. In der Spezifikation USB 2.0 ist dieser Request nicht mehr definiert. Der Request ermöglicht die Abfrage des Zustandes der Datenleitungen eines Port zum Zeitpunkt *EOF2*. Dabei bestimmt der Inhalt des Feldes *wIndex*, auf welches Port sich dieser Request bezieht.

Wird der Request vom Hub unterstützt, folgt diesem eine Datenphase mit einer Datenlänge von einem Byte, welches wie folgt organisiert ist:

- Bit 0: Wert der Datenleitung D-
- Bit 1: Wert der Datenleitung D+
- Bits 2-7: Reserviert: alle Bits auf Null setzen

Ist der Wert der Felder *wValue*, *wIndex* oder *wLength* nicht korrekt oder wird der Request nicht unterstützt, reagiert der Hub mit dem Senden eines STALL-Handshake in der Datenphase.

Wird die Datenphase vom Host nicht mit einem ACK beantwortet, ist ein wiederholtes Senden dieser Daten nicht nötig. Gesendet werden immer die Daten, die zum letzten EOF2-Zeitpunkt detektiert werden.

ClearTTBuffer

Dieser Request ist nur für nichtperiodische Endpoints definiert (Bulk- und Control-Transfer) und ermöglicht das Löschen des Puffers des Transaction-Translator, falls dieser im »Busy«-Zustand hängen geblieben ist und der Pufferspeicher nicht mehr freigegeben wird.

Unterstützt der Hub mehrere TTs für einzelne Downstream-Ports, wird die entsprechende Port-Nummer im Request-Feld *wIndex* definiert.

StopTT

Unter Verwendung dieses Request kann der TT angehalten werden. Der Request ist für Debug-Zwecke vorgesehen.

GetTTState

In der auf diesen Request folgenden Datenphase wird der interne Zustand des TT zurückgegeben. Das Format für diesen Rückgabewert ist dabei herstellerspezifisch. Bevor dieser Request gesendet wird, muss der TT unter Verwendung des *StopTT*-Request angehalten werden.

ResetTT

Um USB 2.0-Hubs so robust wie möglich zu gestalten, wird über diesen Request dem Hub-Treiber die Möglichkeit eingeräumt, den TT in einen definierten Zustand zurückzusetzen. Der Request darf die weiteren Funktionen des Hub (Full-/Low-Speed-Repeater, Hub-Controller usw.) nicht beeinflussen.

3.12 Hub-Register

3.12.1 Hub-Status-Register *wHubStatus*

Der Inhalt dieses Registers ist nur lesbar und liefert Informationen über den Zustand der lokalen Stromversorgung und eventuell auftretender Überstrombedingungen des Hub.

Bitposition	Beschreibung
0	*Local-Power-Source*:
	Besitzt nur Gültigkeit für Hubs, deren SIE (Serial-Interface-Engine) vom Bus versorgt wird, oder für Hubs, die sowohl eine eigene Stromversorgung als auch die Stromversorgung über den Bus unterstützen.
	Das Bit repräsentiert den Zustand der lokalen Stromversorgung für den Hub-Controller:
	0 = Stromversorgung in Ordnung
	1 = Stromversorgung inaktiv
1	*Over-Current-Indicator*:
	Besitzt nur Gültigkeit, wenn der Hub die Funktion - Meldung von Überstrombedingung - unterstützt:
	0 = Stromversorgung an Downstream-Ports normal
	1 = Überstrombedingung an einem Downstream-Port existiert, Port wurde abgeschaltet
2-15	Reservier: alle Bits müssen auf 0 gesetzt sein

Tab. 3.19: Belegung des Hub-Status-Registers

3.12.2 Hub-Status-Change-Register *wHubChange*

Dieses Register beinhaltet die korrespondierenden Change-Bits des Hub-Status-Registers. Eine Änderung der Bitfelder des Hub-Status-Registers bewirkt ein Setzen des entsprechenden Change-Bits im Register *wHubChange*. Über einen Request vom Typ ClearHubFeature(C_HUB_LOCAL_POWER, C_HUB_OVER_CURRENT) können diese Bits von der Host-Software wieder zurückgesetzt werden.

Bitposition	Beschreibung
0	*Local-Power-Status-Change*: (C_HUB_LOCAL_POWER)
	Dieses Bit zeigt die Änderung des korrespondierenden Bits im Register *wHubStatus* an:
	0 = keine Änderung im Zustand der lokalen Stromversorgung
	1 = Änderung im Zustand der lokalen Stromversorgung
1	*Over-Current Indicator Change*: (C_HUB_OVER_CURRENT)
	Dieses Bit zeigt die Änderung des Over-Current-Indicator-Bits im Hub-Status-Register *wHubStatus* an:
	0 = keine Änderung im Over-Current-Indicator-Bit
	1 = Änderung des Over-Current-Indicator-Bits
2-15	Reserviert: alle Bits müssen auf 0 gesetzt sein

Tab. 3.20: Belegung des Hub-Change-Register

3.12.3 Port-Status-Register *wPortStatus*

Die Host-Software kann über einen Request GetPortStatus dieses Register abfragen und damit den Zustand des Port ermitteln. Üblich ist die Abfrage dieses Registers nach jeder Statusänderung, die dem Host über dem Interrupt-Endpoint mitgeteilt wird.

Tabelle 3.21 zeigt die Belegung des Registers.

Bitposition	Beschreibung
0	*Current-Connect-Status*: (PORT_CONNECTION)
	Liefert Information darüber, ob sich an dem Port ein Gerät befindet:
	0 = kein Gerät angeschlossen
	1 = Gerät am Port angeschlossen
1	*Port-Enabled/Disabled*: (PORT_ENABLE)
	Dieses Bit wird **automatisch** nach einem erfolgten Port-Reset vom Repeater gesetzt:
	0 = Port befindet sich nicht im *Enabled*-Zustand
	1 = Port befindet sich im *Enabled*-Zustand
2	*Suspend*: (PORT_SUSPEND)
	Gibt Information darüber, ob sich das Port im *Suspend*–Zustand befindet (Kapitel 3.5.2):
	0 = Port befindet sich nicht im *Suspend*-Zustand
	1 = Port befindet sich im *Suspend*-Zustand
3	*Over-Current-Indicator*: (PORT_OVER_CURRENT)
	Zeigt an, dass an dem Port eine Überstrombedingung vorlag.
	Ein Setzen dieses Bits bewirkt automatisch ein Löschen des Bit 8 (PORT_POWER) und damit die Abschaltung der Stromversorgung an dem Port.
	Dieses Bit hat nur Gültigkeit, wenn der Hub das - Melden von Überstrombedingungen - an einzelnen Ports unterstützt:
	0 = Stromaufnahme des Port normal
	1 = Überstrombedingung am Port aufgetreten
4	*Reset*: (PORT_RESET)
	Dieses Bit kann nur von der Host-Software über einen Request SetPortFeature(PORT_RESET) gesetzt werden und bewirkt die Auslösung einer Reset–Sequenz an diesem Port (siehe Kapitel 3.6):
	0 = keine Reset–Sequenz bzw. Reset–Sequenz beendet
	1 = Reset-Sequenz wird ausgelöst
5-7	Reserviert: Bits müssen auf 0 gesetzt sein

Bitposition	Beschreibung
8	*Port-Power*: (PORT_POWER)
	Dieses Bit repräsentiert den logischen *Powered-Off*-Zustand eines Port. Die tatsächliche Funktion hängt von der Art des implementierten Power-Managements ab (siehe Kapitel 3.9):
	0 = Port befindet sich im *Powered-Off*-Zustand
	1 = Port befindet sich <u>nicht</u> im *Powered-Off*-Zustand
9	*Low-Speed-Device-Attached*: (PORT_LOW_SPEED)
	Ist nur gültig wenn Bit 0 (PORT_CONNECTION) gesetzt und identifiziert das am Port befindliche Gerät als High-, Full- oder Low-Speed-Gerät:
	0 = Full-Speed- oder High-Speed-Gerät
	1 = Low-Speed-Gerät
10	*High-Speed-Device-Attached:* (PORT_HIGH_SPEED)
	0 = Full-Speed-Gerät
	1 = High-Speed-Gerät
11	*Port-Test-Mode*: (PORT_TEST)
	Dieses Bit zeigt den Port-Test-Modus an. Dieser Modus kann über die SetPortFeature()- und ClearPortFeature()-Requests manipuliert werden.
12	*Port-Indicator-Control*: (PORT_INDICATOR)
	Dieses Bit zeigt an, ob die Farben der (optionalen) Port-Indikatoren von der Software gesteuert werden:
	0 = Port Indikatoren arbeiten mit »Default«-Farben
	1 = Port Indikatoren arbeiten mit Farben, welche über die Host-Software eingestellt werden können
13–15	Reserviert: alle Bits müssen auf 0 gesetzt sein

Tab. 3.21: Port-Status-Register

3.12.4 Port-Status-Change-Register *wPortChange*

Dieses Register beinhaltet die korrespondierenden Change-Bits des Port-Status-Registers. Für die Bits 8-9 existieren keine Change-Bits, da diese für die Funktion des Hub keine sinnvolle Bedeutung ergeben.

Alle Bits in diesem Register können vom Hub gesetzt und über die Host-Software wieder zurückgesetzt werden.

Bitposition	Beschreibung
0	*Connect-Status-Change*: (C_PORT_CONNECTION)
	Änderung im Bit 0 des Port-Status-Registers:
	0 = kein Gerät am Port hinzugefügt oder entfernt
	1 = Gerät wurde hinzugefügt oder entfernt
1	*Port-Enable/Disable-Change*: (C_PORT_ENABLE)
	Das Bit wird nur gesetzt, wenn durch eine interne Fehlerbedingung ein Port den *Enabled*-Zustand verlässt. Setzen und Rücksetzen des korrespondierenden Bits im Port-Status-Register über die Host-Software hat keinen Einfluss auf dieses Bit! (siehe Kapitel 3.2.1):
	0 = keine Änderung des *Enabled*-Zustand
	1 = Bit 1 des Port-Status-Register wurde auf Grund eines internen Fehlers zurückgesetzt
2	*Suspend Change*: (C_PORT_SUSPEND)
	Dieses Bit zeigt das Ende des *Suspend*-Zustandes eines Ports *nach* beendeter Resume-Sequenz an:
	0 = keine Änderung
	1 = Resume-Sequenz und *Suspend*-Zustand beendet
3	*Over-Current-Indicator-Change*: (C_PORT_OVER_CURRENT)
	Kkennzeichnet eine Änderung am PORT_OVER_CURRENT–Status-Bit:
	0 = keine Änderung
	1 = Änderung des Bit 3 im Port-Status-Register
4	*Reset-Change*: (C_PORT_RESET)
	Informiert über die Beendigung einer Reset-Sequenz, die über einen SetPortFeature(PORT_RESET)–Request ausgelöst wurde (siehe Kap. 3.6):
	0 = keine Änderung
	1 = Reset-Sequenz beendet, Port befindet sich im *Enabled*–Zustand
5–15	Reserviert: alle Bits müssen auf 0 gesetzt sein

Tab. 3.22: Port-Status-Change-Register

4 USB Host-Controller

4.1 Einführung

Die Aufgabe des Host-Controllers umfasst die Generierung von USB-Übertragungen, welche vom Host-Controller-Driver (HCD) in Form von Transfer-Deskriptoren im Speicher abgelegt werden. Diese Transfer-Deskriptoren stellen Datenstrukturen dar, die folgende Informationen beinhalten:

- Adresse des angesprochenen USB-Geräts
- Transfertyp (Isochronous-, Interrupt-, Bulk- oder Control-Transfer)
- Transferrichtung (IN-/OUT-Transfer)
- Pufferspeicher-Adresse des Gerätetreibers

Die Adresse des Pufferspeichers zeigt auf die zu übertragenden Daten für OUT- und SETUP-Transfers. Empfangene Daten eines IN-Transfers werden durch den Host-Controller parallelisiert und auf der angegebenen Adresse des Speicherpuffers abgelegt.

Der Host-Controller besitzt einen integrierten Root-Hub mit zwei (UHCI) oder mehr (OHCI) Downstream-Ports. Der Root-Hub weist die gleiche Funktionalität auf wie ein separater Hub, besitzt aber auf Grund seines besonderen Einsatzes nicht die volle Komplexität.

Für das Host-Controller-Interface existieren zwei verschiedene Spezifikationen, UHCI und OHCI, deren Eigenschaften in diesem Kapitel näher erläutert werden.

Das Universal-Host-Controller-Interface (UHCI) wurde von Intel spezifiziert und ist vor allem in den PCI/ISA-Bridge-Chipsätzen in Form eines PCI-Masters implementiert. Die Komplexität des UHCI wird von Intel mit etwa 10 KGates angegeben.

Die Spezifikation des Open-Host-Controller-Interface (OHCI) stammt von Compaq, Microsoft und National Semiconductor. Implementiert ist OHCI typischerweise in dedizierten Chipsätzen, welche die Bereitstellung von PCI-Einsteckkarten für die Erweiterung von PCs mit dem USB erlauben.

Mit der Veröffentlichung der Spezifikation USB 2.0 und der damit verbundenen Erweiterung um den High-Speed-Modus wurde mit der Spezifikation des »Enhanced Host Contoller Interface« (EHCI) begonnen.

Das EHCI wird auf Grund der Komplexität des Themas, und der bis zu diesem Zeitpunkt vorläufigen Version 0.95, in diesem Kapitel nur kurz vorgestellt. Der interessierte Leser sei für weiterführende Studien auf die Homepage des USB Implementers Forum [28] verwiesen.

4.2 Universal-Host-Controller-Interface (UHCI)

4.2.1 Übertragungsreihenfolge

Die Kontrolle über die zeitliche Einteilung von vorgegebenen Übertragungen innerhalb eines Frame-Intervalls wird vom Universal-Host-Controller-Driver (UHCD) übernommen. Bild 4.1 zeigt die Reihenfolge der einzelnen Transfertypen innerhalb eines Frame. Dabei entfallen auf Isochronous- und Interrupt-Transfers bis zu 90% der verfügbaren Bus-Bandbreite. Für Control-Transfer werden 10% der Bus-Bandbreite garantiert. Noch vorhandene Bus-Bandbreite wird für die Übertragung von Bulk-Daten genutzt.

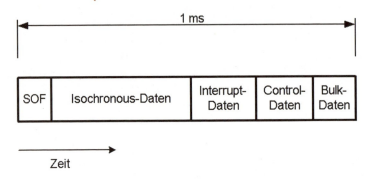

Bild 4.1: Zeitliche Anordnung der Transfertypen beim UHCI

Die vom UHCD generierten Transfer-Deskriptoren für ein Frame werden in einer Liste (Frame-Liste) zusammengefasst.

4.2.2 Frame-Listen

Der Zugriff auf eine Frame-Liste erfolgt durch eine im Systemspeicher befindliche Zeigertabelle mit 1.024 Einträgen. Jeder Eintrag korrespondiert mit der Frame-Nummer des aktuellen Frame. Bild 4.2 zeigt den Mechanismus des Zugriffs auf die Frame-Listen.

Das SOF-Modify-Register erlaubt die Modifikation der Länge eines Frame-Intervalls (siehe Tabelle 4.7).

Der SOF-Zähler wird für die Generierung des 1-ms-Zeitintervalls für den Frame-Zähler benötigt. Er übernimmt den Inhalt des SOF-Modify-Register und wird unter Verwendung des 12-MHz-Taktes so lange dekrementiert, bis dieser den Wert null erreicht hat. Dieser Zeitpunkt markiert den Beginn eines neuen Frame und bewirkt ein Inkrementieren des Frame-Zählers sowie die erneute Übernahme des SOF-Modify-Register-Inhalts in den Zähler.

Der Frame-Zähler besitzt eine Breite von 10 Bit und dient als Zeiger auf den ersten Eintrag des Transfer-Deskriptors einer Transfer-Liste.

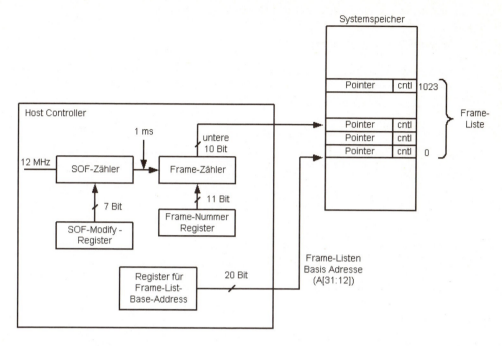

Bild 4.2: Zugriff auf Frame-Listen

Über das Frame-List-Base-Address-Register kann eine Basisadresse definiert werden. (Tabelle 4.7)

4.2.3 Transfer-Mechanismus

Bild 4.3 zeigt den Zusammenhang zwischen Frame-Liste und der Liste von Transfer-Deskriptoren für den Fall, dass alle Transferarten unterstützt werden.

Der Host-Controller arbeitet diese Liste von Transfer-Deskriptoren ab und generiert mit Hilfe der darin enthaltenen Informationen die einzelnen USB-Transfers (Siehe Kapitel 4.2.4).

Für Interrupt-, Bulk-und Control-Transfers werden Warteschlangen definiert. Die Funktion dieses Warteschlangen-Mechanismus wird mit Hilfe von so genannten Queue-Heads organisiert. Der Aufbau eines solchen Queue-Head ist im Kapitel 4.2.5 beschrieben.

Über ein Bit im Transfer-Deskriptor (DW0:VF, siehe Tabelle 4.1) wird die Abarbeitungsreihenfolge in vertikaler oder horizontaler Richtung definiert. Bei der Abarbeitung in vertikaler Richtung werden alle in der Warteschlange befindlichen Transfer-Deskriptoren berücksichtigt. Für die horizontale Richtung wird nur der erste Transfer-Deskriptor abgearbeitet.

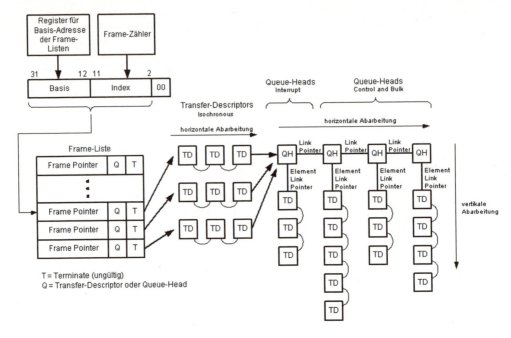

Bild 4.3: UHCI Transfer-Mechanismus

4.2.4 Transfer-Deskriptoren

Transfer-Deskriptoren (TD) bestehen aus vier Datenfeldern mit einer Größe von je 32 Bit (Double-Word), die nachfolgend als DW0-DW3 bezeichnet werden. Bild 4.4 zeigt die Zusammensetzung des Transfer-Deskriptors.

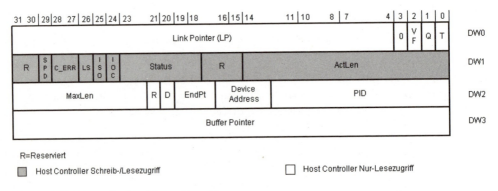

Bild 4.4: UHCI Transfer-Deskriptor-Format

Die Tabellen 4.1 bis 4.3 beschreiben Aufbau und Inhalt dieser vier Datenfelder. Die wesentlichen Informationsinhalte eines UHC-Transfer-Deskriptors sind:

- Transfertyp (Isochronous, Interrupt, Bulk, Control)
- Art des zu sendenden Token (IN, OUT, SETUP)
- Transferrichtung
- Daten-Toggle-Bit
- Pufferspeicher-Adresse für die zu übertragenden Daten
- Statusinformationen

Bitposition	Feldname	Beschreibung
31..4	LP	Link-Pointer
		Adresszeiger auf einen weiteren Transfer-Deskriptor oder einen Queue-Head.
2	VF	Vertical-First
		Spezifiziert die Abarbeitung in horizontaler oder in vertikaler Richtung (siehe Bild 4.3)
		0 = horizontal
		1 = vertikal
1	Q	QH/TD-select
		Definiert, ob der Link-Pointer auf einen Queue-Head (QH) oder einen weiteren Transfer-Deskriptor (TD) zeigt
0	T	Terminate
		0 = Link-Pointer ist nicht gültig
		1 = Link-Pointer ist gültig

Tab. 4.1: Felddefinitionen für DW0

Bitposition	Feldname	Beschreibung
31..30	n.d.	Reserviert
29	SPD	Short-Packet-Detect
		Dieses Bit aktiviert die Detektierung von Short-Packets
28..27	C_ERR	Error-Counter
		Fehlerzähler, wird bei jedem auftretenden Fehler dekrementiert (außer Babble und STALL)
26	LS	Low-Speed-Device
		Identifiziert das mit diesem Transfer-Deskriptor korrespondierende USB-Gerät als Low-Speed Gerät
25	ISO	Isochronous-Select
		Spezifiziert diesen Transfer-Deskriptor für Isochronous-Transfer

Bitposition	Feldname	Beschreibung
24	IOC	*Interrupt-on-Complete* Ist das Bit gesetzt, wird am Ende des Frame, in welchem dieser Transfer-Deskriptor abgearbeitet wurde, ein Interrupt generiert
23..16	Status	Status des aktuellen komplettierten Transfers. Für jeden nachfolgend aufgeführten Status ist ein Bit reserviert. Mögliche Statusinformationen sind codiert: Aktiv, STALL, NAK, Pufferspeicher/Babble/CRC/Timeout- und Bitstuff-Fehler. Für eine detaillierte Beschreibung siehe [2].
15..11	n.d.	Reserviert
10..0	ActLen	*Actual-Length* Anzahl der Bytes, die beim aktuellen Transfer übertragen wurden

Tab. 4.2: Felddefinitionen für DW1

Bitposition	Feldname	Beschreibung
31..21	MaxLen	*Maximum-Length* Spezifiziert die maximale Anzahl Bytes, welche übertragen werden sollen 0x000 = 1 Byte 0x001 = 2 Byte ... 0x4FF = 1280 Bytes (Maximum) 0x7FF = 0 Bytes (Zero-Data-Packet)
20	n.d.	Reserviert
19	D	*Data-Toggle* Spezifiziert, ob Daten als DATA0/DATA1 gesendet werden, oder als DATA0/DATA1 erwartet werden
18..15	EndPt	*Endpoint* Endpoint-Nummer des angesprochenen Geräts
14..8	Address	*Device-Address* Adresse des angesprochenen Geräts
7..0	PID	*Packet-Identification* Definiert den Typ des zu initiierenden Token 0x69 = IN 0xe1 = OUT 0x2d = SETUP Jeder andere Wert ist nicht zulässig und führt zum sofortigen Halt des Host-Controllers!

Tab. 4.3: Felddefinitionen für DW2

4.2 Universal-Host-Controller-Interface (UHCI)

Bitposition	Feldname	Beschreibung
31..0	Buffer-Pointer	Zeiger auf Beginn des Speicherbereichs der zu sendenden Daten

Tab. 4.4: Felddefinitionen für DW3

4.2.5 Queue-Heads

Ein Queue-Head (QH) besteht aus zwei Feldern mit einer Größe von je 32 Bit, dem *Queue-Head-Link-Pointer* (QHLP) und dem *Queue-Head-Element-Link-Pointer* (QELP). Er beinhaltet einen Zeiger auf den ersten abzuarbeitenden Transfer-Deskriptor (QH-Element-Pointer) und einen Zeiger auf den nächsten Queue-Head (Link-Pointer). Bild 4.5 zeigt die Anordnung der beiden Feldelemente.

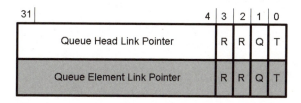

☐ Host Controller Schreib-/Lesezugriff

☐ Host Controller Nur-Lesezugriff

Bild 4.5: Queue-Head-Format

Bitposition	Feldname	Beschreibung
31..4	QHLP	Queue-Head-Link-Pointer Zeiger auf die Adresse des nächsten QH (in horizontaler Richtung)
3..2	n.d.	Reserviert
1	Q	QH/TD Select Identifiiziert den als QHLP angegebenen Zeiger als einen Zeiger auf einen Transfer-Deskriptor oder auf einen weiteren Queue-Head 0 = Transfer-Deskriptor 1 = Queue-Head
0	T	Terminate Über dieses Bit erhält der Host-Controller die Information, dass dieser Queue-Head die letzte abzuarbeitende Datenstruktur ist 1 = letzter Queue-Head, Zeigerwert ist ungültig 0 = Zeiger ist gültig und zeigt auf einen weiteren TD oder QH

Tab. 4.5: Queue-Head-Link-Pointer

Bitposition	Feldname	Beschreibung
31..4	QELP	*Queue-Element-Link-Pointer* Zeiger auf den nächsten abzuarbeitenden QH oder TD (in vertikaler Richtung)
3	n.d.	Reserviert – muss auf Null gesetzt werden
2	n.d.	Reserviert
1	Q	*QH/TD Select* Identifiiziert den als *QHLP* angegebenen Zeiger als einen Zeiger auf einen Transfer-Deskriptor oder auf einen weiteren Queue-Head 0 = Transfer-Deskriptor (typische Belegung) 1 = Queue-Head
0	T	*Terminate* Über dieses Bit erhält der Host-Controller die Information, dass sich keine weiteren abzuarbeitende Transfer-Deskriptoren in der Warteschlange befinden 1 = letzter Transfer-Deskriptor, Zeigerwert ist ungültig 0 = Zeiger ist gültig und zeigt auf einen weiteren TD

Tab. 4.6: Queue-Head-Element-Link-Pointer

4.2.6 Register

Die Kontrollregister für den Universal-Host-Controller sind in den PCI-I/O-Adressbereich eingebunden. Tabelle 4.7 beschreibt die Register und deren Inhalte. Die Basisadresse *BAdr* wird während des PCI-Konfigurationsprozesses festgelegt.

I/O Adresse	Name/Beschreibung
BAdr + 0x00 .. 0x01	*USB-Command-Register*
BAdr + 0x02 .. 0x03	*USB-Status-Register*
BAdr + 0x04 .. 0x05	*USB-Interrupt-Enable*
BAdr + 0x06 .. 0x07	*Frame-Number* Beinhaltet die aktuelle Frame-Nummer und die Adresse der Frame-List
BAdr + 0x08 .. 0x0B	*Frame-List-Base-Address* Basisadresse für das Frame-List–Zeigerfeld, programmierbar innerhalb von 4 KByte Schritten
BAdr + 0x0C	*Start-of-Frame-Modify* Wert, der zum Startwert für den SOF – Zähler addiert wird, um die Länge eines Frame-Intervalls zu variieren Der Startwert des SOF-Zählers beträgt 11.936; mit einem anderen Standardwert dieses Registers von 64 ist ein Zählerwert von 12.000 für ein Intervall von 1ms eingestellt

4.3 Open-Host-Controller-Interface (OHCI)

I/O Adresse	Name/Beschreibung
BAdr + 0x10 .. 0x11	*Port1-Status/Control* Über dieses Register kann der Port-Status des Ports 1 des Root-Hub ermittelt und beeinflusst werden. Die Funktion des Registers entspricht etwa der des im Kapitel 3.11.3 beschriebenen Port-Status-Registers. Für eine detaillierte Beschreibung siehe [2]
BAdr + 0x12 .. 0x13	*Port2-Status/Control* Wie *Port1-Status/Control*.

Tab. 4.7: UHC-Control-Register

4.3 Open-Host-Controller-Interface (OHCI)

4.3.1 Übertragungsreihenfolge

Die Reihenfolge der verschiedenen USB-Transferarten weicht von der des UHCI-Konzeptes ab. Bild 4.6 zeigt die zeitliche Einteilung.

Nach dem SOF-Token beginnt der Host-Controller mit der Übertragung von nichtperiodischen Transferarten (Control- und Bulk-Transfer). Der Host-Controller-Driver (HCD) kann bei der Initialisierung des Host-Controllers die maximale Zeitdauer für dieses Übertragungsintervall festlegen. Ein typischer Wert hierfür sind 10% des Frame-Intervalls.

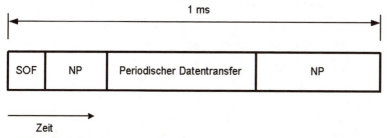

Bild 4.6: Übertragungsreihenfolge beim OHC

Nach der Übertragung von Control- und Bulk-Transfer beginnt der Host-Controller mit der Abarbeitung der periodischen Transfertypen (Interrupt- und Isochronous-Transfer).

Noch vorhandene Bandbreite wird wieder für die Übertragung von nichtperiodischen Transferarten genutzt.

4.3.2 Transfer-Mechanismus

Basiselemente für den OHCI-Transfermechanismus sind die Endpoint-Deskriptoren (ED) und Transfer-Deskriptoren (TD).

Der Host-Controller-Driver generiert für jeden zur Verfügung stehenden Endpoint einen eigenen Endpoint-Descriptor. Dieser enthält unter anderem folgende Informationen:

- Maximale Paketgröße
- Endpoint-Adresse
- Full-Speed/Low-Speed Unterscheidung
- Richtung des Transfers

Die einzelnen Endpoint-Deskriptoren werden in einer Liste zusammengefasst.

Jedem Endpoint-Descriptor werden in einer Warteschlange organisierte Transfer-Deskriptoren zugeordnet. Transfer-Deskriptoren enthalten Informationen über die zu übertragenden Datenpakete:

- Toggle-Information
- Speicheradresse der Daten
- Statusinformation über Beendigung des Transfers

Bild 4.7 zeigt eine typische Listenstruktur bestehend aus Endpoint und Transfer-Deskriptoren.

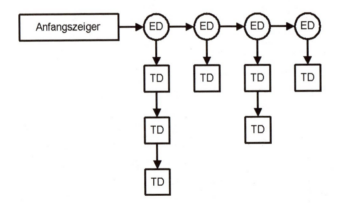

Bild 4.7: Listenstruktur

Die Anfangszeiger zu den Listen der Endpoint-Deskriptoren für Bulk- und Control-Transfer befinden sich in dafür vorgesehenen Registern. Der HCD muss diese Register initialisieren, bevor der Host-Controller auf diese zugreift. Eine Aktualisierung der Register ist nur möglich, wenn die Abarbeitung der betroffenen Listen unterbrochen wird.

Eine weitere Kommunikationsebene zwischen HCD und Controller ist ein gemeinsam genutzter Speicherbereich, die Host-Controller-Communication-Area (HCCD). In diesem Bereich befinden sich unter anderem die Basisadresse der Startzeiger zu den Interrupt-Endpoint-Deskriptoren. Für die Generierung der Adresse des jeweiligen Anfangszeigers werden die letzten 5 Bits des Frame-Zählers genutzt, wodurch insgesamt 32 Startzeiger zu Endpoint-Deskriptoren gebildet werden können. Bild 4.8 demonstriert die Aufteilung in die zwei Kommunikationsebenen Register und HCCD.

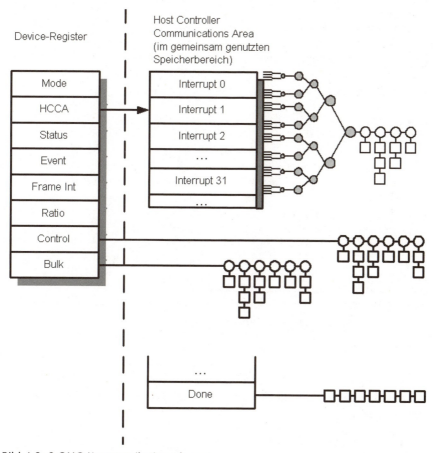

Bild 4.8: 2 OHC-Kommunikationsebenen

Interrupt-Endpoint-Deskriptoren werden in einer Baumstruktur organisiert und sind in Abhängigkeit des geforderten Polling-Intervalls, welches dem jeweiligen Endpoint entspricht, angeordnet.

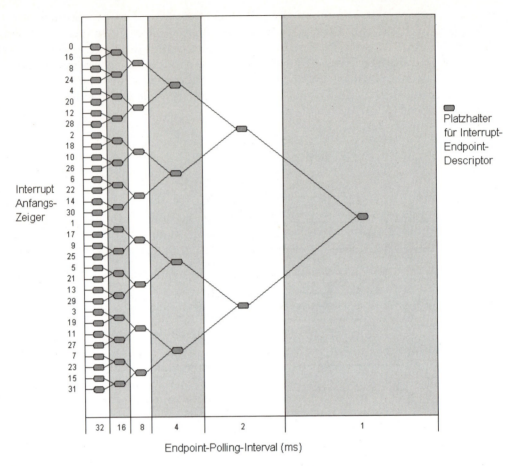

Bild 4.9: Struktur der Endpoint-Deskriptoren für Interrupt-Endpoints

An der Position des Platzhalters für Interrupt-Endpoint-Deskriptoren können sich ein oder mehrere Endpoint-Deskriptoren befinden. Bild 4.10 zeigt ein Beispiel für ein Bussystem mit folgender Endpointverteilung:

Polling-Intervall	*Anzahl Endpoints*
1 ms	2 Endpoints
2 ms	2 Endpoints
4 ms	1 Endpoint
8 ms	2 Endpoints
16 ms	2 Endpoints
32 ms	2 Endpoints

Tab. 4.8: Endpoint-Verteilung für gegebenes Beispiel

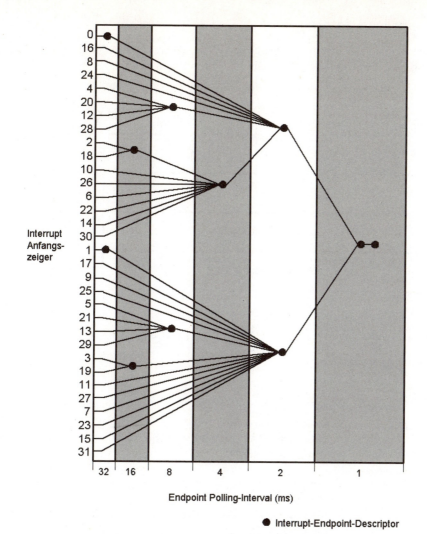

Bild 4.10: Beispiel für die zeitliche Abfolge von Interrupt-Deskriptoren

Mit fortlaufender Frame-Nummer wird die dargestellte Struktur von oben nach unten abgearbeitet und das zum Endpoint gehörende Polling-Intervall eingehalten. Nicht genutzte Platzhalter für Endpoint-Deskriptoren werden überbrückt.

Am letzten Interrupt-Endpoint-Descriptor befindet sich ein Verweis auf den ersten Endpoint-Descriptor für Isochronous-Datentransfer. Steht nach Abarbeitung der Descriptor-Liste für Isochronous-Endpoints noch Bandbreite zur Verfügung, können weitere Bulk-und Control-Transfers initiiert werden.

Abgearbeitete Transfer-Deskriptoren werden aus der Warteschlange entfernt und einer in der HCCA befindlichen Done-Queue hinzugefügt. Dort werden sie vom HCD weiterverarbeitet.

4.3.3 Endpoint-Deskriptoren

Bild 4.11 zeigt den Aufbau eines Endpoint-Descriptor. Eine nähere Beschreibung der vier 32-Bit-Felder DW0 bis DW3 kann den Tabellen 4.1 bis 4.4 entnommen werden.

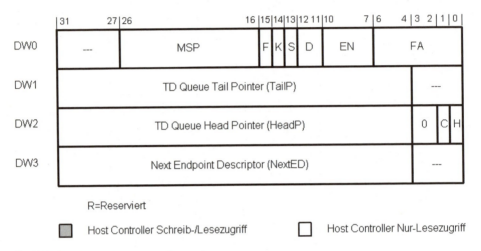

Bild 4.11: Endpoint-Descriptor-Format

Bitposition	Feldname	Beschreibung
6..0	FA	*Function-Address* USB-Adresse des Geräts mit dem Endpoint dieses Deskriptors
10..7	EN	*Endpoint-Number* Endpoint-Nummer des Endpoints dieses Deskriptors
12..11	D	*Direction* Transferrichtung: 00b oder 11b = Transferrichtung im TD definiert 01b = OUT-Transfer 10b = IN-Transfer
13	S	*Speed* Identifiziert dieses Gerät als Full-Speed oder Low-Speed-Gerät: 0 = Full-Speed 1 = Low-Speed
14	K	*Skip* Bewirkt ein Überspringen der abzuarbeitenden Transfer-Deskriptoren
15	F	*Format* Beschreibt den Typ der angefügten Transfer-Deskriptoren: 0 = Interrupt, Bulk oder Control 1 = Isochronous

Bitposition	Feldname	Beschreibung
26..16	MPS	*Maximum-Packet-Size* Definiert die maximale Paketgröße, die von diesem Endpoint unterstützt wird

Tab. 4.9: Beschreibung des Endpoint-Descriptor-Feldes DW0

Bitposition	Feldname	Beschreibung
3..0	n.d.	Nicht definiert
31..4	TailP	*TD-Queue-Tail-Pointer* Zeiger auf den letzten Transfer-Deskriptor in der Warteschlange. Ist der Inhalt dieses Zeigers gleich dem des Feldes DW2:*HeadP*, dann beinhaltet diese Liste keine Transfer-Deskriptoren, die vom Host-Controller verarbeitet werden können.

Tab. 4.10: Beschreibung des Endpoint-Descriptor-Feldes DW1

Bitposition	Feldname	Beschreibung
0	H	*Halted* Dieses Bit kann vom Host-Controller im Falle eines aufgetretenen Fehlers bei der Abarbeitung der TD-Warteschlange gesetzt werden und kennzeichnet, dass der Host-Controller die Verarbeitung abgebrochen hat.
1	C	*Toggle-Carry* Beinhaltet den letzten Wert des Daten-Toggle eines abgearbeiteten Transfer-Descriptor (Übertrag)
3..2	n.d.	Nicht definiert, muss vom HCD auf 00b gesetzt werden
31..4	HeadP	*TD-Queue-Head-Pointer* Zeiger auf den nächsten zu verarbeitenden Transfer-Deskriptor

Tab. 4.11: Beschreibung des Endpoint-Descriptor-Feldes DW2

Bitposition	Feldname	Beschreibung
3..0	n.d.	Nicht definiert
31..4	NexdED	*Next-Endpoint-Descriptor* Zeiger auf den nächsten Endpoint-Descriptor

Tab. 4.12: Beschreibung des Endpoint-Descriptor-Feldes DW3

4.3.4 Transfer-Deskriptoren

Die OHCI-Spezifikation definiert zwei Arten von Transfer-Deskriptoren. Auf Grund der Eigenarten der Isochronous-Datenübertragung existiert für diese ein spezieller Deskriptor. Für die drei verbleibenden Transferarten (Bulk, Control und Interrupt) ist ein gemeinsamer Transfer-Deskriptor definiert.

Transfer-Deskriptor für Bulk-, Control- und Interrupt-Transfer

Dieser Transfer-Deskriptor besteht ebenfalls aus vier 32-Bit-Feldern DW0 bis DW3, deren Aufbau den Tabellen 4.13 bis 4.16 entnommen werden kann.

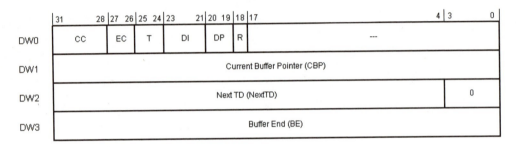

Bild 4.12: Format des allgemeinen Transfer-Deskriptors

Bitposition	Feldname	Beschreibung
17..0	n.d.	Nicht definiert.
18	R	*Buffer-Rounding* 0 = Letztes Datenpaket des TD muss den definierten Datenpuffer exakt ausfüllen 1 = Letztes Datenpaket des TD kann kleiner als der definierte Datenpuffer sein
20..19	DP	*Direction/PID* Definiert die Transferrichtung und den Token-PID: 00b = SETUP 01b = OUT 10b = IN 11b = reserviert
23..21	DI	*Delay-Interrupt* Gibt an, wie viele Frames der Host-Controller nach erfolgreicher Bearbeitung eines Transfer-Deskriptors mit der Auslösung eines Interrupts warten soll Ist der Inhalt dieses Feldes gleich 111b, wird kein Interrupt ausgelöst

Bitposition	Feldname	Beschreibung
25..24	T	Data-Toggle Toggle-Wert für Datenübertragung: 00b oder 01b = Toggle-Wert muss aus dem Toggle-Carry ermittelt werden 10b = DATA0 11b = DATA1
27..26	EC	Error-Count Anzahl der Fehler, die bei Übertragungen mit dem korrespondierenden Transfer-Deskriptor aufgetreten sind. Dieser Wert wird nach einer fehlerfreien Übertragung wieder zurückgesetzt. Ist der Wert dieses Zählers gleich 11b, wird der Zustand im Feld *Condition-Code* codiert.
31..28	CC	Condition-Code Status der letzten Übertragung. Für nähere Informationen zur Codierung siehe [2]

Tab. 4.13: Beschreibung des allgemeinen Transfer-Descriptor-Feldes DW0

Bitposition	Feldname	Beschreibung
31..0	CBP	Current-Buffer-Pointer Adresse des Pufferspeichers für Daten. Ist dieser Wert Null, wurden alle Daten übertragen.

Tab. 4.14: Beschreibung des allgemeinen Transfer-Deskriptor-Feldes DW1

Bitposition	Feldname	Beschreibung
3..0	n.d.	Nicht definiert, muss vom HCD auf 0000b gesetzt werden
31..4	NextTD	Next-Transfer-Descriptor Zeiger auf nächsten Transfer-Deskriptor

Tab. 4.15: Beschreibung des allgemeinen Transfer-Deskriptor-Feldes DW2

Bitposition	Feldname	Beschreibung
31..0	BE	Buffer-End Speicheradresse des letzten Daten-Bytes für diesen Transfer-Descriptor

Tab. 4.16: Beschreibung des allgemeinen Transfer-Descriptor-Feldes DW3

Transfer-Deskriptor für Isochronous-Transfer

Der Transfer-Deskriptor für den Isochronous-Transfer beschreibt die Datenpakete, die über den Endpoint gesendet oder empfangen werden. Isochronous-Datenpakete besitzen weiterhin eine Informationskomponente für den zeitgenauen Ablauf. Diese Komponente ist eine Frame-Nummer, die definiert, in welchem Frame die Übertragung vom Host-Controller ausgeführt werden soll. Bild 4.13 zeigt den Aufbau und dessen Unterteilung in acht 32-Bit-Felder DW0-DW7, die in den Tabellen 4.17 bis 4.21 beschrieben sind.

	31 28	27	26 24	23 21	20 16	15 12	11 5	4 0
DW0	CC	-	FC	DI	---		SF	
DW1	Buffer Page 0 (BP0)					---		
DW2	NextTD							0
DW3	Buffer End (BE)							
DW4	Offset1/PSW1				Offset0/PSW0			
DW5	Offset3/PSW3				Offset2/PSW2			
DW6	Offset5/PSW5				Offset4/PSW4			
DW7	Offset7/PSW7				Offset6/PSW6			

Bild 4.13: Aufbau des Isochronous-Transfer-Descriptor

Bitposition	Feldname	Beschreibung
31..28	CC	*Condition-Code* Codierung des Status nach Komplettierung des Transfer-Descriptor (Fehlercode) Für eine genaue Beschreibung siehe [2]
27	n.d.	Reserviert
26..24	FC	*Frame-Count* Anzahl der zu übertragenden Datenpakete (Frames) 000b = 1 Datenpaket ... 111b = 8 Datenpakete
23..21	DI	*Delay-Interrupt* Siehe Beschreibung des Feldes DW0:*DI* in Tabelle 4.13 DW0"]
20..16	n.d.	Reserviert
15..0	SF	*Starting-Frame* Gibt die Frame-Nummer an, ab welcher das erste Datenpaket des Transfer-Descriptors abgearbeitet werden soll.

Tab. 4.17: Beschreibung des Isochronous-Transfer-Descriptor-Feldes DW0

Bitposition	Feldname	Beschreibung
31..12	BP0	Buffer-Page 0
		Zeiger auf Page-Nummer, in welcher der Pufferspeicher für die Datenpakete beginnt
11..0	n.d.	Reserviert

Tab. 4.18: Beschreibung des Isochronous-Transfer-Descriptor-Feldes DW1

Bitposition	Feldname	Beschreibung
31..5	NextTD	Next Transfer Descriptor
		Zeiger auf den nächsten Isochronous-Transfer-Descriptor der Liste
4..0	n.d.	Reserviert, alle Bits müssen auf Null gesetzt werden

Tab. 4.19: Beschreibung des Isochronous-Transfer-Descriptor-Feldes DW2

Bitposition	Feldname	Beschreibung
31..0	BE	Buffer-End
		Absoluter Zeiger auf das Ende des Pufferspeichers.

Tab. 4.20: Beschreibung des Isochronous-Transfer-Descriptor-Feldes DW3

Bitposition	Feldname	Beschreibung
31..16	Offset[n]/	Offset[1,3,5,7]
		Offset für die Berechnung der Adresse des Pufferspeichers der zu übertragenden Daten
	PSW[n]	Packet-Status-Word[1,3,5,7]
		Statusinformation nach Übertragung der Daten. Die oberen 4 Bits beinhalten die Codierung wie im Feld DW0:*CC*.
		Die unteren 12 Bits repräsentieren die Größe der Übertragung.
15..0	Offset[n]/	Offset[0,2,4,6]
		Wie Offset[1,3,6,7]
	PSWN[n]	Packet Status Word[0,2.4.6]
		Wie PSW[1,3,5,7]

Tab. 4.21: Beschreibung der Isochronous-Transfer-Descriptor-Felder DW4..7

Für die Generierung der Frame-Nummer besitzt der Host-Controller einen Zähler mit einer Breite von 16 Bit (entspricht dem Wert des Registers *HcFmNumber*, siehe Kapitel 4.3.5). Die unteren 11 Bits werden als Frame-Nummer im SOF-Token im 1-ms-Intervall gesendet.

Der Host-Controller führt eine vorzeichenbehaftete Subtraktion der im Transfer-Descriptor angegebenen Frame-Nummer (DW0:SF) von der aktuellen 16-Bit-Frame-Nummer des Zählers durch:

$R = HcFmNumber - DW0:SF$

Das Ergebnis dieser Subtraktion stellt die relative Frame-Nummer R dar, die für die Berechnung der Pufferspeicher-Adresse der Daten benötigt wird. Der Transfer-Descriptor kann Zeiger auf Pufferspeicher für 1 bis 8 aufeinander folgende Frames beinhalten. Der Anzahl der Pufferspeicher entspricht der Wert des Descriptor-Feldes *FC* (*Frame-Count*). Tabelle 4.22 zeigt ein Beispiel der Berechnung der relativen Frame-Nummer R und die entsprechende Reaktion des Host-Controller bei einer vorgegebenen Frame-Nummer von 0xFFFE und *FC*=2.

HcFmNumber	DW0:SF	R	DW0:FC	Aktion des Host-Controllers
0xFFFC	0xFFFE	-2	2	keine Aktion
0xFFFD	0xFFFE	-1	2	keine Aktion
0xFFFE	0xFFFE	0	2	sende Datenpaket 0
0xFFFF	0xFFFE	1	2	sende Datenpaket 1
0x0000	0xFFFE	2	2	sende Datenpaket 2 und füge diesen TD zur Done-Queue

Tab. 4.22: Beispiel für die Berechnung von R und Host-Controller-Aktion

Für die Berechnung der physikalischen Adresse des Pufferspeichers für das aktuelle Datenpaket stellen die unteren 12 Bits des Feldes *Offset*[R] den Offset innerhalb eines 4-KByte-Segments dar. Ist das Bit 12 von *Offset*[R]=0, werden die oberen 20 Bit der physikalischen Adresse durch das Feldelement *Buffer-Page 0* repräsentiert, ansonsten durch die oberen 20 Bits des Feldes *Buffer-End*.

Die Endadresse des Pufferspeichers eines Datenpakets kann über die Verwendung des Offset *Offset*[$R+1$]-1 auf die gleiche Weise berechnet werden.

Handelt es sich bei dem zu übertragenden Datenpaket um das letzte verwendete Pufferspeicher-Segment (DW0.*FC*=R), entspricht der Wert des Feldes *Buffer-End* der Endadresse.

4.3.5 OHCI-Register

Die Kontrollregister des OHC befinden sich im PCI-Adressbereich. Die Beschreibung der Registerinhalte würde den Rahmen dieses Buches sprengen. Der interessierte Leser sei daher auf die OHCI-Spezifikation verwiesen.

Prinzipiell können die Register in folgende vier Kategorien eingeteilt werden:

Kontroll- und Statusregister

Über diese Register wird der Betriebsmodus des Host-Controller festgelegt. Weiterhin dienen sie der Interruptbehandlung und dem Liefern von Statusinformationen und Fehlerbedingungen an die Host-Software.

Speicher-Pointer

Diese Register beinhalten Zeiger auf Datenstrukturen, welche der Bildung von einzelnen Transaktionen dienen.

Frame-Zähler und -Kontrolle

Über diese Register können Frame-Timing und der Frame-Zähler beeinflusst und Statusinformationen des Frame-Zählers ausgelesen werden.

Status- und Kontrollregister für den Root-Hub

Diese Register dienen der Steuerung des integrierten Root-Hub und der Bereitstellung von Statusinformatinen.

4.4 Enhanced-Host-Controller-Interface (EHCI)

Mit der Spezifikation des EHCI wurde ein Standard für Host-Controller veröffentlicht, welcher die Erweiterungen zum High-Speed-Modus der Spezifikation USB 2.0 beinhaltet und gleichzeitig Abwärtskompatibilität gewährleisten soll.

Der Standard wurde erstmals in der Version 0.95 veröffentlicht, und durch Intel, spezifiziert. Intel behält sich vor, den Standard erst auf die Version 1.0 zu heben, wenn die gesamte Funktionalität in einem Intel-Chipsatz implementiert und getestet wurde.

Da der Standard sehr umfangreich ist, werden in diesem Kapitel nur die wesentlichsten Gesichtspunkte erläutert. Dem interessierten Leser wird für weiterführende Studien die Literatur [28] empfohlen.

4.4.1 Architektur

Die EHCI-Spezifikation beschreibt das Interface für den USB 2.0 Host-Controller auf der Ebene des Register-Interface. In einem USB 2.0 Host-Controller werden weiterhin Host-Controller nach der UHCI- oder OHCI-Spezifikation für die Behandlung von USB 1.1-kompatiblen Geschwindigkeitsklassen eingesetzt. Für den High-Speed-Modus existiert darüber hinaus ein völlig neuer Host-Controller mit einem eigenen Root-Hub. Für USB 1.1 können einer oder mehrere OHCI/UHCI Host-Controller eingesetzt werden (»Companion Host Controller«). Eine spezielle Routing-Logik sorgt dafür, dass USB 1.1-kompatible Geräte mit den OHCI/UHCI

Host-Controller verbunden werden. High-Speed-Geräte werden dagegen mit dem USB 2.0 Host-Controller verbunden. Bild 4.14 zeigt den prinzipiellen Aufbau eines Host-Controller nach dem EHCI-Standard.

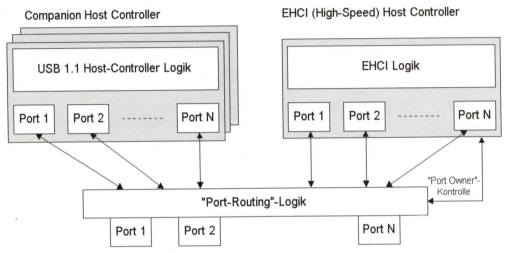

Bild 4.14: USB 2.0 Host-Controller

Die Unterstützung von High-Speed-Geräten nach der Spezifikation USB 2.0 wird nicht allein durch das Vorhandensein eines EHCI Host-Controller möglich. Die Funktion erfordert außerdem entsprechende Treibersoftware. Von Microsoft ist bisher nur für Windows 2000 und dessen Nachfolger Unterstützung angekündigt. Windows ME und Windows XP werden dagegen nicht unterstützt.

4.4.2 Host-Controller-Routing-Strategie

Aus Gründen der Abwärtskompatibilität muss sichergestellt werden, dass ein USB-Bus-System mit einem Host-Controller nach dem EHCI-Standard auch zusammen mit USB 1.1-Geräten und der dazu gehörenden Software funktioniert. Mit der nachfolgend beschriebenen Routing-Strategie wird genau dies gewährleistet.

Der EHCI-Host-Controller verfügt über ein spezielles Bit im Configure-Flag-Register, das CF-Bit (Configure Flag). Verfügt ein PC über eine Systemsoftware, welche Host-Controller nach dem EHCI-Standard unterstützt, wird die Syytemsoftware dieses Bit setzen. Dies bewirkt, dass von der Routing-Logik prinzipiell alle USB-Ports mit dem USB 2.0 Host-Controller verbunden werden, und damit auch von den USB 2.0-Gerätetreibern bedient werden. Erkennt ein USB 2.0-Treiber ein angeschlossenes Gerät als Full- oder Low-Speed-Gerät, konfiguriert er die Routing-Logik so, dass dieses Gerät mit dem Port eines USB 1.1 Host-Controller verbunden wird.

Verfügt das System über keine USB 2.0-kompatible Software, wird das CF-Bit nicht gesetzt, und alle Ports werden standardmäßig mit den USB 1.1 Host-Controller verbunden. Da jedes

USB 2.0 High-Speed-Gerät auch den Full-Speed-Modus unterstützen muss, kann es auf jeden Fall vom USB 1.1 Host-Controller erkannt und enumeriert werden.

4.4.3 Datenstrukturen

Der EHCI-Standard beschreibt Datenstrukturen, welche für die Kommunikation zwischen dem USB 2.0 Host-Controller-Treiber und der Hardware des USB 2.0 Host-Controller genutzt werden. Diese Datenstrukturen befinden sich in einem vom Host-Controller und der Treibersoftware gemeinsam genutzten Speicherbereich.

Folgende Transfer-Deskriptoren wurden für die USB 2.0-spezifischen Transfers definiert:

- Transfer-Descriptor für Isochronous-Transfer (iTD)
- Transfer-Descriptor für Isochronous-Split-Transfer (siTD)
- Queue-Head- und Queue-Element-Transfer-Descriptor (qTD) für Interrupt-/Bulk- und Control-Transfers

Ein Transfer-Descriptor für Isochronous-Transfer kann bis zu 8 Transaktionen beschreiben. Eine Transaktion kann bis zu 3*1.024 Byte Daten beinhalten, wodurch mit einem Transfer-Descriptor eine Datenmenge von bis zu 24 Kbyte übertragen werden kann.

Transfer-Deskriptoren für Isochronous-Split-Transfer unterstützen eine maximale Paketgröße von 1.023 Byte, da dieser Umfang in der Spezifikation USB 1.1 als maxinale Paketgröße für eine Transaktion so festgelegt ist.

Die Queue-Element-Transfer-Deskriptoren verweisen auf Datenspeicher für eine oder mehrere Transaktionen. Der durch einen solchen Deskriptor adressierte Speicherumfang beträgt maximal 20 KByte.

Die EHCI-Spezifikation spezifiziert in Voraussicht auf zukünftig verfügbare 64-Bit-PC-Architekturen auch die Adressierung von Datenstrukturen für 64 Bit. Eine ausführliche und genaue Beschreibung der Transfer-Deskriptoren findet der Leser in [28].

4.4.4 Testbarkeit und Kompatibilität

Die EHCI-Spezifikation verlangt die Implementierung der folgenden in der USB 2.0-Spezifikation festgelegten Port-Test-Modi:

- Test J_State
- Test K_State
- Test_Packet
- Test Force_Enable
- Test_SE0_NAK

Eine genaue Beschreibung dieser Test-Modi kann man der Spezifikation USB 2.0, Kapitel 11.24 entnehmen.

Optional kann entsprechend der EHCI-Spezfikation ein Debug-Port unterstützt werden. Die Spezifikation beschreibt hierfür ein spezielles Register-Interface, durch welches auf einem Port einzelne IN- oder OUT-Transaktionen mit bis zu 8 Byte Daten durchgeführt werden können. Ausführliche Informationen zum Debug-Interface können der EHCI-Spezifikation, Anhang C, entnommen werden.

Für den Test der Kompatibilität von Host-Controllern entsprechend dem EHCI-Standard werden von Intel zukünftig »Kompatibilitäts-Programme« erarbeitet, die dem Test eigener EHCI-Controller dienen sollen. Genaue Informationen hierzu werden allerdings erst mit Erscheinen der Version 1.0 der EHCI-Spezifikation veröffentlicht.

5 USB-Klassen

Das Kapitel gibt einen Überblick über die festgelegten USB-Klassen und die Vorteile des Klassenkonzeptes.

Die für die Definition neuer Klassen vorgeschriebenen Entwurfsschritte werden erläutert und das empfohlene Format einer Klassenspezifikation wird vorgestellt.

Für einige ausgesuchte Klassenspezifikationen, die in der Version 1.0 und höher vorliegen, sind die wichtigsten Inhalte zusammengefasst. Die Spezifikationen sind zum Teil sehr umfangreich. Dem Leser soll dieses Kapitel als Einstieg und zum besseren Verständnis dienen.

5.1 Vorteile der Festlegung von USB-Klassen

USB-Klassen sind laut USB-Spezifikation Gruppen von Geräten oder Interfaces, die gemeinsame Merkmale und Eigenschaften aufweisen, wie zum Beispiel die Nutzung gleicher Datenformate oder ein ähnliches Kommunikationsverhalten mit dem Host.

Die Gruppierung von Geräten bzw. Interfaces in Klassen und die Spezifizierung der Charakteristiken in Klassenspezifikationen erlauben die Entwicklung und Verwendung von einheitlicher Host-Software für verschiedene Geräte, die auf einer Klasse basieren. Dies entlastet den Hersteller typischer PC-Peripheriegeräte (Tastatur, Maus, Drucker, Scanner, Modem usw.) von der Bereitstellung spezieller Treibersoftware.

Anbieter von Betriebssystemen müssen lediglich Treiber für die verschiedenen USB- Klassen in das Betriebssystem integrieren, wodurch bereits eine große Anzahl von PC-Komponenten unterstützt wird.

Für die erfolgreiche Umsetzung dieser Idee ist eine kooperative Zusammenarbeit von Peripheriegeräteherstellern und Anbietern von Betriebssystemen beim Entwurf einer USB-Klassenspezifikation erforderlich. Bis zum Erscheinen dieses Buches waren folgende Klassenspezifikationen in der Version 1.0 und höher verfügbar:

- Human-Interface-Device-Class
- Audio-Device-Class
- Communication-Device-Class
- Content-Security-Device-Class
- Chip-/Smart-Card-Device-Class
- IrDA-Bridge-Device-Class
- Imaging-Device-Class
- Printer-Device-Class

- Monitor-Device-Class
- Power-Device-Class
- Physical-Interface-Device-Class
- Mass-Storage-Device-Class

Die Spezifikationen für weitere Klassen sind in Arbeit. Der aktuelle Stand ist auf der WWW-Seite für USB-Entwickler [2] abrufbar.

5.2 Entwurfsprozess und Versionsnumerierung

Klassenspezifikationen unterliegen einem vorgeschriebenen Entwurfs- und Überarbeitungsprozess. Prinzipiell kann jedes dem USB-Implementers-Forum (USB-IF) angehörende Unternehmen den Entwurf einer neuen Klassenspezifikation vorschlagen. Ein Konsortium des USB-IF prüft den Vorschlag und entscheidet über die Gründung einer »Class Working Group« (CWG), welche die Aufgabe hat, die Spezifikation zu erstellen. Nach mehreren Iterationen wird die entstandene Klassenspezifikation einem weiteren Umfeld bekannt gemacht – der »Device Working Group« (DWG). Die DWG überprüft die Spezifikation auf Inkonsistenzen im Zusammenhang mit existierenden Klassenspezifikationen. Nach dieser Überarbeitungsphase entscheidet die DWG über die Publikation und aktualisiert die Spezifikation entsprechend Änderungsvorschläge. Wird die Spezifikation als stabiles Dokument erachtet, bekommt sie die Versionsnummer 1.0 und gilt als Richtlinie. Für den beschriebenen Entwurfsprozess gilt die folgende Numerierungsreihenfolge:

- Version 0.6 – Konzept
- Version 0.7 – CWG
- Version 0.8 – DWG
- Version 0.9 – Bereitstellung für die Öffentlichkeit
- Version 1.0 – stabile Version, Implementierung kann beginnen

5.3 Allgemeine Klassenspezifikation (USB Common Class)

Diese Spezifikation beschreibt die Anforderungen an USB-Klassen und die Spezifikationsdokumente sowie einige Attribute und Dienste, die für alle USB-Geräte gültig sind [6].

5.3.1 Lokalisierung von USB-Treibern

Ein USB-Gerätetreiber kann entweder ein ganzes Gerät oder ein Interface eines Geräts behandeln. Für die Lokalisierung und das Laden von USB-Treibern wurde in der »USB Common Class« ein allgemeingültiger Mechanismus definiert.

Die Suche des richtigen USB-Treibers basiert auf den Informationen des Device-Descriptor (siehe Kapitel 2.8.2). Zuerst versucht die Systemsoftware, einen Treiber für das gesamte Gerät zu finden. Dazu wird eine Liste von Schlüsselelementen abgearbeitet und mit der Treiber-

Datenbasis verglichen. Eine Übereinstimmung führt zum Laden des entsprechenden Treibers. Tabelle 5.1 zeigt die Liste der Feldelemente, die für die Treibersuche ausschlaggebend sind.

Feldelemente des Device-Descriptor	Bemerkungen
idVendor & idProduct & bcdDevice	bcdDevice: Versionsnummer des Geräts
idVendor & idProduct	
idVendor & bDeviceSubClass & bDeviceProtocol	nur wenn bDeviceClass = 0xFF
idVendor & bDeviceSubClass	nur wenn bDeviceClass = 0xFF
bDeviceClass & bDeviceSubClass & bDeviceProtocol	nur wenn bDeviceClass != 0xFF
bDeviceClass & bDeviceSubClass	nur wenn bDeviceClass != 0xFF

Tab. 5.1: Schlüsselfelder des Device-Descriptor

Werden auf diese Weise keine Übereinstimmungen gefunden, erwartet die Systemsoftware das Vorhandensein mehrerer Interfaces oder Konfigurationen und versucht Übereinstimmungen von Schlüsselfeldern des Device- und Interface-Descriptor zu finden. Tabelle 5.2 zeigt die zu überprüfenden Feldelemente in der richtigen Reihenfolge.

Feldelemente des Device- und Interface-Descriptor	Bemerkungen
idVendor & idProduct & bcdDevice & bConfigurationValue & bInterfaceNumber	
idVendor & idProduct & bConfigurationValue & bInterfaceNumber	
idVendor & bInterfaceSubClass & bInterfaceProtocol	nur wenn bInterfaceClass = 0xFF
idVendor & bInterfaceSubClass	nur wenn bInterfaceClass = 0xFF
bInterfaceClass & bInterfaceSubClass & bInterfaceProtocol	nur wenn bInterfaceClass != 0xFF
bInterfaceClass & bInterfaceSubClass	nur wenn bInterfaceClass != 0xFF

Tab. 5.2: Schlüsselfelder des Device- und Interface-Descriptor

5.3.2 Klassen- und herstellerspezifische Deskriptoren und Requests

Neben den von einem Gerät immer zu unterstützenden Standarddeskriptoren (siehe Kapitel 2.8) können im Rahmen einer Klassenspezifikation oder von einem Hersteller weitere Requests definiert werden.

Jeder Request beinhaltet ein *bmRequestType*-Feld, über welches dieser als ein Standard,- Klassen- oder herstellerspezifischer Request identifiziert werden kann. Tabelle 5.3 zeigt die Beschreibung des *bmRequestType*-Feldes.

Bitposition	Beschreibung
7	Transfer-Richtung: 0 = vom Host zum Gerät 1 = vom Gerät zum Host
6..5	Request-Type: b00 = Standard Request b01 = Klassen Request b10 = Herstellerspezifischer Request b11 = Reserviert
4..3	Empfänger des Requests: b00 = Gerät b01 = Interface b10 = Endpoint b11 = Andere
2..0	Reserviert

Tab. 5.3: Beschreibung des Request-Feldes *bmRequestType*

Ist als Empfänger des Request das Gerät angegeben, kann die Klasse, die diesen Request definiert, dem *bDeviceClass*-Feld des Device-Descriptor entnommen werden. Sind Interface oder Endpoint von einem Request angesprochen, wird die den Request definierende Klasse durch das *bInterfaceClass*-Feld des Interface-Descriptor identifiziert. Bei herstellerspezifischen Requests kann der Hersteller dem *idVendor*-Feld des Device-Descriptor entnommen werden.

Für die Unterscheidung von Standarddeskriptor, Klassendeskriptor und herstellerspezifischen Deskriptoren dient das Feld *bDescriptorType*, bei welchem die Bits 6..5 genauso codiert sind wie im Request-Feld *bmRequestType*.

5.3.3 Format von Klassenspezifikationen

Die USB Common Class beinhaltet Vorschläge für die Strukturierung einer Klassenspezifikation. Nach diesen Vorschlägen sollte eine Spezifikation wie folgt untergliedert sein:

Title

Jede Klassen-Spezifikation beginnt mit einer Titelseite, welche den Namen der zu spezifizierenden Klasse, die Versionsnummer und das Erscheinungsdatum beinhaltet. Auf den folgenden Seiten befinden sich

- Scope of this Revision – Intention der Version
- Revision History – Versionsentwicklung (im Tabellenformat)
- Intellectual Property Disclaimer
- Comments

Introduction

Die Einleitung beinhaltet globale Ziele der Klassenspezifikation und ist in folgende Unterkapitel gegliedert:

- Purpose – Warum ist diese Klassenspezifikation entstanden?
- Scope – Welche Geräte sind Zielgruppe dieser Klasse?
- Related Documents – Andere die Thematik betreffende Dokumente
- Terms and Abbreviations – Glossar spezieller verwendeter Begriffe und Abkürzungen

Management Overview

Beinhaltet einen groben Überblick mit einem Umfang von ein bis zwei Seiten zur Spezifikation.

Functional Characteristics

Beschreibt jede funktionelle Eigenschaft, die vom Gerät unterstützt werden muss.

Operational Model

Dieses Kapitel soll das Zusammenspiel des Geräts mit dem Host-System beschreiben.

Descriptors

Die USB-Spezifikation beschreibt eine Reihe von Standarddeskriptoren. In diesem Kapitel soll beschrieben werden, wie in der spezifizierten Geräteklasse diese Deskriptoren eingesetzt werden. Dies umfasst vor allem die Definition und Codierung der Device- und Interface-Descriptor-Felder für Klassen, Unterklassen und der Art des unterstützten Protokolls.

Weiterhin sind in diesem Kapitel alle klassenspezifischen Deskriptoren definiert und erläutert.

Requests

Hier wird die Reaktion eines Geräts auf die im Kapitel 2.9 beschriebenen Standard-Requests erläutert. Für den Fall, dass die Spezifikation weitere klassenspezifische Request definiert, sind diese hier aufgeführt und beschrieben.

Device Components

Dieses Kapitel umfasst die Definition von Konfiguration, Interfaces und Endpoints für die Implementation dieser Klasse.

Electrical, Protocol and Transport Considerations

Eine Geräteklasse kann in der USB-Spezifikation definierte Eigenschaften eingeschränkt nutzen oder erweitern. Ist dies der Fall, werden derartige Variationen in diesem Kapitel erläutert.

Class Interactions

Für die Funktion eines Geräts einer Geräteklasse kann die breitbandige Nutzung der Eigenschaften von anderen bereits existierenden Geräteklassen eine wichtige Rolle spielen. Solche Interaktionen sind in diesem Kapitel zu beschreiben.

Appendices

Anhang für die tabellarische Darstellung von Informationen, wie Requests oder Deskriptoren.

5.4 Human-Interface-Device-Class

5.4.1 Grundlagen

Die Human-Interface-Device-Class (HID) umfasst alle Geräte, welche die Steuerung verschiedenster Eigenschaften des PC durch den Bediener ermöglichen. Dies sind

- Tastaturen und andere Eingabegeräte, wie Maus, Joystick oder Gamepad
- an PC-Komponenten befindliche Regler, Schalter, Taster usw.
- Spielkomponenten – wie Datenhandschuhe, Pedale usw.
- Geräte, die keiner menschlichen Interaktion bedürfen, aber ähnliche Datenformate liefern, wie Barcode-Leser, Thermometer, Voltmeter

USB-Eingabegeräte wie Tastatur und Maus machen es erforderlich, dass diese schon vor dem Laden des Betriebssystems dem Anwender zur Verfügung stehen, um beispielsweise den Zugang zu BIOS-Einstellungen zu gewährleisten. Für diese Geräte werden die Treiber vom BIOS zur Verfügung gestellt (siehe Kapitel 5.12) und erst bei geladenem Betriebssystem durch die darin integrierten Treiber ersetzt.

Hauptbestandteil der Spezifikation für die Human-Interface-Device-Class ist die Definition eines universellen Protokollformats, dessen Grundlage Reports sind. Diese Reports stellen Datenstrukturen dar, deren Elemente in klassenspezifischen Report-Deskriptoren spezifiziert sind (siehe Kapitel 5.4.2).

Im Gegensatz zu anderen Klassenspezifikationen dienen für die Definition verschiedener Protokollarten nur Report-Deskriptoren. Es wurden keine Unterklassen definiert. Das *SubClass*-Feld des Device-Descriptor wird jedoch verwendet, um ein Gerät zu kennzeichnen, welches vordefinierte Protokolle für Tastatur und Maus unterstützt. Diese Geräte müssen vom BIOS verwaltet werden und während des Boot-Prozesses für den Anwender verfügbar sein.

Die Kommunikation mit dem HID-Treiber auf Host-Seite erfolgt über den Standard-Endpoint EP0 und über frei definierbare Interrupt-Endpoints für die Übertragung von Reports.

Für die HID-Geräteklasse existiert eine eigene WWW-Adresse. [7]

5.4.2 Deskriptoren

Neben den zu unterstützenden Standarddeskriptoren verfügen HID-Geräte über drei klassenspezifische Deskriptoren:

- HID-Descriptor
- Report-Descriptor
- Physical-Descriptor (optional)

Die hierarchische Struktur zeigt Bild 5.1.

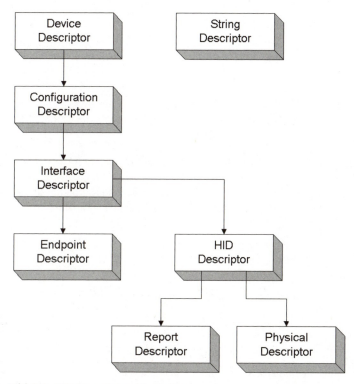

Bild 5.1: HID-Descriptor-Hierarchy

HID-Descriptor

Der HID-Descriptor definiert Länge und Typ von untergeordneten Deskriptoren (Report- und Physical-Descriptor). Tabelle 5.4 zeigt dessen Struktur. Die Länge des HID-Descriptor richtet sich nach der Anzahl der definierten Report- und Physical-Descriptors.

Offset	Feldname (Bytes)	Größe	Beschreibung
0	bLength	1	Absolute Größe des HID-Descriptor in Byte
1	bDescriptorType	1	HID-Descriptor: 0x21
2	bcdHID	2	BCD-codierte Versionsnummer der HID-Spezifikation
4	bCountryCode	1	Beinhaltet den Ländercode, für die Codierung (siehe auch [3])
5	bNumDescriptors	1	Anzahl der unterstützten Report- und Physical-Descriptors
6	bDescriptorType	1	0x22 = Report-Descriptor 0x23 = Physical-Descriptor
7	wDescriptorLength	2	Länge des Report- oder Physical-Descriptor in Byte
9	[bDescriptorType]	1	[nächster Report- oder Physical-Descriptor]
10	[bDescriptorLength]	2	
12	...		

Tab. 5.4: HID-Descriptor

Report-Descriptor

Der Report-Descriptor beschreibt den Aufbau der vom Gerät gesendeten Reports. Dabei sind Länge und Inhalt des Report-Descriptor abhängig vom Aufbau und der Größe der Datenfelder eines Reports.

Die für den HID-Treiber benötigten Informationen über den Aufbau der Reports werden durch Items definiert, die hintereinander innerhalb eines Report-Descriptor angeordnet sind. Der Item-Typ *Usage-Page* definiert eine Geräte-Unterklasse. Weitere Items erlauben eine hierarchische Strukturierung und die Beschreibung der Datenfelder eines Reports. Tabelle 5.5 zeigt die in der HID-Spezifikation definierten *Usage-Pages* und deren Codierung.

Usage Page	Beschreibung
0x00	Nicht definiert
0x01	*Generic-Desktop-Control*: Umfaßt die Codierung für Eingabegeräte, wie Tastatur, Maus, Joystick usw.
0x02-0x06	Reserviert
0x07	*Keyboard/Keypad key:* Tasten-Codierung für Tastaturen
0x08	*LED:* Beinhaltet die Codierung von am Gerät befindlichen LEDs
0x09	*Button:* Codierung von am Gerät befindlichen Schaltern und Tastern
0x0A-0xFE	Reserviert
0xFF	Herstellerspezifische *Usage-Page*

Tab. 5.5: HID-*Usage-Pages*

Für eine genaue Beschreibung weiterer Item-Typen, deren Codierung und die Nutzung in Beispielapplikationen siehe [3].

Physical-Descriptor

Ein HID-Gerät kann optional einen Physical-Descriptor besitzen, der Informationen darüber beinhaltet, welches menschliche Körperteil mit welchem Geräteteil assoziiert ist. So kann beispielsweise beschrieben werden, dass ein bestimmter Taster mit dem Mittelfinger der rechten Hand betätigt wird. Für eine genaue Beschreibung dieses Descriptor siehe [3].

5.4.3 Requests

Neben der Beschreibung der Nutzung von Standard-Requests beinhaltet die Spezifikation der Human-Interface-Device-Class weitere klassenspezifische Requests für die Behandlung der klassenspezifischen Deskriptoren und zur Modifizierung von definierten Protokollen. Tabelle 5.6 zeigt eine Zusammenfassung dieser Requests.

Request	Beschreibung
GetReport	Ermöglicht dem Host, einen mit diesem Request spezifizierten Report zu erhalten
SetReport	Host kann über diesen Request einen Report zum Gerät senden
GetIdle	Host erhält über diesen Request Informationen über die Intervall-Zeit, in welcher neue Reports generiert werden
SetIdle	Das Zeitintervall für die Generierung neuer Reports kann über diesen Request vom Host beeinflusst werden.
GetProtocol	Liefert Informationen über das aktive Protokoll (Boot-Protokoll oder Report-Protokoll)
SetProtocol	Setzt das aktive Protokoll

Tab. 5.6: HID klassenspezifische Requests

5.5 Audio-Device-Class

5.5.1 Grundlagen

Die Audio-Device-Class spezifiziert Transportmechanismen für Audio-Daten und Kontrollfunktionen für Audio-Geräte. Der Geräteklasse wurde der Class-Code 0x01 zugewiesen.

Es existieren drei Unterklassen, deren Codierung Tabelle 5.7 entnommen werden kann.

Name der Unterklassen	Codierung
SUBCLASS_UNDEFINED	0x00
AUDIOCONTROL	0x01
AUDIOSTREAMING	0x02
MIDISTREAMING	0x03

Tab. 5.7: Audio-Subclass-Codes

Über die *AUDIOCONTROL*-Unterklasse können Audiogeräte gesteuert werden (Lautstärke, Balance usw.).

Die Unterklassen *AUDIOSTREAMING* und *MIDISTREAMING* definieren USB als Übertragungsmedium von Audio- und Midi-Daten.

5.5.2 Synchronisation

Die Audio-Device-Class nutzt drei Typen für die Synchronisation von Audio-Daten eines AUDIOSTREAMING-Interface. Eine nähere Beschreibung der Arbeitsweise dieser Synchronisationstypen befindet sich in der USB-Spezifikation [1] (Kapitel 5.10.4.1).

Asynchron

Ein Interface dieser Art generiert oder empfängt Audio-Daten unter Verwendung eines vom USB unabhängigen Taktes. Eine Synchronisation auf das *SOF*-Signal oder einen USB-Takt ist nicht möglich.

Synchron

Das Takt-System eines synchronen Interfaces kann über das vom Host im 1-ms-Abstand gesendete *SOF* kontrolliert werden.

Adaptiv

Ein Interface dieser Art kann sich der Datenrate einer Quelle oder eines Zieles anpassen.

5.5.3 Deskriptoren

Die Audio-Device-Class definiert den Einsatz von Standarddeskriptoren sowie eine Reihe von klassenspezifischen Interface- und Endpoint-Deskriptoren, die eine genaue Identifikation des Geräts bzw. Interface erlauben. Auf der Grundlage dieser Informationen können die entsprechenden Treiber geladen und die benötigte Bandbreite reserviert werden.

5.5.4 Requests

Ein Großteil der in der Spezifikation definierten klassenspezifischen Requests wird für die Kontrolle bestimmter Audiofunktionen wie Lautstärkeregelung, Höhen- und Tiefenregelung u.a. benutzt. Andere Requests beinflussen den Audio-Datentransfer, z.B. durch die Einstellung der Abtastrate. Weiterhin wird ein universell einsetzbarer Request für die Manipulation von Speicherinhalten im Gerät befindlicher Speicherelementen definiert (SetMemory-Request, GetMemory-Request). Ein weiterer Request dient der Abfrage von Interface-Statusinformationen (GetStatus-Request). Für eine genaue Beschreibung der Requests siehe [8].

5.6 Communication-Device-Class

5.6.1 Grundlagen

Die Communication-Device-Class (CDC) beschreibt eine Geräteklasse für die Telefonanbindung an den PC. Typische Vertreter sind:

- ISDN-Adapter
- Modem
- Analoge und digitale Telefone
- ADSL-Adapter (Spezifikation in Arbeit)

Die Spezifikation beschreibt keine neuen Telekommunikationsstandards, sondern definiert die Übertragung von existierenden Protokollformaten über den USB.

Beschrieben werden in der Spezifikation zwei Interface-Klassen:

- Communication-Interface-Class, Class-Code = 0x02
- Data-Interface-Class, Class-Code = 0x0A

5.6.2 Communication-Interface-Class

Die Communication-Interface-Class spezifiziert das gesamte Management eines Geräts und muss in jeder Implementation unterstützt werden. Innerhalb dieser Interface-Klasse existieren drei Unterklassen für die Kontrolle des USB-Geräts auf unterschiedlichen Protokollebenen:

- Direct-Line-Control-Model
- Abstract-Control-Model
- Telephone-Control-Model

Tabelle 5.8 zeigt die Codierung der Unterklassen.

Codierung	Unterklasse
0x00	Reserviert
0x01	Direct-Line-Control-Model
0x02	Abstract-Control-Model
0x03	Telephone-Control-Model
0x04-0x7F	Reserviert für zukünftige Anwendungen
0x80-0xFE	Reserviert für herstellerspezifische Unterklassen

Tab. 5.8: Codierung der Unterklassen für Communication-Interfaces

Es ist vorgesehen, innerhalb der Communication-Interface-Class Standardprotokolle zu unterstützen, welche im *bInterfaceProtocol*-Feld des Interface-Descriptor codiert werden. Die Version 1.0 der Communication-Device-Class definiert dafür nur die für Modems verwendeten Standard-AT-Befehle. Die Codierung des Protokoll-Feldes zeigt Tabelle 5.9.

Codierung	Protokoll-Typ
0x00	Reserviert
0x01	V.25ter, allgemeine Modem-AT-Befehle
0x02-0xFE	Reserviert für zukünftige Protokolle
0xFF	Reserviert für herstellerspezifische Protokolle

Tab. 5.9: Protokoll-Codierung

5.6.3 Data-Interface-Class

Die Spezifikation der Data-Interface-Class umfasst die Definition von protokollunabhängigen Datenübertragungen. Die Übertragung dieser Daten kann entsprechend den Anforderungen über Isochronous- oder Bulk-Pipes erfolgen.

Die Datenübertragung erfolgt innerhalb eines in Tabelle 5.10 beschriebenen Rahmens.

Offset	Feldname	Größe (Bytes)	Beschreibung
0	bmOption	2	Größe des Rahmens in Byte
1	bDstProtocol	1	Ziel-Protokoll, codiert
2	bSrcProtocol	1	Protokoll der Datenquelle, codiert
4 .. n-1	bData	n-4	Zu übertragende Daten

Tab. 5.10: Übertragungsformat protokollunabhängiger Daten

5.6.4 Deskriptoren

Die Communication-Device-Class beschreibt die Verwendung der Standarddeskriptoren (Device-, Configuration-, Interface- und Endpoint-Descriptor) und die Belegung der Class-, SubClass- und Protokoll-Felder.

An klassenspezifischen Deskriptoren werden Functional-Deskriptoren definiert, welche die Funktion für ein Interface näher beschreiben. Für eine detaillierte Beschreibung dieser Deskriptoren siehe [4].

5.6.5 Requests

Für die Konfiguration und Kommunikation mit einem USB-Gerät der Communication-Device-Class wurden über 20 klassenspezifische Requests definiert, deren genaue Beschreibung im Rahmen dieses Buches zu umfangreich wäre. Detaillierte Informationen können der Spezifikation entnommen werden.

5.7 Printer-Device-Class

5.7.1 Grundlagen

Für den Betrieb von Druckern wurden bisher folgende traditionelle Übertragungsmedien genutzt:

- Parallele Schnittstelle
- Serielle Schnittstelle
- SCSI
- Ethernet/LAN

Für die parallele Schnittstelle des PCs existieren verschiedene Typen wie ECP und EPP, die auf den Standards IEEE-1284 und IEEE-1284.3 basieren. Die Spezifikation IEEE-1284.3 unterstützt wie der USB die Möglichkeit der Adressierung von mehreren angeschlossenen Geräten.

Die Spezifikation der Printer-Device-Class [9] definiert eine Möglichkeit der USB-Druckerunterstützung durch die Emulation einer ECP- oder EPP-Schnittstelle. Dabei werden keine neuen Protokolle definiert, sondern Schnittstellen zu existierenden Page-Description-Languages (PDL) und Printer-Control-Protocols (PCP) erläutert.

Drucker unterstützen zwei Interface-Arten:

- Unidirektionales Interface: Das Gerät unterstützt neben dem Standard-Endpoint einen Bulk-OUT-Endpoint für die Übertragung der zu druckenden Daten.
- Bidirektionales Interface: Das Gerät unterstützt einen weiteren Bulk-IN-Endpoint für die Übertragung von Statusinformationen.

Standard-Endpoint

Die Kontrolle und Konfiguration des Druckers erfolgt über den Standard-Endpoint. Das Gerät muss dazu alle Standard-Requests unterstützen. Die Printer-Device-Class definiert drei weitere Requests, die im Kapitel 5.7.3 näher erläutert sind.

Bulk-OUT-Endpoint

Über diesen Endpoint werden die zu druckenden Daten vom Host an den Drucker übertragen. Diese Daten können die Formate PostScript, HP-PCL oder jedes andere PDL-Format aufweisen. Auch die Übertragung von einfachem Text oder diversen proprietären, herstellerspezifischen Formaten ist möglich.

Bulk-IN-Endpoint

Dieser Endpoint dient der Übertragung der in einem PCP definierten Statusinformationen, wie bei der Nutzung der bidirektionalen ECP-Schnittstelle.

5.7.2 Deskriptoren

Die Printer-Device-Class beschreibt den Aufbau der Standarddeskriptoren (Device-, Configuration-, Interface- und Endpoint-Descriptor) und die Belegung der klassenspezifischen Felder für die Klassen, Unterklassen und unterstützten Protokolle (siehe Tabelle 5.11).

Feldname	Codierung
bDeviceClass, bInterfaceClass	0x07 – Class-Code für Printer-Device-Class
bDeviceSubClass, bInterfaceSubClass	0x01 – SubClass-Code für Drucker
bDeviceProtocol, bInterfaceProtocol	Interface-Typ: 0x00 = reserviert 0x01 = unidirektionales Interface 0x02 = bidirektionales Interface 0x03-0xFE = reserviert für zukünftige Anwendungen 0xFF = herstellerspezifisches Interface

Tab. 5.11: Codierung der klassenspezifischen Descriptor-Felder

Drucker unterstützen neben dem Endpoint-Descriptor für den Standard-Endpoint einen oder zwei weitere Endpoint-Deskriptoren für Bulk-OUT- und Bulk-IN-Endpoints. Den Aufbau dieser zusätzlichen Deskriptoren zeigen die Tabellen 5.12 und 5.13.

Offset	Feldname	Größe (Bytes)	Wert	Beschreibung
0	bLength	1	0x09	Größe des Descriptor in Byte
1	bDescriptorType	1	0x05	Endpoint Descriptor
2	bEndpointAddress	1	0x0?	Adresse des Endpoint und Richtung: Bit 7: Richtung, 0=OUT, 1 = IN Bits 6..4: Reserviert, müssen auf Null gesetzt sein Bits 3..0: Endpoint-Adresse
3	bmAttributes	1	1	0x02 Codierung für Bulk-Endpoint
4	wMaxPacketSize	2	0x????	Maximale Paketgröße, frei definierbar
6	bInterval	1	0x00	Keine Bedeutung für Bulk-Endpoints

Tab. 5.12: Bulk-OUT-Endpoint-Descriptor

Offset	Feldname	Größe (Bytes)	Wert	Beschreibung
0	bLength	1	0x09	Descriptor-Größe in Byte
1	bDescriptorType	1	0x05	Endpoint-Descriptor
2	bEndpointAddress	1	0x8?	wie *bEndpointAddress* des Bulk-OUT-Endpoint-Descriptor, Richtung = IN
3	bmAttributes	1	1	0x02 Codierung für Bulk-Endpoint
4	wMaxPacketSize	2	0x????	Maximale Paketgröße, frei definierbar
6	bInterval	1	0x00	Keine Bedeutung für Bulk-Endpoints

Tab. 5.13: Bulk-IN-Endpoint-Descriptor

5.7.3 Requests

Für die Printer-Device-Class sind drei klassenspezifische Requests definiert, deren Aufbau Tabelle 5.14 entnommen werden kann.

Request	bmRequestType	bRequest	wValue	wIndex	wLength
GetDeviceID	1010 0001b	0	Konfig.-Index	Interface	Maximale Länge
GetPortStatus	1010 0001b	1	0x00	Interface	0x01
SoftReset	0010 0011b	2	0x00	Interface	0x00

Tab. 5.14: Klassenspezifische Requests

GetDeviceID

Der Drucker sendet auf diesen Request eine Geräte-ID in Form einer Zeichenkette, deren Aufbau zu der Device-ID der Spezifikation IEEE-1284 kompatibel ist.

GetPortStatus

Auf diesen Request sendet der Drucker ein Status-Byte, dessen Aufbau dem des Status-Registers der parallelen Centronics-Schnittstelle entspricht.

Die bei der Centronics-Schnittstelle vorhandenen Busy- und ACK-Status-Informationen werden beim USB-Transfer durch die NAK- und ACK-Handshake-Phase ersetzt. Tabelle 5.15 zeigt die Belegung des Status-Bytes.

Bitposition	Feldname	Beschreibung
7..6	n.d.	Reserviert für zukünftige Nutzung, Bits werden auf Null gesetzt
5	Paper Empty	Zeigt den Status des Papierfachs an 1 = Papierfach leer 0 = Papierfach nicht leer
4	Select	1 = Selected 0 = not Selected
3	Not Error	Zeigt den Fehlerstatus an 1 = kein Fehler aufgetreten 0 = Fehler aufgetreten
2..0	n.d.	Reserviert für zukünftige Nutzung, Bits werden auf Null gesetzt

Tab. 5.15: Aufbau des Status-Byte

Für Drucker mit unidirektionalem Interface wird der Request über den Standard-Endpoint gesendet. Besitzt der Drucker ein bidirektionales Interface, erfolgt das Senden dieses Request und der folgenden Datenphase über den Bulk-IN-Endpoint.

SoftReset

Dieser Request bewirkt das Löschen aller im Drucker befindlichen Pufferspeicher sowie ein Zurücksetzen der Bulk-Pipes in ihren Reset-Zustand. Eventuell vorhandene STALL-Bedingungen werden gelöscht. Ein *SoftReset* führt nicht zum Rücksetzen der USB-Adresse!

5.8 Mass-Storage-Device-Class

5.8.1 Grundlagen

Die Mass-Storage-Device-Class beschreibt Schnittstellen zu verschiedenen Massenspeicher-Medien, wie externe Floppy-Laufwerke, Smart-Cards, externen Festplatten usw.

Hierbei werden keine neuen Übertragungsprotokolle definiert, sondern existierende Protokolle genutzt, wie in [10] beschrieben.

Für einige Speichermedien ist die Verfügbarkeit schon während des Boot-Prozesses nötig, was eine Treiber-Unterstützung durch das BIOS verlangt.

Geräte der Mass-Storage-Device-Class müssen mindestens ein Daten-Interface besitzen. Dieses Interface umfasst folgende Endpoints:

- Bulk-IN-Endpoint, Datentransport vom Gerät zum Host
- Bulk-OUT-Endpoint, Datentransport vom Host zum Gerät
- Interrupt-Endpoint, optional für die Meldung von kompletten Kommandosequenzen oder asynchronen Ereignissen, wie z.B. dem erfolgten Wechsel des Speichermediums eines Floppy-Laufwerks

5.8.2 Unterklassen und Protokolle

Die Art des zu unterstützenden Industriestandard für die Übertragung von Kommandoblöcken zum Gerät ist im SubClass-Code des Interface-Descriptor codiert. Die Codierung der bisher vorgesehenen Protokolle kann Tabelle 5.16 entnommen werden.

Codierung	Protokoll
0x00	Nicht definiert
0x01	Reduced-Block-Commands (RBC) T10 Project 1240-D (siehe auch [14])
0x02	SFF8020i (siehe auch [15])
0x03	QIC157 (siehe auch [16])
0x04	SFF8070i mit proprietären erweiterten Kommandosatz
0x05	SFF8070i (siehe auch [17])
0x06-0xFF	Reserviert für zukünftig zu unterstützende Protokolle

Tab. 5.16: SubClass-Codierung

Geräte der Mass-Storage-Device-Class können zwei Protokolltypen unterstützen, welche die Art der Signalisierung einer kompletten Kommandosequenz definieren. Die Codierung und entsprechende Bedeutung zeigt Tabelle 5.17.

Codierung	Beschreibung
0x00	Das Interface besitzt einen Interrupt-Endpoint für die Signalisierung einer kompletten Kommandosequenz.
0x01	Das Interface besitzt keinen Interrupt-Endpoint für die Signalisierung einer kompletten Kommandosequenz.

Tab. 5.17: 2 Protokolltypen und -codierung

5.8.3 Deskriptoren

Die Spezifikation definiert die Belegung der klassenspezifischen Felder der Standarddeskriptoren und beschreibt detailliert den Aufbau der Endpoint- und Interface-Deskriptoren. Der Interface-Descriptor beschreibt den Aufbau des Daten-Interface. Tabelle 5.18 zeigt die möglichen Belegungen der klassenspezifischen Felder des Interface-Descriptor.

Feldname	Codierung	Beschreibung
bNumEndpoints	0x02	Interface unterstützt 2 Bulk-Endpoints
	0x03	Interface unterstützt weiteren Interrupt-Endpoint
bInterfaceClass	0x08	Class-Code für Mass-Storage-Device-Class
bInterfaceSubClass		Siehe Tabelle 5.16
bInterfaceProtokoll		Siehe Tabelle 5.17

Tab. 5.18: Klassenspezifische Felder des Interface-Descriptor

Der Aufbau der Bulk-Endpoint-Deskriptoren und des Interrupt-Endpoint-Descriptor zeigen die Tabellen 5.19 und 5.20. Die Deskriptoren der Bulk-Endpoints unterscheiden sich nur im Bit 7 des *bEndpointAddress*-Feldes.

Offset	Feldname	Größe (Bytes)	Wert	Bezeichnung
0	bLength	1	0x07	Große des Endpoint-Descriptor in Byte
1	bDescriptorType	1	0x05	Codierung für Endpoint-Descriptor
2	bEndpointAddress	1	0x??	Bit 7: 0=OUT, 1=IN Bits 6..4: reserviert, auf Null gesetzt Bits 3..0: Endpoint-Nummer
3	bmAttributes	1	0x02	Codierung für Bulk-Endpoint
4	wMaxPacketSize	2	0x00??	Maximale zu übertragende Datenpaket-Größe, mögliche Werte sind 8, 16, 31 oder 64 Byte
6	bInterval	1	0x00	Keine Bedeutung für Bulk-Endpoints

Tab. 5.19: Endpoint-Descriptor für Bulk-Endpoints

Offset	Feldname	Größe (Bytes)	Wert	Bezeichnung
0	bLength	1	0x07	Große des Endpoint-Descriptor in Byte
1	bDescriptorType	1	0x05	Codierung für Endpoint-Descriptor
2	bEndpointAddress	1	0x8?	Bits 3..0: Endpoint-Nummer
3	bmAttributes	1	0x03	Codierung für Interrupt-Endpoint
4	wMaxPacketSize	2	0x0002	In der Datenphase sendet das Gerät Statusinformationen in der Größe von 2 Bytes
6	bInterval	1	0x??	Zeitintervall (in ms), in welchem der Endpoint abgefragt werden soll; frei definierbar

Tab. 5.20: Endpoint-Descriptor für Interrupt-Endpoint

5.8.4 Requests

Neben den zu unterstützenden Standard-Requests ist für die Mass-Storage-Device-Class ein weiterer klassenspezifischer Request definiert. Dieser Request trägt die Bezeichnung Accept-Device-Specific-Command (ADSC) und ist wie folgt aufgebaut:

Offset	Feldname	Länge	Wert (Bytes)	Beschreibung
0	bmRequestType	1	0x21	
1	bRequest	1	0x00	
2	wValue	2	0x0000	
4	wIndex	2		Interface-Nummer (Feld bInterfaceNumber im Interface-Descriptor)
6	wLength	2		Anzahl der Bytes der in der Datenphase folgenden Kommandosequenz

Tab. 5.21: Aufbau des ADSC-Requests

Von welcher Art das zu sendende Kommando ist, hängt von dem mit dem Sub-Class-Code definierten Protokoll ab (siehe Tabelle 5.16).

5.9 Monitor-Control-Device-Class

Die Spezifikation [11] beschreibt die Schnittstellen für die Steuerung von Monitorfunktionen und die Übertragung von Konfigurationsinformationen des Monitors über den USB. Typische vom Host-System steuerbare Funktionen sind:

- Helligkeit
- Kontrast
- Bildgröße und -position

Die »Video Electronic Standard Association« (VESA) beschreibt eine Methode für die Übermittlung von Monitoreinstellungen, um ein optimales Zusammenspiel zwischen Grafikkarte und Monitor zu erzielen. Für die das Monitor-Timing beschreibende Format existieren zwei Standards: ([18],[19])

- VESA Display Information Format (VDIF)
- Extended Display Information Data (EDID)

Weder VDIF noch EDID beinhalten einen Standard für die Übertragung dieser Formate zum Host-System, was zur Definition von zwei Methoden durch die VESA führte. Diese sind bekannt als DDC1/2B und DDC1/2AB [20].

Mit der Monitor-Control-Device-Class wurde ein weiterer Weg zur Übertragung der Formate vom Typ VDIF und EDID zum Host spezifiziert. Die Nutzung des USB als Übertragungsmedium ist nahe liegend, da Monitore ideal für die Integration von Self-Powered-Hubssind und in diesem Fall immer über einen USB-Anschluss verfügen.

Die Monitor-Control-Device-Class besitzt keinen eigenen Class-Code, sondern stellt nur eine Erweiterung der Human-Interface-Device-Class dar.

5.10 Power-Device-Class

Die Power-Device-Class beschreibt ein Protokoll für die Kontrolle und Überwachung von Stromversorgungseinheiten für PC-Systemkomponenten. Dafür wird das universelle Protokoll der Human-Interface-Device-Class genutzt. Die Power-Device-Class besitzt daher keinen eigenen Class- oder SubClass-Code.

Hauptbestandteil der Spezifikation der Power-Device-Class ist die Definition von Usage Pages für Geräte dieser Klasse. Bisher werden folgende Usage-Pages unterstützt:

- Power-Device-Page (0x84)
- Battery-System-Page (0x85)

Zwei weitere Usage-Pages (0x86 und 0x87) sind für die Nutzung innerhalb der Power-Device-Class reserviert, aber bisher noch nicht genutzt.

Die Beschreibung der Usage-Pages und deren Anwendung ist sehr umfangreich. Der interessierte Leser sei daher auf [5] verwiesen.

5.11 IrDA-Bridge-Device-Class

Die IrDA- Bridge-Spezifikation definiert die Nutzung des USB als Übertragungsmedium zwischen Host und einem IrDA-Transceiver. Bisherige Anwendungen nutzen als Übertragungsprotokolle das »IrDA Serial Link Access Protocol« (IrLAP) [21]. Der Datenaustausch dieses Protokolls basiert auf Frames, die eine Größe von 2 Byte bis 2 KByte besitzen können. Diese IrLAP-Frames beinhalten Adresse, Kontrollinformationen und optional Datenpakete. Innerhalb eines IrLAP-Frame werden keine Daten über Anfang und Ende eines Frame und keine Prüfsummen übertragen. Diese Informationen sind Bestandteil des so genannten Frame-Wrappers.

Für eine Übertragung über den USB sind nur die IrLAP-Frames von Bedeutung. Als Transferart wird Bulk-Transfer verwendet, wodurch die Absicherung der Daten mit der Prüfsumme des USB abgedeckt ist. Anfang und Ende eines Frame werden durch die Verwendung von Short-Data-Packets markiert. Dazu werden die Daten in einer oder mehreren Datentransaktionen mit der maximalen Paketgröße (*wMaxPacketSize* des Endpoint-Descriptor) übertragen. Ist das letzte Paket kleiner als die maximale Paketgröße, identifiziert dieses Paket das Ende eines IrLAP-Frame. Falls das letzte Paket genau die maximale Paketgröße besitzt, wird ein weiteres Zero-Packet als Kennzeichnung des IrLAP-Frame-Endes gesendet.

Die IrDA-Bridge-Spezifikation beinhaltet die Definition von einigen klassenspezifischen Requests und einem klassenspezifischen Deskriptor, der generische Werte des IrLAP-Protokolls beinhaltet. (Datengröße, Baudrate usw., siehe [21]) Die Beschreibung dieser Deskriptoren und Requests kann der USB 2.0-Spezifikation [1] entnommen werden.

Die aktuelle Version der IrDA-Bridge-Spezifikation [13] kann über »USB Developers Homepage« [2] bezogen werden.

5.12 Legacy-Spezifikation

Die Legacy-Spezifikation lag zum Zeitpunkt des Erscheinens dieser Buchauflage in der Version 0.9 vor. Die aktuelle Version kann als PDF-Dokument über das Internet bezogen werden.

Bei der PC-Legacy-Spezifikation handelt es sich um keine Geräteklasse. Sie ist jedoch wichtiger Bestandteil im PC-Kompatibilitätsprozess.

In Zukunft sollen auch die zwei wichtigsten Eingabegeräte für den PC, Tastatur und Maus, den USB-Standard unterstützen. Da diese Geräte bereits während des Boot-Prozesses benötigt werden, ist eine Treiberunterstützung durch das BIOS notwendig. Dies erlaubt auch die Nutzung von USB-Tastatur und USB-Maus im Zusammenspiel mit Betriebssystemen, welche (noch) keine USB-Unterstützung aufweisen.

Die Legacy-Spezifikation beschreibt Möglichkeiten, das bisherige Tastatur- und Maus-Interface des PC zu emulieren, und dadurch mit geringem Softwareaufwand eine USB-Unterstützung zu erreichen. Die Emulation erfolgt auf der Ebene der für die Tastatur und Maus reservierten I/O-Ports 0x60 und 0x64 und der ebenfalls für diese Geräte reservierten Interrupts IRQ1 und IRQ12. Bild 5.2 zeigt ein Beispiel der Legacy-Unterstützung.

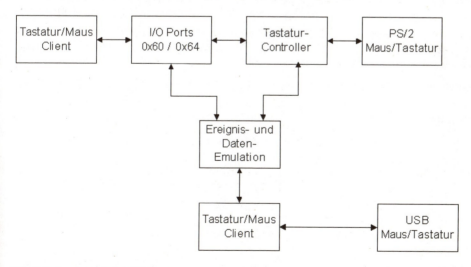

Bild 5.2: Legacy-Unterstützung

Durch den USB wird der Anschluss mehrerer Tastaturen und Mäuse möglich. Die Besonderheiten, die in diesem Fall für die Emulation auftreten, sind ebenfalls Bestandteil der Legacy-Spezifikation [12].

5.13 MIDI-Device-Class

Die MIDI-Device-Class spezifiziert die Anbindung von MIDI-Applikationen an den PC unter Verwendung der USB-Schnittstelle. Die Klassenspezifikation stellt eine Ergängzung zur schon bestehenden Audio-Device-Class dar.

Der MIDI-Standard (Musical Instrument Digital Interface) wurde 1983 eingeführt und spezifiziert die Kopplung verschiedener Musikinstrumente untereinander oder mit dem PC. Da der MIDI-Standard auch die Hardwareschnittstelle beschreibt, ist die Übertragung von MIDI-Daten über andere Hardwareverbindungen, wie USB, nicht in Wirklichkeit konform zur MIDI-Spezifikation, weshalb in der MIDI-Device-Class auch der Begriff »USB-MIDI« verwendet wird.

Inzwischen sind so genannte Multiport-MIDI-Geräte weit verbreitet. Diese besitzen ein Interface zum PC, welches die Zusammenfassung mehrerer MIDI-Verbindungen über ein Kabel ermöglicht. USB stellt für diese Aufgabe eine ideale Schnittstelle dar. Durch das Zusammenlegen mehrerer »virtueller« MIDI-Kabel ermöglicht USB die Unterstützung von mehr als 16 MIDI-Kanälen. Diese Anzahl ist in der MIDI-Spezifikation als Obergrenze festgelegt.

Jedes USB-MIDI-Gerät besteht aus einem USB-MIDI-Konverter und der eigentlichen USB-MIDI-Function. Der USB-MIDI-Konverter stellt die Schnittstelle zwischen den USB-Pipes und den Endpoints der USB-MIDI-Function dar, über welche der Austausch von MIDI-Daten erfolgt. Die Daten von oder zu einer USB-MIDI-Function werden über MIDI-Jacks geführt. MIDI-Jacks stellen den Übergang zum eigentlichen MIDI-Datenformat dar. Ein USB-MIDI-Gerät kann unter Verwendung interner MIDI-Jacks über mehrere eingebettete MIDI-Elemente verfügen. Externe MIDI-Jacks ermöglichen die Anbindung weiterer MIDI-Geräte. Den grundsätzlichen Aufbau eines USB-MIDI-Geräts zeigt Bild 5.3.

Die MIDI-Device-Class definiert die klassenspezifischen Deskriptoren, welche für die Beschreibung der MIDI-Jacks und der MIDI-Elemente benötigt werden. Weiterhin werden die klassenspezifischen Requests für die Steuerung einer USB-MIDI-Function erläutert.

Die aktuelle Version der MIDI-Device-Class [31] kann über die »USB Developers Homepage« [2] bezogen werden.

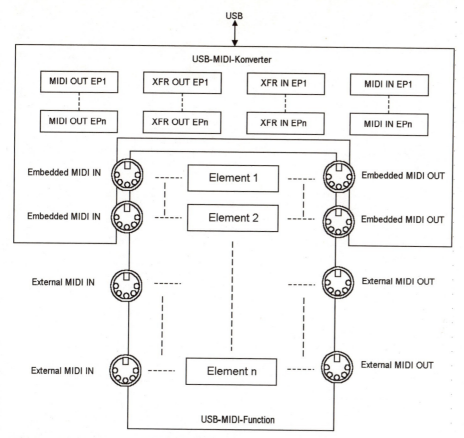

Bild 5.3: Topologie eines USB-MIDI-Geräts

6 Win32-Driver-Model WDM

Die vollständige Unterstützung des Universal Serial Bus durch das Betriebssystem ist bei Windows 98, dessen Nachfolger Windows Millenium (Windows ME) und bei Windows 2000, der aktuellen Version von Windows NT, implementiert. Der Anschluss von USB-Peripheriekomponenten erfordert bei diesen Betriebssystemen spezielle Gerätetreiber, welche für Standardkomponenten (Tastatur, Maus, ...) von Microsoft zur Verfügung gestellt werden. Für das Erstellen eigener Treiber, die Einbindung in das Betriebssystem und die Nutzung der Treiber aus Applikationen ist die Kenntnis der grundlegenden Konzepte der Kommunikation zwischen Anwendungen und Hardwarekomponenten notwendig. Dieser Abschnitt gibt einen Überblick über diese Konzepte mit Fokussierung auf das mit Windows 98 und Windows 2000 neu eingeführte Win32-Driver-Modell. Wegen der Komplexität des Themas können hier nur grundlegende Aspekte behandelt werden. Die Lektüre von weiterführender Literatur ist unbedingt zu empfehlen.

6.1 Einführung

6.1.1 Windows-Gerätetreiber

Bei allen modernen Betriebssystemen nehmen Gerätetreiber (Device Driver) eine Schlüsselposition ein. In seiner einfachsten Form bildet ein solcher Treiber die Verbindung zwischen einer Applikation und einem speziellem Teil der Systemhardware. Allerdings sind solche monolithischen Treiber heute nur noch selten zu finden, in den meisten Fällen sind an der Kommunikation zwischen dem Anwender und der Hardware mehrere übereinander geschichtete Module beteiligt. Der Abstraktionsgrad der Hardwarefunktionen steigt innerhalb dieser Schichten in Richtung Applikation. Die Modularisierung der Treibersoftware und die Anordnung in mehreren logischen Schichten führt zur Vereinfachung und Vereinheitlichung der Implementation einzelner Treibermodule. Jedes Modul innerhalb dieser Schichtung ist auf bestimmte Aufgaben spezialisiert und kommuniziert über genau definierte Schnittstellen mit den benachbarten Schichten. Aus Sicht der Applikation ist die Modularisierung der Gerätetreiber transparent. Der Aufbau des Datenkanals zur jeweils angesprochenen Hardware erfolgt automatisch über alle Treiberschichten hinweg. Für Anwendungsprogramme existiert damit ein einheitliches Input/Output-Modell, das es erlaubt, im System vorhandene Geräte (z.B. serielle Schnittstelle), logisch vorhandene I/O-Pfade (z.B. Netzwerkverbindungen) sowie Dateien auf verschiedenen Datenträgern mit den gleichen Funktionen anzusprechen.

Mit fortschreitender Entwicklung der Microsoft-Betriebssysteme nahm die Bedeutung der Gerätetreiber stetig zu. Da bei den MS-DOS-Systemen keine Forderungen nach Multitasking sowie betriebssystemseitiger Unterstützung verschiedener Hardwareschnittstellen bestehen, ist die direkte Kommunikation der Applikationen mit der Hardware üblich. Es wird kein separater Treiber benötigt. Bedingt durch die grafische Nutzerschnittstelle der auf MS-DOS folgenden Windows-Betriebssysteme (Windows 3.x, Windows 9x), der dadurch benötigten Unterstützung neuer Gerätearten wie Zeigegeräten oder verschiedene Bildschirmauflösungen und der immer größer werdenden Vielfalt von Systemerweiterungen werden immer neue I/O-Modelle eingeführt bzw. die bestehenden ergänzt. Dies erfordert die Unterstützung spezieller Systemhardware durch Gerätetreiber und macht das System laufend komplizierter. Eine wesentliche Neuerung des Windows-Konzepts ist die Möglichkeit der gleichzeitigen Ausführung mehrerer Applikationen (Multitasking). Das Verhindern von Konflikten beim Zugriff mehrerer Anwendungen auf die nur einmal vorhandene Systemhardware ist Aufgabe der Gerätetreiber.

Ein anderer Weg wurde bei der Entwicklung von Windows NT beschritten. Hier existiert von Beginn an ein einheitliches Konzept zur betriebssystemseitigen Unterstützung der Systemhardware, in dem alle Gerätezugriffe über einheitliche Funktionsrufe realisiert werden. Es existiert eine strenge Trennung zwischen der Umgebung zur Ausführung von Applikationen (User Mode) und zur Ausführung des Betriebssystems, inklusive aller Gerätetreiber (Kernel Mode). Dieses Konzept verbessert die Stabilität und Sicherheit des Betriebssystems. In enger Anlehnung an die Systemarchitektur von Windows NT wird unter dem Namen »Win32 Driver Model – WDM« ein einheitliches I/O-Modell definiert, welches gleichermaßen bei Windows 98/Windows ME und bei Windows 2000 zur Verfügung steht.

6.1.2 Das WDM-Konzept

Das Win32 Driver Model kann durch vier grundlegende Neuerungen gegenüber den bisher existierenden Architekturen charakterisiert werden:

- Die komplexe Aufgabe, nämlich das Erstellen von Gerätetreibern für Hardware, basierend auf Standards wie USB oder IEEE 1394, wird durch das Klassentreiber/Minitreiber-Konzept erleichtert.

- Die Zusammenstellung von Kernel-Funktionen, Schnittstellen und Konventionen, welche aus dem I/O-Modell von Windows NT abgeleitet werden, ermöglicht Binärkompatibilität der Gerätetreiber für Windows 98/ME und Windows 2000.

- Zur Unterstützung von Plug&Play-Funktionen werden neue Mechanismen bereitgestellt, die es ermöglichen, Veränderungen in der Systemkonfiguration an Gerätetreiber zu übermitteln.

- Den neuen Initiativen zur intelligenten Verwaltung von Energieressourcen in Computersystemen wird durch Einführung von Powermanagement-Funktionen Rechnung getragen.

Es sind jedoch folgende Einschränkungen zu beachten:

Es ist weiterhin nicht möglich, einen Windows NT-Gerätetreiber unter Windows 98 zu verwenden, wenn dieser Systemfunktionen beinhaltet, welche nicht im WDM-Konzept definiert sind. Auch die Nutzung der virtuellen Gerätetreiber (VxD) von Windows 3.x bzw. Windows 95 ist unter NT-Systemen weiterhin nicht möglich, da solche VxDs spezifische Funktionen der Intel-Prozessorplattformen nutzen, was sich wegen der ursprünglich angestrebten Portierbarkeit der Windows NT-Familie verbietet. Die folgenden Abschnitte beinhalten nähere Erläuterungen der Neuerungen innerhalb des WDM-Konzepts.

Schichtung von Gerätetreibern

Innerhalb des WDM-Konzepts werden bestimmte Gruppen von Aufgaben auf verschiedene Treiberebenen aufgeteilt. Eine zentrale Stellung nimmt dabei der Klassentreiber (Class-Driver) ein, welcher jeweils die Unterstützung einer Standard-Geräteschnittstelle oder eines Busstandards (z.B. USB, IEEE 1394) übernimmt. Die Implementierung eines solchen Klassentreibers erfolgt auf einer logischen Ebene ohne direkten Zugriff zur Hardware. Der Klassentreiber implementiert die Schnittstelle zu den höheren Treiberschichten jeweils für eine gesamte Klasse von Geräten und gewährleistet damit die korrekte und vollständige Einbindung dieser Geräte in das System. Der Klassentreiber exportiert dokumentierte Schnittstellen, die das Einbinden von gerätespezifischen bzw. applikationsspezifischen Gerätetreibern ermöglichen.

Zur Hardware hin wird dieses Klassentreiber-Konzept durch Module erweitert, welche die Unterstützung einer speziellen physikalischen Schnittstelle bzw. eines Geräts realisieren. Solche Module, meist als Minitreiber (Mini-Driver) bezeichnet, übernehmen die direkte Steuerung der Hardware. Sie sind nur von geringem Umfang und können daher relativ einfach implementiert werden. Durch den Austausch dieser Minitreiber ist es möglich, verschiedene konkrete Implementierungen der Schnittstellenhardware (z.B. UHCI- und OHCI-Host-Controller bei USB) zu unterstützen. Der Austausch ist für die höheren Treiberschichten völlig transparent.

Zur Modellierung der an einen Computer angeschlossenen Geräte verwendet das WDM verschiedene Objekte (Device Objects). Das `PhysicalDeviceObject` (PDO) steht hierbei für ein angeschlossenes Gerät und das `FunctionalDeviceObject` (FDO) repräsentiert das gleiche Gerät aus der Sicht seines Gerätetreibers. Jedes dieser Objekte steht in direkter Verbindung mit einem bestimmten Treiber, welcher ebenfalls durch ein Objekt (`DriverObject`) repräsentiert wird. Sind mehrere gleichartige Geräte an das System angeschlossen, werden die dadurch erzeugten Objekte (PDO, FDO) mit dem entsprechenden `DriverObject` verbunden. Jeder Gerätetreiber wird grundsätzlich nur einmal geladen (siehe Kapitel 6.2.3).

Das verwendete Modell ermöglicht eine effiziente Kommunikation zwischen Applikation und Hardware und zwischen verschiedenen Geräten bzw. Gerätetreibern (siehe dazu Kapitel 6.2).

Binärkompatible Gerätetreiber

Die bisherige Verwendung von speziellen Gerätetreibern, die nur im Rahmen eines Betriebssystems, jeweils für Windows 95 oder Windows NT, verwendet werden konnten, bedeutete einen erheblichen Mehraufwand für deren Erstellung und Wartung. In Anlehnung an die Funktionsbibliotheken von Windows NT stellt das WDM-Konzept eine Untermenge dieser Funktionen für WDM-Treiber zur Verfügung. Damit wird die Verwendung dieser Treiber unter Windows 98/ME und Windows 2000 ohne Anpassungen möglich. Eine Bedingung hierfür ist allerdings, dass der Treiber-Quellcode ausschließlich Funktionen der WDM-Bibliothek enthält. Die Nutzung von Gerätetreibern, welche spezifische Windows NT-Funktionen enthalten, ist aus diesem Grund unter Windows 98/ME auch weiterhin nicht möglich.

Plug&Play

Moderne Plug&Play-Hardware besitzt Eigenschaften, die eine automatische Identifizierung durch das Betriebssystem erlauben. Das Betriebssystem beinhaltet deshalb Funktionen zum Lokalisieren und Konfigurieren von Gerätetreibern. Die automatische Konfiguration sowie die automatische Vergabe von Hardwareressourcen werden vom WDM-Konzept voll unterstützt. Die Plug&Play-Funktionalität von WDM ermöglicht es dem Betriebssystem, durch Funktionsaufrufe in den betreffenden Gerätetreibern den Hardwarekomponenten die benötigten Ressourcen zur Verfügung zu stellen. Mit Hilfe dieses Mechanismus können alle an ein System angeschlossenen Geräte in ihrem Zusammenspiel synchronisiert werden. Eine Interaktion mit dem Anwender ist nicht notwendig.

Nach dem Anschließen eines Geräts an eine bestimmte Systemschnittstelle werden während der Enumeration die Konfigurationsdaten des Geräts abgefragt (vgl. hierzu Kapitel 2.10). Dafür ist der zur Schnittstelle gehörende Bustreiber verantwortlich. Resultat der Enumeration ist ein Physical-Device-Object für jedes angeschlossene Gerät. Der Plug&Play-Manager lokalisiert daraufhin, mit Hilfe von Einträgen in der Registrierungsdatenbank, den zugehörigen Treiber und fügt ihn in das System ein. Damit wird das Driver-Object erzeugt. Mit dem Laden des Treibers wird dessen Initialisierungsfunktion (DriverEntry) aufgerufen und seine Funktionalität dem System bekannt gemacht. Zum Erzeugen des Functional-Device-Object für das angeschlossene Gerät wird die AddDevice-Function des Treibers gerufen (siehe Kapitel 6.4).

Power-Management

Das WDM-Konzept beinhaltet neue Funktionen zur intelligenten Verwaltung von systemweiten und gerätebezogenen Energieressourcen. Die Implementation verfolgt das Ziel, die ACPI-Spezifikation (ACPI steht für Advanced Configuration and Power Interface) sowie die OnNow-Initiative von Microsoft zu unterstützen. Die Kenntnis dieser Spezifikationen ist nicht unbedingt erforderlich, da Gerätetreiber meist nur passives Ressourcenmanagement implementieren müssen. Die ACPI-Spezifikation definiert vier Zustände des Energieverbrauchs von Geräten. Die OnNow-Spezifikation definiert sechs verschiedene Zustände des Gesamtsystems. ACPI- bzw. OnNow-kompatible Treiber müssen jederzeit in der Lage sein, die jeweiligen Konfigurationsdaten ihrer Geräte zu speichern bzw. wieder zu laden (siehe Kapitel 6.5).

6.2 Grundlegende Konzepte des Win32-Driver-Model

Für das Verständnis der Vorgehensweise beim Erstellen von WDM-Gerätetreibern müssen einige Besonderheiten der Treiberprogrammierung berücksichtigt werden. Der Programmcode von Gerätetreibern repräsentiert, genau wie der Quellcode einer normalen Anwendung, ein ausführbares Programm. Jedoch gibt es keine Hauptfunktion und damit ist auch keine lineare Ablaufstruktur. Gerätetreiber arbeiten ereignisgesteuert, d.h. das Auftreten bestimmter Ereignisse veranlasst das Betriebssystem, bestimmte Funktionen des Treibers aufzurufen. Aufgabe des Treibers ist es, für diese Aufrufe entsprechende Behandlungsroutinen zur Verfügung zu stellen. Zu beachten ist dabei, dass solche Routinen im Kontext verschiedener Systemprozesse

(Tasks) aufgerufen werden und damit im Prinzip gleichzeitig ausgeführt werden können (Multitasking). Somit kann eine Datenstruktur des Treibers an mehreren Stellen quasi gleichzeitig manipuliert werden. Für solche Fälle müssen Vorkehrungen getroffen werden, welche jederzeit die Konsistenz der Daten garantieren (siehe Kapitel 6.3).

Gerätetreiber werden in der Kernel-Umgebung des Betriebssystems ausgeführt. Somit ist die Manipulation aller Systemressourcen möglich. Da innerhalb dieser Umgebung keinerlei Fehlerüberwachung für Programmcode existiert, sollten Gerätetreiber sorgfältig und möglichst fehlerfrei und effizient implementiert werden. Fehler im Gerätetreiber bringen das gesamte System zum Stillstand und gefärden die Daten aller aktiven Anwendungen.

6.2.1 Allgemeiner Aufbau

WDM definiert, wie schon die existierenden Windows NT-Betriebssysteme, ein objektorientiertes Treibermodell. Kernstück dieser Architektur ist der I/O-Manager (Bestandteil des Betriebssystems), durch den die Kommunikation sowohl zwischen Applikationen und Gerätetreibern als auch der Informationsaustausch zwischen den verschiedenen Treibern koordiniert wird. Hierfür besitzt jeder Gerätetreiber ein direktes Interface zum I/O-System. Die zu einem I/O-Vorgang gehörenden Parameter werden innerhalb einer definierten Paketstruktur, als I/O-Request-Packet (IRP) bezeichnet, gespeichert und transportiert.

Für den Datenaustausch zwischen Anwenderprogrammen und Gerätetreibern bestehen zwei grundlegende Möglichkeiten. Da Geräte innerhalb des WDM-Konzepts wie virtuelle Dateien behandelt werden, können die Daten unter Nutzung der Funktionen für den Dateizugriff (ReadFile(), WriteFile()) ausgetauscht werden. Zur Realisierung der Übergabe von Konfigurations- und Steuerbefehlen ist zusätzlich ein anderer Weg definiert. Mit dem Aufruf der Systemfunktion DeviceIoControl() wird ein spezieller Parameter an den Treiber übermittelt, der diesen veranlasst, bestimmte Funktionen auszuführen.

Zur eindeutigen Kennzeichnung des I/O-Kanals wird bei jedem Zugriff auf diesen Kanal ein Parameter an den Treiber übergeben, welcher als Handle bezeichnet wird. Dieses Handle wird beim Einrichten des I/O-Kanals (CreateFile()) vom Treiber an die Applikation kommuniziert. Innerhalb des Treibers werden die den verschiedenen I/O-Kanälen (Handles) zugeordneten Ressourcen separat verwaltet. Mit CloseHandle() wird ein eingerichteter I/O-Kanal geschlossen und alle damit verknüpften Ressourcen freigegeben.

Funktionsname	Beschreibung der Funktion
CreateFile()	Öffnen eines Treibers, Einrichten eines I/O-Kanals
CloseHandle()	Schließen eines I/O-Kanals
ReadFile()	Initiieren eines Datentransports vom Gerät zur Applikation
WriteFile()	Initiieren eines Datentransports von der Applikation zum Gerät
DeviceIoControl()	Übermittlung von Parametern für das Auslösen bestimmter Funktionen des Treibers

Tab. 6.1: Win32-Funktionen zur Kommunikation mit Gerätetreibern

Innerhalb der Kernel-Umgebung erfolgt die Kommunikation grundsätzlich unter Nutzung der IRP, welche durch den Aufruf von Systemfunktionen (z.B. `IoCallDriver()`) von Treiber zu Treiber weitergegeben werden.

Vor der detaillierten Beschreibung der Vorgänge innerhalb des I/O-Systems werden im nächsten Abschnitt einige Aspekte der Speicherverwaltung unter WDM als Grundlage des I/O-Konzepts behandelt.

6.2.2 Virtueller Speicher

Mit der ständig wachsenden Komplexität der Applikationen und Betriebssysteme steigt auch stetig die Forderung nach verfügbarem Systemspeicher. Aus diesem Grund benutzen moderne Betriebssysteme ein Verfahren, welches »Virtual Memory Management« – oder kurz »Virtueller Speicher« – genannt wird. Damit wird es möglich, den physikalisch vorhandenen Hauptspeicher des Systems effizient zu nutzen und zu verwalten. Darüber hinaus bietet ein virtuelles Speichermodell weitere Vorteile, die nachfolgend zusammengefasst sind.

- Der den Programmen zur Verfügung stehende Speicherraum wird nicht durch den real vorhandenen Systemspeicher limitiert. Das Betriebssystem kann Speicher simulieren (Auslagerung auf Datenträger).
- Jeder Programminstanz steht ein eigener Adressraum zur Verfügung. Das verhindert die unbeabsichtigte Beeinflussung der Programme untereinander.
- Die Verwendung virtueller Adressen ermöglicht die gemeinsame Nutzung von gespeicherten Daten durch verschiedene Programme ohne zusätzlichen Aufwand. Bei Veränderung dieser Daten kann die gemeinsame Nutzung aufgehoben werden (Copy-on-Write-Prinzip).

Die Speicherverwaltung unter WDM basiert auf einem virtuellen und linearen Modell des Systemspeichers. Die seitenbasierte Verwaltung stellt dabei jedem Systemprozess einen eigenen privaten Adressraum zur Verfügung. Durch die verwendete Adressierung über 32 Bit breite Adressen kann auf maximal 4 GByte Speicher zugegriffen werden, wobei die obere Hälfte für das System reserviert ist. Dieser virtuelle Speicher wird in verschiedene Abschnitte aufgeteilt und auf den real vorhandenen Speicher (Hauptspeicher, Auslagerungsdatei) abgebildet. Die Umwandlung von virtueller in physikalische Speicheradresse erfolgt im Systemprozessor und ist für den Nutzer völlig transparent. Das Grundelement der Speicherverwaltung ist ein Block bestimmter Größe (4 KByte bei Intel-Prozessoren), welcher als Page bezeichnet wird. Eine virtuelle Adresse besteht aus 3 Teilen. Die unteren 12 Bits der Adresse zeigen auf das adressierte Byte innerhalb einer Page. Mit den Bits 12 .. 21 wird auf den jeweils adressierten Speicherblock (Page) gezeigt. Die dadurch ansprechbaren 1024 Blöcke werden zu einer Gruppe zusammengefasst (Page Table), wobei die Gruppe mit dem adressierten Speicherblock durch die oberen 10 Bits der Adresse angesprochen wird. Die daraus resultierende Zusammenfassung von 1.024 Page-Tables wird als Page-Directory bezeichnet. Bild 6.1 verdeutlicht diese Struktur.

Der für Gerätetreiber zur Verfügung stehende Kernel-Speicher besitzt gegenüber dem normalem Systemspeicher einige besondere Eigenschaften. Kernel-Speicher wird in systemweiten globalen Strukturen verwaltet und ist permanent auf den physikalischen Speicher abgebildet

(Nonpaged-Memory). Anwendungsprogramme, welche im User-Mode ausgeführt werden, dürfen nicht auf den Kernel-Speicher zugreifen. Da Kernel-Speicher eine begrenzte Ressource darstellt, muss der Entwickler bei der Treiberprogrammierung stets auf einen sparsamen Umgang mit Kernel-Speicher achten und allokierte Blöcke unbedingt wieder freigeben.

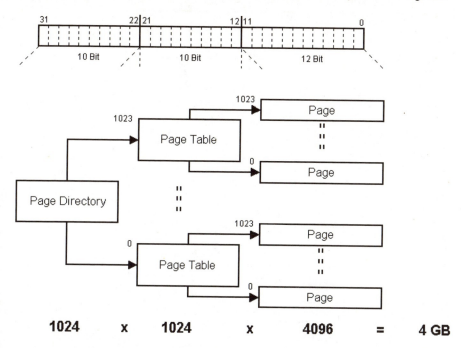

Bild 6.1: Adressbildung bei Intel-Prozessoren

6.2.3 I/O-System

Koordinierung von I/O-Anforderungen

Das I/O-Modell des WDM-Konzepts bildet die grundlegende Basis für die Koordination des Zusammenspiels der Systemkomponenten und Applikationen. Die zentrale Komponente dieses Modells ist der I/O-Manager, der ein elementarer Bestandteil des Betriebssystems ist. Dort laufen alle Kommunikationen zwischen Applikationen (User-Mode) und Gerätetreibern (Kernel-Mode) sowie zwischen den Treibern zusammen. Die Gerätetreiber sind direkt in das I/O-System eingebettet und besitzen ein direktes Interface zum I/O-Manager, welches auf verschiedenen, miteinander verbundenen Objekten basiert. Jedem dieser Objekte sind entsprechend seiner Position in der Objekthierarchie spezielle Aufgaben zugeordnet. Die I/O-Manager-Objekte sind in Tabelle 6.2 aufgeführt und erklärt. Bild 6.2 zeigt die Positionen dieser Objekte innerhalb der I/O-Verarbeitung.

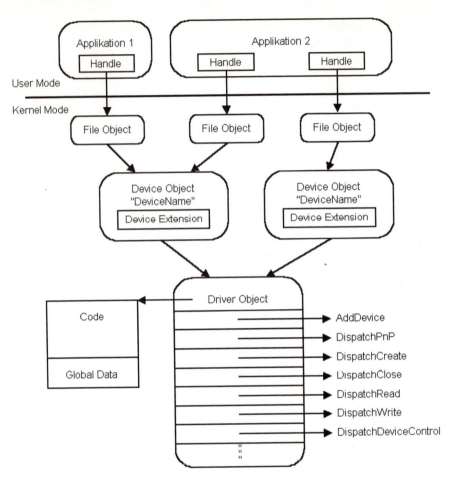

Bild 6.2: Objektmodell des I/O-Managers

I/O-Manager-Objekt	Funktion und Aufgaben
DriverObject	Repräsentation des Programmcodes und der statischen Daten eines Treibers Bereitstellung der Einstiegspunkte des Treibers Ein DriverObject wird pro geladenem Gerätetreiber angelegt.
DeviceObject	Repräsentation eines physikalischen, logischen oder virtuellen Geräts Speicherung aller gerätebezogenen Verwaltungs- und Zustandsinformationen DeviceObjects können mit einem Namen versehen werden, der von Applikationen beim Öffnen des DeviceObject angegeben werden muss. Sie stellen somit die Zugriffspunkte auf Treiber dar. Ein DeviceObject wird pro angeschlossenem Gerät angelegt.
FileObject	Repräsentation eines I/O-Kanals Speicherung von Zustandsinformationen eines speziellen Ein/Ausgabekanals Ein FileObject wird pro eingerichtetem I/O-Kanal (Handle) angelegt.

Tab. 6.2: I/O-Manager-Objekte

Der Zugriff des I/O-Managers auf die Funktionen des Treibers erfolgt über Einstiegspunkte (Entry Points), welche durch das Driver-Object bereitgestellt werden. Tabelle 6.3 zeigt einen Überblick über solche Einstiegspunkte.

Einstiegspunkt	Aufruf und Aufgaben
DriverEntry	Aufruf nach dem Laden des Treibers durch das Betriebssystem Implementierung der kompletten Initialisierung des Treibers
DriverUnload	Aufruf vor dem Entfernen des Treibers durch das Betriebssystem Freigeben aller allokierten globalen Ressourcen
AddDevice	Aufruf nach der Enumeration eines Geräts durch das Betriebssystem Allokation und Initialisierung eines neuen DeviceObject
DispatchXxx	Aufruf infolge einer I/O-Anforderung Implementierung der eigentlichen Funktionalität des Treibers (siehe Tabelle 6.4)

Tab. 6.3: Haupteinstiegspunkte eines Gerätetreibers

Die I/O-Funktionen des Treibers werden über die Dispatch-Einstiegspunkte aufgerufen, die in Tabelle 6.4 zusammengestellt sind.

Die Bekanntmachung der Einstiegspunkte innerhalb des Driver-Object erfolgt durch den Treiber selbst innerhalb der Funktion DriverEntry(). Diese Funktion muss in jedem Gerätetreiber implementiert sein. Nach dem Laden des Treibers wird die Funktion DriverEntry() durch den I/O-Manager automatisch aufgerufen.

```
NTSTATUS
DriverEntry(
      IN PDRIVER_OBJECT DriverObject
      IN PUNICODE_STRING RegistryPath
      )
{
      ...
      DriverObject->MajorFunction[IRP_MJ_CREATE] = DispatchCreate;
      DriverObject->MajorFunction[IRP_MJ_CLOSE] = DispatchClose;
      DriverObject->MajorFunction[IRP_MJ_READ] = DispatchRead;
      DriverObject->MajorFunction[IRP_MJ_DEVICE_CONTROL]
                                               = DispatchDeviceControl;
      ...
}
```

Einstiegspunkt	Auslösendes Ereignis	Aktion
DispatchCreate	Anlegen eines neuen File-Object mit CreateFile()	Allokation benötigter Ressourcen
DispatchCleanup	Freigeben eines FileObject-Handle	Abbrechen aller ausstehenden I/O-Vorgänge
DispatchClose	Freigeben eines FileObject mit CloseHandle( )	Freigeben von Ressourcen

Einstiegspunkt	Auslösendes Ereignis	Aktion
DispatchRead	Anforderung von Daten mit ReadFile( )	Datentransport vom Gerät zur Applikation
DispatchWrite	Senden von Daten mit WriteFile( )	Datentransport von der Applikation zum Gerät
DispatchDeviceControl	Aufruf von DeviceIoControl( )	Ausführen von spezifischen Funktionen des Treibers
DispatchPnP	Hinzufügen oder Entfernen eines Geräts	Starten oder Stoppen des Geräts

Tab. 6.4: Dispatch-Einstiegspunkte eines Gerätetreibers

Eine Sonderstellung nimmt in diesem Zusammenhang der Einstiegspunkt DispatchDevice-Control ein.

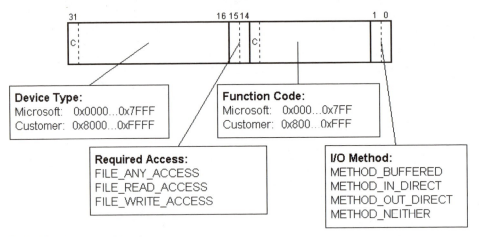

Bild 6.3: I/O-Control-Codes

Mit dem Aufruf der Funktion DeviceIoControl() wird ein spezieller Parameter an den Treiber übermittelt. Diese als I/O-Control-Code bezeichnete 32-Bit-Konstante enthält verschiedene Informationen (siehe Bild 6.3) und ist Ausgangspunkt für die Programmverzweigung im Treiber.

Die I/O-Control-Codes werden vom Gerätetreiber definiert. Da sie das im Bild 6.3 dargestellte Layout aufweisen müssen, sollten die Codes unbedingt mit der Makrofunktion CTL_CODE() definiert werden. Mit jedem I/O-Control-Code ist eine spezielle Funktion des Treibers verknüpft. Bei einen I/O-Control-Aufruf können sowohl Daten an den Treiber übermittelt (Input-Parameter) als auch von diesem zurückgeliefert werden (Output-Parameter).

Die einzelnen logischen Schichten der Ein/Ausgabe-Verarbeitung sind auf übereinander geschichtete Treiber aufgeteilt, welche während der Abarbeitung, beginnend bei der obersten Schicht, nacheinander durchlaufen werden. Der I/O-Manager definiert ein paketorientiertes

6.2 Grundlegende Konzepte des Win32-Driver-Model

asynchrones Kommunikationsmodell. Alle Parameter eines I/O-Vorgangs werden in einem I/O-Request-Packet (IRP) zusammengefasst.

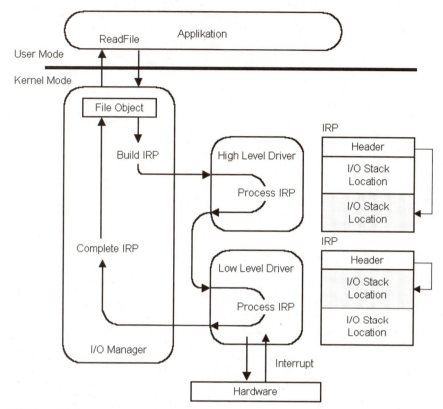

Bild 6.4: I/O-Processing

Für jede am jeweiligen Vorgang beteiligte Treiberschicht existiert innerhalb eines IRP ein Speicherplatz für die zugehörigen Daten. Dieser wird als I/O-Stack bezeichnet. Wichtige weitere Elemente eines IRP sind die Beschreibung des Datenpuffers für den Datenaustausch, ein I/O-Status-Block für den Austausch von Statusinformationen des jeweiligen Ein/Ausgabe-Vorgangs sowie ein Zeiger auf die aktuelle Position im I/O-Stack. Diese I/O-Stack-Position enthält spezielle Informationen des I/O-Vorgangs für das jeweils aktive Treibermodul. Im Einzelnen sind dies der Funktionscode des Vorgangs mit den zugehörigen Parametern, der Zeiger auf das aktive FileObject und DeviceObject sowie optional ein Zeiger auf eine Routine, die zur späteren Weiterverarbeitung des IRP benutzt werden kann. Bild 6.4 veranschaulicht die Abläufe während eines Ein/Ausgabe-Vorgangs und die Zuordnung zu den IRP-Elementen.

Bearbeitung von I/O-Anforderungen

Für das Bearbeiten von Ein/Ausgabe-Anforderungen sind 2 Konzepte definiert, welche in Bild 6.5 dargestellt sind.

224 Kapitel 6: Win32-Driver-Model WDM

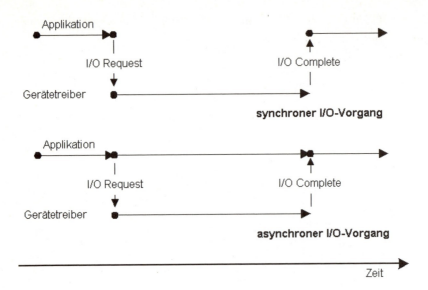

Bild 6.5: Synchrone und asynchrone I/O-Vorgänge

Bei der synchronen I/O-Verarbeitung wird die Applikation in ihrer Ausführung blockiert, bis der I/O-Vorgang abgeschlossen ist. Das bedeutet, dass die Applikation während der Bearbeitung der I/O-Anforderung keine weiteren Aufgaben abarbeiten kann. Der Treiber gibt den endgültigen Status der Verarbeitung zurück, die I/O-Anforderung ist beendet.

Im Gegensatz dazu können bei der asynchronen Bearbeitung von Ein- bzw. Ausgabebefehlen der I/O-Vorgang und die Applikation parallel ausgeführt werden. Als Voraussetzung für eine asynchrone I/O-Verarbeitung muss diese bereits beim Erzeugen des I/O-Kanals (Erzeugen des File-Object mit CreateFile()) durch Angabe des Flags FILE_FLAG_OVERLAPPED angezeigt werden. Bei einer asynchronen I/O-Anforderung muss außerdem zusätzlich zu den für die Anforderung benötigten Datenstrukturen eine Struktur vom Typ OVERLAPPED übergeben werden. Diese Struktur muss vor der Übergabe korrekt initialisiert werden.

Der I/O-Manager ruft zur Bearbeitung eines IRP als Bestandteil einer I/O-Anforderung die entsprechende Dispatch-Routine des jeweiligen Treibers über den vereinbarten Einstiegspunkt auf. Ein Beispiel für die Definition einer solchen Routine ist

```
NTSTATUS
DispatchRead(
        IN PDEVICE_OBJECT DeviceObject,
        IN PIRP Irp
        );
```

Der Treiber wertet den Funktionscode und zugehörige Parameter aus und entscheidet abhängig davon, wie das IRP bearbeitet werden muss. Entweder erfolgt die Bearbeitung durch den aktuellen Treiber, oder das IRP wird an die nächste Schicht weitergegeben. Wird das IRP vom aktuellen Treiber bearbeitet, kann das unmittelbar (synchron) oder verzögert (asynchron) erfolgen. Bei der unmittelbaren Bearbeitung werden die Eingabeparameter verarbeitet und als Ergebnis

6.2 Grundlegende Konzepte des Win32-Driver-Model

die Ausgabeparameter gesetzt. Nach dem Setzen des Status der Operation wird die Anforderung abgeschlossen und der Status an den I/O-Manager zurückgegeben (`IoCompleteRequest()`). Der die I/O-Anforderung auslösende Applikation-Thread ist während dieser synchronen Bearbeitung blockiert.

```
...
Status = STATUS_SUCCESS;
Irp->IoStatus.Information = 0;
Irp->IoStatus.Status      = Status;
IoCompleteRequest(Irp, IO_NO_INCREMENT);
return Status;
```

Die verzögerte Bearbeitung eines IRP beginnt mit dem Verarbeiten von Input-Parametern. Das IRP wird in einer internen Liste bzw. Queue gespeichert, weitere Aktionen initiiert und der spezielle Statuscode STATUS_PENDING zurückgegeben. Der aufrufende Applikation-Thread kann danach in seiner Befehlsabarbeitung fortfahren. Dem I/O-Manager muss die Verzögerung in der Verarbeitung des IRP mit dem Befehl `IoMarkPending()` mitgeteilt werden.

```
...
InsertTailList(&IrpQueue, &Irp->Tail.Overlay.ListEntry);
...
IoMarkIrpPending(Irp);
return STATUS_PENDING;
```

Der Vorgang wird zu einem späteren Zeitpunkt in der Regel durch einen Interrupt abgeschlossen.

```
Irp->IoStatus.Information = BytesTransferred;
Irp->IoStatus             = CompletionStatus;
IoCompleteRequest(Irp,IO_NO_INCREMENT);
```

Bei der Weiterleitung eines IRP erfolgt nach dem Verarbeiten der Eingabe-Parameter die Initialisierung der nächsten I/O-Stack-Position. Optional kann dabei mit dem Befehl `IoSetCompletionRoutine()` eine Routine vereinbart werden, die zur späteren Signalisierung der abgeschlossenen Bearbeitung des IRP durch die nächste Treiberschicht dient (asynchroner I/O-Vorgang). Diese Routine wird als Completion-Routine bezeichnet. Mit `IoCallDriver()` wird das IRP an den nächsten Treiber weitergegeben. Wird keine Completion-Routine angegeben, muss der Rückgabewert von `IoCallDriver()` unbedingt ausgewertet werden.

```
...
Stack = IoGetNextIrpStackLocation(Irp);
Stack->Parameters.DeviceIoControl.IoControlCode = IOCTL_Xxx;
...
IoSetCompletionRoutine(Irp,CompletionRoutine,
                                   Context,TRUE,TRUE,TRUE);
Status = IoCallDriver(LowerDeviceObject,Irp);
return Status;
```

Ist die Bearbeitung des IRP durch den darunterliegenden Treiber abgeschlossen, wird durch den I/O-Manager eine evtl. vereinbarte Completion-Routine aufgerufen. Das signalisiert dem höher liegenden Treiber, dass die Bearbeitung des IRP abgeschlossen ist, und ermöglicht eine evtl. notwendige zusätzliche Bearbeitung des I/O-Vorgangs.

Der eigentliche Zweck eines I/O-Vorgangs ist der Transport von Daten. Die transportierten Daten werden in bestimmten Speicherblöcken (Puffern) gehalten, welche von der Applikation bereitgestellt werden. Für die Behandlung dieser Blöcke durch den I/O-Manager bestehen 3 verschiedene Möglichkeiten:

- *Buffered*-I/O-Processing: Bei dieser Methode erfolgt der Austausch von Daten zwischen Anwendung und Treiber immer unter Verwendung von Kernel-Speicher. Dieser wird vom I/O-Manager allokiert. Der Abgleich von Systempuffer und Anwendungspuffer während des I/O-Vorgangs erfolgt durch das Kopieren der Daten zwischen den Puffern im Kontext des User-Mode-Thread. Nach dem Aufruf des Treibers werden alle mit dem Aufruf übergebenen Daten aus dem Applikationspuffer in den zugewiesenen Kernel-Speicherblock kopiert. Während der Bearbeitung des I/O-Vorgangs verwendet der Treiber immer diese Kopie der Daten. Nach erfolgter Bearbeitung werden die Rückgabewerte des Aufrufs vom Kernel-Speicher in den Applikationspuffer kopiert.

- *Direct*-I/O-Processing: Bei dieser Art der I/O-Verarbeitung erfolgt der Datenaustausch ausschließlich unter Nutzung des Anwendungspuffers. Der I/O-Manager sperrt dazu temporär die Auslagerung des Pufferspeichers (Page-Locking) und generiert eine Memory-Descriptor-List (MDL) für den Puffer. Diese MDL bildet den virtuellen Applikationsspeicher auf die zugehörigen physikalischen Speicheradressen ab. Der Treiber oder die Hardware greift über diese MDL direkt auf den Anwendungsspeicher zu. Das Kopieren der transportierten Daten ist damit nicht notwendig.

- I/O-Processing nach der Methode *Neither*: Im Gegensatz zum Direct-I/O-Processing ist in diesem Fall der I/O-Manager nicht an der Pufferbearbeitung beteiligt. Der Gerätetreiber ist selbst für die Zugriffssynchronisation und Adresskonvertierung verantwortlich.

6.3 Multitasking

6.3.1 Prozesse und Threads

Moderne Betriebssysteme müssen Möglichkeiten zur gleichzeitigen Ausführung mehrerer Programme bereitstellen. Diese Fähigkeit wird als Multitasking bezeichnet. Eine der grundlegenden Neuerungen des Win32 API ist die Einführung des präemptiven Multitasking.

Unter Windows 3.x ist das Umschalten zwischen verschiedenen Programmen nur dadurch möglich, dass das System nacheinander die Nachrichtenbehandlungsroutinen der aktiven Programme aufruft. Die Möglichkeit der Unterbrechung eines Programms durch das Betriebssystem ist hier nicht gegeben. Deshalb kann es passieren, dass ein Programm wegen der Abarbeitung komplexer Aufgaben so stark ausgelastet ist, dass es keine Nachrichten mehr entgegennimmt und dadurch alle anderen Anwendungen blockiert. Um diesen Nachteil zu beseitigen, wurde bei den Win32-Systemen Windows 95 und Windows NT eine Systemkomponente implementiert, welche die Rechenzeit des Prozessors gerecht auf alle aktiven Anwendungen aufteilt und so das präemptive Multitasking ermöglicht. Diese Komponente wird als Scheduler bezeichnet. Die Bearbeitung mehrerer Aufgaben zur gleichen Zeit ist nicht mehr vom Nachrichtenverkehr im System abhängig. Unter Win32 wird also die für ein Programm zur Verfügung stehende Rechenzeit durch das Betriebssystem und nicht mehr durch das Programm selbst bestimmt.

Zur Realisierung des Multitasking wird ein objektorientiertes Modell definiert, das aus Prozessen und Threads besteht. Ein Prozess repräsentiert ein ausführbares Programm zur Laufzeit, inklusive aller dynamischen Komponenten wie allokierter Speicher oder Handles. Ein Thread ist die Repräsentation eines bestimmten Ausführungspfades des Prozessors, inklusive aller zur Programmausführung benötigten Zustände (Inhalt der CPU-Register, Inhalt des Stack usw.). Für jeden Prozess erzeugt das System beim Start einen primären Thread. Dieser kann beliebig viele weitere Threads erzeugen, welche ihrerseits eine vom primären Thread unabhängige Aufeinanderfolge von Befehlen repräsentieren (Multithreading). Die Verwaltung der Rechenzeit durch das System basiert auf diesen Threads. Jeder Thread bekommt vom Betriebssystem dynamisch CPU-Zeit zugewiesen (typisch sind 20 bis 40 ms). Ein Thread kann also auch als virtueller Prozessor verstanden werden. Das System sichert den Zustand dieses virtuellen Prozessors, bevor es auf einen anderen Thread umschaltet, und lädt diese Konfiguration vor der Aktivierung des jeweiligen Threads zurück. Das Sichern und Restaurieren eines Prozessor-Zustandes ist ein komplexer Vorgang, der eine gewisse Zeitspanne in Anspruch nimmt. Während dieser Zeit kann der betroffene Prozessor keine anderen Aufgaben abarbeiten.

Die Umschaltung zwischen verschiedenen Threads erfolgt für jeden im System real vorhandenen Prozessor unabhängig voneinander. Bei Hardware-Konfigurationen mit mehreren Prozessoren werden dadurch mehrere Aufgaben tatsächlich gleichzeitig ausgeführt (siehe dazu Bild 6.6), wenn das Betriebssystem Multiprozessor-Konfigurationen unterstützt. Bei den hier betrachteten Systemen ist dies nur bei Windows 2000 der Fall.

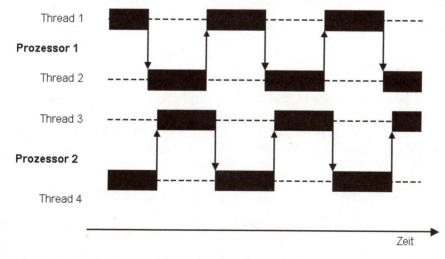

Bild 6.6: Multithreading in einer Multiprozessorumgebung

Die Nutzung von mehreren Threads innerhalb einer Anwendung ist in vielen Fällen sinnvoll. Einsatzgebiete sind zum Beispiel das parallele Bearbeiten mehrerer I/O-Operationen oder das Ausführen von rechenintensiven Aufgaben, bei denen keine Interaktion mit dem Nutzer notwendig ist.

6.3.2 Interrupt-Bearbeitung

Interrupts ermöglichen es den System-Hardwarekomponenten, den jeweils aktiven Thread zu unterbrechen, um dem Betriebssystem ihre Forderung nach der Bearbeitung einer bestimmten Aufgabe mitzuteilen. Jeder Thread kann jederzeit durch einen signalisierten Interrupt in seiner Ausführung unterbrochen werden. Die Interruptbearbeitung wird vom Betriebssystem kontrolliert und ist für den Nutzer vollständig transparent. Nach der Abarbeitung der Interruptanforderung setzt der unterbrochene Thread seine Arbeit automatisch fort (siehe Bild 6.7). Da die Interruptbearbeitung damit einen direkten Eingriff in die Verteilung der Rechenzeit auf die aktiven Threads des Systems darstellt, muss unbedingt darauf geachtet werden, dass die Bearbeitung eines Interrupt effizient gestaltet ist und möglichst wenig Rechenzeit beansprucht.

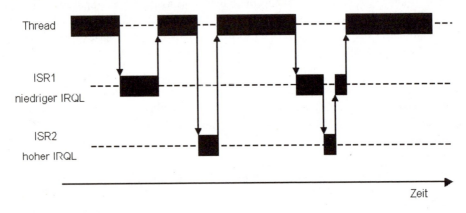

Bild 6.7: Interruptbearbeitung

Zur Reaktion auf Interrupts werden in den Gerätetreibern Interrupt-Service-Routinen (ISR) für die unterstützten Interrupts implementiert und bei Bedarf ausgeführt. Dabei ist auch das gleichzeitige Auftreten mehrerer Interrupts, d.h. das Unterbrechen einer ISR durch einen weiteren Interrupt, möglich. Als Maß für die Unterbrechbarkeit eines Prozessors wird der Interrupt-Request-Level (IRQL) definiert.

IRQL	Bedeutung
PASSIVE_LEVEL	Niedrigste Priorität, alle Interrupts erlaubt
DISPATCH_LEVEL	Nur Device-Interrupts erlaubt, Thread wird exklusiv ausgeführt, da Thread-Dispatcher abgeschaltet ist
DEVICE_IRQL	Höchste Priorität, jedem Hardware-Interrupt wird ein eigener IRQL zugeordnet

Tab. 6.5: Interrupt-Request-Levels

Ereignisse mit hohem IRQL können Routinen mit niedrigerem IRQL unterbrechen. Tabelle 6.5 zeigt die definierten IRQLs und ihre Hierarchie. Threads im User-Mode werden immer mit dem IRQL PASSIVE_LEVEL ausgeführt und sind somit stets unterbrechbar. Interrupt-Ereignissen, welche Hardwarekomponenten zugeordnet sind, wird ein spezieller IRQL (DEVICE_IRQL) zugeordnet. Eine Besonderheit bildet die Dispatcher-Komponente des Betriebssystems, welche mit dem IRQL DISPATCH_LEVEL ausgeführt wird.

6.3.3 Codesynchronisation

Alle Threads eines Programms unter Win32 nutzen den gleichen Adressraum. Dies bietet den Vorteil, dass alle Threads eines Prozesses auf den gleichen Speicher zugreifen und so ihre Daten einfach austauschen können. Da der Zeitpunkt zum Umschalten zwischen den einzelnen Threads vom Prozess weder bestimmt noch beeinflusst werden kann, kann auch keine Konsistenz von Datenstrukturen vorausgesetzt werden. Es besteht die Möglichkeit, dass ein Thread während der Manipulation von Daten durch das System unterbrochen wird, um einem anderen Thread die Möglichkeit zu geben, auf die gleiche Datenstruktur zuzugreifen. Dies kann zu unvorhersehbaren Effekten führen. Speziell für Gerätetreiber ist deshalb als ein weiterer Aspekt zu beachten, dass verschiedene Gerätetreiber im Kontext mehrerer Threads gleichzeitig ausgeführt werden können. Die grundlegende Aufgabe der Multithread-Programmierung besteht deshalb darin, Zugriffe auf Daten, welche von verschiedenen Threads gemeinsam genutzt werden, zu erkennen und richtig aufeinander abzustimmen.

Routinen, welche gemeinsame Datenobjekte manipulieren, werden als *kritischer Abschnitt (Critical Section)* bezeichnet und im Programmcode als solche gekennzeichnet. Die Ausführung solcher Abschnitte wird während der Laufzeit serialisiert. Der primäre Thread eines Prozesses initialisiert mit `InitializeCriticalSection()` eine globale Variable. Ein Thread kann beim Eintritt in einen kritischen Abschnitt mit `EnterCriticalSection()` andere Threads daran hindern, den Abschnitt ebenfalls auszuführen. Das System lässt die weitere Abarbeitung dieser Threads erst dann zu, wenn der Thread mit `LeaveCriticalSection()` den Abschnitt wieder freigibt. Kritische Abschnitte eignen sich nur dann für die Synchronisation des Datenzugriffs, wenn ausschließlich Threads eines Prozesses beteiligt sind und der wechselseitige Ausschluss zur Erfüllung der Aufgabe ausreichend ist.

Das Win32-API definiert weitere Synchronisationsmechanismen, welche auch über Prozessgrenzen hinaus nutzbar sind. Dazu werden verschiedene Objekte (Dispatcher-Objects) mit unterschiedlicher Bedeutung bereitgestellt. Analog zum kritischen Abschnitt ist es möglich, Threads verschiedener Prozesse wechselseitig auszuschließen. Die hierfür verwendeten Objekte werden als *Mutex (Mutual Exclusion)* bezeichnet. Soll einer festgelegten Anzahl von Threads der Eintritt in einen bestimmten Programmabschnitt erlaubt werden, werden *Semaphore* zur Synchronisation benutzt. Ein *Semaphor* entspricht einem Mutex-Objekt, welches um Mechanismen zum qualifizierten Ausschließen erweitert ist. Zur gegenseitigen Benachrichtigung von beliebig vielen Threads sind Event-Objekte definiert. Ein *Event* wird z.B. verwendet, wenn die Ausführung einer unbestimmten Anzahl von Threads vom Ergebnis eines weiteren Thread abhängig ist. Die bei den jeweiligen Mechanismen verwendeten Objekte werden über vordefinierte Funktionen (`CreateMutex()`, `CreateSemaphore()`, `CreateEvent()`) generiert und durch einen textuellen Bezeichner, welcher allen beteiligten Prozessen bekannt sein muss, eindeutig identifiziert. Diese Objekte werden beim Auftreten des jeweiligen Ereignisses in den signalisierten Zustand versetzt. Die Synchronisation erfolgt durch den Aufruf einer einheitlichen Funktion (WaitForSingleObject() bzw. WaitForMultipleObjects()) für alle Objekttypen unter Angabe des bestimmten Bezeichners, wodurch auf den signalisierten Zustand des Objekts gewartet wird. Bild 6.8 soll die Verwendung von Dispatcher-Objekten veranschaulichen.

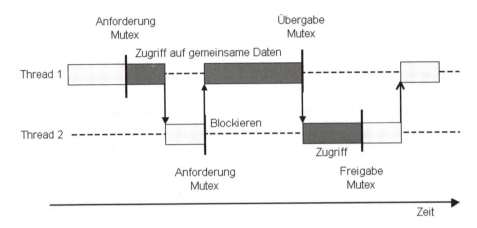

Bild 6.8: Dispatcher-Objekte

Die bisher beschriebenen Mechanismen mit Ausnahme Critical-Section stehen sowohl für Applikationen als auch für Gerätetreiber im Kernel-Mode zur Verfügung. Darüber hinaus besteht im Kernel-Mode eine weitere Möglichkeit der Synchronisation über Spinlocks. Ein *Spinlock* stellt einen Synchronisationsmechanismus auf niedriger Ebene dar. Er kommt zum Einsatz, wenn Programmroutinen mit einem Interrupt-Request-Level größer als PASSIVE_LEVEL an der Programmausführung beteiligt sind. Wenn durch einen Thread ein Spinlock angefordert wird (KeAcquireSpinLock()), wird dessen IRQL auf die Ebene DISPATCH_LEVEL angehoben. Allen anderen Threads des Systems ist der Zugriff auf die geschützten Datenstrukturen verboten, bis der Spinlock mit KeReleaseSpinLock() aufgehoben wird. Durch ihre spezifischen Eigenschaften ist mit Spinlocks auch die Synchronisation über mehrere Prozessoren möglich.

Bei der Verwendung von mehreren Synchronisationsobjekten innerhalb eines Programmabschnitts besteht die Gefahr von Deadlocks. Ein *Deadlock* entsteht, wenn sich verschiedene Threads durch die Anforderung des Synchronisationsobjektes gegenseitig blockieren. Um das zu vermeiden, sollte eine Hierarchie für die Anforderung von Synchronisationsobjekten definiert und konsequent eingehalten werden.

6.4 Plug&Play

Mit der Einführung des WDM-Konzepts werden die erstmals unter Windows 95 vorhandenen Plug&Play-Funktionen erweitert. Die neu definierten Plug&Play-Konzepte ermöglichen das

Ändern der Systemkonfiguration im laufenden Betrieb. Es besteht hierbei keine Notwendigkeit der Interaktion mit dem Nutzer. Eine optimale Verteilung der Ressourcen wird jederzeit gewährleistet. Plug&Play wird innerhalb des Betriebssystems durch folgende Mechanismen repräsentiert:

- Automatische und dynamische Erkennung der vorhandenen Hardwarekomponenten
- Automatische Bereitstellung der benötigten Ressourcen der jeweiligen Hardwarekomponente
- Automatisches Laden der benötigten Gerätetreiber
- Bereitstellung einer Schnittstelle zur Kommunikation zwischen Gerätetreibern und Plug&Play-System
- Bereitstellung von Mechanismen zum Übermitteln von Hardware-Änderungen an Applikationen im User-Mode

Die Realisierung der Plug&Play-Funktionen ist in 2 Kategorien aufgeteilt. Das Laden des Gerätetreibers für neu hinzugefügte Geräte und die Konfiguration dieser Geräte werden getrennt behandelt. Das Anschließen einer neuen Hardwarekomponente bewirkt das Laden des zugehörigen Gerätetreibers und den Aufruf der `DriverEntry`-Funktion dieses Treibers durch den I/O-Manager. Damit wird unter anderem der Einstiegspunkt `AddDevice()` dem Betriebssystem bekannt gemacht. Dieser Schritt entfällt, wenn der entsprechende Treiber bereits zu einem früheren Zeitpunkt, durch Hinzufügen eines zugehörigen Geräts, geladen wurde.

```
NTSTATUS
DriverEntry(
        IN PDRIVER_OBJECT DriverObject
        IN PUNICODE_STRING RegistryPath
        )
{
        ...
        DriverObject->MajorFunction[IRP_MJ_PNP] = DispatchPnP;
        DriverObject->DriverExtension->AddDevice = AddDevice;
        ...
}
```

Aufgabe der Funktion `AddDevice()` ist das Erzeugen und die Initialisierung eines DeviceObject für das neue Gerät (`IoCreateDevice()`) und das Einfügen dieses Objekts an die entsprechende Stelle im I/O-Subsystem (`IoAttachDeviceToDeviceStack()`). Der Prototyp der AddDevice-Funktion ist:

```
NTSTATUS
AddDevice(
        IN PDRIVER_OBJECT DriverObject,
        IN PDEVICE_OBJECT PhysicalDeviceObject
        );
```

Initialisierung und Neukonfiguration der Geräte werden innerhalb der Funktion `DispatchPnP()` ausgeführt. Beim Aufruf dieser Funktion wird ein zusätzlicher Parameter übergeben, mit dem der jeweils auszuführende Konfigurationsschritt festgelegt wird. Die wichtigsten dieser Parameter sind in Tabelle 6.6 aufgeführt und erläutert.

Funktionscode	Aktionen
IRP_MN_START_DEVICE	Gerät konfigurieren
IRP_MN_STOP_DEVICE	Gerätekonfiguration löschen
IRP_MN_QUERY_STOP_DEVICE	Ankündigung: Löschen der Gerätekonfiguration
IRP_MN_CANCEL_STOP_DEVICE	Abbruch: Löschen der Gerätekonfiguration
IRP_MN_REMOVE_DEVICE	Entfernen des Geräts, Freigeben der Ressourcen
IRP_MN_QUERY_REMOVE_DEVICE	Ankündigung: Entfernen des Geräts
IRP_CANCEL_REMOVE_DEVICE	Abbruch: Entfernen des Geräts

Tab. 6.6: Funktionscodes für IRP_MJ_PNP

Die konkrete Implementation der Funktionen für die in Tabelle 6.6 aufgeführten Funktionscodes ist abhängig von der jeweils zu unterstützenden Klasse von Geräten. Der konkrete Aufbau der Plug&Play-Dispatch-Funktion in Bezug auf USB-Gerätetreiber ist in Kapitel 7.5.2 ausführlich beschrieben.

6.5 Power-Management

Durch die Einführung von Mechanismen zur intelligenten Verwaltung von Energieressourcen trägt das WDM-Konzept zur Erhöhung des Komfort und der Effizienz im Rahmen der Nutzung von Computersystemen bei.

Die grundlegenden Aspekte des Power-Managements werden innerhalb der OnNow-Initiative von Microsoft behandelt. Hauptziele dieser Initiative sind die Reduzierung des Energieverbrauchs im laufenden Betrieb von PC-Systemen durch das teilweise bzw. vollständige Abschalten von nicht benutzten Peripheriekomponenten und die Erhöhung der Transparenz dieser Vorgänge für den Nutzer. Eine Unterscheidung erfolgt durch die getrennte Betrachtung von Gesamtsystem und Peripheriekomponente. Die möglichen Zustände des Gesamtsystems werden von der ACPI-Spezifikation abgeleitet und sind in Tabelle 6.7 aufgeführt.

Status	Systemzustand
S0 / Working	Prozessor vollständig in Betrieb, Peripherie-Zustand nach Bedarf
S1	Prozessortakt abgeschaltet
S2	Prozessor-Stromversorgung abgeschaltet, RAM-Refresh vollständig
S3	Prozessor-Stromversorgung abgeschaltet, RAM-Refresh reduziert
S4 / Hibernate	Gesamtes System abgeschaltet, Systemspeicher auf Festplatte gesichert
S5 / Off	Gesamtes System abgeschaltet

Tab. 6.7: System-Power-Zustände nach ACPI

Für an einen Computer angeschlossene Geräte werden vier verschiedene Energiezustände definiert. Diese sind für jedes einzelne Gerät unabhängig vom Zustand des Gesamtsystems. In Tabelle 6.8 sind die Gerätezustände aufgeführt und näher erläutert.

Status	Gerätezustand
D0	Gerät voll betriebsbereit
D1	Low-Power-Mode, abhängig von Geräteklasse, Zustand der Hardware gesichert
D2	Low-Power-Mode, abhängig von Geräteklasse, Zustand der Hardware verloren
D3	Stromversorgung abgeschaltet, Zustand der Hardware verloren

Tab. 6.8: Geräte-Power-Zustände

Die Verwaltung der Energieressourcen ist unter WDM in drei verschiedene Komponenten aufgeteilt. Für jede Geräteklasse bzw. jedes Subsystem innerhalb eines PCs existiert eine dedizierte Komponente, welche die Management-Funktionen übernimmt. In den meisten Fällen ist dies ein Gerätetreiber, welcher innerhalb der Treiberstruktur an höchster Stelle angesiedelt ist (Klassentreiber). Diese Zuordnung resultiert aus der Tatsache, dass dieser Komponente alle Informationen zur Verfügung stehen, welche zur Verwaltung der Energieressourcen benötigt werden. Von dieser Steuerzentrale werden einheitliche Management-Befehle an den Gerätetreiber gesendet, welche für das entsprechende Gerät zuständig sind. Es ist die Aufgabe des Treibers, diese universellen Kommandos in verständliche Befehle für das Gerät umzusetzen und den Verlust der Gerätekonfigurationen beim Übergang zwischen Energiezuständen zu verhindern. Bustreiber liegen unterhalb der Klassen- und Gerätetreiber und können optional ebenfalls Power-Management-Kommandos an die Geräte versenden. In diesem Abschnitt wird nur auf Aspekte des Power-Management in Bezug auf Gerätetreiber eingegangen.

Für alle Module, die aktiv an der Verwaltung von Energieressourcen teilnehmen, existiert eine einheitliche Schnittstelle zur Power-Management-Komponente des Betriebssystems. Tabelle 6.9 gibt einen Überblick.

Funktion	Kurzbeschreibung
PoCallDriver	Senden von Managment-Befehlen zum Treiber (Weiterleiten eines Power-Management-IRP)
PoRegisterDeviceForIdleDetection	Anforderung eines Befehls zur Statusänderung nach einer bestimmten Idle-Periode
PoRegisterSystemState	Ermöglicht Abschalten von Power-Status-Änderungen bei laufender Datenverarbeitung im Treiber
PoRequestPowerIrp	Zuweisen eines Power IRP, Übergabe an den Top-Level-Treiber im Treiber-Stack
PoSetDeviceBusy	Gerät kann z.Z. keine Management-Befehle verarbeiten
PoSetPowerState	Aktualisierung der Geräteinformationen infolge Powerstatus-Änderung
PoSetSystemState	Ermöglicht Anzeigen einer laufenden Datenverarbeitung
PoStartNextPowerIrp	Treiber ist bereit für nächsten Management-Befehl
PoUnregisterSystemState	Restaurieren aller durch PoRegisterSystemState veränderten Systemparameter

Tab. 6.9: WDM Power-Management-Interface

Die Implementierung dieser Schnittstelle basiert auf der Nutzung von IRP. Die Power-Management-Komponente von WDM sendet zur Realisierung einer Management-Funktion ein IRP mit dem Funktionscode IRP_MJ_POWER und einem Zusatzcode (siehe Tabelle 6.10).

Funktionscode	Kurzbeschreibung
IRP_MN_QUERY_POWER	Überprüfung der problemlosen Statusänderung eines Geräts
IRP_MN_SET_POWER	Anforderung der Statusänderung eines Geräts
IRP_MN_POWER_SEQUENCE	Abfrage der Anzahl Statusänderungen des Geräts
IRP_MN_WAIT_WAKE	Gerät ist geeignet zur Aktivierung des Gesamtsystems

Tab. 6.10: Funktionscodes für IRP_MJ_POWER

Die Behandlungsfunktion für den Funktionscode IRP_MJ_POWER muss drei grundlegende Aufgaben erfüllen. Die Bereitschaft zur Annahme eines solchen IRP muss durch den Funktionsaufruf `PoStartNextPowerIrp()` signalisiert werden. Zusätzlich zur Bearbeitung durch den angesprochenen Treiber muss jedes Power-Management-IRP unter Nutzung der Funktion `PoCallDriver()` (anstelle `IoCallDriver()`) an die nächsttiefere Treiberschicht weitergegeben werden. Alle gerätespezifischen Aktionen zur Bearbeitung der aktuellen Anforderung sind ebenfalls Aufgabe der Behandlungsroutine.

6.6 Tools zur Treiberentwicklung

6.6.1 Erzeugen von Gerätetreibern

Voraussetzung für das Erstellen spezifischer Gerätetreiber ist die genaue Kenntnis über Aufbau und Funktion des Zielsystems. Alle Vorgänge vom Erzeugen des Quellcodes bis zur Generierung eines ausführbaren Moduls müssen an dieses System angepasst sein.

Der Zugriff auf eine fast vollständige Sammlung aller benötigten Informationen ist über die Mitgliedschaft im Microsoft-Developer-Network (MSDN) möglich. Mitglieder im MSDN erhalten vierteljährlich die aktuellsten Dokumentationen zu allen Komponenten und Schnittstellen der Microsoft-Betriebssysteme. Ebenfalls in diesem Paket enthalten sind alle aktuellen Versionen der Entwicklungskits, die für das Erstellen von Gerätetreibern benötigt werden.

Bei der Entwicklung von Gerätetreibern werden das zum jeweiligen Betriebssystem gehörende Device-Driver-Kit (DDK) und die aktuelle Version der Microsoft-Entwicklungsumgebung Visual C++ benötigt. Das Studium der im DDK-Paket enthaltenen umfangreichen Beispiele ist zu empfehlen. Die Generierung des ausführbaren Moduls erfolgt unter Nutzung des Microsoft-Compilers und der mit dem DDK und Visual C++ mitgelieferten Header-Dateien und Funktionsbibliotheken. Die Steuerung des Build-Vorgangs wird durch das Setzen von Umgebungsvariablen möglich. Mit der Installation des DDK-Paketes werden die Umgebungen Checked-Build zum Erzeugen des Treibers mit Debug-Informationen und Free-Build zum Erzeugen eines optimierten Treibermoduls bereitgestellt.

6.6.2 Kernel-Debugging

Die Fehlersuche in Gerätetreibern erfordert spezielle Mechanismen, die sich von den bei normalen Applikationen verwendeten unterscheiden. Gerätetreiber sind Systemkomponenten. Fehler im Programmcode wirken sich nicht nur auf eine oder mehrere Applikationen aus. Im Fehlerfall wird die Stabilität des Gesamtsystems beeinträchtigt. Datenverlust oder die möglicherweise irreparable Zerstörung des gesamten Systems können die Folge sein. Zur Minimierung dieses Risikos sollten einige Regeln für den Test von Gerätetreibern eingehalten werden.

Grundsätzlich sollte zum Test von Gerätetreibern eine eigenständige Testplattform genutzt werden. Auf diesem System werden lediglich das jeweilige Betriebssystem, das zu testende Modul und alle weiteren zum Test benötigten Programme installiert. Bei der Entwicklung von Treibermodulen für Windows NT-Systeme sollte für den Test das Checked-Build des Betriebssystems verwendet werden. Für die eigentliche Entwicklungsarbeit sollte ein von dieser Testplattform vollständig getrennter PC verwendet werden. Durch diese Trennung wird das Risiko der Beeinträchtigung wichtiger Daten durch Fehler in den Treibermodulen minimiert.

In den folgenden Abschnitten werden zwei Programmpakete für die Unterstützung der Inbetriebnahme und den Test von Gerätetreibern kurz vorgestellt.

Debugging mit WinDbg

Das Microsoft-Debugprogramm WinDbg ist im Microsoft Software-Development-Kit (MS SDK) enthalten. WinDbg bietet eine komplette Debug-Umgebung für Applikationen und Gerätetreiber. Für das Debugging von Gerätetreibern mit WinDbg muss als Voraussetzung der oben beschriebene Testaufbau aus zwei PCs vorhanden sein. WinDbg wird auf der Entwicklungsplattform installiert und kommuniziert über ein serielles Kabel mit dem Testrechner. Zur Unterstützung dieser Kommunikation müssen auf dem Testrechner Symbolinformationen für alle zu testenden Module, an einer definierten Stelle in der Verzeichnisstruktur, vorhanden sein. Bei NT-Systemen sollte außerdem der Debug-Modus des Checked-Build eingeschaltet sein. Zur Unterstützung in der Testphase stehen bei WinDbg komfortable Möglichkeiten zur Verfügung (z.B. Breakpoints, Fehlerüberwachung).

SoftIce

Eine alternative Lösung zu WinDbg stellt das Programm SoftIce der Firma NuMega dar. Die Notwendigkeit der Kommunikation von Test- und Entwicklungsplattform ist hier nicht gegeben. Der Debugger wird während des Startvorgangs des Betriebssystems auf dem Testrechner in den Speicher geladen und ist immer aktiv. Zum Test eines bestimmten Moduls werden dessen Symbolinformationen mit einem im SoftIce-Programmpaket enthaltenen Zusatzprogramm übersetzt und in den Debugger geladen. Der Debugger wird wahlweise über Breakpoints oder durch bestimmte Tastenkombinationen aufgerufen und stellt umfangreiche Informationen über den Systemzustand zur Verfügung (z.B. Speicherinhalt, CPU-Zustand). Fehler im Programmcode, die zur Instabilität führen (z.B. unerlaubte Speicherzugriffe), werden bei dessen Abarbeitung durch den Debugger erkannt. Daraufhin werden alle Systemvorgänge sofort angehalten und damit die Lokalisierung des Fehlers ermöglicht.

7 USB-Treiber

Die Nutzung von Geräten mit USB-Interface setzt die Unterstützung durch das verwendete Betriebssystem voraus. Die Kommunikation zwischen Applikationen und USB-Geräten erfolgt über Gerätetreiber. In diesem Kapitel werden die verschiedenen Möglichkeiten der Einbindung von USB-Geräten in Computersysteme durch Gerätetreiber und die grundlegenden Strukturen und Aufgaben von USB-Treibern erläutert. Die Erläuterungen beziehen sich ausschließlich auf Microsoft-Betriebssysteme.

Dieser Abschnitt soll als Einstieg in die Implementierung gerätespezifischer USB-Treiber und deren Nutzung dienen. Bei der Bearbeitung konkreter Aufgaben wird das Studium von aktueller und weiterführender Literatur empfohlen.

> **Tipp:** Die Beschreibung vieler Vorgänge innerhalb dieses Kapitel ist durch Programmcodebeispiele ergänzt. Diese Beispiele sollen als Ausgangspunkt für die Treiberentwicklung dienen und müssen vor der praktischen Anwendung unter Nutzung der Dokumentation der Funktionen und der Beispiele des Windows 2000 DDK-Paketes ergänzt werden. Das Windows 2000 DDK-Paket wird auch für die Erstellung von USB-Treibern für Windows 98 und Windows Millenium verwendet.

Zum Zeitpunkt der Drucklegung dieses Buches waren noch keine Informationen über die Unterstützung der USB 2.0-Spezifikation durch Windows verfügbar. Die Ausführungen in diesem Kapitel beziehen sich daher ausschließlich auf die USB 1.1-Spezifikation. Es kann jedoch davon ausgegangen werden, dass sich bei einer Erweiterung der Treiberunterstützung im Hinblick auf die USB 2.0-Spezifikation keine grundsätzlichen Änderungen ergeben.

7.1 Ebenen des USB-Treibermodells

Das in Kapitel 6.1 beschriebene Schichtenmodell des WDM-Konzeptes wird für die Unterstützung des USB durch die Betriebssysteme Windows 98, Windows Millenium und Windows 2000 genutzt. Bild 7.1 zeigt die einzelnen Treiberschichten und ihre Position sowie die möglichen Schnittstellen zur Applikationsumgebung.

In Anlehnung an die Topologie des USB wird die Unterstützung für Host-Controller und angeschlossene Geräte auf unterschiedliche Module aufgeteilt.

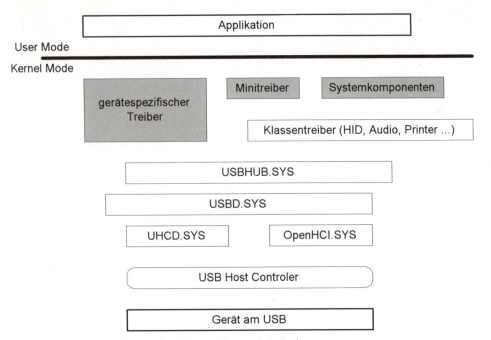

Bild 7.1: Struktur der USB-Treiber-Unterstützung in Windows

7.1.1 USB-Host-Software

Die Visualisierung der Hardwarefunktionen des USB-Host-Controller für die Betriebssystemkomponenten erfolgt durch die USB-Host-Controller-Treiber UHCD.SYS bzw. OpenHCI.SYS. Die Auswahl zwischen diesen Modulen ist vom Aufbau des verwendeten Host-Controller abhängig (siehe hierzu Kapitel 4). Die Schnittstellen dieser Treiber sind von Microsoft nicht dokumentiert und damit für den Endanwender nicht nutzbar.

Die baumförmige Struktur des USB wird durch Hubs realisiert und organisiert. Die Konfiguration der Hubs und die damit verbundene dynamische Verwaltung der Baumstruktur übernimmt das Modul USBHUB.SYS. Die Aufgaben des Hub-Treibers umfassen

- die Konfiguration der Hubs innerhalb der aktuellen USB-Topologie (u.a. Statusabfrage aller Ports, Freischalten einzelner Ports),
- die Kontrolle der Stromversorgung der Ports,
- die Erzeugung und Kontrolle einer Interrupt-Pipe zu jedem Hub zur Verarbeitung von Statusänderungen und
- das Auslösen der Signale Suspend, Resume und Reset an einzelnen Ports.

Zentrale Komponente im USB-Treibermodell ist der USB-Bustreiber USBD.SYS (oft als USB-Driver oder USBD bezeichnet). Dieser Treiber erfüllt die folgenden Aufgaben:

- Konfiguration der angeschlossenen USB-Geräte, Abfrage der Geräteinformationen, Überwachung und Kontrolle der Busstruktur
- Vergabe und Überwachung der verfügbaren Ressourcen (Bandbreite, Leistungsbedarf)
- Kontrolle des Datenflusses zwischen PC und Gerät in beiden Richtungen
- Export von Schnittstellen zur Steuerung einzelner USB-Geräte

Diese Aufgaben werden in den folgenden Abschnitten erläutert.

Konfiguration

Die Konfiguration der USB-Geräte erfolgt über die Pipe 0. Der USB-Bustreiber USBD.SYS erzeugt für jedes Gerät, nach seinem Start durch das Betriebssystem, diesen Datenkanal zum EP0 (Default-Pipe). Über diesen Kanal erfolgt die Konfiguration der angeschlossenen Geräte, beginnend an der Wurzel der Baumstruktur. Der Zugriff auf den EP0 durch andere Treiberkomponenten oder durch Applikationen ist nur über spezielle Interface-Funktionen erlaubt. Der Konfigurationsprozess umfasst die Abfrage der Deskriptoren der USB-Geräte und die Zuweisung einer eindeutigen USB-Adresse. Unter Nutzung der Deskriptordaten wird der dem Gerät zugeordnete Treiber lokalisiert und geladen und damit die weitere Konfiguration des Geräts gestartet (siehe Kapitel 7.2). Eine Änderung der damit festgelegten Geräteparameter ist zu jedem Zeitpunkt möglich.

Ressourcenkontrolle

Für jedes angeschlossene USB-Gerät muss von der Host-Software (USBD) überprüft werden, ob eine fehlerfreie Funktion des Geräts mit den zur Verfügung stehenden Ressourcen möglich ist. Diese Überprüfung erfolgt während der Konfiguration des Geräts.

- Leistungsressourcen: Es besteht die Möglichkeit, dass Geräte mehr Leistung benötigen, als am jeweiligen Anschlussport des betroffenen Hub zur Verfügung steht. Über Deskriptor-Abfragen kann der Leistungsverbrauch der Geräte und die maximal zur Verfügung stehende Leistung an einem Hub-Port ermittelt werden. Im Fall eines zu hohen Verbrauchs wird das Gerät nicht konfiguriert und kann damit nicht genutzt werden.

- Bandbreiteressourcen: Beim Auswählen einer Konfiguration wird durch den USBD überprüft, ob die benötigten Bandbreiten für alle isochronen Pipes und alle Interrupt-Pipes garantiert werden können. Die Information über die von einem Endpoint geforderte Bandbreite ist im zugehörigen Deskriptor enthalten. Zu beachten ist, dass sich dieser Wert nur auf die zur reinen Datenübertragung benötigten Ressourcen bezieht. Vor dem Vergleich mit der verbleibenden Bandbreite muss der Wert um die durch protokollspezifische Daten und Verarbeitungszeiten bedingten Ressourcen erhöht werden.

Datenflusskontrolle

Der Datentransport zwischen Gerätetreiber und USB-Gerät erfolgt aus Sicht des Top-Level-Gerätetreibers über logische Kanäle (Pipes) und ist daher für diesen nicht an USB-spezifische

Parameter (FIFO-Größe,...) gebunden. Aufgabe des USBD ist die Anpassung der Datenblöcke des Gerätetreibers an das USB-Protokoll und die Überwachung des Status der Datenübertragung. Für isochrone Datenübertragungen ermöglicht die USBD-Schnittstelle die Konvertierung des Quelldatenstromes in USB-spezifische Pakete. Zur Synchronisation der isochronen Daten stehen verschiedene Mechanismen zur Verfügung.

Export von Schnittstellen

Die Schnittstelle des USB-Bustreibers in Richtung User-Mode ist dokumentiert. Sie bildet den Ausgangspunkt für die Nutzung des USB durch Applikationen. Für Anwendungsprogramme im User-Mode ist ein Zugriff auf diese Schnittstelle nicht direkt möglich. Die Realisierung dieses Zugriffs bedingt ein zusätzliches Treibermodul (Client Treiber oder Klassentreiber), das auf bestimmte Funktionsaufrufe aus dem User-Mode reagiert und diese in geeigneter Form an den USB-Bustreiber weiterreicht. Die Kommunikation mit USB-Geräten erfolgt über zwei unterschiedliche Mechanismen:

- Pipe-Mechanismus: Die Bereitstellung von Kommunikationskanälen (Pipes) zu den Endpoints der entsprechenden USB-Geräte ermöglicht den Austausch von gerätespezifischen Daten und Kontrollinformationen. Zugriffe auf den EP0 sind nur durch spezielle Funktionsaufrufe möglich. Damit wird sichergestellt, dass sich verschiedene USB-Geräte nicht gegenseitig beeinflussen und der Datenverkehr zum EP0 jederzeit der USB-Spezifikation genügt.
- Kommando-Mechanismus: Vordefinierte Kommandos ermöglichen es den Gerätetreibern, den USB-Bustreiber und damit die entsprechenden USB-Geräte zu konfigurieren und grundlegende Steueraufgaben zu realisieren. In einigen Fällen wird dazu zusätzlich der Pipe-Mechanismus benutzt.

Eine detaillierte Beschreibung der Schnittstellen des USB-Bustreibers ist dem Kapitel 7.4 zu entnehmen.

7.1.2 Gerätetreiber

Da auf das Interface des USB-Bustreibers von Applikationen im User-Mode nicht direkt zugegriffen werden kann, werden zusätzliche Kernel-Komponenten (USB-Gerätetreiber) benötigt. Der I/O-Manager des Betriebssystems erzeugt entsprechend den Anforderungen der Anwendungen IRPs und sendet diese an den entsprechenden Gerätereiber. Aufgabe des Treibers ist die Ergänzung dieser IRPs mit zusätzlichen Informationen, welche in USB-Request-Blocks zusammengefasst werden (siehe Kapitel 7.3), und die Übergabe dieser IRPs an den USBD. Die Verwendung von URBs erleichtert die korrekte Bedienung der Schnittstelle des USBD und ermöglicht den Zugriff auf die durch die USB-Host-Software (USBD) zur Verfügung gestellten Mechanismen. Weitere Aufgaben der gerätespezifischen Treiber sind die Konfiguration der Geräte (z.B. Auswahl der Konfiguration und der Interfaces), die Behandlung von auftretenden Fehlern (z.B. Endpoint-Stall) sowie die Realisierung von Plug&Play- und Power-Management-Funktionalitäten nach den Vorgaben des Win32 Driver Model (WDM).

Kenntnisse über die konkrete Umsetzung von Daten- und Kontrollfluss durch das Betriebssystem sind für das Erstellen dieser Treiber nicht notwendig. Aus Sicht der USB-Gerätetreiber stellen USB-Geräte eine Sammlung von Endpoints dar, auf die zur Kommunikation mit dem entsprechenden Gerät über vorhandene Kanäle (Pipes) zugegriffen werden kann.

Ein Beispiel für einen solchen gerätespezifischen Treiber befindet sich im DDK-Paket von Windows 2000. Dieses Beispiel mit dem Namen BULKUSB ist jedoch nur als ein erster Ausgangspunkt bei der Entwicklung eines USB-Treibers anzusehen und muss vor der ernsthaften Anwendung an vielen Stellen erweitert und verbessert werden. Eine voll funktionsfähige Demoversion einer Komplettlösung für einen USB-Gerätetreiber befindet sich auf der CD, welche diesem Buch beiliegt.

7.2 Lokalisieren von USB-Gerätetreibern

Nach dem Erkennen eines neuen Geräts muss der Konfigurations-Manager entscheiden, welche Treiber geladen werden müssen. Dazu werden die vom USBD abgefragten Identifikationsdaten (z.B. Vendor-ID, Product-ID) des Geräts mit Informationen verglichen, die in einer Datenbasis des Betriebssystems gespeichert sind. Die Datenbasis besteht aus einer Menge von ASCII-Dateien mit der Dateierweiterung *.inf*. Jede dieser Dateien kann ein spezielles Gerät oder eine Gruppe von Geräten (z.B. Tastaturen) beschreiben.

Die INF-Dateien bestehen aus einigen vordefinierten Abschnitten, welche mit in eckigen Klammern eingeschlossenen Bezeichnern beginnen. Innerhalb dieser Sektionen können definierte Schlüsselwörter benutzt werden, um entsprechende Aktionen auszuführen. Solche Aktionsaufrufe können auch Zeiger auf weitere, vom Nutzer definierte Abschnitte enthalten.

Die Beschreibung eines Geräts in einer INF-Datei hat die Form:

"device description" = *Device Install Section Name, Hardware ID, Compatible ID, ...*

Device Install Section Name stellt einen Zeiger auf einen Abschnitt der INF-Datei dar, in dem der dem Gerät zugeordnete Treiber benannt wird.

Die Verknüpfung eines USB-Geräts mit einem oder mehreren Gerätetreibern wird in einem Abschnitt der INF-Datei beschrieben, dessen Layout dem folgenden Beispiel ähnelt.

```
[Devices]
%Device1% = Section1, USB\VID_xxxx&PID_yyyy
%Device2% = Section2, USB\VID_xxxx&PID_yyyy&MC_ww
%Device3% = Section3, USB\VID_xxxx&PID_yyyy&REV_zzzz&MI_ii
%Device4% = Section4, USB\CLASS_xxx&SUBCLASS_yy&PROT_zz
...
```

In diesem Beispiel sind verschiedene Möglichkeiten dargestellt, um den Bezug zwischen Gerät und Treiber darzustellen. Das USB-Gerät *Device1* wird über seine Vendor-ID und seine Product-ID identifiziert. Daraus resultiert, dass der in *Section1* angegebene Gerätetreiber mit dem Physical-Device-Object des gesamten USB-Geräts verbunden wird. Das Beispielgerät *Device2* stellt ein Gerät mit mehreren Konfigurationen dar. Für solche Geräte sollte der Multi-Configuration-Treiber des Betriebssystems (USBMC) geladen werden. Dieser ist für das Auswählen einer Konfiguration verantwortlich (Interaktion mit dem Nutzer). Für diese Konfiguration wird ein Physical-Device-Object erzeugt und mit dem Gerätetreiber verbunden, der im INF-Datei-Eintrag angegeben ist. *Device3* ist in diesem Beispiel ein Gerät mit mehreren Interfaces. Die entsprechende Zeile zeigt die Möglichkeit, ein Interface dieses Geräts einem bestimmten Treiber zuzuordnen. Dazu wird der Multi-Interface-Treiber des Betriebssystems geladen. Dieser Treiber ordnet jedem Interface des Geräts ein Physical-Device-Object zu, welches mit einem Gerätetreiber verbunden werden kann. Aus Sicht des Gerätetreibers besteht kein Unterschied zwischen dem Bezug eines Physical-Device-Objects zu einem Interface eines Multi-Interface-Geräts und dem Bezug zu einem Gerät mit nur einem Interface. Der Beispieleintrag für *Device4* ordnet das Gerät einem Klassentreiber zu. Diese Zuordnung findet nur dann Anwendung, wenn keine Einträge für Vendor-ID und Product-ID des Geräts in der INF-Datenbasis gefunden werden.

INF-Schlüssel	Deskriptor-Feld	Bemerkungen
VID	idVendor	Hersteller-ID (hexadezimal)
PID	idProduct	Produkt-ID (hexadezimal)
REV	bcdDevice	Geräte-Version (binär-codiert)
MC	bNumConfiguration	ausgewählte Konfiguration (hexadezimal)
MI	bInterfaceNumber	Nummer des Interface (hexadezimal)
CLASS	bInterfaceClass	Interface-Klasse (hexadezimal)
SUBCLASS	bInterfaceSubClass	Interface-Unterklasse (hexadezimal)
PROT	bInterfaceProtocol	Interface-Protokoll (hexadezimal)

Tab. 7.1: Bedeutung der INF-Schlüssel

In Tabelle 7.1 sind alle zur Identifikation eines Geräts durch den Konfigurations-Manager verwendeten Schlüssel zusammengestellt und kurz beschrieben.

Die genaue Beschreibung der umfangreichen Möglichkeiten bei der Verwendung der INF-Dateien kann der Dokumentation des Windows 2000 DDK entnommen werden.

7.3 Datenmodell URB

Die Kommunikation zwischen den Komponenten des USB-Treibermodells erfolgt auf der Basis der in Kapitel 6.2 beschriebenen I/O-Request-Packets (IRP). Die Koordination des Informationsflusses ist Aufgabe des I/O-Managers.

Alle Parameter einer USB-Ein-/Ausgabeanforderung werden in einer Struktur zusammengefasst, die als USB-Request-Block (URB) bezeichnet wird. Der Aufbau dieser Struktur wird durch die jeweilige I/O-Anforderung bestimmt. Ein URB wird über einen Zeiger an ein IRP an der Stelle `Parameters.Others.Argument1` angefügt.

```
typedef struct _URB {
union {
struct _URB_HEADER                          UrbHeader;
struct _URB_SELECT_INTERFACE                UrbSelectInterface;
struct _URB_SELECT_CONFIGURATION            UrbSelectConfiguration;
struct _URB_PIPE_REQUEST                    UrbPipeRequest;
struct _URB_FRAME_LENGTH_CONTROL            UrbFrameLengthControl;
struct _URB_GET_FRAME_LENGTH                UrbGetFrameLength;
struct _URB_SET_FRAME_LENGTH                UrbSetFrameLength;
struct _URB_CONTROL_TRANSFER                UrbControlTransfer;
struct _URB_ISOCH_TRANSFER                  UrbIsochronousTransfer;
struct _URB_GET_CURRENT_FRAME_NUMBER        UrbGetCurrentFrameNumber;
struct _URB_BULK_OR_INTERRUPT_TRANSFER      UrbBulkOrInterruptTransfer;
// for standard control transfers on the default pipe
struct _URB_CONTROL_DESCRIPTOR_REQUEST      UrbControlDescriptorRequest;
struct URB_CONTROL_GET_STATUS_REQUEST       UrbControlGetStatusRequest;
struct URB_CONTROL_FEATURE_REQUEST          UrbControlFeatureRequest;
struct URB_CONTROL_VENDOR_OR_CLASS_REQUEST  UrbControlVendorClassRequest;
struct URB_CONTROL_GET_INTERFACE_REQUEST    UrbControlGetInterfaceRequest;
struct URB_CONTROL_GET_CONFIGURATION_REQUEST UrbControlGetConfigurationRequest;
};
} URB, *PURB;
```

Die Struktur `struct URB HEADER` enthält Informationen über die Größe des URB und den Funktionscode für den I/O-Vorgang. Die möglichen Funktionsaufrufe sind in Kapitel 7.4.2 aufgelistet. Die Größe des URB ist wegen des von der aktuell auszuführenden Funktion abhängigen Aufbaus nicht konstant und muss in jedem Fall neu bestimmt werden. Innerhalb des URB-Header werden Statusinformationen über den Erfolg der Anforderung übergeben.

Ein URB wird aus der Kombination eines URB-Header und einer funktionsspezifischen Struktur aufgebaut. Dazu ist an der ersten Position jeder Funktionsstruktur ein URB-Header eingefügt. Durch Bildung einer `union` aus Header und veränderlichen Zusatzdaten wird der auf eine spezielle Funktion abgestimmte Aufbau eines URB mit geringem Aufwand möglich. Die folgenden Code-Fragmente verdeutlichen diese Zusammenhänge am Beispiel des Struktur-Typs `URB_PIPE_REQUEST`.

```
struct _URB_HEADER {
            // fields filled in by client driver
            USHORT Length;
            USHORT Function;
            USBD_STATUS Status;

            // fields only used by USBD
            PVOID UsbdDeviceHandle;
            ULONG UsbdFlags;
    };
```

```
struct _URB_PIPE_REQUEST {
            struct _URB_HEADER Hdr;
            USBD_PIPE_HANDLE PipeHandle;
            ULONG Reserved;
       };
```

Für die Erzeugung eines URB bestehen zwei Möglichkeiten. Der gemeinsame erste Schritt ist in beiden Fällen das Reservieren der benötigten Menge an Systemspeicher. Diese ist abhängig von der auszuführenden Funktion bzw. der damit verbundenen Struktur. Eine Möglichkeit zum Setzen der Parameter innerhalb eines URB ist die direkte Zuweisung der Werte.

```
...
PURB urb;
urb = ExAllocatePool(NonPagedPool,
       sizeof(struct _URB_PIPE_REQUEST));
if (urb) {
    urb->UrbPipeRequest.Hdr.Length =
    (USHORT) (sizeof(struct URB_PIPE_REQUEST));
    urb->UrbPipeRequest.Hdr.Function =
    URB_FUNCTION_RESET_PIPE;
    urb->UrbPipeRequest.PipeHandle = PipeHandle;
    }
...
```

Als Alternative zum direkten Setzen der Parameter kann ein URB durch den Aufruf von vordefinierten Makros oder Bibliotheksbefehlen gefüllt werden. Einige URBs bestehen aus variablen Feldern bestimmter Datenstrukturen (z.B. UrbIsochronousTransfer). Somit hängt ihre Größe nicht nur vom Funktionscode, sondern auch von den zu bearbeitenden Daten ab. Für die Erzeugung dieser URB stehen Bibliotheksfunktionen zur Verfügung, welche den erforderlichen Speicher allokieren und die Datenstrukturen initialisieren.

```
...
PURB urb;
urb = ExAllocatePool(NonPagedPool,
sizeof (struct _URB_PIPE_REQUEST));

UsbBuildInterruptOrBulkTransferRequest(urb, ...);
```

Detaillierte Informationen über diese Makrobefehle ist der entsprechenden Dokumentation des DDK-Paketes für Windows 2000 zu entnehmen. Eine Kombination aus Makro- und Funktionsaufrufen und direkter Zuweisung einzelner Parameter ist ebenfalls möglich.

7.4   Schnittstelle des USB-Bustreibers USBD

Die Kommunikation zwischen USB-Gerätereiber und USB-Bustreiber erfolgt auf der Basis von IRPs und URBs. Bild 7.2 zeigt alle an diesem Kommunikationsprozess beteiligten Elemente.

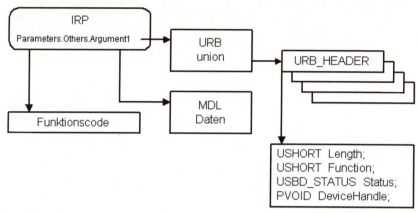

Bild 7.2: Komponenten der USBD-Schnittstelle

7.4.1 Aufruf des USBD

Die grundsätzliche Vorgehensweise beim Aufruf des USB-Bustreibers ist in verschiedene Schritte aufgeteilt. Diese werden im Weiteren erklärt.

Erzeugung eines URB

Die USB-spezifischen Parameter eines I/O-Vorgangs werden in einem USB-Request-Block zusammengefasst. Ein URB ist für die meisten Aufrufe des USBD notwendig. Entsprechend der auszuführenden Aktion wird ein URB erzeugt und mit den erforderlichen Parametern gefüllt. Weiterführende Informationen zu diesem Vorgang sind im Kapitel 7.3 enthalten.

Bearbeitung des IRP

- Kommunikationsvorgänge zwischen Gerätetreibern basieren auf IRPs. Der über dem USBD liegende Gerätetreiber empfängt innerhalb eines solchen Vorgangs ein IRP vom I/O-Manager. In diesem IRP ist für jede Treiberschicht ein Speicherplatz für spezifische, dieser Schicht zugeordnete Parameter vorhanden. Zum Aufruf des USBD ermittelt der aufrufende Treiber die Adresse des Speicherplatzes (IoGetNextIrpStackLocation(IRP)), welcher dem USBD zugeordnet ist, und fügt dort die entsprechenden Informationen ein (z.B. I/O-Control-Code, URB). Um die asynchrone (verzögerte) Bearbeitung des IRP innerhalb des USB-Bus-Treibers zu ermöglichen, wird ein Synchronisationsobjekt vereinbart (IoSetCompletion-Routine(IRP, ...)). Der aufrufende Treiber muss damit nicht auf den Abschluss der Bearbeitung des IRP durch den USBD warten, sondern wird zu einem späteren Zeitpunkt unter Nutzung des Synchronisationsobjekts benachrichtigt.

```
...
nextStack = IoGetNextIrpStackLocation(irp);
...
nextStack->MajorFunction = IRP_MJ_INTERNAL_DEVICE_CONTROL;
```

```
nextStack->Parameters.Others.Argument1 = Urb;
nextStack->Parameters.DeviceIoControl.IoControlCode =
                IOCTL_INTERNAL_USB_SUBMIT_URB;
// setup completion routine for this IRP
IoSetCompletionRoutine(Irp, ...
...
```

- Die Funktionalität des USBD wird durch die an seiner Programmierschnittstelle definierten I/O-Control-Codes repräsentiert. Alle vom USBD unterstützten I/O-Control-Codes sind in der Datei USBIOCTL.H (im DDK-Paket) definiert und dokumentiert. Detaillierte Informationen über den Aufbau eines I/O-Request-Packet sind dem Kapitel 6.2 zu entnehmen.

- In besonderen Fällen kann von einem Gerätetreiber ein neues IRP erzeugt werden.

```
irp = IoBuildDeviceIoControlRequest(
                IOCTL_INTERNAL_USB_SUBMIT_URB,
                deviceExtension->StackDeviceObject,
                NULL,   // input buffer
                0,      // input buffer length
                NULL,   // output buffer
                0,      // output buffer length
                TRUE,   // call internal device control
                &event,
                &ioStatus);
...
```

Aufruf des USBD

Mit dem Befehl `IoCallDriver()` wird das IRP und damit der URB an den USBD übergeben.

```
ntStatus = IoCallDriver(
                deviceExtension->StackDeviceObject, irp);
```

In den meisten Fällen benötigt dieser Funktionsaufruf einige Zeit zur Ausführung, so dass der Status STATUS_PENDING zurückgegeben wird. Nach Signalisierung der abgeschlossenen Bearbeitung des IRP durch den USBD unter Nutzung des Synchronisationsobjektes (Completion-Routine, Event) kann der darüber liegende Gerätetreiber weitere Aktionen innerhalb dieses I/O-Vorgangs ausführen. Eine genauere Beschreibung der Synchronisationsmechanismen ist im Kapitel 6.3.3 enthalten.

7.4.2 Übergabeparameter

Die Festlegung der bei einem USBD-Aufruf angesprochenen Funktion des Bustreibers erfolgt durch einen Funktionscode, welcher im URB-Header gespeichert ist. In Tabelle 7.2 sind alle definierten Funktionscodes aufgeführt.

Gruppe	Funktionscodes
Konfiguration der Geräte	URB_FUNCTION_SELECT_CONFIGURATION
	URB_FUNCTION_SELECT_INTERFACE
	URB_FUNCTION_GET_CONFIGURATION
	URB_FUNCTION_GET_INTERFACE
USB-Frame-Kontrolle	URB_FUNCTION_TAKE_FRAME_LENGTH_CONTROL
	URB_FUNCTION_RELEASE_FRAME_LENGTH_CONTROL
	URB_FUNCTION_GET_FRAME_LENGTH
	URB_FUNCTION_SET_FRAME_LENGTH
	URB_FUNCTION_GET_CURRENT_FRAME_NUMBER
Pipe-Kontrolle	URB_FUNCTION_ABORT_PIPE
	URB_FUNCTION_CONTROL_TRANSFER
	URB_FUNCTION_BULK_OR_INTERRUPT_TRANSFER
	URB_FUNCTION_ISOCH_TRANSFER
	URB_FUNCTION_RESET_PIPE
Geräte-Kontrolle	URB_FUNCTION_GET_DESCRITOR_FROM_xxx
	URB_FUNCTION_SET_DESCRIPTOR_TO_xxx
	URB_FUNCTION_SET_FEATURE_TO_xxx
	URB_FUNCTION_CLEAR_FEATURE_TO_xxx
	URB_FUNCTION_GET_STATUS_FROM_xxx
	URB_FUNCTION_VENDOR_xxx
	URB_FUNCTION_CLASS_xxx

Tab. 7.2: URB-Funktionscodes

Voraussetzung für die Kommunikation mit einem Endpoint aus Sicht eines USB-Gerätetreibers ist die Zugriffsmöglichkeit auf den Kanal zu diesem Endpoint. Dieser Zugriffspunkt wird durch das Pipe-Handle repräsentiert. Die Zuordnung der Pipe-Handle zu den Pipes erfolgt während der Konfiguration des Geräts durch den USBD und wird im Abschnitt 7.5.2 erläutert.

Die Information über den Status eines durchgeführten USB-Ein/Ausgabevorgangs wird durch USBD-Statuscodes visualisiert, welche in 4 übergeordnete Kategorien eingeteilt sind. Diese sind in Tabelle 7.2 aufgeführt und erklärt.

Status der Anforderung	USBD-Statuscode
Anforderung erfolgreich beendet	USBD_STATUS_SUCCESS
Anforderung wird noch bearbeitet	USBD_STATUS_PENDING
Anforderung mit Fehler beendet, Endpunkt angehalten	USBD_STATUS_HALTED
Anforderung mit Fehler beendet, Endpunkt nicht angehalten	USBD_STATUS_ERROR

Tab. 7.3: USBD-Statuscodes

Innerhalb der Statuskategorien geben die verschiedenen Statuscodes genaue Informationen über die Art des Fehlers. Eine besondere Stellung nimmt die Fehlercode-Kategorie USBD_STATUS_HALTED ein, die allerdings nur bei der Kommunikation mit Interrupt- oder Bulk-Pipes auftreten kann (Setup-Pipes und Isochronous-Pipes werden entsprechend der USB-

Spezifikation nicht angehalten). Bei Beendigung einer Anforderung mit diesem Fehler ist der angesprochene Endpoint deaktiviert (stalled) und die damit verbundene Pipe vorübergehend nicht nutzbar. Es müssen zusätzliche Aktionen durchgeführt werden, um die volle Funktionsfähigkeit dieser Pipe wieder herzustellen. Unter Nutzung des Fuktionscodes URB_FUNCTION_RESET_PIPE kann der Fehlerzustand aufgehoben werden. Das USB-Gerät empfängt daraufhin die Anforderung ClearFeature(ENDPOINT_STALL).

7.5 Aufgaben eines Toplevel-USB-Treibers

7.5.1 Haupteinstiegspunkte

Ausgangspunkt bei der Erstellung eines USB-Gerätetreibers ist die Bereitstellung von Informationen über die Funktionalität des Treibermodules zur Abfrage durch das Betriebssystem. Innerhalb der Funktion `DriverEntry()`, welche in jedem Treiber enthalten sein muss, werden Zugriffspunkte auf die Dispatch-Funktionen des Treibers definiert. Durch den automatischen Aufruf der Funktion `DriverEntry()` beim Laden des Treibers durch den I/O-Manager werden diese Zugriffspunkte dem Betriebssystem bekannt gemacht (siehe Kapitel 6.2). Außerdem erfolgt hier optional die Allokierung und Initialisierung der benötigten globalen Ressourcen.

Der Aufbau der Funktion `DriverEntry()` ist bei vielen Gerätetreibern ähnlich. Bei ihrem Aufruf werden ein Zeiger auf das Driver-Object und ein Zeiger auf eine Zeichenkette, übergeben welche die Position von Informationen zum jeweiligen Treiber in der System-Registrierungsdatenbank angibt:

```
NTSTATUS
DriverEntry(
      IN PDRIVER_OBJECT DriverObject;
      IN PUNICODE_STRING RegistryPath
      )
    ...
```

Der Parameter `DriverObject` ermöglicht es, die Zugriffspunkte auf die Dispatch-Funktionen innerhalb des Driver-Object einzutragen. Der Parameter `RegistryPath` zeigt auf die gespeicherten Informationen, welche während der ersten Installation des Treibers in der Registrierungsdatenbank des Systems abgelegt wurden. Die genaue Position dieser Informationen ist abhängig vom verwendeten Betriebssystem.

Eine Gruppe von Dispatch-Funktionen steht für die Konfiguration der Treiber-Objekte durch den I/O-Manager zur Verfügung:

```
    ...
    // dispatch points for create, close, unload
    DriverObject->MajorFunction[IRP_MJ_CREATE] = DispatchCreate;
    DriverObject->MajorFunction[IRP_MJ_CLEANUP] = DispatchCleanup;
    DriverObject->MajorFunction[IRP_MJ_CLOSE] = DispatchClose;
    DriverObject->DriverUnload = DispatchUnload;
    ...
```

Die Funktion `DspatchCreate()` wird immer dann aufgerufen, wenn eine Applikation im User-Mode den Treiber mit der Win32-Funktion `CreateFile()` öffnet. Dem Treiber wird dabei eine Datenstruktur FILE_OBJECT übergeben, die einen freien Speicherplatz enthält, auf dem der Treiber einen Zeiger auf eine private Datenstruktur speichern kann. Das so gekennzeichnete FILE_OBJECT wird bei jedem weiteren Zugriff der Applikation an den Treiber übergeben. Damit ist eine Identifizierung des geöffneten Interface möglich. Weiterhin ist zu berücksichtigen, dass ein USB-Gerät jederzeit durch den Nutzer entfernt werden kann. Der Treiber muss jedoch so lange vom Betriebssystem geladen sein, bis alle geöffneten Interfaces wieder geschlossen wurden. Um dies sicherzustellen, sollte im Treiber mit Referenz-Zählern für die aktuell geöffneten File-Objects gearbeitet werden. Die Funktionen `DispatchClose()` und `DispatchCleanup()` werden immer aufgerufen, wenn eine Applikation, welche den Treiber geöffnet hat, beendet wird und dies auch bei unbeabsichtigter Beendigung, z.B. durch eine Schutzrechtsverletzung. Die Funktion `DispatchCleanup()` sollte im Treiber so implementiert sein, dass alle für dieses File-Object noch ausstehenden I/O-Operationen abgebrochen werden. Durch die Funktion `DispatchClose()` werden alle mit `DispatchCreate()` allokierten Ressourcen freigegeben.

Die beim Laden des Treibers zugewiesenen globalen Ressourcen werden durch die Dispatch-Funktion `DispatchUnload()` freigegeben. Zur Realisierung des Zugriffs auf gerätespezifische Funktionen des Treibers wird der Einstiegspunkt DispatchDeviceIoctl festgelegt:

```
...
// user mode DeviceIoControl() calls will be routed here
DriverObject->MajorFunction[IRP_MJ_DEVICE_CONTROL]
            = DispatchDeviceIoctl;
...
```

Innerhalb der Funktion `DispatchDeviceIoctl()` erfolgt eine weitere Programmverzweigung abhängig vom übermittelten I/O-Control-Code.

Die Datenübertragung wird in den meisten Fällen durch die Implementierung einer virtuellen File-Schnittstelle ermöglicht:

```
...
// user mode ReadFile()/WriteFile() calls will be routed here
DriverObject->MajorFunction[IRP_MJ_WRITE] = DispatchWrite;
DriverObject->MajorFunction[IRP_MJ_READ] = DispatchRead;
...
```

Aspekte der Implementierung dieser Dispatch-Funktionen werden in Kapitel 7.5.4 behandelt.

Die Functional-Device-Objects der USB-Geräte, welche dem Treiber zugeordnet sind, werden in der Funktion `AddDevice()` erzeugt und in das System eingefügt. Diese Funktion wird für jedes Gerät, das dem Treiber zugeordnet ist, einmal aufgerufen. Die Verarbeitung von Systemanforderungen zu Plug&Play und Power-Management erfolgt innerhalb der jeweils definierten Bearbeitungsfunktion:

```
...
// Functional Device Object (FDO) for PNP devices will be
    created by calling this routine
DriverObject->DriverExtension->AddDevice = AddDevice;
```

```
// routines handling system PNP and power management requests
DriverObject->MajorFunction[IRP_MJ_PNP] = DispatchPnP;
DriverObject->MajorFunction[IRP_MJ_POWER] = DispatchPower;
...
```

Die Funktionen `AddDevice()` und `DispatchPnP()` werden im Kapitel 7.5.2 beschrieben. Die Erläuterung der Funktion `DispatchPower()` erfolgt in Kapitel 7.5.3.

7.5.2 Plug&Play

Aus der Sicht eines Toplevel-USB-Gerätetreibers sind die Funktionen zur Unterstützung des Plug&Play-Konzepts auf zwei Dispatch-Funktionen aufgeteilt. Die erste Funktion repräsentiert den Einstiegspunkt AddDevice. In der zweiten Dispatch-Funktion sind verschiedene Routinen zum Konfigurieren der Geräte zusammengefasst. Diese Routinen werden dem Einstiegspunkt MajorFunction[IRP_MJ_PNP] zugeordnet.

Ausgelöst wird ein Plug&Play-Vorgang durch das Einfügen eines USB-Geräts in die USB-Topologie. Durch den USB-Bustreiber erfolgt das Abfragen der gerätespezifischen Daten (Enumeration) und anschließend ein Bus-Reset gefolgt vom Setzen der Geräteadresse. Der Konfigurations-Manager überprüft auf der Grundlage der abgefragten Informationen (Vendor-ID, Product-ID, Class-ID, Subclass, Protocol), welcher Gerätetreiber dem aktuellen Gerät zugeordnet ist. Für den Fall, dass dieser Treiber noch nicht im System vorhanden ist, wird dieser geladen und die Funktion `DriverEntry()` aufgerufen. Nach erfolgreichem Laden und Starten des zugehörigen Gerätetreibers erfolgt der Aufruf der Funktion `AddDevice()`. Diese erzeugt das Physical-Device-Object für das Gerät durch den Aufruf der Funktion `IoCreateDevice()` und fügt dieses an der entsprechenden Stelle in die Treiberhierarchie ein (`IoAttachDeviceToDeviceStack`). Für ein Gerät, das in den USB-Baum eingefügt wird und einem bereits geladenen Treiber zugeordnet ist, wird der Treiber nicht erneut geladen. Es erfolgt nur der Aufruf der Funktion `AddDevice()`.

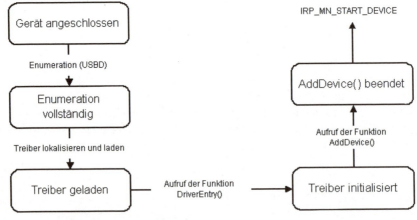

Bild 7.3: Plug&Play-Vorgang: AddDevice

7.5 Aufgaben eines Toplevel-USB-Treibers

Alle weiteren Vorgänge innerhalb eines Plug&Play-Vorgangs werden über den Aufruf des Treiber-Einstiegspunktes für den Funktionscode IRP_MJ_PNP realisiert. Nach erfolgreichem Beenden der Funktion `AddDevice()` sendet der I/O-Manager an diesen Einstiegspunkt ein IRP mit dem Parameter IRP_MN_START_DEVICE. Aufgabe der damit verbundenen Funktion ist die Konfiguration des Geräts entsprechend den Erfordernissen des Gerätetreibers. Über den USBD werden dazu der Device-Descriptor des Geräts und der Configuration-Descriptor, wie er unter WDM definiert wird, abgefragt. Der Configuration-Descriptor nach WDM weicht von dem in der USB-Spezifikation beschriebenen Aufbau ab. Er stellt eine Zusammenfassung von Configuration-Descriptor, Interface-Descriptor, Class-Descriptor und Endpoint-Descriptor des Geräts dar. Der genaue Inhalt dieser Deskriptoren ist in Kapitel 2 beschrieben.

```
...
    UsbBuildGetDescriptorRequest(
        urb,
        (USHORT) sizeof(struct _URB_CONTROL_DESCRIPTOR_REQUEST),
        USB_DEVICE_DESCRIPTOR_TYPE,
        0,
        0,
        deviceDesc,
        NULL,
        siz,
        NULL);
    // call USBD
    ntStatus = USB_CallUSBD(DeviceObject, urb);
...
    UsbBuildGetDescriptorRequest(urb,
        (USHORT) sizeof(struct _URB_CONTROL_DESCRIPTOR_REQUEST),
        USB_CONFIGURATION_DESCRIPTOR_TYPE,
        0,
        0,
        configDesc,
        NULL,
        siz,
        NULL);
    // call USBD
    ntStatus = USB_CallUSBD(DeviceObject, urb);
...
```

Die übermittelten Informationen werden analysiert und in vordefinierten Speicherstrukturen abgelegt. Für jedes im Gerät implementierte Interface werden alle zugehörigen Daten gespeichert. Den Endpoints der Interfaces werden Pipes zugeordnet und diese werden konfiguriert. Anhand der analysierten Informationen werden Interfaces ausgewählt und diese Auswahl an das Gerät übermittelt.

Durch den USBD werden dazu die Datenstrukturen _USBD_Pipe_Information und _USBD_Interface_Information für alle ausgewählten Interfaces und die zugehörigen Endpoints ausgefüllt. Für jeden konfigurierten Endpoint enthält die Struktur _USBD_Pipe_Information ein Pipe-Handle, welches weitere, für die jeweilige Pipe spezifische Zugriffe ermöglicht.

```
typedef struct _USBD_INTERFACE_INFORMATION {
        // Length of this structure, including
        // all pipe information structures that follow
                USHORT Length;

        // INPUT: Interface number and Alternate setting this
        // structure is associated with
                UCHAR InterfaceNumber;
                UCHAR AlternateSetting;

        // OUTPUT: These fields are filled in by USBD
                UCHAR Class;
                UCHAR SubClass;
                UCHAR Protocol;
                UCHAR Reserved;
                USBD_INTERFACE_HANDLE InterfaceHandle;
                ULONG NumberOfPipes;

        // INPUT/OUPUT (see PIPE_INFORMATION)
                USBD_PIPE_INFORMATION Pipes[1];
} USBD_INTERFACE_INFORMATION, *PUSBD_INTERFACE_INFORMATION;

typedef struct _USBD_PIPE_INFORMATION {
        // OUTPUT: These fields are filled in by USBD
                // Maximum packet size for pipe
        USHORT MaximumPacketSize;
                // USB EP address (includes direction)
        UCHAR EndpointAddress;
                // Polling interval in ms if interrupt pipe
        UCHAR Interval;
                // PipeType (Type of transfer valid for this pipe)
        USBD_PIPE_TYPE PipeType;
                // THE pipe handle
        USBD_PIPE_HANDLE PipeHandle;
        // INPUT: These fields are filled in by the client driver
                // Maximum size for a single request in bytes
        ULONG MaximumTransferSize;

        ULONG PipeFlags;
} USBD_PIPE_INFORMATION, *PUSBD_PIPE_INFORMATION;
```

In Bild 7.4 sollen diese Zusammenhänge noch einmal verdeutlicht werden.

7.5 Aufgaben eines Toplevel-USB-Treibers

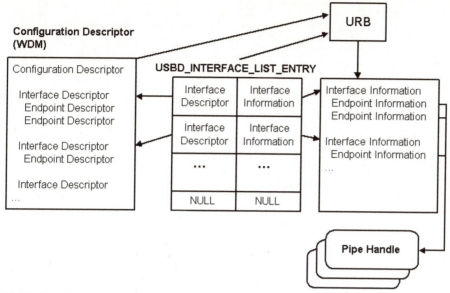

Bild 7.4: Entstehung des Pipe-Handle

Die entgegengesetzte Vorgehensweise ist mit der Übermittlung eines IRP mit dem Parameter IRP_MN_STOP_DEVICE verbunden. Dieser Parameter bewirkt die temporäre Deaktivierung des Geräts.

```
...
UsbBuildSelectConfigurationRequest(urb, (USHORT) siz, NULL);
// call USBD
ntStatus = CallUSBD(DeviceObject, urb);
...
```

Wenn ein Gerät aus dem USB-Baum entfernt wird, müssen durch das Betriebssystem alle noch ausstehenden I/O-Vorgänge zu diesem Gerät beendet werden. Das Entfernen des Geräts wird durch den I/O-Manager durch ein IRP mit dem Parameter IRP_MN_REMOVE_DEVICE signalisiert. Nach dem Beenden aller I/O-Vorgänge wird der Gerätetreiber aus der Treiberhierarchie entfernt (IoDetachDevice()) und das Device-Object freigegeben (IoDeleteDevice()). Ist mit dem Treiber kein weiteres Gerät assoziiert, so wird dieser aus dem Speicher entfernt. Um einen möglichen Datenverlust durch das Abbrechen von I/O-Vorgängen zu vermeiden, kann vor dem Entfernen des Geräts auf Anforderung einer Applikation ein IRP mit dem Parameter IRP_MN_QUERY_REMOVE_DEVICE an den Treiber gesendet werden. Der Treiber hat dann die Möglichkeit, durch das Übermitteln von Statusinformationen innerhalb der Bearbeitung dieses IRP dem System den möglichen Datenverlust mitzuteilen und so sein Entfernen zu verhindern (IRP_MN_CANCEL_REMOVE_DEVICE).

254 Kapitel 7: USB-Treiber

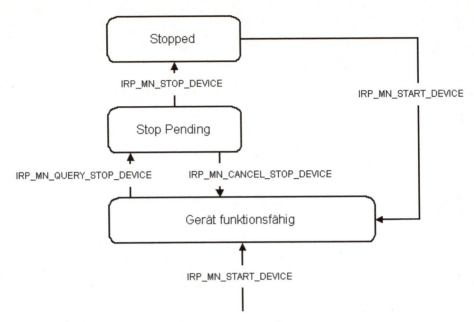

Bild 7.5: Plug&Play-Vorgang: StartDevice und StopDevice

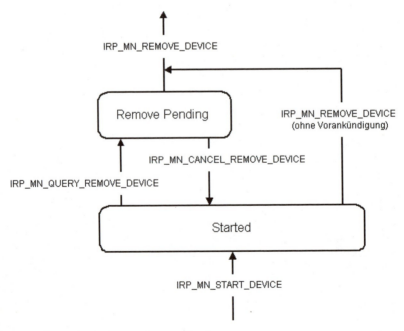

Bild 7.6: Plug&Play-Vorgang: RemoveDevice

7.5.3 Power-Management

Der Begriff Power-Management hat in Verbindung mit USB und WDM zwei verschiedene Bedeutungen. Das Überwachen der Einhaltung der USB-Standardvorgaben in Bezug auf den Stromverbrauch der USB-Geräte ist Aufgabe der Hardware (HUB). Für den Fall der Verletzung dieser Vorgaben besteht in einigen Fällen die Möglichkeit der Fehlerbehebung durch die Hardware selbst (HUB verhindert das Aktivieren eines Geräts). In anderen Situationen werden die Softwarekomponenten des Betriebssystems benachrichtigt. In diesem Fall ist es Aufgabe des Gerätetreibers, das Gerät anders zu konfigurieren bzw. abzuschalten und damit die Standardvorgaben zu erfüllen.

Power-Management bedeutet andererseits auch, dass Geräte und zugehörige Treibermechanismen zur Verfügung stellen, welche die Umsetzung des Energie-Managements des Betriebssystems unterstützen (siehe auch Kapitel 6.5).

Die Power-Management-Funktionen des Gerätetreibers werden über den Einstiegspunkt `MajorFunction[IRP_MJ_POWER]` aufgerufen. Dem Funktionscode IRP_MJ_POWER sind die Zusatzcodes IRP_MN_QUERY_POWER, IRP_MN_SET_POWER, IRP_MN_POWER_SEQUENCE und IRP_MN_WAIT_WAKE zugeordnet. Jede Anforderung zum Ändern des Energiezustand eines Geräts besteht aus Sicht eines Gerätetreibers aus zwei Phasen. Im ersten Schritt wird durch ein IRP mit dem Funktionscode IRP_MN_QUERY_POWER die bevorstehende Zustandsänderung angekündigt und damit überprüft, ob das Gerät den neuen Zustand einnehmen kann. Ist das nicht möglich, teilt der Treiber dies durch einen Fehlerstatus im Rückgabewert mit und der Vorgang wird abgebrochen. Mit der Signalisierung der möglichen Änderung des Energiezustandes stoppt der Treiber alle noch ausstehenden Anforderungen an das Gerät und speichert diese zur späteren Verarbeitung. Im zweiten Schritt eines Power-Management-Vorgangs empfängt der Gerätetreiber ein IRP mit dem Funktionscode IRP_MN_SET_POWER und dem angeforderten Zustand. Alle Power-IRPs müssen unter Nutzung spezieller Funktionen an die nächsttiefere Treiberschicht weitergegeben werden.

```
...
PoStartNextPowerIrp(Irp);
IoCopyCurrentIrpStackLocationToNext(Irp);
PoCallDriver(..., Irp);
...
```

Wenn ein Gerätetreiber eine Änderung des Energiezustandes eines Geräts auslösen möchte, besteht die Möglichkeit der Anforderung eines speziellen Power-IRPs durch den Aufruf der Funktion `PoRequestPowerIrp()`. Der I/O-Manager sendet darauf ein IRP mit dem Funktionscode IRP_MN_SET_POWER. Mit `PoSetPowerState()` definiert der Gerätetreiber den angeforderten Zustand im IRP, welches dann zum darunter liegenden Treiber gesendet wird.

7.5.4 Datentransport

Der angeforderte Transport von Daten zwischen Gerät und Applikation wird dem Gerätetreiber durch ein IRP mit dem Funktionscode IRP_MJ_READ bzw. IRP_MJ_WRITE signalisiert. In der mit dem Einstiegspunkt für diese Funktionscodes verbundenen Dispatch-Funktion werden alle für Datentransporte notwendigen Aktionen zusammengefasst. Voraussetzung für den Austausch von Daten ist die Zugriffsmöglichkeit auf einen Kommunikationskanal zum jeweils angesprochenen Endpoint. Dafür stehen Pipe-Handles zur Verfügung, die während der Start-Device-Phase für jedes Interface des Geräts in einer Struktur des Typs USBD_INTERFACE_INFORMATION abgelegt werden. In dieser Struktur sind neben dem Pipe-Handle noch weitere wichtige Informationen wie z.B. der Typ der entsprechenden Pipe enthalten.

```
...
pInterface = (PUSBD_INTERFACE_INFORMATION)deviceExtension
        ->Interface[INTERFACE(irpStack->FileObject->FsContext)];
ucPipeType = pInterface->Pipes[ulPipeNum].PipeType;
hPipeHandle= pInterface->Pipes[ulPipeNum].PipeHandle;
...
```

Unter Nutzung der ermittelten Informationen wird ein URB erstellt. Zum Datentransport stehen die Funktionscodes URB_FUNCTION_ISOCH_TRANSFER und URB_FUNCTION_BULK_OR_INTERRUPT_TRANSFER und die zugehörigen Strukturen zur Verfügung.

Zur Realisierung eines effizienten Datentransports sollte die Bearbeitung der entsprechenden I/O-Anforderungen im Treiber asynchron und unter Verwendung der Methode Direct-I/O erfolgen (vgl. Abschnitt 6.2.3). Die asynchrone Bearbeitung der I/O-Anforderungen ermöglicht eine parallele Bearbeitung des Datentransports zwischen Treiber (und damit Applikation) und Gerät einerseits und der Verarbeitung der Daten durch die Applikation andererseits. Diese Vorgehensweise stellt die einzige Möglichkeit zum Realisieren eines kontinuierlichen Datenflusses zwischen Applikation und USB-Gerät dar. Durch die Auswahl der Methode Direct-I/O finden keine Kopiervorgänge beim Austausch der Daten zwischen Applikation und Treiber statt. Damit wird eine unnötige Belastung des PC-Systems vermieden.

7.5.5 Schnittstellen zur Applikation

Ein Toplevel-USB-Gerätetreiber stellt Einstiegspunkte für die Win32-Funktionen bereit, welche den Zugriff auf seine Funktionen durch Applikationen ermöglichen (siehe Kapitel 6.2.1). Neben den Standardfunktionen ReadFile() und WriteFile() für den Datenaustausch besteht die Möglichkeit der Anpassung dieser Schnittstelle durch die Nutzung der Funktion DeviceIoctl(). Diese ermöglicht die Übergabe von so genannten I/O-Control-Codes, welche in gewissen Grenzen frei definiert werden können.

Die konkrete Realisierung der Schnittstelle zwischen Treiber und Applikation hat einen erheblichen Einfluss auf die erreichbare Performance insbesondere bei einer kontinuierlichen Datenübertragung. Der Entwurf einer solchen Schnittstelle erfordert daher eine sorgfältige Planung. Eine Datenübertragung zwischen Gerät und Treiber (Erzeugen von IN- bzw OUT-Tokens durch den Host Controller) ist nur möglich, wenn dem USB-Bus-Treiber (USBD) und damit indirekt dem Host-Controller ein entsprechender Datenspeicher zur Verfügung gestellt wird. Das ist die Aufgabe des Treibers, welcher dem Gerät zugeordnet ist, in Verbindung mit der aufrufenden Applikation. Die Applikation übergibt den Speicherblock an den Toplevel-Gerätetreiber (ReadFile() bzw. WriteFile()). Wenn der Treiberstack die Verarbeitung des Speicherblocks abgeschlossen hat, gibt er diesen an die Applikation zurück. Bei einer synchronen

Implementierung der jeweiligen Schnittstellenfunktion ist die Applikation (der aufrufende Thread) für die Zeitdauer der Bearbeitung des Aufrufs durch den Treiberstack blockiert und kann somit keine weiteren Datenblöcke vorbereiten. Darüber hinaus besteht die Gefahr einer Threadumschaltung während der Rückgabe des Speicherblocks vom Treiber zur Applikation (vgl. Abschnitt 6.3.1). Dies bewirkt eine weitere Verzögerung, da in diesem Fall dem USB-Bus-Treiber für eine gewisse Zeit kein Datenspeicher zur Verfügung steht und deshalb kein Datenaustausch zwischen Gerät und Treiber möglich ist. Ein kontinuierlicher Datenfluss zwischen Gerät und Treiber ist nur zu realisieren, wenn die betreffenden Schnittstellenfunktionen des Treibers asynchron implementiert sind und die Applikation eine gewisse Anzahl von Speicherblöcken in einem Kreislauf mit dem Toplevel-Treiber austauscht. Dann ist es möglich, dass der Treiberstack einen bestimmten Datenblock bearbeitet und die Applikation gleichzeitig weitere Speicherblöcke für eine Übertragung vorbereitet bzw. die empfangenen Daten verarbeitet.

7.6 Klassentreiber

7.6.1 Geräteklassen aus Betriebssystemsicht

In Kapitel 5 sind die für den USB definierten Geräteklassen beschrieben. Aus Sicht des Betriebssystems bietet die Zusammenfassung von gleichartigen Geräten in bestimmte Klassen folgende Vorteile:

- Der Aufwand bei der Unterstützung einer stetig steigenden Zahl von Peripheriegeräten wird durch die Nutzung von gemeinsamem Programmcode für gemeinsame Funktionalitäten reduziert.
- Für die verschiedenen Klassen von Geräten ist die Nutzung eines vorhandenen Gerätetreibers mit vollständig getesteter Funktionalität möglich.

Im folgenden Abschnitt wird die Realisierung des Klassenkonzepts bezogen auf das Betriebssystem am Beispiel der Human-Interface-Device-Class (HID) erläutert.

7.6.2 HID-Treiber

Das HID-Treibermodell von Windows 98/ME bzw. Windows 2000 bietet verschiedene Möglichkeiten zur Einbindung eigener Applikationen. In Anlehnung an die Definition der Unterstützung von HID-kompatiblen Geräten durch WDM gibt es zwei verschiedene Arten von HID-Gerätetreibern. Die Unterscheidung erfolgt anhand der Systemumgebung (User-Mode oder Kernel-Mode), in der das jeweilige Modul ausgeführt wird. Die Entscheidung über die konkrete Implementation des Treibers hängt davon ab, in welchem Umfang die geforderten Funktionen zur Kommunikation mit dem spezifischen HID-Gerät von der im Betriebssystem enthaltenen Treiberkomponente abgedeckt werden.

Wenn bei der Kommunikation mit dem HID-Gerät die Flexibilität des systemspezifischen Funktionsumfangs nicht ausreicht oder zusätzlich bestimmte Schnittstellen des Kernel benötigt werden, ist die Implementation eines HID-Kernel-Mode-Client erforderlich. Für Standardkomponenten bietet das Betriebssystem Kernel-Mode-Treiber, wie z.B. den Tastaturtreiber KBDHID.VXD für Windows 98.

HID-Kernel-Treiber

Ein HID-Kernel-Mode-Treiber ist ein WDM-Treiber. Daraus resultieren bestimmte Mindestanforderungen an den enthaltenen Funktionsumfang. In der Funktion `DriverEntry()` müssen Dispatch-Funktionen für die folgenden Einstiegspunkte vereinbart werden:

- AddDevice bzw. PnP-Notification-Routine (siehe Text)
- IRP_MJ_PNP
- IRP_MJ_POWER
- IRP_MJ_CREATE
- IRP_MJ_CLEANUP
- IRP_MJ_CLOSE
- IRP_MJ_INTERNAL_DEVICE_CONTROL
- DriverUnload

In Bild 7.7 ist die Einordnung eines HID-Kernel-Mode-Client in die Treiberhierarchie dargestellt.

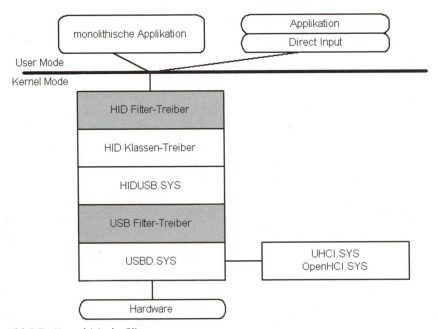

Bild 7.7: Kernel-Mode-Client

Neben der in Abschnitt 7.5 beschriebenen Methode, mit der Funktion AddDevice() den Treiber in die Treiberhierarchie einzubinden, kann auch eine PnP-Notification-Routine in der DriverEntry-Funktion definiert werden. Dazu ist die Funktion IoRegisterPlugPlayNotification() zu verwenden. Die Notification-Routine wird vom Betriebssystem aufgerufen, wenn ein neues HID-Gerät am Bus angemeldet wird. Innerhalb dieser Funktion muss ermittelt werden, ob der Treiber mit dem neuen Gerät kommunizieren kann. Außerdem kann durch diese Funktion ermittelt werden, welche anderen Treiber mit diesem Gerät kommunizieren.

Voraussetzung für die Kommunikation zwischen Treiber und HID-Gerät sind bestimmte Informationen, die in der Datenstruktur HID_COLLECTION_INFORMATION gespeichert werden. Zum Füllen dieser Struktur wird der Funktionscode IOCTL_HID_GET_COLLECTION_INFORMATION verwendet. In dieser Struktur ist unter anderem die Länge der aktuellen Datenstruktur vom Typ HID_COLLECTION_DESCRIPTOR abgelegt. Der Treiber kann mit dieser Information eine entsprechende Menge an Speicher anfordern und den HID-Collection-Descriptor abfragen. Dieser Deskriptor beschreibt die Daten des HID-Geräts in einer universellen Form. Für die Interpretation der verschiedenen HID-Reports stehen Systemfunktionen der Form HidP_Xxx() zur Verfügung, bei deren Aufruf der HID-Collection-Descriptor übergeben werden muss. Eine detaillierte Beschreibung dieser Funktionen ist der Dokumentation des DDK-Paketes von Windows 2000 zu entnehmen.

HID-User-Mode-Treiber

Eine einfachere Lösung für viele Probleme bietet die Implementierung eines HID-User-Mode-Client. Ein solches Modul stellt keinen Gerätetreiber im eigentlichen Sinn dar, es ist vergleichbar mit einer normalen Win32-Applikation. Dieses Modul kommuniziert über die Schnittstellen des Betriebssystems (DirectInput) mit Kernel-Komponenten. Bild 7.8 zeigt die Einordnung von HID-User-Mode-Clients in der Treiberhierarchie.

Ein HID-User-Mode-Client ermittelt die GUID des HID-Geräts mit der Funktion HidD_GetHidGuid(). Mit der Funktion SetupDiGetClassDevs() können die im System vorhandenen HID-Geräte ermittelt werden. Die Enumeration dieser Geräte wird mit den Funktionen SetupDiEnumInterfaceDevice() und SetupDiGetInterfaceDeviceDetail() abgeschlossen. Der User-Mode-Client stellt mit CreateFile() eine Verbindung zum HID-Treiber des Systems her und ermittelt mit der Funktion HidD_GetPreparsedData() den HID-Collection-Descriptor. Die HID-Reports der Geräte werden mit der Funktion ReadFile() gelesen. Zur Interpretation stehen analog zu Kernel-Mode-Clients eine Reihe von Funktionen HidP_Xxx() zur Verfügung, welche bei ihrem Aufruf ebenfalls den Collection-Descriptor des Geräts benötigen. Die genaue Beschreibung dieser Funktionen ist der Dokumentation der DDK- und SDK-Pakete des genutzten Betriebssystems zu entnehmen.

260 *Kapitel 7: USB-Treiber*

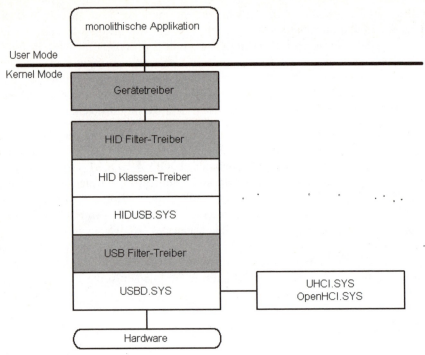

Bild 7.8: User-Mode-Interface

8 USB-Bausteine

Eine Vielzahl von USB 1.1-kompatiblen Bausteinen für verschiedene Anwendungen und mit unterschiedlichem Integrationsgrad werden derzeit angeboten. Mit der weiteren Verbreitung des USB wird diese Zahl ständig zunehmen. Dieser Abschnitt soll, ausgehend von der generellen Architektur von USB-Geräten, eine Übersicht über verfügbare USB-Bausteine, deren Anbieter und grundlegende Applikationen geben.

8.1 Allgemeiner Aufbau

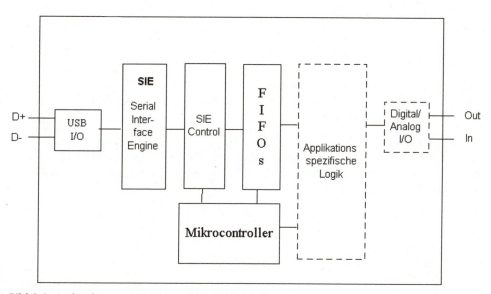

Bild 8.1: Architektur eines USB-Function-Bausteins

Um das in Kapitel 2 beschriebene USB-Protokoll auf physikalischer und Control-Ebene zu realisieren, sind für ein USB-Gerät fünf typische Teilkomponenten erforderlich:

- USB-I/O-Treiber (Transceiver)
- Serial Interface Engine (SIE)
- SIE/FIFO-Control-Einheit
- FIFO(s)
- Mikrocontroller oder State-Machine

Bei Geräten, die durch den USB mit Spannung versorgt werden, ist zusätzlich ein Spannungsregler notwendig, welche die vom Bus kommende Spannung V_{BUS} (4,2V bis 5,25V) auf die für den USB-I/O-Treiber notwendigen 3,3V transformiert.

Für die Funktionalität eines USB-Geräts ist es unerheblich, ob die Teilkomponenten in einem Chip integriert oder aus mehreren Bausteinen zusammengesetzt sind.

Infolge der höheren Datenraten wurde für USB 2.0-Geräte eine etwas geänderte Aufteilung dieser Funktionsblöcke notwendig (vergleichbar der PHY- und LINK-Layer-Struktur bei IEEE1394/FireWire). Da die Datenrate von 480 MBit/s nur durch komplexe integrierte Lösungen zu beherrschen ist, wurde ein physikalisches Interface mit einer normierten parallelen Schnittstelle festgelegt.

Das parallele Interface zwischen dem PHY- und dem LINK-Baustein arbeitet bidirektional mit einer Breite von 16 Bit und einer Taktrate von 30 MHz. Alternativ gibt es auch eine Betriebsart mit 8 Bit/60 MHz. Das davor liegende physikalische Interface enthält alle Transceiver-Komponenten sowie die Seriell-Parallel-Wandlung der Daten. Die Schnittstelle ist im UTMI Standard (Universal Transceiver Macrocell Interface) festgeschrieben. Dieser ist allerdings nur für Mitglieder des USB Implementers Forum frei zugänglich.

8.1.1 USB-I/O-Transceiver (USB 1.1)

Der USB-I/O-Transceiver stellt die physikalische Verbindung zum USB her. Er besteht aus einem Empfänger und einem Sender. Die Treiberschaltung ist ein analoger Block, der entsprechend der Technologie des Bauelemente-Herstellers speziell entworfen wird.

Der Empfänger muss neben den differenziellen Zuständen Low und High das Single-Ended-Zero-Signal (SE0) erkennen. SE0-Signalisierung bedeutet, dass beide Datenleitungen D+ und D- auf GND liegen, und wird je nach Zeitdauer zur Signalisierung eines End-of-Packet (EOP) oder eines USB-RESET verwendet.

Der Sender treibt entsprechend der USB-Spezifikation die Leitungen D+ und D-.

8.1.2 Serial-Interface-Engine (SIE)

Die SIE übernimmt in digitaler Form vom USB-Transceiver die Leitungszustände, führt die in Kapitel 2 beschriebene NRZI-Decodierung, das Bit-Destuffing und den CRC-Check durch. Die eigentlichen Nutzdaten werden 8 Bit parallel an die SIE-Control-Einheit übergeben.

In der umgekehrten Richtung, der Datenübertragung zum USB-Host, werden die Daten von der SIE-Control-Einheit übernommen, die CRC-Prüfsumme gebildet, die Nullen für das Bit-Stuffing eingefügt und die Daten NRZI codiert seriell dem USB-I/O-Treiber übergeben. Sowohl die dem Datenpaket voranstehende PID (DATA0 oder DATA1) wird in der SIE erzeugt als auch die Handshake-Signale ACK für erfolgreichen Datenempfang und NAK, wenn keine Daten empfangen oder gesendet werden konnten, sowie STALL für einen vorangegangenen unmöglichen Befehl.

Die SIE realisiert ebenfalls die Synchronisation des internen Gerätetaktes auf den USB-Takt.

8.1.3 SIE/FIFO-Control-Einheit

Die SIE benötigt zur Generierung von Handshake-Signalen und Data-PIDs externe Steuersignale. Alle Aktivitäten auf dem USB werden durch die SIE signalisiert. Zur Auswertung und Generierung von Steuersignalen und zur Übergabe oder Übernahme von Daten ist ein spezieller Funktionsblock notwendig. Dieser Funktionsblock wird in den Datenblättern der Anbieter von USB-Bausteinen verschieden benannt und besitzt zum Teil weitere Funktionen, wie die USB-Adressdecodierung, die Ablage ankommender Daten in der FIFO und die Bereitstellung von Daten aus der FIFO nach Aufforderung durch die SIE.

8.1.4 FIFO

Der USB ist ein Polling-Bus. Der Host fragt alle mit dem USB verbundenen Geräte danach ab, ob sie Daten senden wollen (IN-Richtung) oder ob sie empfangsbereit sind (OUT-Richtung). Die Antwortzeiten für die Host-Abfragen sind sehr klein. Die Function muss bei einem IN-Transfer innerhalb von 7,5 Taktzyklen entweder die Daten oder ein NAK liefern. Das bedeutet bei 12 MHz (Full-Speed) eine Reaktionszeit von ca. 600 ns, was für viele Mikrocontroller zu schnell ist. Um diesen Zeitanforderungen gerecht zu werden, müssen die Daten zum Senden in einer FIFO bereitstehen. Auch in der entgegengesetzten Empfangsrichtung hat der Mikrocontroller nicht genug Zeit, die Daten beim Empfang in Echtzeit abzuholen, deshalb müssen auch die ankommenden Daten in einer FIFO zwischengespeichert werden.

Dem USB-Host wird nicht vorgeschrieben, in welcher Reihenfolge er die Endpoints der angeschlossenen Geräte abfragen muss. Für jeden Endpoint müssen die Daten deshalb in einer separaten FIFO abgelegt werden.

Die Größe der FIFO richtet sich nach der Anwendung und muss mit der entsprechenden Eintragung im Endpoint-Device-Descriptor korrespondieren.

8.1.5 Mikrocontroller/State-Machine

Um die Standard-Device-Requests zu unterstützen, ist ein Mikrocontroller erforderlich. Die Firmware des Mikrocontrollers muss in der Lage sein, vom Host übermittelte Device-Requests zu erkennen, zu decodieren und zu beantworten.

Es ist möglich, die Decodierung dieser Requests oder Teile davon in Hardware, in einer State-Machine zu realisieren. Zum Beispiel wird der SetAddress-Request in den Bausteinen von Infineon (C541U, C161U) in Hardware realisiert. Einige USB-Hub-Bausteine kommen auch ganz ohne Mikrocontroller aus.

USB-Bausteine, die universell für verschiedene Geräteklassen einsetzbar sein sollen und auf eine Vielzahl von Requests antworten müssen, kommen ohne einen programmierbaren Mikrocontroller nicht aus. Dieser übernimmt neben der Bearbeitung der Standard-Requests auch die Erkennung und Realisierung der Funktionalität, welche mit Klassen- und/oder Vendor-Requests implementiert wird. Der Mikrocontroller kann ohne Probleme auch für andere Funktionen des Geräts genutzt werden. Der USB-Code hat je nach Anwendung und der damit verbundenen Implementierung von Klassen- und Vendor-Requests einen Umfang von 1 KByte...8 KByte ROM-Code.

8.2 USB-I/O-Treiberbausteine

Aufgaben

Die für jede USB-Applikation mit externen USB-Transceivern notwendigen I/O-Treiberbausteine gibt es von mehreren Firmen als separate Bausteine. Fast alle für USB 1.1 verfügbaren Transceiver sind pin- und funktionskompatibel. Sie erlauben es, rein digitale Schaltungen mit dem (analogen) USB zu verbinden. Alle Bausteine sind für Full- und Low-Speed einsetzbar, da die Treiber über ein Steuer-Pin entsprechend umschaltbar sind. Dieser Mechanismus ist insbesondere für die Umschaltung der Slew-Rate beim Senden von Low/Full-Speed-Daten notwendig.

Anwendungen

Mit Hilfe dieser Bausteine ist es möglich, rein digitale Schaltungen USB-tauglich zu machen. In Kombination mit FPGAs eignen sie sich besonders für die Herstellung von Prototypen oder Kleinserien. Auch einige Hersteller von Prozessoren (z.B. Motorola MPC 823) setzen auf die Verwendung von externen USB-Transceivern.

Bei der Verwendung gemeinsam mit Gate-Arrays kann die recht aufwändige Entwicklung eigener USB-Treiber in Silizium umgangen werden, um die Zeit bis zur Markteinführung zu überbrücken oder Kosten zu sparen.

Da die zwischen Transceiver und SIE befindlichen Steuerleitungen nur unidirektional arbeiten, ist hier auch eine galvanische Trennung durch Optokoppler möglich.

Beispiele für Anbieter

Anbieter	Typ	Gehäuse
Philips	PDIUSBP11	SOP14 / TSSOP14 u.a.
Sipex	SP5301	SOIC14

Tab. 8.1: USB-I/O-Treiber-Bausteine

Applikationsbeispiel

Bild 8.2 zeigt die Verbindung eines USB 1.1-kompatiblen Treiberbausteins mit der im Digitalteil als FPGA oder Gate-Array realisierten SIE. Dabei werden die D- und D+ Leitungen direkt über die Widerstände zur Impedanzanpassung mit den entsprechenden USB-Datenleitungen verbunden. An die Datenleitung D+ ist ein 1,5 KΩ Pull-Up-Widerstand angeschlossen. Daran ist zu erkennen, dass die Schaltung eine Full-Speed-Applikation ist.

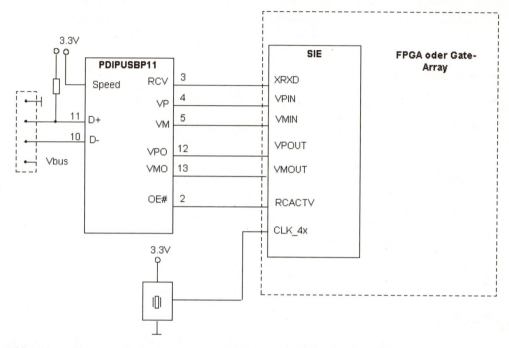

Bild 8.2: Applikationsschaltung mit dem USB-I/O-Treiberbaustein PDIUSBP11

Die auf den USB-Datenleitungen D+ und D- empfangenen differenziellen Signale werden über das Pin RCV der im Digitalteil implementierten SIE übergeben. Die Pins VP und VN dienen der SIE zur Decodierung des SE0-Signals (beide Datenleitungen auf Low).

VP0 und VM0 sind die Eingangssignale, wenn die Applikation die USB-Datenleitungen treiben muss. Hierzu ist es notwendig, den Treiber über den Low-aktiven OE# freizuschalten.

Die SIE arbeitet intern mit einem vierfachen Takt. Für eine Full-Speed-Applikation sind daher am Pin CLK_4x der SIE 48 MHz einzuspeisen.

8.3 USB-Interface-Bausteine

Aufgaben

USB-Interface-Bausteine (*USB-Bridges*) enthalten alle Teilblöcke zur Realisierung der physikalischen Protokollebene des USB, einschließlich der Adress- und Endpoint-Decodierung. Der Datenaustausch erfolgt mit einem Standard-Mikrocontroller über den lokalen Bus (meistens Memory-Bus).

USB-Interface-Bausteine erlauben die einfache Erweiterung von erprobten Mikrocontroller-Schaltungen mit einer USB-Schnittstelle. Für die Anbindung ist typischerweise nur der Zugriff auf den parallelen I/O- oder Memory-Bus des Mikrocontroller und ein weiteres Chip-Select für den USB-Bridge-Baustein notwendig. Für die Signalisierung von USB-Ereignissen ist eine Interrupt-Leitung zum Mikrocontroller empfehlenswert, aber nicht zwingend notwendig (falls der USB-Chip durch den Mikrocontroller gepollt wird).

Anwendungen

USB-Interface-Bausteine eignen sich besonders für Applikationen, die

- bereits über einen Mikrocontroller oder Mikroprozessor verfügen und USB als zusätzliche Schnittstelle benötigen,
- spezielle Mikrocontroller oder Mikroprozessoren benötigen, welche mit einem integrierten USB-Interface nicht verfügbar sind,
- spezielle Interfaces (z.B. CAN, HDLC, IEEE488) benötigen.

Falls zwischen dem USB-Bridge-Baustein und dem Mikrocontroller ein serieller Bus zum Einsatz kommt (z.B. National USBN9604 mit Microwire™-Interface oder Thesys TH6503 mit proprietärem seriellen Interface), ist hier auch eine galvanische Entkopplung zwischen der USB-Seite und dem restlichen Gerät möglich.

Beispiele für Anbieter

Verfügbar sind Interface-Bausteine für unterschiedliche Anforderungen, die durch einen externen Mikrocontroller programmierbar sind. Die Verbindung zum Mikrocontroller erfolgt in USB 1.1-Sytemen meist über 8 Bit breite parallele oder serielle Interfaces. Bausteine mit 16 Bit breitem Interface sind von Philips (ISP1181) und anderen Herstellern angekündigt. Fast alle Interface-Bausteine haben einen programmierbaren Taktausgang für den Mikrocontroller, wodurch der Quarz für den Microcontroller eingespart werden kann. Es stehen jedoch meist nur Taktraten von 48 MHz, geteilt durch einen ganzzahligen Wert, zur Verfügung (24/16/12... MHz).

Anbieter	Typ	Endpoints*	Gehäuse	Full-/Low-Speed
Lucent	USS-820	14	MQFP44	Full-Speed
National	USBN9604	6	SOP28 u.a.	Full-Speed
NetChip	NET2890	4	PQFP48 u.a.	Full-Speed
Philips	PDIUSBD11	4	SOP16 u.a.	Full-Speed
Philips	PDIUSBD12	4	SOP28 u.a.	Full-Speed
Thesys	TH6503	4	SOP16	Low-Speed

Tab. 8.2: Übersicht USB-Interface-Bausteine (* ohne Endpoint EP0)

Die in Tabelle 8.2 aufgeführten Interface-Bausteine unterscheiden sich neben den verwendeten Interfaces zur Verbindung mit dem Mikrocontroller auch in der Anzahl und Größe der Endpoint-FIFOs.

Die Typen von Lucent, National Semiconductor, ScanLogic und NetChip Technology mit ihren parallelen Interfaces eignen sich besonders für Anwendungen, die hohe Datenraten erfordern. Da das verwendete parallele Interface in der Regel mehr als 12 MBit Datendurchsatz erreicht, ist keine Verminderung des USB-Datendurchsatzes zu erwarten. Ist der verwendete Microcontroller leistungsfähig genug, so kann mit diesen Bausteinen nahe an der theoretisch erreichbaren Bandbreite gearbeitet werden.

Eigenschaft	National USBN9604	Netchip NET2890	Lucent USS-820	Philips PDIUSBD12	Thesys TH6503
Endpoint EP0	8 Byte	16 Byte	16/64 Byte	8 Byte	8 Byte
OUT-EP	3 je 64 Byte	max. 4 je 128 Byte	7 je 16 / 64 Byte	1 x 16 Byte 1 x 64/128 Byte	max. 2 je 8 Byte
IN-EP	3 je 64 Byte	max. 4 je 128 Byte	7 je 16 / 64 Byte	1 x 16 Byte 1 x 64/128 Byte	max. 2 je 8 Byte
Interface	parallel/ Microwire	parallel	parallel	parallel	seriell
Spannung	5V/3,3V	3,3V	3,3V	5V/3,3V	5V/3,3V
Double-Buffer	teilweise	teilweise	ja	teilweise	nein
DMA Unterst.	ja	ja	ja	ja	nein
Takt für Mikrocontroller	ja	ja	nein	ja	ja

Tab. 8.3: Vergleich von USB-Interface-Bausteinen

Der Aufwand, eine vorhandene Mikrocontroller-Schaltung auf USB umzurüsten, ist mit den Bausteinen von Natioanal und Thesys besonders gering, da beide Firmen Bausteine mit seriellem Interface und kleinem Gehäuse anbieten. Der USBN9604 von Natioanl Semiconductors verfügt über ein serielles Microwire™ -Interface zum Anschluss an den Mikrocontroller, und der Interface-Baustein TH6503 der Thesys ist über vier Standard-Port-Pins an jeden Mikrocontroller anschließbar. Bausteine mit seriellem Interface erlauben es, kleine bis mittlere Datenraten über den USB zu senden, wie sie typischerweise bei Eingabegeräten (HID-Klasse) auftreten.

Applikationsbeispiel

Der USB Low-Speed-Interface-Baustein TH6503 der Firma Thesys ist in Bild 8.3 mit einem 6805 von Motorola verbunden. Dass es sich um eine Low-Speed-Anwendung handelt, ist an dem mit D- verbundenen Pull-Up-Widerstand zu erkennen. Der TH6503 verfügt über einen internen Oszillator, der den notwendigen Takt mit Hilfe des externen 6-MHz-Resonators erzeugt. Zur Kommunikation mit dem TH6503 werden auf der Mikrocontroller-Seite vier Standard-Port-Pins benötigt, die mit SCK, SIN, SDI und SCO des TH6503 verbunden werden. Der TH6503 signalisiert dem Mikrocontroller über ein Status-Bit, wenn Daten erfolgreich zum Host übertragen oder wenn Daten vom Host übermittelt wurden. Der Mikrocontroller kann dann, je nach Übertragungsrichtung, entweder Daten in die FIFO des TH6503 schreiben oder empfangene Daten aus der FIFO auslesen.

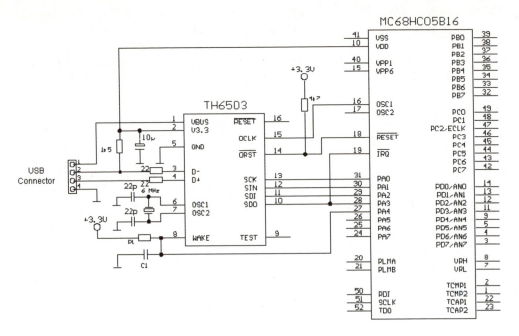

Bild 8.3: Applikationsschaltung mit dem TH6503 der Thesys [22]

In Tabelle 8.4 wird die Arbeitsteilung zwischen implementierter Hardware und zu realisierender Firmware noch einmal verdeutlicht. Diese Arbeitsteilung gilt auch für die im nächsten Abschnitt beschriebenen USB-Mikrocontroller.

Hardware	Firmware
Sync-Generierung	Device-Deskriptoren
NRZI-Codierung/Decodierung	Interpretation von Device-Requests
Bit-Stuffing/Destuffing	Interpretation der USB-Adresse und Eintrag in Hardware-Register
CRC-Kontrolle/Generierung	
Generierung der Data-PID	Interpretation der Class-Specific-Requests
Generierung der Handshakes	Generierung und Interpretierung der gerätespezifischen Daten
USB-Address/Endpoint-Decodierung	

Tab. 8.4: Arbeitsteilung Hardware/Firmware

8.4 Mikrocontroller

Aufgaben

Mikrocontroller mit integriertem USB-Interface ermöglichen die Realisierung des kompletten USB-Protokolls eines peripheren Geräts in einem einzigen Baustein.

Anwendungen

USB-Mikrocontroller eignen sich vor allem für Applikationen, die

- ein USB-Interface **und** einen Mikrocontroller benötigen,
- kostenkritisch sind,
- platzsparend sein müssen und daher mit nur einem Baustein auskommen müssen.

Beispiele für Anbieter

Auf dem Markt ist eine Vielzahl von USB-Mikrocontrollern verfügbar. Neben traditionellen Anbietern, wie Motorola, Intel, Infineon und Zilog, bieten auch eine Reihe neuer Startup-Firmen spezielle USB-Mikrocontroller an (Cypress, ScanLogic u.a.). Alle wichtigen 8-Bit-Familien sind mit speziellen USB-Versionen vertreten. Einen Schwerpunkt bilden Bausteine, die auf der ursprünglich von Intel stammenden 80C51-Architektur basieren. Die Firma Cypress bietet eine umfangreiche Familie von USB-Controllern mit einer eigenen sehr effizienten RISC-Architektur an sowie zwei weitere Familien (EZUSB bzw. EZUSB-FX) mit sehr schnellen 8051-kompatiblen Controller-Kernen.

Aus Sicht des Anwenders können zwei große Gruppen von USB-Mikrocontrollern unterschieden werden:

- USB-Mikrocontroller, die an spezielle Anwendungen angepasst sind, z.B. Tastatur, Maus und Joystick
- Universell einsetzbare USB-Mikrocontroller

Anbieter	Typ	Contr.	Gehäuse	RAM/ROM**	Anwendung
Cypress	CY7C631xx	RISC	SOIC24	128/4K	Joystick
	CY7C632xx	RISC	DIP18	128/4K	Maus
	CY7C635xx	RISC	SSOP48	256/8K	Tastatur
Mitsubishi	M37532	740	SOP36	256/8K	Tastatur
	M37536	740	SDIP12	256/8K	Maus, Joystick
Motorola	MC68HC708KL6	6805	QFP52	368/8K	Tastatur
	MC68HC05JB2	6805	PDIP20	128/2K	Maus, Joystick
NEC	UPD789801	78K0S	QFP44	256/16K	Tastatur
ScanLogic	SL11-R	RISC	LQFP100	3K/6K	Scanner
STMicroelectr.	ST72671N4	ST7	PSDIP56	512/16K	Tastatur
	ST72671N6	ST7	PSDIP56	1.024/32K	Tastatur
Zilog	Z86U18	Z86	DIP40	188/4K	Tastatur

Tab. 8.5: : Übersicht USB-Mikrocontroller für spezielle Anwendungen (** RAM/ROM in Byte)

Anbieter	Typ	Endpoints*	Controller	Gehäuse	RAM/ROM**
AMD	186CC/CU	5	80186	PQFP160	extern
Cypress	AN2321SC	14	80C51/C320	PQFP44	2.024/4K
	EZ-USB FX	14	80C51/C320	PQFP80	2.024/16K
Cypress	CY7C64011	4	RISC	SO-28	256/4K
Infineon	SAB-C541U	4	80C51/C500	PLCC44	256/8K
	SAB-C161U	14	C161	PQFP100	2K / ext.
Mitsubishi	M37640	8	7600	PQFP80	1.024/32K
	ST92162	30	ST9		4K / ext.

Tab. 8.6: Übersicht universell einsetzbarer USB-Mikrocontroller (* ohne Endpoint EP0, ** RAM/ROM in Byte)

Die in Tabelle 8.6 aufgelisteten universell einsetzbaren USB-Mikrocontroller eignen sich für alle Anwendungen, die von den Mikrocontrollern, wie sie in Tabelle 8.5 aufgeführt sind, nicht abgedeckt werden. Einige besonders interessante Bausteine sollen kurz vorgestellt werden. Die EZUSB Mikrocontroller-Familie (früher bekannt als AnchorChips) der Firma Cypress verwendet als Speicher für den Programm-Memory statt eines ROM einen RAM-Block. Dadurch ist es möglich, die Firmware über den USB herunterzuladen. Die Anzahl und Größe der Endpoint-FIFOs ist frei konfigurierbar. Für den Isochronous-Mode sind FIFO-Größen bis zu 1.023 Byte möglich.

Eigenschaft	Cypress EZ-USB	Cypress CY7C64011	Intel 8x931 AA	Infineon SAB-C541U
Endpoint EP0	8..64 Byte	8 Byte	8 Byte	8 Byte
OUT-EP	7 je 64 Byte	2 je 32 Byte	1 je 32 Byte	max. 4 je
	Iso 1.023 Byte	2 je 8 Byte	1 je 16 Byte	8..64 Byte
IN-EP	7 je 64 Byte	2 je 32 Byte	1 je 32 Byte	max. 4 je
	Iso 1.023 Byte	2 je 8 Byte	1 je 16 Byte	8..64 Byte
Double-Buffer	ja	nein	nein	ja
Enumeration Unterstützung	teilweise	nein	nein	teilweise
Mikrocontroller-Core	80C51/C320	RISC	80C51	80C51/C500
Instruktions-Zyklus	166 ns	333..666 ns	1µs	500ns
Externer Quartz	12 MHz	6 MHz	12 MHz	12 MHz
I/O-Ports	3	3	4	4
Serielle I/O	SCI, I²C	I²C	SPI	SCI
Timer	3	1	3	2
Watchdog	nein	ja	nein	ja
LED-Treiber		8	4	3
Spannung	3,3V	4...5V	4...5V	4...5V

Tab. 8.7: Vergleich von USB-Mikrocontrollern

- Zu allen USB-Mikrocontroller-Familien werden Evaluation-Boards angeboten, welche zum Teil mit umfangreichen Firmware-Beispielen im Quelltext ausgestattet sind (z.B. Cypress und Infineon).

Applikationsbeispiel

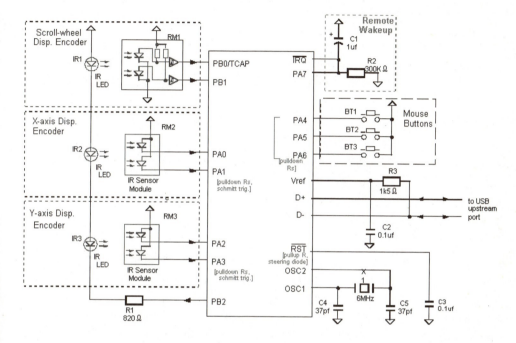

Bild 8.4: Applikationsbeispiel USB-Maus mit dem Mikrocontroller MC68HC05JB2 von Motorola [23]

Als Beispiel-Applikation für einen USB-Mikrocontroller wurde eine USB-Maus-Schaltung mit dem MC68HC05JB2 von Motorola [23] gewählt. Der MC68HC05JB2 ist ein USB-Low-Speed-Baustein speziell angepasst für Maus und Joystick. Die Schaltung zeigt eine Scroll-Maus. An die Standard-Port-Pins PA0 bis PA3 sind die Empfangsdioden für die X- und Y-Achsen-Bewegung angeschlossen. PB0/TCAP und PB1 sind mit dem Detektor für das Scroll-Rad verbunden. Soweit unterscheidet sich die Schaltung nicht von einer seriellen Maus. Auf der USB-Seite ist der 1,5-KΩ-Widerstand R3 zwischen Vref und D- zu erkennen, der die Low-Speed-Erkennung am Hub ermöglicht. Der MC68HC05JB2 wird in einer CMOS-Technologie gefertigt, daher ist zusätzlich zur vorliegenden Schaltung zu empfehlen, zwei 20..24 Ω-Widerstände in Reihe zu D+ und D- zu schalten, um den Innenwiderstand an die USB-Spezifikation anzupassen.

Beachtenswert ist die Remote-Wakeup-Schaltung. Wenn sich der Mikrocontroller im Suspend-Mode befndet (Takt abgeschaltet), muss er in regelmäßigen Abständen (Millisekundenbereich) geweckt werden, um feststellen zu können, ob die Maus bewegt wird. Das erfolgt mit Hilfe der RC-Schaltung (C1, R2). Der Kondensator C1 wird über PA7 geladen, bevor der Mikrocontroller seinen Takt abschaltet, und entlädt sich über R2. IRQ löst nach Unterschreiten seiner Auslöseschwelle einen Interrupt aus, der den Taktoszillator startet und den Mikrocontroller aufweckt. Wird eine Bewegung festgestellt, wird ein Remote-Wakeup auf den USB gegeben. Im anderen Fall geht der Mikrocontroller wieder in den Suspend-Mode.

8.5 Applikationsspezifische USB-Bausteine

Aufgaben

Für bestimmte Anwendungen in großen Stückzahlen werden USB-Bausteine angeboten, die neben dem USB über weitere applikationsspezifische analoge und digitale Funktionen verfügen.

Anwendungen

Die Datenrate von 12 MBit/s und die Unterstützung von Isochronous-Datentransfer machen den USB besonders für die folgenden Anwendungsfelder interessant:

- Audio
- Video
- Modem-/ISDN-Ankopplung

Die Übertragungsrate des USB erlaubt es, unkomprimierte digitale Audiodaten zu transportieren.

Für Videoanwendungen stellt die 12-MBit/s-Datenrate eine Begrenzung dar. Möglich ist die Übertragung von komprimierten Videodaten, wie z.B. in der Bildtelefonie üblich, oder die Übertragung von Einzelbildern von elektronischen Kameras.

Modems nach dem V90-Standard (56 KBit/s) und ISDN-Terminal-Adapter können ohne Bandbreitenbegrenzung mit USB-Interface realisiert werden.

Beispiele für Anbieter

Bausteine für Audio-Anwendungen werden von Philips und Dallas Semiconductor angeboten. ST Microelectronics bietet einen speziellen Baustein für USB-Kameras und ein Chipset für USB-Modems an. Im attraktiven Modemmarkt sind zukünftig weitere Bausteine zu erwarten.

Anbieter	Typ	Anwendung
AMD	AM186CC	Kommunikations-Controller mit vier HDLC-Kanälen
AOX	SE200	USB-USB Controller
	SE300	USB Telephony Controller
	SE400	USB Video Imager Controller
Conexant	USB UCU	USB Modem
Dallas	DS4201	Stereo USB-Audio System

Anbieter	Typ	Anwendung
Infineon	SABC165UATH	Kommunikations-Controller mit vier HDLC-Kanälen
Micronas		
Intermetall	UAC3552A	USB Stereo DAC
NEC	UPD98453	ASDL/USB Modem
NetChip	NET1031	Single Chip USB Scanner Controller
Philips	UDA1321	USB Stereo DAC
	UDA1325	USB Stereo CODEC
	UDA1331	USB Audio Playback
	UDA1335	USB Audio Playback/Recording
ST Micro	STV0503	USB-Kamera
ST Micro	ST7554	USB Modem

Tab. 8.8: Übersicht applikationsspezifischer USB-Bausteine

8.6 Hub-Bausteine

Aufgaben

USB-Hub-Bausteine unterstützen alle in Kapitel 3 beschriebenen Funktionen.

- Connect/Disconnect-Erkennung
- Low/Full-Speed-Erkennung
- USB-Daten-Verteilung in Up- und Downstream-Richtung
- Power-Management/Erkennung von Überstrom
- Fehlerbehandlung (LOA/Babble)

Anwendungen

Hubs werden entweder als Standalone-Hubs angeboten oder die USB-Hub-Funktionalität wird in einem bereits bestehenden USB-Gerät integriert. Für die Auswahl eines solchen Geräts ist entscheidend, ob es vom Nutzer gut erreichbar ist und ein leichtes Anstecken oder Abziehen weiterer USB-Geräte ermöglicht.

Für die Integration von Hubs eignen sich deshalb besonders Peripheriegeräte, die

- gut erreichbar auf dem Schreibtisch sind und
- über eine eigene Stromversorgung verfügen.

Für die am häufigsten verwendeten Kombinationen mit Tastatur und Monitor gibt es speziell angepasste Bausteine.

Beispiele für Anbieter

Hub-Bausteine werden mit und ohne integrierten Mikrocontroller angeboten. Aus Kosten- und Platzgründen finden in Tastaturen oft nur Bausteine mit integriertem Mikrocontroller Verwendung. Entsprechende Bausteine sind von den Firmen Atmel, ST, Motorola u.a. verfügbar.

Alle angebotenen Implementationen von Hub-Tastaturen sind als Compound-Devices realisiert (siehe Kapitel 9.3.1). Für den Host ist die Tastatur als nicht entfernbares Gerät am Hub sichtbar. Die Implementierung als Compound-Gerät erfordert die Unterstützung von zwei USB-Adressen: eine für den integrierten Hub und eine für die eigentliche Function.

Philips und Texas Instruments waren mit den Baureihen PDIUSBH1x und TUSB20xx die ersten, die spezielle Hub-Bausteine für Monitore anboten. Beide Baureihen haben keinen integrierten Mikrocontroller. Die Erkennung und Beantwortung der Standard- und Hub-Class-Requests erfolgt bei diesen Chips mit einer integrierten State-Machine. Die Kommunikation mit einem externen Mikrocontroller erfolgt bei den Philips-Bausteinen über eine I²C-Schnittstelle. Mit diesen Bausteinen lassen sich auch Hubs als Einzelgeräte realisieren.

Anbieter	Typ	Ports*	Controller	Adr.**	Gehäuse	Anwendung
Alcor Micro	AU9204	4	ohne	1	DIP48	separater Hub
	AU9216	6	RISC	1	DIP48	separater Hub
	AU9412EEP	2	RISC	2	DIP48	Tastatur
Atmel	AT43301	4	ohne	1	SOIC24	separater Hub
	AT43320	4	RISC	2	LQFP100	Tastatur
Cypress	CY7C66011	4	RISC	2	PDIP48	allgemein
	CY7C66113	4	RISC	2	SSOP56	allgemein
NetChip	NET3240	4	ohne	1	PQFP48	separater Hub
Philips	PDIUSBH11A	4	ohne	2	SDIP32	Monitor
	PDIUSBH12	2	ohne	2	SDIP32	Monitor
	P8xCx90	4	80C51	2		Monitor
STMicroel	ST92161	4	ST9	2	DIP42	Monitor
TI	TUSB2040N	4	ohne	1	DIP28	allgemein
	TUSB2040PT	4	ohne	1	TQFP48	separater Hub
	TUSB2140N	4	ohne	1	DIP40	Monitor
	TUSB2070PT	7	ohne	1	TQFP48	Monitor

Tab. 8.9: USB-Hub-Controller-Bausteine (* USB-Down-Stream-Ports, ** Anzahl unterstützte USB-Adressen)

Eigenschaft	AU9204 Alcor	NET3240 NetChip	PDIUSBH11A Philips	TUSB2070PT Texas Instruments
EP0 Hub	8 Byte	8 Byte	8 Byte	8 Byte
EP1 Hub	8 Byte	8 Byte	8 Byte	8 Byte
EP0 Function	keine	keine	8 Byte	keine

8.6 Hub-Bausteine

Eigenschaft	AU9204 Alcor	NET3240 NetChip	PDIUSBH11A Philips	TUSB2070PT Texas Instruments
EPx Function	–	–	1 je 8 Byte	–
Interface	I²C			
Spannung	5V	3,3V	5V	3,3V
Externer Quarz	48 MHz	48 MHz	12 MHz	48 MHz

Tab. 8.10: Vergleich von USB-Hub-Bausteinen ohne integrierten Mikrocontroller

Eigenschaft	CY7C66113 Cypress	83930Hx Intel	P8xCx190 Philips
EP0 Hub	8 Byte	16 Byte	8 Byte
EP1 Hub	8 Byte	8 Byte	8 Byte
EP0 Function	8 Byte	16 Byte	
EPx Function	4 je 8 Byte	3 je 8 Byte	1 max. 1.023 Byte
Mikrocontroller			
Core	RISC	80C251	80C51
RAM (Byte)	256	1.024	768
ROM (KByte)	8	16	16..32
Externer Quartz	6 MHz	12 MHz	12 MHz
I/O-Ports	4	4	
Serielle I/O	I²C	SCI	I²C
Timer	1	2	
Watchdog	ja	nein	
LED-Treiber	8	3	
Spannung	5V	5V	3,3V

Tab. 8.11: Vergleich von USB-Hub-Bausteinen mit integriertem Mikrocontroller

Applikationsbeispiel

Hubs arbeiten immer als Full-Speed-Geräte. Die Beschaltung ist mit den vorangegangenen Applikationsbeispielen identisch. Am Downstream-Port werden beide Datenleitungen mit 15 KΩ gegen GND geschaltet. Mit den Pins SWITCH_N kann die Spannung zum entsprechenden Upstream-Port geschaltet werden. Am Pin OCURRENT_N erfolgt die Signalisierung einer Überstrombedingung. Die Schaltung für den Überstromschutz wird im Kapitel 8.7.3 genauer beschrieben.

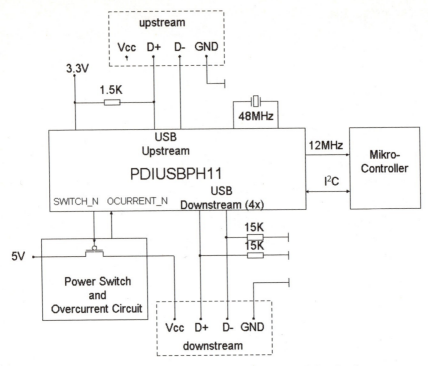

Bild 8.5: Applikationsbeispiel mit den PDIBUSBPH11A von Philips [24]

8.7 Bausteine für das Power-Management

Aufgabe/Anwendung

Die USB-Spezifikation stellt hohe Anforderungen an den Überstromschutz. Um das Netzwerk vor Zerstörungen zu schützen, müssen USB-Hubs mit eigener Stromversorgung in der Lage sein, beim Feststellen einer Überstrombedingung das betreffende Port von der Stromversorgung zu trennen. Es ist möglich, den Überstromschutz für jedes Port einzeln vorzusehen oder mehrere Ports zusammenzufassen (Gang-Mode).

Für beide Varianten werden auf PTC (Positive Temperature Coefficient) basierende Bausteine, z.B. von den Firmen Micrel und Raychem, und halbleiterbasierende Bausteine, z.B. von den Firmen Texas Instruments und Maxim, angeboten. Die integrierten Bausteine ermöglichen oft ein Schalten der USB-Power sowie die Signalisierung einer Überstrombedingung an den Hub.

Beispiele für Anbieter

Anbieter	Typ	Beschreibung
Maxim	MAXC869L	Von 400 mA bis 2,5 A einstellbarer Power-Switch
Micrel	MIC25xx	Familie von einzelnen oder kombinierten Poly-Switches
Raychem	RUSB110 RUSB250	Familie von einzelnen oder kombinierten Poly-Switches
TI	TPS2014D	Familie von Power-Management-Bausteinen

Tab. 8.12: Anbieter von Bausteinen zur Überstromsicherung

Applikationsbeispiel

Der Poly-Switch-Baustein ist unter normalen Bedingungen (T=20°C) niederohmig. Vcc liegt am Port-Connector und am Pin OCURRENT_N an. Tritt ein Überstrom auf, erhöht sich infolge des Stromflusses die Temperatur und damit der Widerstand im Poly-Switch-Baustein. Der Stromfluss wird unterbrochen. Am Pin OCURRENT_N liegt dann ein Low-Pegel an und signalisiert dem USB-Hub eine Überstrombedingung.

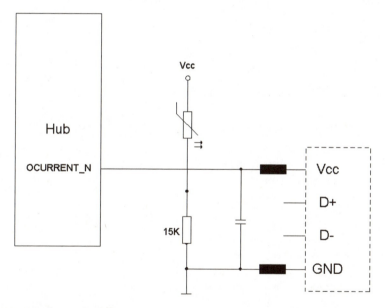

Bild 8.6: Überstromsicherung am USB-Hub, Einzel-Port-Variante [25]

8.8 Bausteine für den ESD-Schutz

Aufgabe/Anwendung

Auch die USB-Leitungen müssen gegen ESD-Einflüsse geschützt werden. Dafür gibt es von einigen Anbietern spezielle für USB geeignete Bausteine, die diese Aufgaben übernehmen. Interessant sind insbesondere die Bausteine von Semtech (SR05), die neben dem Schutz der beiden USB-Datenleitungen auch den Überspannungsschutz der USB-Powerleitung sicherstellen.

Einige USB-Bausteine (Philips PDIUSBD12, National USBN9604) besitzen bereits einen On-Chip ESD-Schutz, so dass auf den Einsatz von externen ESD-Schutzelementen verzichtet werden kann.

Beispiele für Anbieter

Anbieter	Typ	Beschreibung
Semtech	SR05	Schutz von 2 USB-Datenleitungen und einer Powerleitung
TI	75240	Schutz von 4 USB-Datenleitungen

Tab. 8.13: Anbieter von Bausteinen zum ESD-Schutz

8.9 Übersicht – Anbieter von USB-Bausteinen

Anbieter	WWW-Adresse
Alcor Micro	http://www.alcormicro.com
Anchor Chips	http://www.cypress.com (ehemals www.anchorchips.com)
AMD	http://www.amd.com
AOX	htttp://www.aox.com
Atmel	http://www.atmel.com
Cypress	http://www.cypress.com
Conexant	http://www.conexant.com
Dallas Semiconductors	http://www.dalsemi.com
Infineon	http://www.infineon.com/usb
Intel	http://developer.intel.com/design/usb/index.htm
Lucent	http://www.lucent.com
Maxim	http://www.maxim-ic.com
Micrel	http://www.micrel.com
Micronas Intermetall	http://www.intermetall.de
Mitsubishi	http://www.mitsubishichips.com
Motorola	http://mot-sps.com
National Semiconductor	http://www.national.com

Anbieter	WWW-Adresse
NEC	http://www.nec.com
NetChip Technology	http://www.netchip.com
Philips	http://www.flexiusb.com
Raychem	http://www.raychem.com
Scan Logic	http://www.scanlogic.com
Semtech	http://www.semtech.com
Sipex	http://www.sipex.com/
STMicroelectronic	http://www.st.com
Texas Instruments	http://www.ti.com/sc/usb
Thesys	http://www.thesys.de/assp/assp.htm
Zilog	http://www.zilog.com

Tab. 8.14: Anbieter von USB-Bausteinen, Stand 03/2001

9 USB-Firmware

9.1 Aufgaben der Firmware

USB-Geräte müssen in der Lage sein, die Requests des Host intelligent zu beantworten. Zu diesem Zweck ist in der Regel ein Mikrocontroller erforderlich. Die Bandbreite der verwendeten Controller reicht von einfachen 8-Bit-Mikrocontrollern (z.B. Derivate der PIC-Serie) bis zu 16-Bit-Mikrocontrollern (z.B. Infineon C166) und High-End-DSPs. Je nachdem, ob sich der Mikrocontroller zusammen mit der SIE (Serial-Interface-Engine) und dem Mikrocontroller-Interface auf einem Chip befindet oder nicht, unterscheidet man USB-Controller oder USB-Bridge-Lösungen.

Eine detaillierte Vorstellung der z.Z. verfügbaren Bausteine erfolgte in Kapitel 8.

Neben der Beantwortung der USB-Requests übernimmt die Firmware auch Aufgaben des Power-Managements und die Verwaltung und Steuerung der Endpoint-FIFOs.

Je nach Implementierung löst die Firmware auch klassenspezifische Aufgaben. Wird z.B. ein USB-Joystick implementiert, dann fragt die Firmware auch die Feuer-Tasten und die Stellung des Joysticks ab.

9.2 USB-Bridge- und Controller-Lösungen

Bereits bei der Konzeption eines USB-Geräts sollten die Vor- und Nachteile von USB-Bridge- und Controller-Lösungen abgewogen werden.

9.2.1 Controller mit integriertem USB-Interface

Controller mit integriertem USB-Interface ermöglichen preiswerte Einchip-Lösungen für eine Vielzahl von Anwendungen. Die Register des USB-Interface sind meist in das interne RAM-Segment oder den Special-Function-Register-Bereich (8051-Serie) eingebunden. Der Zugriff auf diese Register erfolgt genau so, als ob mit internen RAM-Zellen gearbeitet würde.

Die Leistungsfähigkeit der Controller-Bausteine hängt hauptsächlich von dem verwendeten Mikrocontroller-Kern ab. Bausteine mit dem originalen 8051-Kern sind vergleichsweise langsam. Große Datenübertragungsraten lassen sich damit nicht erreichen. Das Nachfüllen der USB-FIFOs dauert oft bedeutend länger als das Senden der Daten über den USB. Dieser Nachteil kann zum Teil durch die Verwendung eines zweiten Buffers für die Daten-FIFO kompensiert werden. Die Arbeitsweise erfolgt ähnlich dem Paging bei Grafikkarten: Ein FIFO-Buffer wird durch den Mikrocontroller beschrieben, während der andere FIFO-Buffer gerade durch den USB-Teil ausgelesen und gesendet wird. Ist der zu beschreibende Buffer voll und der zu lesende leer (FIFO wurde abgeschickt), werden die Buffer automatisch ausgetauscht.

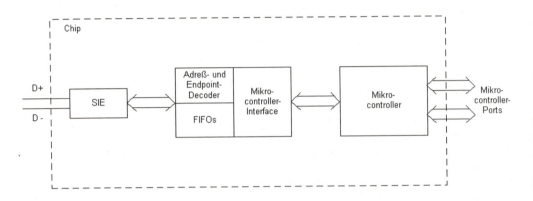

Bild 9.1: USB-Controller-Lösung

Bei den meisten Controller-Lösungen ist die Anzahl und die Tiefe der FIFOs durch den Nutzer nur mit Einschränkungen veränderbar. Nicht jeder Controller mit USB-Interface unterstützt auch alle Transferarten. Dies ist für dedizierte Lösungen, wie sie häufig für Massenprodukte gebraucht werden, auch nicht notwendig. So werden, entsprechend der HID-Spezifikation, für HID-Geräte neben dem Control-Endpoint EP0 nur Interrupt-Endpoints unterstützt. Für solche Produkte werden eine Vielzahl von Low-Cost-Controllern mit kleinen FIFOs angeboten (z.B. von Cypress und Motorola).

Einige Controller (z.B. von Infineon der C541U und die EZ-USB-Serie von Cypress) unterstützen den Firmware-Entwickler durch spezielle Eigenschaften. Die Bausteine von Infineon übernehmen für einen Teil der Standard-Device-Requests (SetAddress, SetConfiguration u.a.) selbstständig die Decodierung und Beantwortung.

Noch mehr Möglichkeiten für den Firmware-Programmierer bietet die Unterstützung durch die EZ-USB-Controller-Familie von Cypress (ehemals Anchorchips). Hier wird sowohl das Auto-Vectoring von Interrupt-Vektoren als auch das intelligente Versenden von Deskriptoren unterstützt. Der Baustein greift nicht in die Freiheiten des Systementwicklers bei der Gestaltung des USB-Geräts ein (Verwendung von mehreren Configurations/Interfaces/AlternateSettings). Zusammen mit dem sehr schnellen 8051-Kern, der zum Dallas-C320 kompatibel ist, ergibt sich ein sehr leistungsfähiger und vielseitiger Baustein. Leider ergibt sich daraus auch ein deutlich höherer Preis.

Wie rasch deutlich wird, gibt es nicht den »Superchip« für alle Anwendungen. Jeder Systemwickler muss den in Funktion und Preis passenden und preiswertesten Baustein für seine Applikation ermitteln. Die folgende Checkliste soll dabei eine kleine Unterstützung bieten:

- Taktfrequenz und Zykluszeit des vorhandenen Controller-Kerns
- Anzahl und Tiefe der zur Verfügung stehenden FIFOs

- Unterstützung von Double-Buffering der Stream-FIFOs
- Unterstützung von mehreren Configurations / Interfaces / *AlternateSettings*
- Unterstützung der Enumeration durch die Hardware
- Verwendung eines preiswerten externen Quarzes
- Anzahl der frei verfügbaren Ports für die weiteren Aufgaben der Applikation
- Preis und Verfügbarkeit
- Möglichkeit der Nutzung von bereits vorhandenen Entwicklungswerkzeugen (Compiler, Debugger, Emulatoren usw.)

9.2.2 USB-Bridge-Lösungen

Einen zweiten, anderen Weg beschreiten die USB-Bridge-Lösungen. Mit ihrer Hilfe kann ein intelligentes USB-Interface für beliebige Mikrocontroller oder DSPs über einen lokalen Bus bereitgestellt werden. Die bekanntesten Anbieter für USB-Bridge-Lösungen sind ScanLogic (SL11), Thesys (TH6503), Philips (PDIUSBD12), National Semiconductor (USBN9603), Lucent (USS-820) und NetChip (NET2890).

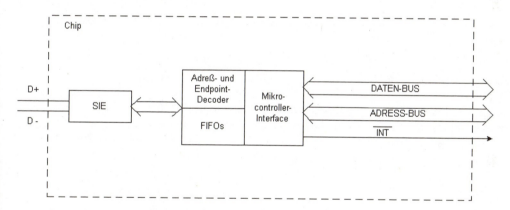

Bild 9.2: USB-Bridge-Lösung

Die Leistungsfähigkeit einer USB-Bridge-Lösung hängt weitestgehend von dem verwendeten Mikrocontroller ab. Erfordert die Applikation sowieso einen besonderen Mikrocontroller (z.B. mit CAN-Interface), dann bieten sich USB-Bridge-Lösungen regelrecht an. Auch ältere Entwicklungen mit großen Firmware-Bibliotheken lassen sich durch die Anbindung einer USB-Bridge schnell und einfach mit einem USB-Interface nachrüsten.

Die Art und Weise der Einbindung an ein bereits bestehendes Design ist von der Interfacegestaltung des USB-Bridge-Bausteins abhängig. Wird eine schnelle Datenkommunikation zwischen der USB-Bridge und dem Mikrocontroller verlangt, dann sollte der Zugriff über ein paralleles Interface erfolgen. Der USB-Bridge-Baustein stellt hierfür meist einen 8 Bit breiten

Datenbus und einen Adressbus zur Verfügung. Die Einbindung in die vorhandene Schaltung erfolgt meist Memory- oder I/O-mapped. Diese Lösung ist jedoch nur für Mikrocontroller praktikabel, die bereits über einen externen Memory-Bus verfügen (z.B. 8051- und C166-Derivate).

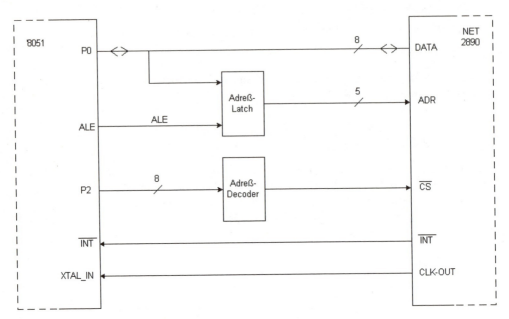

Bild 9.3: Einbindung der USB-Bridge NET-2890 in den Memory-Bereich

Ist kein externer Bus verfügbar (z.B. Bausteine der Serien PIC, COP, 6805) oder sind nicht genügend Pins für die Emulation eines parallelen Interface vorhanden, dann muss die Anbindung der USB-Bridge über ein serielles Interface erfolgen. Der Baustein USBN9603 von National Semiconductor stellt hierfür ein Microwire™-Interface (kompatibel zum SPI-Interface von Motorola) bereit. Das Interface wird nur durch vier Leitungen zwischen USB-Bridge und Controller realisiert.

Einige USB-Bridges (u.a. USBN9603 von National Semiconductor) unterstützen DMA-Transfer über ihr paralleles Interface. Dies erfordert jedoch den Einsatz eines externen DMA-Controllers, der den *Fly-on-Demand-Transfer-Mode* unterstützt. Welche Endpoint-FIFO mit Hilfe von DMA beschrieben oder gelesen wird, kann über ein DMA-Konfigurationsregister eingestellt werden. Es kann immer nur eine FIFO für DMA-Transfer konfiguriert werden. Durch Control-Requests können DMA-Transfers unterbrochen werden.

Um die Kommunikation zwischen USB-Bridge und Mikrocontroller effektiv zu gestalten, sollte der Controller nur dann mit der USB-Bridge kommunizieren, wenn USB-Anforderungen vorliegen. Dies erfordert am Mikrocontroller die Bereitstellung eines externen Interrupteingangs, der von der USB-Bridge bedient wird. Alle z.Z. angebotenen USB-Bridges sind interruptfähig. Das interruptgesteuerte Ansprechen der USB-Bridge ermöglicht die Vereinfachung der Firmware und deren Einbindung in bestehende Firmware-Bibliotheken.

Ein weiterer Aspekt für die Kopplung von USB-Bridge und Mikrocontroller ist die Behandlung des USB-Reset. Einige USB-Bridges stellen einen Reset-Ausgang für den Mikrocontroller bereit, womit dieser durch einen USB-Reset ebenfalls zurückgesetzt werden kann. Andere zeigen ein USB-Reset nur durch ein Flag in einem ihrer Statusregister an. Ob ein USB-Reset zum Reset des gesamten Geräts führen soll, hängt meist von den realen Gegebenheiten ab und ist durch den Entwickler für jeden Fall neu zu entscheiden.

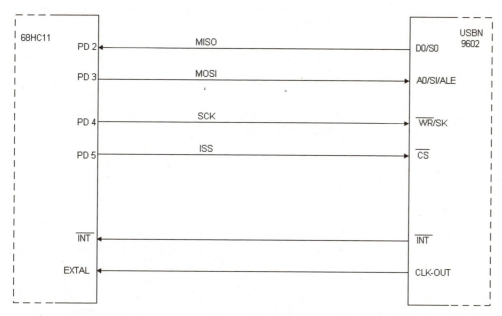

Bild 9.4: Anbindung der USB-Bridge USBN9602 über das Microwire™-Interface

Alle USB-Bridges arbeiten intern mit 12 MHz und Teile der SIE mit 48 MHz. Deshalb werden sie mit Hilfe eines externen Quarzes getaktet. Um einen zusätzlichen Quarz für den externen Controller einzusparen, besitzen die meisten USB-Bridges einen Taktausgang für den Mikrocontroller. Hierüber stellt die USB-Bridge dem Controller nach einem Power-on-Reset vorerst einen relativ niedrigen Anfangstakt (meist 4 MHz) zur Verfügung. Durch das Beschreiben eines internen USB-Bridge-Registers mit einem Clock-Teiler-Wert kann der Taktausgang auf einen höheren Takt umgeschaltet werden. So kann die maximale Leistungsfähigkeit des externen Mikrocontrollers gewährleistet werden. Wenn der Clock-Ausgang für den Mikrocontroller nicht benutzt wird, sollte er aus Gründen der EMV abgeschaltet werden. Diese Möglichkeit wird jedoch nicht von allen USB-Bridges unterstützt.

Bei der Auswahl einer USB-Bridge sollten folgende Aspekte beachtet werden:

- Anzahl und Tiefe der zur Verfügung stehenden FIFOs
- Unterstützung von Double-Buffering der Stream-FIFOs
- Unterstützung von mehreren Configurations / Interfaces

- Art des Interfaces zum Mikrocontroller (parallel / seriell / Memory-mapped)
- Unterstützung von DMA-Transfer
- Charakteristik des /INT-Ausgangs einstellbar (Low/High-aktiv)
- Bereitstellung eines variablen Taktes für den Mikrocontroller
- Verwendung eines preiswerten externen Quarzes
- Preis und Verfügbarkeit

9.3 Compound- und Composite-Geräte

Das Zusammenfassen von mehreren logischen, aber auch von mehreren physikalischen USB-Geräten ist in einem Gehäuse möglich und bietet mehrere Vorteile:

- Einsparung von Silizium-Fläche
- Gemeinsame Nutzung von Ressourcen (SIE)
- Einsparung von Netzteilen und Gehäusen
- Schaffung von Geräten mit neuer Funktionalität

Die Integration von mehreren USB-Geräten kann auf zwei verschiedenen Wegen geschehen: Compound-Geräte besitzen innerhalb ihres Systems immer einen Hub, an dessen (virtuellen) Downstream-Ports verschiedene weitere physikalische oder durch Firmware emulierte Geräte angeschlossen sind. Composite-Geräte fassen dagegen mehrere logische Geräte auf Interface-Level unter einer USB-Adresse zusammen.

9.3.1 Compound-Geräte

Alle in einem Compound-Gerät enthaltenen Geräte besitzen eine eigene Adresse und eigene FIFOs für den Control-Endpoint EP0. Aus diesem Grund enthalten Compound-Geräte immer einen Hub.

Der Host kann ein Compound-Gerät nicht sofort erkennen. Lediglich im Device-Descriptor des Hub ist eingetragen, ob es sich um ein Compound-Gerät handelt. Zusammen mit der Bitmap *DeviceRemovable* im Hub-Descriptor ist die Zuordnung des Hub und einer oder mehrerer zugehöriger Functions als Compound-Gerät möglich.

Das bekannteste Beispiel für ein Compound-Gerät sind USB-Tastaturen mit integriertem USB-Hub (z.B. von Cherry). Diese beinhalten oft den Baustein 8x930/931 H von Intel.

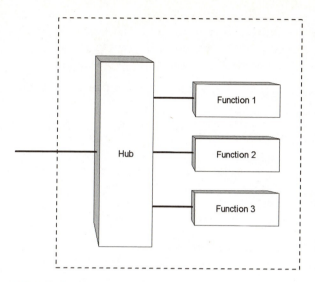

Bild 9.5: Struktur eines Compound-Geräts

9.3.2 Composite-Geräte

Im Gegensatz zu den Compound-Geräten stellen die Composite-Geräte eine neue Qualität für die Integration von mehreren USB-Functions in einem USB-Gerät dar. Das Konzept nutzt konsequent die Möglichkeit, mehrere verschiedene, klassengebundene Interfaces innerhalb einer Konfiguration gleichzeitig zu verwenden.

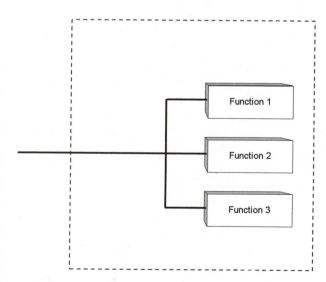

Bild 9.6: Struktur eines Composite-Geräts

Das Composite-Gerät benutzt nur einen einzigen Control-Endpoint für alle implementierten logischen Geräte. Damit besitzen Composite-Geräte aber auch nur eine einzige USB-Adresse, obwohl sie mehrere logische Geräte enthalten können. Dies ermöglicht den sparsamen Umgang mit Ressourcen bei der Implementierung von Functions mit mehreren Funktionalitäten.

Als Beispiel für ein Composite-Gerät wird eine multifunktionale Tastatur mit folgenden Eigenschaften und Interface/Endpoint-Layout beschrieben:

Funktionalität	Interface-Nr.	Endpoint-Nr./Transfertyp	USB-Klasse
Standardtastatur	0	1 / Interrupt IN	HID-Class
Track-Ball	1	2 / Interrupt IN	HID-Class
Kassen-Bon-Drucker	2	3 / Bulk IN	Printer-Class
		4 / Bulk OUT	
Soundausgabe	3	5 / Isochronous OUT	Audio-Class

Tab. 9.1: Beispiel für eine multifunktionale Tastatur als Composite-Gerät

Auf der Host-Seite erfolgt die Umsetzung der auf Interface-Level vorhandenen logischen Geräte auf mehrere virtuelle USB-Geräte. Dies geschieht bereits in der USBD-Treiberschicht und ist für die auf dem PC laufenden Applikationen vollkommen transparent.

9.4 Gerätekonzeption

Für die erfolgreiche und effektive Implementation eines USB-Geräts müssen schon bei seiner Konzeption einige wichtige Punkte beachtet werden.

9.4.1 High-, Full- oder Low-Speed

Praktisch alle Geräte, die sich nicht vollständig in die HID-Klasse einordnen lassen, sollten als Full- oder High-Speed-Geräte konzipiert werden. Full-Speed-Bausteine sind nur unwesentlich teurer als Low-Speed-Bausteine, unterstützen aber alle in der USB-Spezifikation definierten Transferarten. Ein weiterer Vorteil von Full-Speed-Geräten ist das abziehbare Kabel am Gerät sowie die Verwendung von maximal 5 m langen Kabeln, im Gegensatz zu den maximal 3 m langen und mit dem Gerät fest verbundenen Kabeln für Low-Speed-Geräte.

Geräte mit Dauer-Transferraten von mehr als 8 MBit sollten als High-Speed-Geräte implementiert werden. Erste Bausteine dazu werden von mehreren Herstellern für 2001 angekündigt (u.a. NetChip, Lucent, NEC).

9.4.2 USB-Bridge- oder Controller-Lösung

Bei der Neukonzeption für ein Gerät mit USB-Schnittstelle sollte als Erstes geprüft werden, ob eine Einchip-Lösung mit den zur Verfügung stehenden Controller-Bausteinen mit integriertem

USB-Interface realisierbar ist. Das Angebotsspektrum reicht von Low-Cost-Lösungen (z.B. Cypress-Bausteine) bis zu Mikrocontrollern mit High-Speed-Controller-Kernen (z.B. EZ-USB oder EZ-USB-FX-Serie vonAnchorchip). Erfahrungsgemäß spielen bei der Auswahl des Bausteins für eine Einchip-Lösung die Kosten eine dominierende Rolle. Für Standardanwendungen, wie z.B. USB-Tastatur, -Maus und -Joystick, bieten diverse Hersteller (insbesondere Motorola, Cypress, ZILOG) hochspezialisierte USB-Bausteine an. Diese sind auf den jeweiligen Einsatzzweck zugeschnitten und sehr preiswert, ihre Eignung für andere Applikationen ist jedoch wesentlich eingeschränkt.

Konnte kein Controller mit einem passenden USB-Interface und ausreichender Leistung (insbesondere Größe und Anzahl der FIFOs) gefunden werden, kommt eine Zweichip-Lösung in Frage. Hier kann durch kluge Auswahl der Bausteine stets eine hohe Leistungsfähigkeit erreicht werden.

Soll die USB-Schnittstelle in ein bereits bestehendes Gerät implementiert werden, ist die Verwendung von USB-Bridge-Bausteinen dringend zu empfehlen. Dies ermöglicht die maximale Wiederverwendbarkeit des bereits bestehenden und bewährten Designs. Bei Geräten, die bereits einen Mikrocontroller besitzen, ist oft die Einbindung der USB-Bridge in den bestehenden externen Speicherbereich möglich. Dazu ist lediglich der Adressdecoder für die verschiedenen Memory- und I/O-Segmente um ein Chip-Select-Signal für die USB-Bridge zu erweitern. Außerdem sollte ein freier externer Interrupteingang am Mikrocontroller vorhanden sein.

Ist eine Einbindung in den bisherigen Speicherausbau nicht möglich, so kann bei einigen USB-Bridge-Bausteinen (TH6503 von Thesys, USBN9603 von National Semiconductor) auch ein serielles Interface realisiert werden. Dies erfordert nur vier freie Port-Pins an dem vorhandenen Mikrocontroller. Sollte der Controller bereits eine SPI- oder Microwire™-Schnittstelle unterstützten, wird die Anbindung durch den speziellen Befehlssatz für diese seriellen Schnittstellen ebenfalls erleichtert.

Die Verwendung von USB-Bridge-Bausteinen erspart oft einen zusätzlichen Quarz (neben dem Quarz der USB-Bridge) für den Mikrocontroller, da durch die USB-Bridge ein programmierbarer Clock für den Mikrocontroller bereitgestellt werden kann.

9.4.3 Abschätzung der Busbandbreite, Auswahl der Transferart

Zuerst sollte die Partitionierung der zu übertragenden Daten auf die Pipes unter Abschätzung der benötigten Bandbreite erfolgen. Durch das vom USB unterstützte Klassen- und Interface-Konzept kann eine gute Aufteilung der Datenströme, die sich logisch voneinander unterscheiden, auf verschiedene Interfaces und Endpoints vorgenommen werden. Folgende Aspekte sollten hierfür in der angegebenen Reihenfolge beachtet werden:

1. Datenvolumen
2. Fehlersicherheit
3. Periodizität der Daten
4. Latenzzeit

Die Latenzzeit stellt die Zeitspanne dar, die von der Bereitstellung der Daten in einer Sende-FIFO bis zum Abholen der Daten durch den USB-Host vergeht.

Kontinuierliche Datenströme, wie sie bei der Übertragung von Video- und Audiodaten auftreten, müssen in jedem Fall mit Isochronous-Transfers übertragen werden. Nur dann ist innerhalb der USB-Frames die erforderliche Bandbreite garantiert. Große Datenmengen, die nicht periodisch anliegen, können als Bulk-Transfer übertragen und kleinere Datenmengen als Interrupt-Transfer behandelt werden. Insbesondere die zyklische Statusabfrage von USB-Geräten sollte über einen Interrupt-IN-Endpoint realisiert werden.

Für die Konfiguration eines Geräts ist der Control-Transfer vorgesehen. Wenn die durch die USB-Spezifikation vorgesehenen Standard-Device-Requests nicht ausreichen, kann der Befehlssatz um anwendungsspezifische Requests erweitert werden. Von dieser Möglichkeit sollte unbedingt Gebrauch gemacht werden, weil durch das doppelte Handshake-Protokoll im Rahmen von Control-Transfers gleichzeitig ein effektiver und sicherer Mechanismus zur Verifikation der Befehle (sinnvoller Befehl? Befehl ausführbar? Befehl ausgeführt?) zur Verfügung steht.

Kriterium	Control	Interrupt	Bulk	Isochronous
Große Datenmengen	o	o	+	+
Garantierte Bandbreite	o	o	–	+
Garantierte Latenzzeit	o	+	–	+
Fehlersicherung	+	+	+	–
Doppeltes Handshake	+	–	–	–

Tab. 9.2: Eignung von Transferarten für unterschiedliche Anforderungen

Für Isochronous-Pipes braucht nur die wirklich benötigte Bandbreite reserviert zu werden. Es brauchen keinerlei Sicherheitsreserven eingerechnet werden, da keine Fehlerkorrektur erfolgt. Bulk-FIFOs sollten möglichst groß ausgelegt werden (max. 64 Byte), um die Daten in großen Paketen möglichst effizient ohne übermäßigen Protokoll-Overhead übertragen zu können.

Die Übertragungsbandbreite von Interrupt-Pipes ist durch die FIFO-Tiefe und das Polling-Intervall skalierbar. Bei der Festlegung dieser beiden Parameter ist etwas Reserve einzurechnen (ca. Faktor 2), so dass die Fehlerkorrektur wirksam werden kann. Sollen z.B. 7 KBit/s über einen Interrupt-IN-Endpoint übertragen werden, dann sind folgende Szenarien denkbar:

Variante	FIFO-Tiefe in Byte	Polling-Intervall in ms	Max. Bandbreite in KBit/s
1	8	4	16
2	16	8	16
3	32	16	16
4	64	32	16

Tab. 9.3: Interrupt-IN-Pipe für ca. 7 KBit/s

Die Pollingintervalle sind in 2er-Potenz-Schritten zu wählen, da der Host nur diese Werte wirklich benutzt. Angaben außerhalb dieser Staffelung werden in der Praxis durch die Host-

Software auf den nächstniedrigeren Wert abgerundet. Einer tieferen FIFO sollte in der Praxis der Vorrang vor einem kürzeren Polling-Intervall gegeben werden.

9.4.4 Nutzung von USB-Klassen

Während der Konzeption zur Funktionalität eines USB-Geräts sollte geprüft werden, ob sich das Gerät entsprechend der USB-Spezifikation in eine vordefinierte USB-Klasse einordnen lässt. Auch wenn dies nicht immer für das gesamte Gerät machbar ist, können oft einzelne Funktionalitäten in Klassen eingeordnet werden.

Besitzt das Gerät neben anderen Ein- und Ausgabeeinrichtungen z.B. ein numerisches Tastenfeld, so kann dieses als ein HID-konformes Eingabegerät deklariert werden. Zur Übergabe der Tastencodes wird der Report über einen Interrupt-IN-Endpoint übertragen. Dieser Endpoint ist der einzige Endpoint in einem HID-konformen Interface. Ist weiterhin ein Lautsprecher zur Sprachausgabe vorhanden, kann dieser als Interface der Audio-Klasse mit einem Isochronous-OUT-Endpoint implementiert werden. Das Klassenkonzept ermöglicht die Nutzung von Standardtreibern auf der PC-Seite. Der Entwickler braucht in seinem WDM-Treiber keine Funktionen zur Behandlung der Tastatureingabe und der Sprachausgabe zu berücksichtigen, da diese bereits durch die vorhandenen Standardtreiber unterstützt werden.

Nur wenn sich keine Klasse für die gewünschte Funktionalität finden lässt, sollte ein Interface außerhalb der vorhandenen USB-Klassen definiert werden. In diesem Fall muss ein spezieller WDM-Treiber dieses Interface richtig behandeln.

Besitzt ein Gerät nur ein einziges Interface und lässt sich dies in eine USB-Klasse einordnen, kann der Klassen- und Subklassen-Code bereits im Device-Descriptor eingetragen werden.

Wenn ein Gerät mehrere Interfaces mit jeweils eigenen Klassenzuordnungen besitzt, werden die entsprechenden Klassen- und Subklassen-Code-Felder erst im Interface-Descriptor belegt. Im Device-Descriptor bleiben diese Felder leer (0x00).

Ist ein Interface nicht in eine Klasse einzuordnen, dann sollte es im Interface-Descriptor als vendorspezifisch angemeldet werden und die Felder für Klassen-, Subklassen- und Protokoll-Code mit 0xFF gefüllt werden. In diesem Fall muss ein besonderer Treiber für dieses Gerät nachgeladen werden. Die Auswahl des Treibers erfolgt dann mit Hilfe der Vendor- und Produkt-ID im Device-Descriptor.

9.4.5 Endpoint-Verwaltung

Solange das Gerät noch nicht konfiguriert ist, darf nur der Control-Endpoint EP0 aktiviert sein. Alle anderen Endpoints dürfen vor dem Aktivieren einer Konfiguration durch den SetConfiguration-Request mit dem Parameter ConfigurationValue ≠ 0 nicht reagieren.

Wenn der Host Schwierigkeiten hat, einem USB-Gerät die geforderten Ressourcen zur Verfügung zu stellen, so kann er dieses auch wieder in den unkonfigurierten Zustand versetzen. Das geschieht durch einen SetConfiguration-Request mit dem Parameter ConfigurationValue = 0. In diesem Falle muss die Firmware alle Endpoints außer EP0 wieder deaktivieren.

Unterstützt ein USB-Gerät mehrere Konfigurationen, so können die Endpoints in den jeweiligen Konfigurationen auch unterschiedlich genutzt werden. Der Endpoint EP1 kann z.B. in Konfiguration 1 als Interrupt-IN-Endpoint mit einer 8 Byte tiefen FIFO benutzt werden oder in Konfiguration 2 als BULK-IN-Endpoint mit einer 64 Byte tiefen FIFO agieren. Wie dieses Beispiel zeigt, bedarf es einer zusätzlichen Verwaltung von Endpoints für die verschiedenen Konfigurationen. Wird die Konfiguration durch den Host geändert, dann ist auch eine Neuinitialisierung der Endpoints notwendig.

AlternateSettings für Isochronous-Endpoints

Interfaces, die Isochronous-Endpoints unterstützen, sollten mehrere AlternateSettings besitzen. Dies ermöglicht die Skalierung der benutzten Bandbreite. Das *AlternateSetting*=0 sollte dabei immer mit der Bandbreite 0 belegt sein. Da entsprechend der USB-Spezifikation dieses spezielle AlternateSetting unmittelbar nach dem Aktivieren einer Konfiguration selektiert ist, wird zunächst keine Bandbreite für diese(n) Endpoint(s) benötigt. Erst wenn der Host wirklich die Bandbreite des Isochronous-Endpoint nutzen will, wird er dies durch einen Standard-Request SetInterface mit Parameter AlternateSetting ≠ 0 initiieren. Das Eintreffen eines solchen Request erfordert natürlich die Neuinitialisierung des Endpoint-Parameters FIFO-Tiefe. Als Beispiel sei hier ein Audiogerät genannt, das mehrere Bandbreiten unterstützt:

AlternateSetting	FIFO-Tiefe in Byte	Bandbreite	Sample-Rate (16 Bit Wort)
0	0	0	–
1	64	512 KBit/s	32 KHz
2	90	720 KBit/s	44,1 KHz
3	96	768 KBit/s	48 KHz

Tab. 9.4: AlternateSettings für Isochronous-Endpoints

Die Codierung dieser AlternateSettings erfolgt durch die Verwendung von mehreren Interface/Endpoint-Descriptor-Strukturen innerhalb einer Konfiguration. Die zu diesem Beispiel gehörenden 4 Interface/Endpoint-Descriptor-Paare unterscheiden sich jeweils in den Werten für AlternateSetting (im Interface-Descriptor) und FIFO-Tiefe (im Endpoint-Descriptor).

9.4.6 Power-Management

Die Firmware ist auch für das Power-Management von Bus-Powered USB-Geräten zuständig. Dazu zählt insbesondere die Steuerung der Stromaufnahme im unkonfigurierten, konfigurierten und im Suspend-Zustand.

Geräte-Zustand	Low-Power-Device	High-Power-Device
Unkonfiguriert	max. 100 mA	max. 100 mA
Konfiguriert	max. 100 mA	max. 500 mA
Suspend	max. 500 µA	max. 500 µA je 100 mA regulärer Stromaufnahme

Tab. 9.5: Stromaufnahme eines USB-Geräts vom Bus

Sollte ein Gerät im normalen Betrieb (konfigurierter Zustand) mehr als 100 mA aufnehmen, so muss die Firmware dafür sorgen, dass es den Bus nach dem Anstecken an den USB zunächst mit höchstens 100 mA belastet. Dies kann durch die Abschaltung von noch nicht benötigten Teilen der Elektronik (Motoren, LED-Anzeigen usw.) oder durch Reduzierung des Taktes für die Peripherie außerhalb des USB-Teils geschehen. Zur Abschaltung von Teilen der externen Elektronik hat sich die folgende kleine Schaltung bewährt:

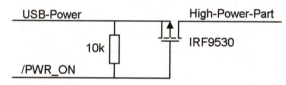

Bild 9.7: Abschaltung der Betriebsspannung für externe Elektronik

Erst nachdem das Gerät einen SetConfiguration-Request mit dem Parameter ConfigurationValue ≠ 0 empfangen hat, darf es die Stromaufnahme auf den im Configuration-Descriptor angegebenen maximalen Wert erhöhen.

Wenn ein Gerät durch den Host wieder in den unkonfigurierten Zustand versetzt wird, dann muss auch die Stromaufnahme wieder auf maximal 100 mA begrenzt werden!

Stromaufnahme im Suspend-Zustand

Weitaus problematischer ist die Stromaufnahme im Suspend-Zustand, die für Low-Power-Geräte maximal 500 µA und für High-Power-Geräte maximal 2,5 mA betragen darf. Dies lässt sich selbst bei einfachen Anwendungen, wie einer USB-Maus oder -Tastatur, nicht ohne Tricks erreichen. Die Controller von Einchip-Lösungen lassen sich meist in mehrere Power-Down-Modes versetzen. Ein Aufwachen muss sowohl durch das Eintreffen eines externen Ereignisses (z.B. Drücken einer Taste auf der USB-Tastatur) als auch durch den USB selbst möglich sein.

Bei Tastaturen werden vor dem Einschlafen alle Spalten der Tastatur-Matrix auf High gelegt. Die Zeilen sind über ein Wired-OR an einen Interrupteingang gelegt, der das Aufwachen des Controllers initiieren kann. Wird im Suspend-Zustand eine Taste gedrückt, dann erzeugt diese eine steigende Flanke am Interrupteingang, was zum Aufwachen des Prozessors führt. Bei speziellen Einchip-Lösungen für Tastaturen (z.B. von INTEL und Motorola) ist dieses Verfahren bereits auf dem Chip implementiert.

Befindet sich eine Maus im Suspend-Zustand, wird etwa alle 250 ms mit Hilfe eines externen RC-Glieds an einem der Interrupteingänge ein periodisches Aufwachen des internen Mikrocontrollers realisiert. Der Controller schaltet dann die LEDs der Optokoppler kurz ein, überprüft, ob eine Bewegung der Maus vorliegt, und schläft danach sofort wieder ein. Durch diesen Trick ist es möglich, die Stromaufnahme für dieses Low-Power-Device im Mittelwert auf 500 µA zu begrenzen.

Kann die durchschnittliche Stromaufnahme eines Bus-Powered-Geräts trotz der hier genannten Maßnahmen nicht auf maximal 500 µA bzw. 2,5 mA begrenzt werden, gibt es folgende Auswege:

1. Das Gerät wird mit einer eigenen Stromversorgung versehen und dann als Self-Powered-Gerät betrieben. Praktisch wird dann kein Strom vom Bus benötigt. Nachteilig ist wieder das ungeliebte »Steckernetzteil«.

2. Der zu diesem Gerät gehörende Treiber muss den Suspend-Zustand des USB verhindern. Dies führt allerdings dazu, dass das ganze PC-System keinen Energiesparmodus annehmen kann.

3. Wenn das Gerät ein Low-Power-Gerät ist und die Suspend-Stromaufnahme zwar über 500 µA, aber unter 2,5 mA liegt, dann kann das Gerät als High-Power-Gerät deklariert werden. Dazu muss im Device-Descriptor lediglich eine größere Stromaufnahme als 100 mA eingetragen sein.

Die folgende Checkliste soll abschließend noch einmal eine Zusammenfassung der für die Konzeption von USB-Geräten notwendigen Schritte sein:

- Ermittlung der Datenübertragungsraten
- Partitionierung der Datenströme (Tiefe und Anzahl der FIFO)
- Einordnung in USB-Klassen
- USB-Bridge- oder Controller-Lösung
- Interface zu vorhandenem Controller bei USB-Bridge-Lösung
- Stromversorgung (Bus oder durch eigenes Netzteil)
- DMA-Transfer
- Interne Stromversorgung (3,3V oder 5V)
- Kosten der Implementation

9.4.7 Entwurfsbeispiel

Um noch einmal die bisher aufgezeigten Aspekte und den Entwurfsablauf zu verdeutlichen, soll als Beispiel ein Gerät konzipiert werden, das die folgenden Eigenschaften aufweist. Ob die Kombination der angenommen Eigenschaften in der Praxis sinnvoll ist, ist für dieses Beispiel nicht wichtig.

- Übertragung von 12 Sensorwerten jeweils als 8-Bit-Worte vom AD-Wandler alle 100 ms, es dürfen keine Daten verloren gehen

- Tonausgabe über Lautsprecher
- Alle 5 s Übertragung eines Standbildes mit einem Umfang von ca. 1 MByte
- Alle 255 ms Statusabfrage des Geräts
- Bus-Powered-Gerät mit einer Stromaufnahme von maximal 400 mA
- Remote-Wakeup-Fähigkeit

Jedes Gerät benötigt einen Control-Endpoint EP0. Unabhängig von dem verwendeten Controller oder der USB-Bridge wird die EP0-FIFO mit 8 Byte Tiefe angenommen.

Für die Statusabfrage des Geräts ist 1 Byte vollkommen ausreichend. Dieses wird alle 255 ms über eine Interrupt-IN-Pipe abgefragt.

Die AD-Wandler-Daten werden ebenfalls über eine Interrupt-IN-FIFO übertragen. Dies sichert einen garantierten Buszugriff und eine fehlerfreie Übertragung an den Host. Die FIFO-Tiefe wird mit 12 Byte festgelegt, so dass in jedem Byte genau ein 8-Bit-Wort je AD-Wandler übertragen werden kann. Das Pollingintervall wird mit eine Reserve festgelegt und soll 40 ms (oder weniger) betragen.

Die Tonausgabe muss über eine Isochronous-FIFO erfolgen. Da an die Sprachqualität keine besonderen Anforderungen gestellt werden, ist eine Datenrate von 160 KBit/s ausreichend. Dazu müssen je Millisekunde 160 Bit übertragen werden. Die Isochronous-OUT-FIFO ist also mit 20 Byte Tiefe zu implementieren. Im AlternateSetting=0 wird die belegte Bandbreite mit 0 festgelegt.

Für die Übertragung der Videodaten ist keine Isochronous-FIFO nötig. Da es sich um ein Standbild in relativ großen Zeitabständen handelt, ist die Übertragung über einen Bulk-IN-Endpoint vorteilhafter und schont die Ressourcen des USB. Um die Daten trotzdem so schnell wie möglich zu übertragen, ist die FIFO-Tiefe für den Bulk-Transfer auf den maximalen Wert von 64 Byte gesetzt.

Die Vergabe der Endpoint-Nummern ist vollkommen willkürlich. Zusammenfassend lässt sich das folgende Endpoint/FIFO-Layout für dieses Beispiel zusammenstellen.

EP	Verwendung	Transferart & Richtung	Alternate Setting	FIFO-Tiefe in Byte	Polling-Intervall
0	Control-EP	Control/Bidir	–	8	–
1	Statusabfrage	Interrupt-IN	–	1	256 ms
2	AD-Wandler-Daten	Interrupt-IN	–	12	40 ms
3	Tonausgabe	Isochronous-OUT	0	0	1 ms
			1	20	1 ms
4	Standbild	Bulk-IN	–	64	–

Tab. 9.6: Endpoint-Layout für Entwurfsbeispiel

Deskriptorbau

Nachdem die Eigenschaften aller Pipes festgelegt wurden, kann das Zusammenstellen der Deskriptoren erfolgen. Das Gerät wird nur eine einzige Konfiguration besitzen. Da das Gerät über einen eigenen besonderen Treiber unterstützt werden soll, ist eine komplette Implementierung in Klassen nicht unbedingt notwendig. Die Tonausgabe soll mittels eines der Audio-Device-Klasse ähnlichen WDM-Treibers implementiert werden (in diesem Beispiel dient dies der Vereinfachung). Damit ergibt sich die Einrichtung von zwei Interfaces, Interface 0 für das Audio-Device und Interface 1 für den spezifischen Treiber.

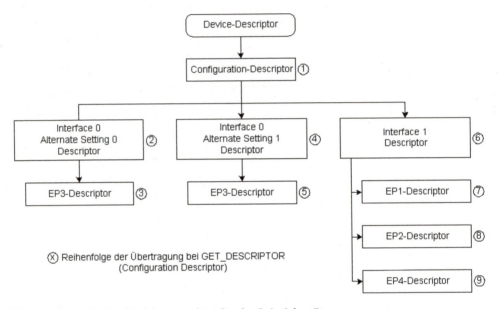

Bild 9.8: Hierarchische Deskriptorstruktur für das Beispielgerät

Damit die verschiedenen AlternateSettings für das Audio-Device unterstützt werden können, muss der Interface-Descriptor für Interface 0 zweimal implementiert werden: einmal mit AlternateSetting=0 und dem zugehörigen Endpoint-Descriptor mit FIFO-Tiefe 0, einmal mit AlternateSetting=1 und dem dazugehörenden Endpoint-Descriptor mit FIFO-Tiefe=20 Byte. Das folgende Bild zeigt den hierarchischen Aufbau der Deskriptoren. Nachfolgend sind die Deskriptoren ausgefüllt. Für weitere Informationen siehe Kapitel 2.

Offset	Feldbezeichnung	Beschreibung	Implementation
0	bLength	Größe dieses Deskriptors in Byte	0x12
1	bDescriptorType	Deskriptortyp = Device-Descriptor	0x01
2	bcdUSB	Version der unterstützten USB-Spec. (1.1)	0x10, 0x01
4	bDeviceClass	Klassen-Code – Vendor spezifisch	0xFF
5	bDeviceSubClass	Subklassen-Code – Vendor spezifisch	0xFF

Offset	Feldbezeichnung	Beschreibung	Implementation
6	bDeviceProtocol	Protokoll-Code – Vendor-spezifisch	0xFF
7	bMaxPacketSize0	Tiefe EP0-FIFO in Byte (8)	0x08
8	idVendor	Vendor-ID des Herstellers (IMMS)	0x3C, 0x05
10	idProduct	Produkt-ID (0x0815)	0x15, 0x08
12	bcdDevice	Release-Nummer des Produkts (1.15)	0x15, 0x01
14	iManufacturer	String-Index für »Hersteller«	0x01
15	iProduct	String-Index für »Produkt«	0x02
16	iSerialNumber	String-Index für »Seriennummer«	0x03
17	bNumConfigurations	Zahl der möglichen Konfigurationen (1)	0x01

Tab. 9.7: Device-Descriptor des Beispiel-Geräts

Offset	Feldbezeichnung	Beschreibung	Implementation
0	bLength	Größe dieses Deskriptors in Byte	0x09
1	bDescriptorType	Deskriptortyp = Configuration-Descriptor	0x02
2	wTotalLength	Länge aller zu dieser Konfiguration gehörenden Deskriptoren (71)	0x47, 0x00
4	bNumInterfaces	Anzahl der zu dieser Konfiguration gehörenden Interfaces (2)	0x02
5	bConfigurationValue	Nummer dieser Konfiguration (1) (Argument für SetConfiguration)	0x01
6	iConfiguration	String-Index für »Konfiguration«	0x04
7	bmAttributes	Attribute für diese Konfiguration (Bus-Powered, Remote-Wakeup-Support)	0xE0
8	MaxPower	Stromaufnahme in dieser Konfiguration in 2-mA-Einheiten (400 mA)	0xC8

Tab. 9.8: Configuration-Descriptor des Beispiel-Geräts

Offset	Feldbezeichnung	Beschreibung	Implementation
0	bLength	Größe dieses Deskriptors in Byte	0x09
1	bDescriptorType	Deskriptortyp = Interface	0x04
2	bInterfaceNumber	Interface-Nummer (0)	0x00
3	bAlternateSetting	AlternateSetting für dieses Interface (0)	0x00
4	bNumEndpoints	Anzahl der zu diesem Interface gehörenden Endpoints ohne EP0 (1)	0x01
5	bInterfaceClass	Klassen-Code	0xFF
6	bInterfaceSubClass	Subklassen-Code	0xFF
7	bInterfaceProtocol	Protokoll-Code	0xFF
8	iInterface	String-Index für »Interface 0«	0x05

Tab. 9.9: Interface-Descriptor für Interface 0 / AlternateSetting 0

Offset	Feldbezeichnung	Beschreibung	Implementation
0	bLength	Größe dieses Deskriptors in Byte	0x07
1	bDescriptorType	Deskriptortyp = Endpoint	0x05
2	bEndpointAddress	Endpoint-Adresse (OUT, EP3)	0x03
3	bmAttributes	Endpoint-Attribut (Isochr.-Transfer)	0x01
4	wMaxPacketSize	FIFO-Größe dieses Endpoint (0)	0x00, 0x00
6	bInterval	Polling-Intervall (1ms)	0x01

Tab. 9.10: Endpoint-Descriptor für EP3 zu Interface 0 / AlternateSetting 0

Offset	Feldbezeichnung	Beschreibung	Implementation
0	bLength	Größe dieses Deskriptors in Byte	0x09
1	bDescriptorType.	Deskriptortyp = Interface	0x04
2	bInterfaceNumber	Interface-Nummer (0)	0x00
3	bAlternateSetting	AlternateSetting für dieses Interface (0)	0x01
4	bNumEndpoints	Anzahl der zu diesem Interface gehörenden Endpoints ohne EP0 (1)	0x01
5	bInterfaceClass	Klassen-Code	0xFF
6	bInterfaceSubClass	Subklassen-Code	0xFF
7	bInterfaceProtocol	Protokoll-Code (0)	0xFF
8	iInterface	String-Index für »Interface 0«	0x05

Tab. 9.11: Interface-Descriptor für Interface 0 / AlternateSetting 1

Offset	Feldbezeichnung	Beschreibung	Implementation
0	bLength	Größe dieses Deskriptors in Byte	0x07
1	bDescriptorType	Deskriptortyp = Endpoint	0x05
2	bEndpointAddress	Endpoint-Adresse (OUT, EP3)	0x03
3	bmAttributes	Endpoint-Attribut (Isochr. Transfer)	0x01
4	wMaxPacketSize	FIFO-Größe dieses Endpoint (20 Byte)	0x14, 0x00
6	bInterval	Polling-Intervall (1ms)	0x01

Tab. 9.12: Endpoint-Descriptor für EP3 zu Interface 0 / AlternateSetting 1

Offset	Feldbezeichnung	Beschreibung	Implementation
0	bLength	Größe dieses Deskriptors in Byte	0x09
1	bDescriptorType.	Deskriptortyp = Interface	0x04
2	bInterfaceNumber	Interface-Nummer (1)	0x01
3	bAlternateSetting	AlternateSetting für dieses Interface (0)	0x00
4	bNumEndpoints	Anzahl der zu diesem Interface gehörenden Endpoints ohne EP0 (3)	0x03
5	bInterfaceClass	Klassen-Code (keine USB-Klasse)	0xFF
6	bInterfaceSubClass	Subklassen-Code	0xFF
7	bInterfaceProtocol	Protokoll-Code	0xFF
8	iInterface	String-Index für »Interface 1«	0x06

Tab. 9.13: Interface-Descriptor für Interface 1 des Beispielgerätes

Offset	Feldbezeichnung	Beschreibung	Implementation
0	bLength	Größe dieses Deskriptors in Byte	0x07
1	bDescriptorType	Deskriptortyp = Endpoint	0x05
2	bEndpointAddress	Endpoint-Adresse (IN, EP1)	0x81
3	bmAttributes	Endpoint-Attribut (Interrupt-Transfer)	0x03
4	wMaxPacketSize	FIFO-Größe dieses Endpoint (1 Byte)	0x01, 0x00
6	bInterval	Polling-Intervall (255 ms)	0xFF

Tab. 9.14: Endpoint-Descriptor für EP1 des Beispielgerätes

Offset	Feldbezeichnung	Beschreibung	Implementation
0	bLength	Größe dieses Deskriptors in Byte	0x07
1	bDescriptorType	Deskriptortyp = Endpoint	0x05
2	bEndpointAddress	Endpoint-Adresse (IN, EP2)	0x82
3	bmAttributes	Endpoint-Attribut (Interrupt-Transfer)	0x03
4	wMaxPacketSize	FIFO-Größe dieses Endpoint (12 Byte)	0x0C, 0x00
6	bInterval	Polling-Intervall (40 ms)	0x28

Tab. 9.15: Endpoint-Descriptor für EP 2 des Beispielgerätes

Offset	Feldbezeichnung	Beschreibung	Implementation
0	bLength	Größe dieses Deskriptors in Byte	0x07
1	bDescriptorType	Deskriptortyp = Endpoint	0x05
2	bEndpointAddress	Endpoint-Adresse (IN, EP4)	0x84
3	bmAttributes	Endpoint-Attribut (Bulk-Transfer)	0x02
4	wMaxPacketSize	FIFO-Größe dieses Endpoint (64 Byte)	0x40, 0x00
6	bInterval	Polling-Intervall (entfällt)	0x00

Tab. 9.16: Endpoint-Descriptor für EP4 des Beispielgerätes

Auf die Darstellung der String-Deskriptoren wurde an dieser Stelle verzichtet, da deren Aufbau recht einfach ist (siehe Kapitel 2). Die Abfrage der Device-Deskriptoren und der String-Deskriptoren erfolgt durch jeweils eigene Standard-Device-Requests.

Nachdem alle Deskriptoren feststehen, muss noch die Reihenfolge für deren Übertragung beim Request GetDescriptor mit dem Parameter Deskriptortyp=Configuration geklärt werden:

- Configuration-Descriptor (Tab. 9.8)
- Interface-Descriptor für Interface 0 / AlternateSetting=0 (Tab. 9.9)
- Endpoint-Descriptor für EP 3 mit Bandbreite 0 (Tab. 9.10)
- Interface-Descriptor 0 / AlternateSetting=1 (Tab. 9.11)
- Endpoint-Descriptor für EP 3 mit Bandbreite 160 KBit/s (Tab. 9.12)
- Interface-Descriptor für Interface 1 (Tab. 9.13)

- Endpoint-Descriptor EP1 (Tab. 9.14)
- Endpoint-Descriptor EP2 (Tab. 9.15)
- Endpoint-Descriptor EP4 (Tab. 9.16)

9.5 Behandlung von Standard-Device-Requests

9.5.1 Zustände eines Geräts aus Sicht der Firmware

Alle USB-Geräte durchlaufen vom Zeitpunkt des Ansteckens an den Bus bis zur vollständigen Betriebsbereitschaft mehrere Zustände (*States*). Nachdem das Gerät am USB angesteckt wurde, befindet es sich zunächst im *Powered State* und wird durch einen USB-Reset in den *Default State* versetzt.

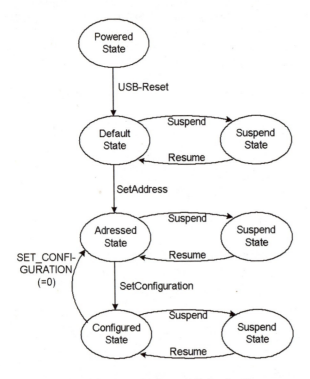

Bild 9.9: Zustände eines Geräts aus Sicht der Firmware

In diesem Zustand besitzt das Gerät seine Defaultadresse 0. Wird durch einen SetAddress-Befehl diese Adresse auf einen neuen Wert gesetzt, dann nimmt das Gerät den *Addressed State* ein. Während der Enumeration wird dieser Zustand durch einen SetConfiguration-Request verlassen, und das Gerät nimmt den *Configured State* ein. Aus allen Zuständen muss das Gerät jederzeit in den *Suspend State* gehen können. Von dort erfolgt dann wieder die Rückkehr in den zuvor eingenommenen Zustand, sobald ein *Resume*-Ereignis eintritt. Wenn in einem der zuvor genannten Zustände ein *USB-Reset* erkannt wird, kehrt das Gerät unmittelbar zum *Default State* zurück.

Der Übergang vom *Powered* State in den *Default State* erfolgt meist automatisch initiiert durch die Hardware. Hierzu bedarf es keinen Eingriffs durch die Firmware. Für den Firmware-Programmierer sind nur die Zustände *Default, Addressed, Configured* und *Suspended* interessant.

9.5.2 Initialisierung der USB-Funktionalität

Um den Ausführungen in diesem Abschnitt folgen zu können, sollten zuvor die Grundlagen aus Kapitel 2 verstanden worden sein. Hier soll lediglich die Behandlung von Standard-Device-Requests aus Firmware-Sicht erläutert werden. Es werden also nur Ereignisse, die den Endpoint EP0 betreffen, diskutiert.

Nach dem Power-on-Reset eines USB-Controllers oder eines separaten Controllers mit externer USB-Bridge muss zunächst der Controller selbst initialisiert werden. Erst danach sollte der USB-Teil aktiviert werden. Hierfür sollten die folgenden Punkte (je nach Controller-Typ / USB-Bridge) abgearbeitet werden. Aufgrund der großen Vielfalt von Controllern und USB-Bridges sind nicht immer alle Punkte anwendbar, auch kann ein Teil der Initialisierungsschritte nach einem USB- oder Hardware-Reset automatisch durch die Hardware ausgeführt werden.

- Programmieren des Clock-Teilers für den Mikrocontroller in der USB-Bridge
- Generelles Initialisieren des USB-Teils (insbesondere für die Infineon-Bausteine C540/541)
- Aktivieren des Endpoint EP0
- Deaktivieren aller Endpoints außer EP0
- Interruptquellen und -masken definieren
- Initialisieren der Speicherzellen und Flags, die für den USB-Teil wichtig sind
- Zuschaltung der 3,3-V-Spannung an den Pull-Up-Widerstand (falls separate Zuschaltung möglich)

Wurden alle Initialisierungen abgeschlossen, kann die globale Interruptfreigabe für das System erfolgen. Alle USB-Aktivitäten laufen ab jetzt interruptgesteuert ab. Dies erleichtert die Implementation der Firmware in bereits bestehende Designs.

Beim Eintreffen eines USB-Interrupts muss zuerst festgestellt werden, durch welche USB-Aktivität dieser ausgelöst wurde. Dazu wird zuerst ein Statusregister aus dem USB-Teil gelesen und ausgewertet. Da sich in 8 Bit nicht alle Interruptquellen codieren lassen, ist oft noch eine zweite Ebene von Statusregistern mit erweiterten Interrupt-Informationen vorhanden. Wurde der Endpoint EP0 als Interruptquelle erkannt, erfolgt die weitere Abarbeitung entsprechend dem folgenden Flowchart.

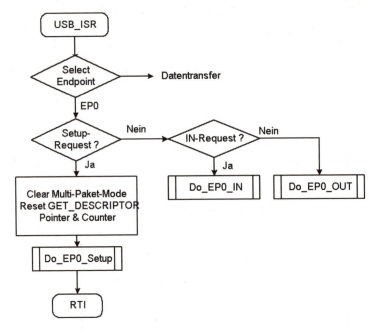

Bild 9.10: Flowchart I (SETUP/IN/OUT-Verzweigung)

Über EP0 können drei verschiedene Token empfangen werden: SETUP, OUT und IN. Die letzten beiden Token können nur aus dem Kontext des vorher empfangenen SETUP interpretiert werden. Deshalb soll zuvor die Behandlung von Device-Requests behandelt werden.

9.5.3 SETUP-Token über EP0

Beim Eintreffen eines SETUP-Token ist durch die Firmware zuerst die Anzahl der empfangenen Daten-Bytes (Standard-Device-Request: 8 Byte) und die Daten-PID (DATA0 bei SETUP-Token) zu überprüfen.

Stimmen diese beiden Werte nicht, dann sollten die empfangenen SETUP-Daten verworfen werden. Dies erfolgt üblicherweise durch Löschen der Empfangs-FIFO (*flush* von EP0).

Werden die Daten als gültig anerkannt, erfolgt das Auslesen der Daten aus der FIFO und ihre Ablage im lokalen Speicher. Zuerst wird anhand von Bit 6 und Bit 5 im *bmRequestType* (1.Byte) die Art des Request decodiert.

Alle Requests, die keine weitere Daten-Stage besitzen, können nach erfolgreicher Decodierung des Request sofort zur Handshake-Stage übergehen. Ob ein Request noch eine zusätzliche Daten-Stage besitzt, kann anhand von Bit 7 vom bmRequestType und der Längenangabe in wLength festgestellt werden.

9.5 Behandlung von Standard-Device-Requests 303

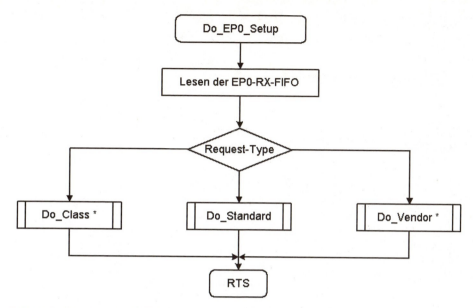

Bild 9.11: Flowchart II (SETUP-Decode: Standard/Class/Vendor)

Die Handshake-Stage bei einem 2-Stage-Control-Transfer besteht aus einem Zero-Data-Paket mit DATA1-PID als Antwort auf das IN-Token, welches an EP0 gerichtet ist. Die Firmware muss also die Sende-FIFO (IN-Richtung) vom EP0 explizit für voll erklären, die DATA-PID auf DATA1 setzen und die IN-FIFO freigeben. Wird dann das erwartete IN-Token durch die SIE empfangen, wird automatisch das Zero-DATA1-Paket gesendet.

Ist mit dem Request ein 3-Stage-Control-Transfer in IN-Richtung verbunden, dann übernimmt die Firmware die Zusammenstellung der angeforderten Daten und das Vorbereiten des Versendens über die IN-FIFO des EP0.

Sollten die Daten größer als die FIFO-Tiefe sein, so muss durch die Firmware eine Partitionierung vorgenommen werden. Soll z.B. ein 18 Byte langer Device-Descriptor über eine 8 Byte tiefe FIFO versendet werden, dann werden zunächst die ersten 8 Bytes des Deskriptors in die IN-FIFO geschrieben. Die PID ist auf DATA1 zu setzen und danach die FIFO zum Senden freizugeben.

Sobald die IN-FIFO erfolgreich übertragen wurde, wird der Host die nächsten 8 Bytes durch ein IN-Token anfordern, die dann ebenfalls in die IN-FIFO geschrieben werden. Anschließend wird die PID auf DATA0 gesetzt und die FIFO wieder zum Versenden freigegeben.

Analog geschieht dies für den 3. IN-Transfer. Die restlichen zwei Daten-Bytes werden entsprechend dem Toggle-Protokoll wieder mit DATA1-PID gesendet.

Anhand dieses kleinen Beispiels lässt sich schnell erkennen, dass für diesen Transfer, welcher über mehrere Interrupts verteilt ist, einige Flags und mehrere globale Variablen notwendig sind:

- Flag für MULTI-PAKET-Modus
- Flag für DATA-PID (DATA0 / DATA1)

- Zeiger auf die Speicherzelle mit den Daten für die folgende Übertragung
- Zähler für die Anzahl der noch zu übertragenden Bytes

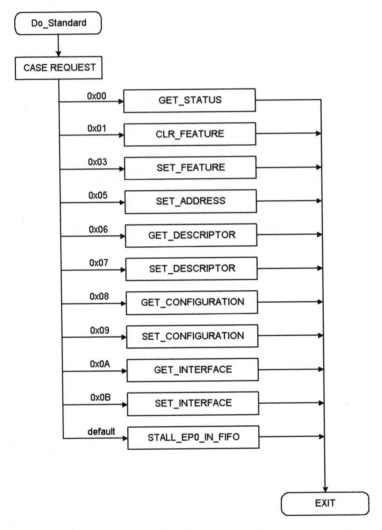

Bild 9.12: Flowchart III (Standard-Request-Decode)

9.5.4 IN-Token über EP0

Auf IN-Token kann durch die Firmware nicht in Echtzeit reagiert werden. Dies entspricht auch nicht dem Verständnis von USB. FIFOs, die in IN-Richtung arbeiten, müssen stets vor dem Eintreffen eines IN-Token gefüllt und aktiviert sein. Wurde solch eine IN-FIFO erfolgreich abgeschickt, dann wird ein Interrupt generiert, der dazu dient, das erfolgreiche Versenden der Daten anzuzeigen. Bei Bedarf ist es Aufgabe der Firmware, die FIFO wieder nachzufüllen.

9.5 Behandlung von Standard-Device-Requests

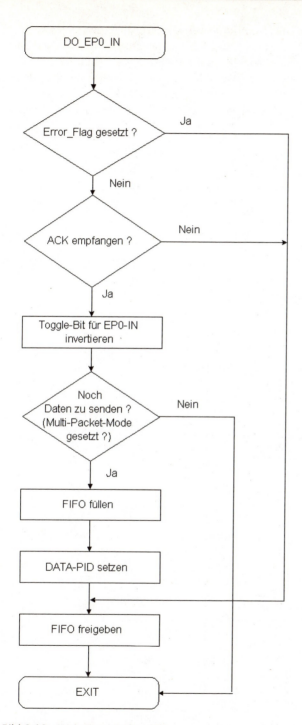

Bild 9.13: IN-Interrupt über EP0

Hierzu müssen als Erstes die oben genannten Flags ausgewertet werden. Werden Daten verteilt über mehrere IN-Transfers versendet, dann ist das Multi-Packet-Flag gesetzt. Mit Hilfe des Zeigers, der auf die noch zu versendenden Daten zeigt, kann die IN-FIFO nachgefüllt werden. Der Zähler für die noch zu übertragenden Bytes wird jeweils dekrementiert. Erreicht er Null, dann sind alle Daten übertragen und es ist der richtige Zeitpunkt gekommen, das Multi-Packet-Flag zu löschen. Nach jedem Füllen der FIFO ist die Daten-PID entsprechend dem internen Toggle-Flag zu setzen.

9.5.5 OUT-Token über EP0

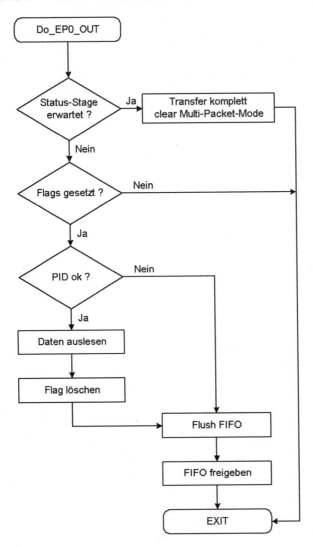

Bild 9.14: Decodierung EP0-OUT-Token

9.5 Behandlung von Standard-Device-Requests **307**

Die mit einem OUT-Token über Endpoint EP0 empfangenen Daten müssen kontextabhängig interpretiert werden. Wurde ein Zero-DATA1-Paket empfangen, kann es sich auch um die Handshake-Stage für einen Control-IN-Transfer handeln. Um dieses OUT-Token richtig interpretieren zu können, sollte ebenfalls ein Flag für die noch ausstehende Status-Stage in der Firmware implementiert sein.

Im Allgemeinen können keine OUT-Daten über EP0 ohne vorherige Ankündigung empfangen werden. Verschiedene USB-Klassen nutzen einen 3-Stage-Control-Transfer, um klassenspezifische Daten an ein Gerät zu übertragen (z.B. SetReport zum Setzen der LEDs an einer USB-Tastatur). Auch hier muss für jedes Ereignis ein Flag implementiert werden.

Konnte das OUT-Token nicht interpretiert werden, weil z.B. kein Flag gesetzt war, welches ein OUT-Token mit Nutzdaten ankündigte, dann sind die Daten zu verwerfen.

9.5.6 Reaktionen auf Standard-Requests

Im Folgenden sollen kurz die notwendigen Reaktionen erläutert werden, welche auf die Standard-Device-Requests erfolgen müssen.

SetAddress

- Extrahieren der neuen Adresse aus dem Request
- Initialisieren der Handshake-Stage (Zero-DATA1 in IN-FIFO)
- Umsetzen der USB-Geräte-Adresse auf die neue Adresse **nach** erfolgreichem Abschluss der Status-Stage
- Ist das Gerät bereits im *Addressed State* (d.h. Geräte-Adresse ist bereits ungleich von 0), dann wird die neue Adresse akzeptiert. Sollte die neue Adresse gleich 0 sein, dann muss in den *Default State* gegangen werden!

SetConfiguration

Ist die aus dem Request extrahierte gültige ConfigurationValue≠ 0, dann kann der Übergang vom *Addressed State* in den *Configured State* stattfinden:

- Initialisieren und Aktivieren aller zu dieser Konfiguration gehörenden Endpoints (Flushing und Toggle auf DATA0 setzen)
- Power-Management erlaubt volle Stromaufnahme
- Speichern der ConfigurationValue
- Initialisieren der Handshake-Stage (Zero-DATA1 in IN-FIFO)

Wenn sich das Gerät bereits im *Configured State* befindet und wenn der empfangene ConfigurationValue = 0 ist, dann muss durch die Firmware ein Rücksprung in den *Addressed State* initiiert werden:

- Deaktivieren aller Endpoints außer EP0
- Power-Management begrenzt die Stromaufnahme auf maximal 100 mA
- Speichern der ConfigurationValue = 0
- Initialisieren der Handshake-Stage (Zero-DATA1 in IN-FIFO)

Konnte der Request nicht erfolgreich decodiert werden, weil z.B. die ConfigurationValue durch die Firmware nicht unterstützt wird, so ist ein STALL auf der EP0-IN-FIFO zu veranlassen.

GetConfiguration

In der Daten-Stage dieses 3-Stage-Control-Transfers wird die ConfigurationValue der gerade aktiven Konfiguration an den Host zurückgesendet. Diese wurde bereits durch die Behandlungsroutine des SetConfiguration in einer globalen Variablen gespeichert. Sollte sich das Gerät erst im *Addressed State* befinden, dann wird der Wert 0x00 zurückgegeben – dieser steht für den unkonfigurierten Zustand.

SetInterface

Dieser Request erlaubt die Auswahl eines AlternateSetting für Geräte, die Interfaces mit mehreren AlternateSettings besitzen. Da im Request das Interface und das anzuwählende Alternate-Setting codiert ist, kann die Decodierung recht einfach erfolgen. Der Befehl führt meist zur Reinitialisierung der zu diesem Interface gehörenden Endpoints. Insbesondere die FIFO-Tiefe muss mit jedem neu angewählten AlternateSetting justiert werden. Dieser Request ist nur im *Configured State* erlaubt. Sollte er in einem anderen Zustand eintreffen, dann ist die EP0-IN-FIFO mit STALL zu sperren. Auch wenn ein nicht unterstütztes AlternateSetting angewählt werden soll, führt dies zu einem STALL.

GetInterface

Während der Daten-Stage wird das AlternateSetting für das im Request angegebene Interface als ein Daten-Byte an den Host übertragen. Auch dieser Request ist nur im *Configured State* gültig, andernfalls sollte ein STALL während der Daten-Stage durch die Firmware forciert werden.

SetFeature / ClearFeature

Anhand der unteren 5 Bit des *bmRequestType*-Feldes (1. Byte des Request) ist der Empfänger (Device, Interface oder Endpoint) dieses Request zu bestimmen. Nur *FeatureSelektors* für den jeweiligen Empfänger sind gültig. Wurde ein ungültiger FeatureSelektor erkannt, führt dies zum STALL während der Data-Stage.

Während des *Addressed State* sind nur FeatureSelektors für den Endpoint EP0 erlaubt. Ansonsten sollte für die Data-Stage ein STALL initiiert werden.

Die bekannteste Anwendung für den ClrFeature-Request dürfte das Rücksetzen der STALL-Bedingung für diverse Daten-Endpoints sein. In diesem Fall ist der Empfänger ein Endpoint, und als FeatureSelektor ist ENDPOINT_STALL in den Request codiert. Der ausgewählte Endpoint ist dabei im *wIndex*-Feld zu finden. Die Firmware muss bei der Ausführung dieses Request auch das intern verwaltete Toggle-Bit für den angesprochenen Endpoint neu auf DATA0 initialisieren, um den nächsten Transfer richtig durchführen zu können.

GetStatus

Zuerst muss der Empfänger dieses Request aus dem *bmRequestType*-Feld extrahiert werden. Im *Addressed State* sind dafür nur Device und Endpoint EP0 gültige Werte, während im *Configured State* auch Interfaces und alle (durch die aktuelle Konfiguration unterstützten) Endpoints erlaubt sind. Die Rückgabe des angeforderten Status erfolgt als 16-Bit-Wort in Little-Endian-Notierung. Die darin enthaltenen Bits sind entsprechend den Ausführungen in Kapitel 2 codiert.

GetDescriptor

Der GetDescriptor-Request beansprucht in der USB-Firmware einen erheblichen Teil der Ressourcen, da es sich um einen recht komplexen Befehl handelt. Der Befehl ist in jedem Gerätezustand erlaubt. Nur wenn ein Request nicht zweifelsfrei decodiert werden konnte, wird durch die Firmware ein STALL für die Daten-Stage initiiert.

Deskriptoren können sowohl Standard- als auch klassenspezifische Deskriptoren sein. Im *bmRequestType*-Feld ist der angefragte Typ codiert (Bit 6 ... 5). Folgende Standarddeskriptoren können durch Standard-Device-Requests angefordert werden:

- Device-Descriptor
- Configuration-Descriptor
- String-Descriptor

Bei High-Speed-Geräten werden zusätzlich folgende Deskriptortypen unterstützt:

- Device-Qualifier-Descriptor
- Other-Speed-Configuration-Descriptor

Da in jedem USB-Gerät nur ein einziger Device-Descriptor existiert, ist beim Erkennen dieses Deskriptors im Request das weitere Verzweigen bereits beendet.

Beim Configuration-Descriptor ist noch die Betrachtung des Low-Anteils des *wValue*-Feldes notwendig. Hier steht der ab 0 gezählte Index für die angeforderte Konfiguration, falls mehrere Konfigurationen unterstützt werden.

Auch bei String-Deskriptoren muss dieser Index berücksichtigt werden, um den richtigen String ausfindig zu machen. Werden darüber hinaus länderspezifische Implementationen diverser Strings unterstützt, dann muss auch die im *wIndex*-Feld stehende Language-ID decodiert werden.

Auch das *wLength*-Feld des Request muss unbedingt beachtet werden. Ist der angeforderte Deskriptor länger als der in *wLength* stehende Wert, so muss die Firmware den Deskriptor entsprechend kürzen.

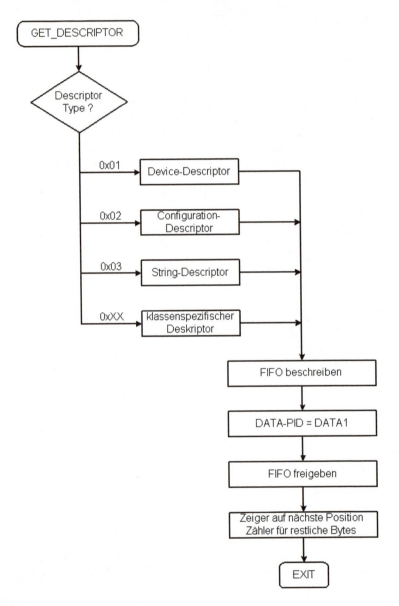

Bild 9.15: Decodierung des GetDescriptor-Request

9.5 Behandlung von Standard-Device-Requests

Die folgende Tabelle gibt noch einmal eine Zusammenfassung über die Gültigkeit von diversen Requests auf einem Gerät in verschiedenen Zuständen. Alle nicht erlaubten Anfragen führen zu einem STALL des Endpoints EP0.

Request	Default State	Addressed State	Config State
SetAddress	gültig	gültig	nicht definiert
ClearFeature/SetFeature	nicht definiert	gültig (1)	gültig (2+3)
GetStatus	nicht definiert	gültig (1)	gültig (2)
GetConfiguration	nicht definiert	gültig	gültig
SetConfiguration	nicht definiert	gültig	gültig (4)
GetInterface	nicht definiert	nicht erlaubt	gültig (5)
SetInterface	nicht definiert	nicht erlaubt	gültig (5)
GetDescriptor	gültig	gültig	gültig

Tab. 9.17: Gültigkeit von Request

(1) nur für Device und Endpoint EP0 gültig

(2) nur für existierende Interfaces und Endpoints gültig

(3) nur für unterstützte Features gültig

(4) nur für unterstützte Konfigurationen gültig

(5) nur für unterstützte Interfaces / Alternate Settings gültig

9.5.7 Datentransfer über Stream-Pipes

Der Datentransfer über alle Endpoints außer EP0 läuft immer unidirektional ab. In der Serviceroutine für einen entsprechenden Endpoint übernimmt die Firmware den Datentransport zwischen externer Applikation und der FIFO. Je nach Transferrichtung muss die Firmware dabei verschiedene Schritte durchlaufen.

OUT-Stream-Pipes

Beim Empfang von Daten muss zuerst geprüft werden, ob die empfangene PID der Daten mit dem internen Toggle-Flag übereinstimmt. Ist dies der Fall, dann sind die Daten gültig, wenn nicht, müssen sie verworfen werden. Dies geschieht meist durch das Setzen eines Steuerbits (FLUSH) in dem zu diesen Endpoint gehörenden Control-Register. Im Fehlerfall darf das interne Toggle-Bit nicht invertiert werden.

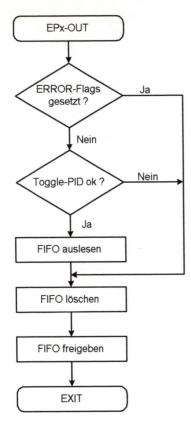

Bild 9.16: Flowchart für OUT-Transfers

IN-Stream-Pipes

Der Datentransfer über eine Stream-Pipe beginnt immer mit einer DATA0-PID. Nachfolgende Pakete werden alternierend mit DATA1- und DATA0-PID gesendet. Bei den meisten USB-Bausteinen muss die DATA-PID durch die Firmware des Mikrocontrollers selbst gesetzt werden, nur wenige Bausteine machen dies automatisch. Nach dem Eintreffen eines IN-Interrupts sollte die Firmware zuerst prüfen, ob das Paket erfolgreich abgesendet werden konnte und das Handshake (ACK) des Host empfangen wurde.

Trat kein Fehler auf, dann kann jetzt das intern verwaltete Toggle-Bit invertiert werden. Im Fehlerfall sind die in der FIFO noch vorhandenen alten Daten nochmals mit der alten PID zu versenden. Ein Toggeln des internen DATA-PID-Bits ist dann nicht vorzunehmen. Für den Fall, dass noch neue Daten zu versenden sind, können diese dann in die FIFO gefüllt werden.

9.5 Behandlung von Standard-Device-Requests

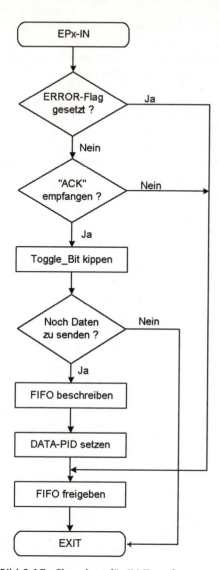

Bild 9.17: Flowchart für IN-Transfers

Wenn keine Daten mehr an den Host zu übertragen sind, braucht die Firmware keine weiteren Aktionen mehr auszuführen.

9.5.8 Noch einige Tipps...

Fast alle hier genannten Wege zur Decodierung lassen sich in der Firmware als CASE-Anweisungen implementieren. In allen Default-Zweigen von CASE-Anweisungen sollte das Initiieren eines STALL auf dem Endpoint EP0 nicht vergessen werden!

Die Zulässigkeit einzelner Requests während der verschiedenen Zustände eines Geräts können im Rahmen von IF-Anweisungen überprüft werden. Generell sollte im letzten ELSE-Zweig einer Gültigkeitsprüfung immer ein STALL forciert werden. Solange der optionale SetDescriptor-Request nicht unterstützt wird, können alle Deskriptoren im ROM des jeweiligen Mikrocontrollers abgelegt werden.

Bei der Abfrage des Configuration-Descriptor werden in einem Zuge neben dem eigentlichen Configuration-Descriptor auch alle dazugehörenden Interfaces, klassenspezifischen und Endpoint-Deskriptoren übertragen. Alle diese Deskriptoren sollten im ROM ebenfalls in dieser Reihenfolge unmittelbar hintereinander liegen. Dies erleichtert den schnellen und einheitlichen Zugriff auf alle Deskriptoren.

10 Test- und Analysegeräte

10.1 Einsatz von Test- und Prüfgeräten

Die Fehlersuche bei kommerziellen Bussen, welche für die PC-Peripherie Verwendung finden, ist relativ einfach. Der parallele Bus der LPT-Schnittstelle kann bereits mit Hilfe eines einfachen Spannungsmessers überprüft werden. Der Programmierer kann beim Debug die Software im Step-Modus betreiben und dadurch ganz zeitunkritisch den Zustand aller Leitungen messen. Das zu übertragende Byte kann direkt als Spannungspegel auf den Datenleitungen beobachtet werden, die Daten sind nicht codiert.

Dieses einfache Vorgehen begründet sich auf drei Voraussetzungen, die in dieser Form bei der LPT-Schnittstelle (im SPP-Mode) erfüllt sind:

- Keine zeitkritischen Signale, der Debug-Prozess kann beliebig angehalten werden
- Alle Signale liegen parallel und gleichzeitig an (echter paralleler Bus)
- Keine codierte Datenübertragung über den Bus

Er ist schnell zu verstehen, dass das Debug eines USB-Systems andere Verfahren und Geräte erfordert, da alle drei Voraussetzungen nicht erfüllt werden. Ein USB-Transfer kann nicht beliebig zu Debug-Zwecken unterbrochen werden, da dies sehr schnell zu einem Time-Out-Fehler führt (siehe Kapitel 2.7.2). Auch der ganze Bus-Verkehr kann nicht einfach angehalten werden, da der Wegfall der Start-of-Frame-Token zum Einschlafen der USB-Geräte führen würde.

Weiterhin ist zu berücksichtigen, dass durch die serielle Übertragung der Daten das Überprüfen eines quasistatischen Zustandes, ähnlich wie bei der parallelen LPT-Schnittstelle, nicht möglich ist. Alle Zustände müssen aus dem Kontext der Sequenz von J- und K-Zuständen auf den beiden Datenleitungen interpretiert werden.

Die beim USB angewandte NRZI-Codierung mit zusätzlichem Bit-Stuffing stellt ein weiteres Hindernis dar. Konnte das Debugging einer seriellen RS-232-Schnittstelle noch mit Hilfe eines Logik-Analysators erfolgen, so stellt die NRZI-Codierung ein echtes Hindernis dar.

Insgesamt kann also festgestellt werden, dass herkömmliche Signalerfassungs- und Interpretierungsmethoden für den USB nicht anwendbar sind. Oszilloskop und Logik-Analysator können nur zur Überprüfung von elektrischen Parametern und Timing-Parametern auf dem Bus dienen. Eine Interpretierung der übertragenen Daten auf Paketebene kann hierdurch nicht erfolgen.

Trotzdem kann auf das Debug auf physikalischer Ebene nicht verzichtet werden. Durch die komplexe Struktur der Host-Software und der Firmware in den USB-Geräten wird im Fehlerfall oft nicht ersichtlich, an welcher Stelle der Datenfluß zwischen PC-Applikation und USB-

316 Kapitel 10: Test- und Analysegeräte

Gerät unterbrochen ist. Mit folgenden Fragen müssen sich Software- und Firmware-Entwickler immer wieder auseinandersetzen:

- Wurde der USB-Controller richtig initialisiert?
- Konnte die Enumeration korrekt durchgeführt werden?
- Konnte die Applikationssoftware die USB-Treiberschicht richtig ansprechen?
- Wurde der Request durch den USBD auf dem Bus übertragen?
- Konnte das USB-Gerät die Daten empfangen (FIFO frei)?
- Konnte das USB-Gerät den Request richtig interpretieren und ausführen?
- Traten Fehler auf dem Bus auf (CRC-Fehler, Toggle-Fehler, Handshake)?
- Welche Datenmenge wird übertragen (Firmware-Optimierung)?

Aus den hier aufgeführten Gründen und Fragen wird deutlich, dass der Einsatz eines speziell auf den Universal-Serial-Bus abgestimmten USB-Analyse-Geräts erforderlich ist.

Zur Inbetriebnahme und zum Test der Firmware auf Mikrocontroller-Ebene sind dazu ebenfalls die richtigen Debugwerkzeuge auszuwählen. Dies gilt sowohl für Mikrocontroller mit integrierter USB-Schnittstelle wie C540/541U (Infineon), 8x930A/H oder 8x931A/H (Intel), 80C186CC (AMD) als auch für Applikationen mit separatem Mikrocontroller und USB-Baustein (Bridge). Dieser Punkt wird im Anschluss an die Beschreibung des USB-Analysators ausführlich behandelt.

10.2 USB 1.1-Analysator

USB-Analysatoren werden von verschiedenen Firmen (CATC, HITEX, GENOA) angeboten. Sie unterscheiden sich im wesentlichen in den Möglichkeiten zur Triggerung, in der Tiefe des Aufzeichnungsspeichers und in den Darstellungs-Optionen der aufgezeichneten Daten. Im folgenden soll am Beispiel eines USB-Analysators, welcher als Demonstrator im IMMS entwickelt wurde, die grundsätzlichen Eigenschaften eines solchen Analysators beschrieben werden.

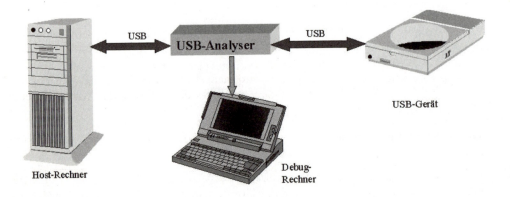

Bild 10.1: Einsatz eines USB-Analysators

Der USB-Analysator speichert den USB-Datenverkehr ab einem definierbaren Triggerzeitpunkt und überträgt die Daten über eine parallele Schnittstelle an einen PC zur Auswertung. Das Gerät ist hochohmig mit den beiden USB-Datenleitungen verbunden und beeinflusst den Datenverkehr nicht. Für den USB-Host und alle anderen USB-Geräte ist der USB-Analysator selbst nicht sichtbar. Um das Einschleifen in einen USB-Strang zu ermöglichen, besitzt das Gerät an seiner Frontseite eine A- und eine B-Buchse.

Die Aufzeichnung der Daten ist ab einem definierbaren Startzeitpunkt (Trigger) möglich. Nachdem der USB-Analysator seinen Speicher mit USB-Daten gefüllt hat, überträgt er diese an den PC, wo sie grafisch aufbereitet und dargestellt werden. Umfangreiche Such- und Darstellungsfunktionen ermöglichen ein komfortables Handling der zum Teil recht umfangreichen Datenmengen.

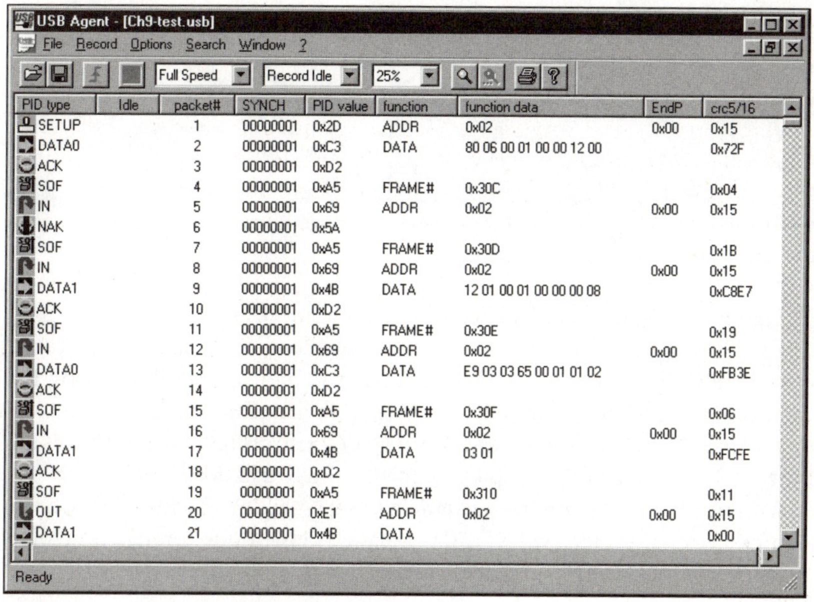

PID type	Idle	packet#	SYNCH	PID value	function	function data	EndP	crc5/16
SETUP		1	00000001	0x2D	ADDR	0x02	0x00	0x15
DATA0		2	00000001	0xC3	DATA	80 06 00 01 00 00 12 00		0x72F
ACK		3	00000001	0xD2				
SOF		4	00000001	0xA5	FRAME#	0x30C		0x04
IN		5	00000001	0x69	ADDR	0x02	0x00	0x15
NAK		6	00000001	0x5A				
SOF		7	00000001	0xA5	FRAME#	0x30D		0x1B
IN		8	00000001	0x69	ADDR	0x02	0x00	0x15
DATA1		9	00000001	0x4B	DATA	12 01 00 01 00 00 00 08		0xC8E7
ACK		10	00000001	0xD2				
SOF		11	00000001	0xA5	FRAME#	0x30E		0x19
IN		12	00000001	0x69	ADDR	0x02	0x00	0x15
DATA0		13	00000001	0xC3	DATA	E9 03 03 65 00 01 01 02		0xFB3E
ACK		14	00000001	0xD2				
SOF		15	00000001	0xA5	FRAME#	0x30F		0x06
IN		16	00000001	0x69	ADDR	0x02	0x00	0x15
DATA1		17	00000001	0x4B	DATA	03 01		0xFCFE
ACK		18	00000001	0xD2				
SOF		19	00000001	0xA5	FRAME#	0x310		0x11
OUT		20	00000001	0xE1	ADDR	0x02	0x00	0x15
DATA1		21	00000001	0x4B	DATA			0x00

Bild 10.2: Screenshot eines USB-Analysators

10.2.1 Triggermöglichkeiten

Die Leistungsfähigkeit eines USB-Analysators wird maßgeblich durch die verfügbaren Triggeroptionen bestimmt. Die kluge Wahl des Startzeitpunktes der Aufzeichnung ermöglicht eine schnelle und effiziente Fehlersuche.

Die Triggermaske ermöglicht die Auswahl aller durch die USB-Spezifikation festgelegten PIDs (siehe Kapitel 2.5.2) sowie auch selbst definierter PIDs. Alle Token-Packets (SETUP / IN / OUT) können auch im Zusammenhang mit der Adressierung auf eine Adresse und/oder einen Endpoint definiert werden. Dies ermöglicht eine effektive Arbeitsweise, z.B. das Triggern auf einen Daten-IN-Endpoint, welcher auf EP3 liegt. Da die USB-Adressse durch den Host dynamisch vergeben wird, muss nicht unbedingt auf diese getriggert werden. Im genannten Fall reicht es also, den Radio-Button für IN-Token auszuwählen und in das Endpoint-Feld eine 3 einzutragen.

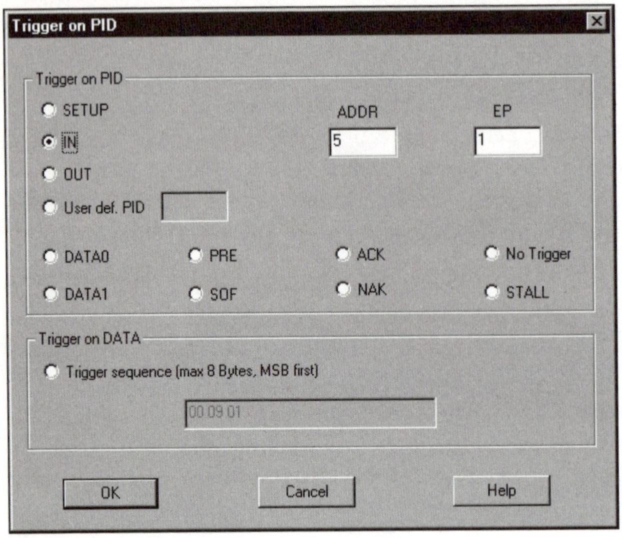

Bild 10.3: Triggermaske

Weiterhin ist das Triggern auf Daten innerhalb von DATA0- und DATA1-Paketen möglich. Die Anfangssequenz des Datenfeldes kann in die dafür vorgesehene Suchmaske eingetragen werden. Diese Option ermöglicht oft eine elegante Wahl einer geeigneten Startbedingung für die Aufzeichnung. Soll zum Beispiel der gesamte Datenverkehr ab dem Zustand des *Configured State* aufgezeichnet werden, so lässt sich die Anfangssequenz des SetConfiguration-Befehls sehr gut als Trigger benutzen. Wird die Konfiguration 1 durch diesen Befehl ausgewählt, dann genügt ein 0x000901 als Triggersequenz für das Datenfeld. Der Analyser macht keine Unterschiede, ob die Daten mit DATA0- oder DATA1-PID gesendet werden oder ob das Datenfeld nach einem SETUP-, IN- oder OUT-Token gesendet wird.

Full-/Low-Speed-Triggerung

Der USB-Analysator enthält eine modifizierte Serial-Interface-Engine (SIE), die ein komfortables Triggern ermöglicht. Diese State-Machine kann aber nur mit einer vordefinierten Geschwindigkeit arbeiten, welche, wie bei jedem USB-Gerät, durch einen 1,5-kΩ-Pull-Up-Widerstand festgelegt wird. Der Anwender muss also bei der Definition seiner Trigger-Parameter wissen, in welchem Modus (Full-Speed oder Low-Speed) das zu testende Gerät arbeitet.

Der USB-Analysator ermöglicht auch das gemischte Aufzeichnen und Darstellen von Full- und Low-Speed-Datenverkehr. Der Analyser ist dazu im Full-Speed-Modus mit einer Triggerbedingung innerhalb des Full-Speed-Datenverkehrs zu betreiben.

10.2 USB 1.1-Analysator

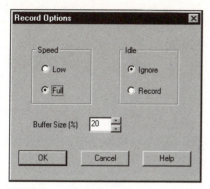

Bild 10.4: Record-Options

Idle-Aufzeichnung

Die Aufzeichnung der Idle-Phasen zwischen den verschiedenen USB-Transfers kann beim USB-Analysator ein- oder ausgeschaltet werden. Eine Aufzeichnung mit Idle ist insbesondere dann sinnvoll, wenn Time-Out-Fehler bei Handshake-Token auftreten oder wenn die Busauslastung analysiert werden soll.

Speicherausbau	Full-Speed		Low-Speed	
	Mit Idle	Ohne Idle	Mit Idle	Ohne Idle
2/3 s	max. 120 s	5,33 s	max. 520 s	

Tab. 10.1: Maximale Aufzeichnungszeiten des USB-Analysators

Soll dagegen nur der Datentransfer ohne Timing aufgezeichnet werden, kann auf die Aufzeichnung der Idle-Zeit verzichtet werden. Die Aufzeichnung ist nur dann aktiv, wenn auch wirklich Datenverkehr stattfindet. Dies beeinflusst natürlich die maximal mögliche Aufzeichnungszeit. Die in der Tabelle angegebenen Werte für die Aufnahme ohne Idle sind natürlich stark von den übertragenen Datenmengen zwischen den Start-of-Frames bzw. Low-Speed-Keep-Alives sowie von den zwischenzeitlich auftretenden statischen Events (RESET, SUSPEND, RESUME) abhängig. Die in der Tabelle angeführten Werte für die Aufzeichnung ohne Idle stellen Best-Case-Zeiten dar und wurden mit leeren Frames ermittelt. Die Werte für die Aufzeichnung mit Idle sind exakt.

Buffer

In den meisten Fällen braucht der zur Verfügung stehende Speicherplatz im USB-Analysator nicht voll genutzt werden. Insbesondere die aus der Übertragung via parallele Schnittstelle entstehende Zeitspanne steht dem entgegen. Aus diesem Grunde gibt es eine weitere Option, die die Aufzeichnung auf einen wählbaren Prozentsatz des vorhandenen physischen Speichers begrenzt. Bei einer geschickten Wahl des Triggerzeitpunktes und des Aufzeichnungsmodus »Ohne Idle« sind aus Erfahrung Werte zwischen 5...25 % vollkommen ausreichend.

320 *Kapitel 10: Test- und Analysegeräte*

10.2.2 Suchoptionen

Bei einer Aufzeichnung fallen meist sehr viele Datenpakete an – typische Werte liegen zwischen 1.000 und 300.000 Paketen. Ein leistungsfähiges Werkzeug zum Suchen nach bestimmten Ereignissen ist deshalb zwingend notwendig. Die Suchmaske im USB-Analysator ermöglicht das schnelle und wiederholte Finden von folgenden Ereignissen:

- Alle USB-PIDs sowie User-definierte PIDs
- SETUP / IN / OUT – Token in beliebiger Kombination mit Adresse / Endpoint
- Statische Events (SUSPEND, RESUME, RESET)
- Frame-Nummer, leere Frames, nicht leere Frames
- Daten innerhalb von DATA0- und DATA1-Paketen

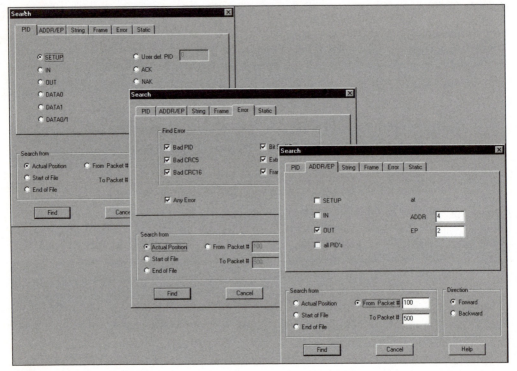

Bild 10.5: Suchmaske

Weiterhin kann die Suchrichtung und der Startpunkt des Suchvorgangs vorgegeben werden. Auch die Eingrenzung auf einen Bereich ist über die Angabe von Paket-Nummern möglich.

10.2.3 Darstellungsoptionen

Bei der Größe des aufgezeichneten Datenstromes von bis zu 8 MBit ist eine übersichtliche Darstellung sehr wichtig. Eine Möglichkeit hierzu ist die Filterung der Anzeige. So kann die Anzeige um frei definierbare Pakettypen, wie z.B. SOF, befreit werden. Genauso können bestimmte Paketelemente wie Sync oder CRCs, falls sie zur Analyse nicht wichtig sind, herausgefiltert werden. Eine weitere wichtige Verbesserung der Übersichtlichkeit ist die Reduzierung der Anzeige auf Pakete, die zu einer bestimmten USB-Adresse oder sogar Adress/Endpoint-Kombination gehören. Hiermit kann bei mehreren USB-Devices am Bus der Datenverkehr eines Device oder einer Pipe herausgefiltert werden. Es ist auch möglich, für Adessen oder Adress/Endpoint-Kombinationen symbolische Namen zu vergeben. Diese Namen werden dann sowohl im Datenstrom als auch im Auswahlfenster anstelle der Adressen angezeigt.

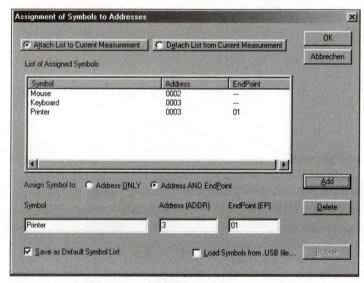

Bild 10.6: Eingabe von symbolischen Namen

Als Darstellungsform der USB-Daten kann durch den Anwender eine Hex- oder Binärzahl gewählt werden. Außerdem ist die Auswahl der Position des MSB (Most-Significant-Bit) innerhalb eines Bytes interessant. Üblicherweise steht das MSB links. Tatsächlich wird jedoch beim Senden der Daten das LSB (Lost-Significant-Bit) zuerst übertragen. Interpretiert man die dargestellten Daten in ihrer zeitlichen Abfolge, dann sollte die binäre Darstellung mit dem MSB auf der rechten Seite gewählt werden. Für die statischen Events wie RESET, SUSPEND und RESUME kann auch die Form der Zeitangabe gewählt werden. Üblicherweise erfolgt die Darstellung in Millisekunden, für spezielle Fälle kann aber auch die Anzeige in Bit-Times sinnvoll sein.

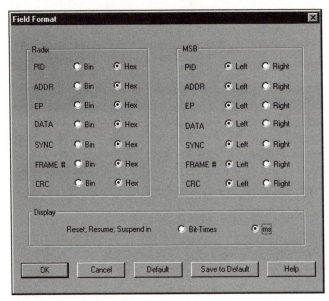

Bild 10.7: Format-Optionen

10.2.4 Statistische Anzeige

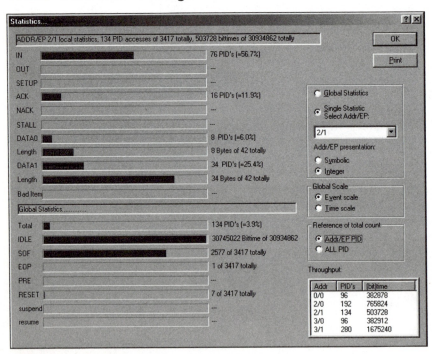

Bild 10.8: Statistische Anzeigen

Einen schnellen Überblick über einen kompletten aufgezeichneten USB-Datenstrom ermöglicht das Statistikfenster. In diesem Fenster werden die Zeiten oder die Häufigkeit des Auftretens aller USB-Pakete sowie statischen Events angezeigt. Der Anwender kann zwischen einer globalen Auswertung oder der Auswertung für bestimmte Adressen und Endpoints auswählen.

10.2.5 Arbeit mit Files

Die Software des USB-Analysators ermöglicht das Abspeichern und Einlesen aufgezeichneter USB-Daten. Der Anwender kann über den Menüpunkt »File/Comment« einen Kommentar zum gespeicherten File hinzufügen. Datum, Uhrzeit und die Record-Optionen werden vom Programm immer automatisch hinzugefügt. Auch das Speichern der USB-Daten als Textfile ist möglich.

```
() valid item
[] bad item
Packet:
1_____: Idle(4) SYNC(00000001) SETUP(0x2d) ADDR(0x0) EP(0x0) CRC5(0x8)
2_____: Idle(3) SYNC(00000001) DATA0(0xc3) DATA(80 06 00 01 00 00 40 00)
CRC16(0xbb29)
3_____: Idle(6) SYNC(00000001) ACK(0xd2)
4_____: Idle(16) SYNC(00000001) SOF(0xa5) Frame #(0x5ea) CRC5(0xc)
5_____: Idle(5) SYNC(00000001) IN(0x69) ADDR(0x0) EP(0x0) CRC5(0x8)
6_____: Idle(5) SYNC(00000001) DATA1(0x4b) DATA(12 01 00 01 09 01 00 08)
CRC16(0x82dd)
7_____: Idle(7) SYNC(00000001) ACK(0xd2)
8_____: Idle(21) SYNC(00000001) SOF(0xa5) Frame #(0x5eb) CRC5(0x13)
```

10.2.6 Tips zur Fehlersuche

Für die Inbetriebnahme eines USB-Geräts ist der direkte Anschluss am PC (also direkt am Root-Hub) zu bevorzugen. Der zweite USB-Anschluss am PC sollte nicht verwendet werden. Diese Vorgehensweise stellt sicher, dass durch den Analyser nur relevante USB-Daten gesehen werden.

Wenn kein Triggerzeitpunkt aktiviert ist, wird der Datenverkehr ab dem Zeitpunkt des Ansteckens aufgezeichnet. In der Praxis hat sich jedoch das Triggern auf ein SETUP-Token (ohne explizite Angabe von Adresse und Endpoint) als sinnvoll erwiesen.

Soll der Datenverkehr aufgezeichnet werden, welcher über einen speziellen Endpoint übertragen wird, dann muss auf ein IN- bzw. OUT-Token im Zusammenhang mit einer Endpoint-Nummer getriggert werden. Die Angabe der USB-Adresse ist nur dann sinnvoll, wenn sich mehrere Geräte am USB-Strang befinden.

10.3 USB 2.0-Analyser

Mit der Spezifikation von USB 2.0 kamen auch einige neue USB-Analyser auf den Markt, die diesen Standard unterstützen. Die bekanntesten Hersteller sind Catalyst und CATC. Im folgenden soll der USB 2.0-Analyser / Exerciser SBAE-20 von Catalyst [30] kurz vorgestellt werden. Dieses Gerät besitzt folgende Eigenschaften:

- Unterstützung von Low-/Full- und High-Speed entsprechend USB 2.0-Spezifikation
- USB-Analyser und –Patterngenerator (kann auch als Host arbeiten)
- 2 Analyserkanäle, davon einer High-Speed-tauglich
- Signal-Repeater-Interface, um Signal-Verfälschungen zu vermeiden
- Stromaufnahme-Messungen in diversen Betriebszuständen möglich
- Messung des Inrush-Current
- Externe Clock-Eingänge (nur für Full- und Low-Speed)
- Flexibles Windows-basierendes User-Interface
- FPGA-Design ermöglicht automatisches Upgrade mit jedem neuen Software-Release

Bild 10.9: SBAE-20 USB-Analyser/Exerciser von Catalyst

Das Gerät ist sehr universell einsetzbar, da es sowohl über Analyser- als auch über Generator-Funktionalität verfügt. Beide Komponenten können gleichzeitig eingesetzt werden. Um auch Hubs mit ihrem unterschiedlichen Datenverkehr auf Upstream- und Downstream-Seite zu testen, besitzt das Gerät einen zweiten Analyser-Kanal, der parallel zum ersten Analyser-Kanal benutzt werden kann.

Die Windows-Oberfläche des Geräts ist intuitiv bedienbar. Die Darstellung kann auf verschiedenen Abstraktions-Ebenen des USB-Protokolls aufsetzen.

10.3 USB 2.0-Analyser 325

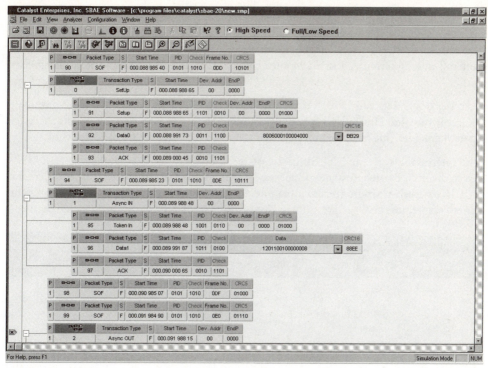

Bild 10.10: Darstellung einer aufgezeichneten Transaction

Für das Triggern des Analysers stehen mächtige Trigger-Algorithmen zur Verfügung. Sie erlauben das Auslösen bei fast jeder denkbaren Transaction, statischen Ereignissen oder Fehlern.

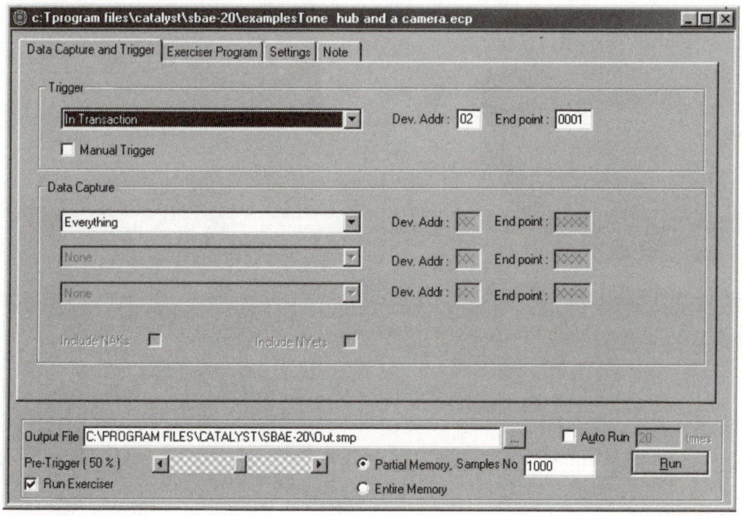

Bild 10.11: Trigger-Menü

Die aufgezeichneten Daten können nach verschiedenen Kriterien gefiltert werden. Dadurch kann die Anzeige auf die wesentlichen Daten beschränkt werden. Diverse Suchfunktionen ermöglichen das Auffinden von Datenpaketen auch in sehr großen Datenmengen. Fehler im Busprotokoll werden durch den Analyser automatisch erkannt und entsprechend markiert dargestellt.

Der Exerciser des Geräts kann durch einen Sequenzer gesteuert werden. Dies erlaubt das intelligente Reagieren des Hosts (verkörpert durch den SBAE-20) auf den Datenverkehr. Der Sequenzer beinhaltet eine frei programmierbare State-Machine mit maximal 32 Zuständen.

Ein sehr interessantes Feature des SBAE-20 ist die Messung der Stromaufnahme von USB-Geräten in diversen Betriebszuständen (Suspend, Configured, Unconfigured). Insbesondere die Messung des Inrush-Current (Stromaufnahme zum Zeitpunkt des Ansteckens) ist ein sehr nützliches Feature, um USB-Geräte auf ihre Konformität zur USB-Spezifikation zu testen.

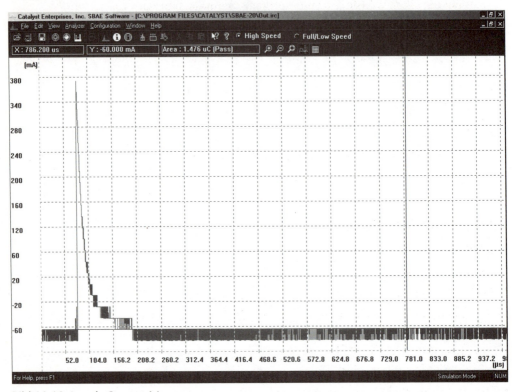

Bild 10.12: Inrush-Current-Messung

10.4 Debug der Mikrocontroller-Firmware

Es gibt verschiedene Möglichkeiten zum Testen der Mikrocontroller-Firmware. Nicht alle sind für USB-Applikationen optimal. Die folgenden Auswahlkriterien stellen eine Zusammenfassung der Vor- und Nachteile von verschiedenen Systemen dar.

10.4.1 Software-Simulator

Vorteile

- Preisgünstig
- Läuft auf jedem PC ohne zusätzliche Hardware
- Softwaretest schon vor Fertigstellung der ersten Hardware möglich
- Peripherie-Simulation in gewissem Umfang möglich
- Software-Trace, Laufzeitmessungen und Code-Coverage möglich

Nachteile

- USB-Schnittstelle kann nicht simuliert werden
- Kein Echtzeitverhalten
- Simulation der Hardware nur sehr begrenzt möglich
- Nicht zusammen mit der Testhardware verwendbar

10.4.2 Rom-Monitor

Vorteile

- Relativ preisgünstig
- Test auf dem PC über serielle oder andere Schnittstelle
- Softwaretest schon vor Fertigstellung der kompletten Hardware mit Hilfe eines Monitor-Boards möglich
- Prozessor-Peripherie wie z.B. On-Chip-USB sowie weitere Hardwarekomponenten des Monitor-Boards verwendbar
- Begrenzt echtzeitfähig (wenn Monitor nicht aktiv)

Nachteile

- Kein Echtzeitverhalten beim Debug
- Hardwareressourcen werden benötigt (Schnittstelle zum PC)
- Codespeicher muss als RAM vorhanden sein

328 *Kapitel 10: Test- und Analysegeräte*

- Keine Trace- und Triggermöglichkeiten
- Keine Laufzeitmessung und Code-Coverage möglich
- Hardware muss in wesentlichen Teilen schon funktionieren
- Monitor-Code muss an Hardware zuerst angepasst werden
- Adresslage des Programms muss angepasst werden, da der Monitorcode vom Reset aus zuerst ausgeführt werden muss

10.4.3 In-Circuit-Emulator (ICE)

Vorteile

- Gutes Preis-Leistungs-Verhältnis
- Voll echtzeitfähig mit allen Debug-Funktionen
- Test auf dem PC, Verbindung zum Emulator über serielle, parallele, USB- oder Ethernet-Schnittstelle
- Softwaretest mit Nutzung der One-Chip-Peripherie ohne vorhandene Testhardware möglich
- Schrittweise Inbetriebnahme der Hard- und Software möglich
- Zuweisung von Emulationsspeicher (RAM) anstelle von Codespeicher auf der Hardware (ROM)
- Emulationsspeicher (Dual-Ported-RAM) ermöglicht Zugriff auf Daten (Variablen) unter Echtzeitemulation
- Emulator nutzt keine Prozessor-Ressourcen
- Komplettes Debug auch aus dem EPROM möglich
- Trace und Trigger auf alle externen Busse, z.T. auch auf prozessorinterne Busse sowie externe Signale aus der Hardware
- Laufzeitmessungen, Code-Coverage und Performanceanalyse unter Echtzeit

Nachteile

- Teuerste Lösung
- Adaption zur Zielhardware bei kleinen Gehäusebauformen (QFP, SDIP) über meist teure Spezialadapter
- Zusätzliches Gerät (Emulator) notwendig

Aus dieser Aufstellung wird deutlich, dass speziell für die Echtzeitanforderungen bei der USB-Schnittstelle ein In-Circuit-Emulator das geeignetste Testwerkzeug ist.

Im folgenden wird als Beispiel der AX51-Emulator mit dem Debugger HiTOP von Hitex vorgestellt. Damit kann jeder Mikrocontroller der 8051-Familie emuliert werden, so auch z.B. der C541U von Infineon.

10.4.4 Übersicht zum Entwicklungszyklus einer 8051 Firmware

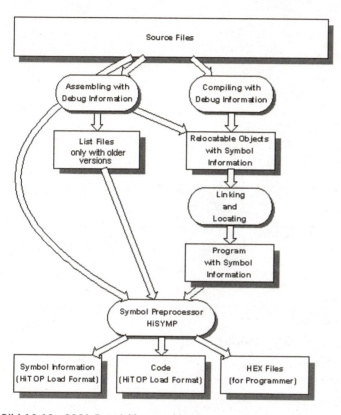

Bild 10.13: 8051-Entwicklungszyklus

10.4.5 Debug der C541 Firmware mit Hilfe des AX51

Der Emulator AX51 ist ein universeller High-End-Emulator für die 8051-Mikrocontroller-Familie. Zur Emulation und Adaption des C541U wird ein Emulationskabel PX5xx (geeignet für verschiedene Derivate der C500-Familie von Infineon) und ein spezieller Adapter ZSX540PL verwendet. Alles weitere wird über derivatspezifische Dateien beim Start der Debug-Software automatisch konfiguriert.

Zuerst wird im Emulator der Speicher definiert, um das zu testende Programm laden zu können und nicht bereits zu Beginn einen EPROM brennen zu müssen. Dazu stellt der Emulator bis 256 KByte Dual-Ported-Emulationsspeicher zur Verfügung, der anstelle des internen oder externen EPROM auch dem X-Segmentspeicher zugewiesen werden kann. Werden Daten im mapped X-Segment abgelegt, so können sie in den Fenstern Memory, Watch oder Examine zur Laufzeit des Programms ohne Echtzeitverlust permanent aktualisiert angezeigt werden.

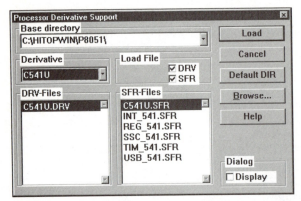

Bild 10.14: Auswahlmenü »Processor Derivative Support«

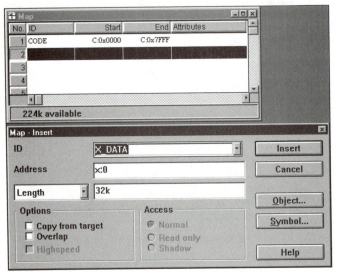

Bild 10.15: Zuweisung von Emulationsspeicher im Code- und X-Segment

Mit Hilfe des Debuggers HiTOP/Win ist ein komfortables Hochsprachen-Debug unter Windows 95/98 oder NT möglich. Da es beim Debug der USB-Firmware an verschiedenen Stellen besonders auf Echtzeitanforderungen ankommt, werden fast alle Debugfunktionen beim AX51-Emulator bei laufender Emulation unter Echtzeit zur Verfügung gestellt. So können z.B. bis zu 20 Hardware-Breakpoints im Code-Bereich und bis zu 4 komplexe Triggerbedingungen in allen Segmenten des C541U unter Echtzeit definiert werden. Zur einfachen Bedienung können Breakpoints auch direkt in den beiden Anzeigefenstern »Instruction« (Assemblerebene) und »List« (Hochsprachenebene) durch Mausklick gesetzt oder gelöscht werden.

10.4 Debug der Mikrocontroller-Firmware

Im folgenden Bild wurde die Emulation durch einen Breakpoint am Anfang der Initialisierung des C541 durch einen Breakpoint angehalten und mit »Linestep« eine Hochsprachenzeile ausgeführt. Im Instruction-Fenster wird der C-Code und die daraus vom Compiler generierten Assemblerbefehle angezeigt. Der Pfeil markiert den aktuellen Programmcounter. In der Spalte »CC« (Code-Coverage) wird mit einem kleinen Häkchen markiert, welche Befehle bereits ausgeführt wurden. Im List-Fenster wird der aktuelle C-Code des Moduls INIT.C angezeigt. Im Registerfenster werden die Werte von R0-R7 der aktuellen Registerbank, der Programmcounter PC, der Datenpointer DPTR, der Stackpointer SP und die CPU-Flags aus dem PSW (Programm-Status-Word) angezeigt.

Zu diesem frühen Zeitpunkt des Programmablaufs kann die Initialisierung beliebig unterbrochen werden, da noch keine Kommunikation zum USB-Host aufgenommen wurde.

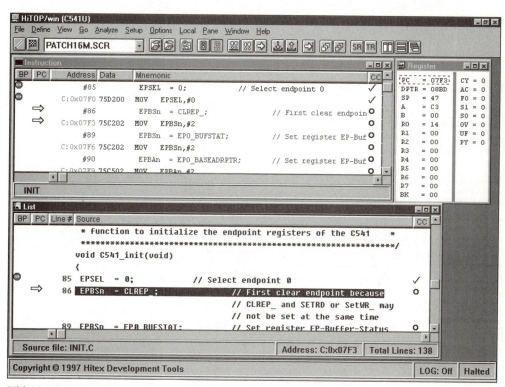

Bild 10.16: Hitop Debugger »Instruction-, List- und Register-Fenster«

Während des Tests ist es sehr hilfreich, die im Programm verwendeten Variablen wie Bits, Bitfelder, Char-, Int- oder Floatvariablen sowie Arrays oder Strukturen komfortabel und typgerecht anzuzeigen. Dazu stehen verschiedene Fenster wie *Watch* und *Examine* sowie *Expression* zur Verfügung. Befinden sich diese Variablen im X-Segment und ist dieses in den Dual-Ported-Emulationsspeicher mapped, so können die Variablen unter Echtzeit in den Anzeigefenstern permanent angezeigt werden. Variablen in internen Segmenten (D-, I-, B- Segment) können nur bei angehaltener Emulation angezeigt werden. Deshalb empfiehlt es sich, zu Testzwecken

332 Kapitel 10: Test- und Analysegeräte

Variablen z.B. als Kopie im X-Segment abzulegen, wenn diese ohne Echtzeitverlust beobachtet werden sollen.

Bild 10.17: Watch-Fenster zur Anzeige von Variablen

Komplexe Variablen wie Strukturen oder Arrays können mit der Examine-Funktion aufgelöst und im Detail dargestellt werden. Typische Strukturen sind bei USB der Configuration-Descriptor oder ein Device-Descriptor.

```
- Examine - #VAR_DEF#dev_descr
At address: C:0x08BE   Size: 18 Bytes
Length           0x12 18    '\x12'   00010010y
DescriptorType   0x01 1     '\1'     00000001y
bcdUSB           0x0001 1
DeviceClass      0x00 0     '\0'     00000000y
DeviceSubClass   0x00 0     '\0'     00000000y
DeviceProtocol   0x00 0     '\0'     00000000y
MaxPacketSize    0x08 8     '\b'     00001000y
idVendor         0x3C05 15365
idProduct        0xBC01 48129
bcdDevice        0x0100 256
Manufacturer     0x00 0     '\0'     00000000y
Product          0x00 0     '\0'     00000000y
SerialNumber     0x00 0     '\0'     00000000y
NumConfigs       0x01 1     '\1'     00000001y
unsigned char DescriptorType
```

Bild 10.18: Examine-Fenster zur Anzeige der Struktur des Device-Descriptor

Zum Testen einer USB-Firmware sind zusätzlich zu den Hardware-Breakpoints, die im Programmcode wirken, Trigger auf Daten oder Special-Function-Register wichtig, um die Kommunikation zwischen CPU und USB-Modul zu überwachen. Dazu stellt der AX51 4 Triggereinheiten zur Verfügung. Trigger können auf Code- oder Daten-Adressen bzw. Adressbereiche, Datenwerte und Wertebereiche, alle Busstatuszustände des Prozessors sowie bis zu 8 externe Signale reagieren. Jedem Trigger kann noch ein 16-Bit-Ereignis oder Verzögerungszähler nachgeschaltet werden. Mit diesen Triggern kann nicht nur die Emulation angehalten, sondern auch Laufzeitmessungen durchgeführt werden. Eine weitere wichtige Anwendung ist die Steuerung bzw. Filterung der Traceaufzeichnung. Damit kann man z.B. im Tracespeicher gezielt nur die Werte, zusammen mit einer Zeitinformation, aufzeichnen, die aus dem Configuration-Descriptor gelesen und auf die USB-Schnittstelle geschrieben werden. Jeder Trigger kann auch synchronen zur programmierten Messung von analogen oder digitalen Signalen ein TTL-Signal zur Triggerung von externen Geräten wie Oszilloscop, Logikanalysator oder USB-Analysator ausgeben. Die 4 Triggereinheiten arbeiten komplett unter Echtzeit und bieten als Besonderheit

10.4 Debug der Mikrocontroller-Firmware

die Möglichkeit, auf Variable in internen Segmenten (Datensegment, Bitsegment und SFR-Bereich) ohne Echtzeitverlust zu triggern. Dies ist besonders für die USB-SFRs interessant.

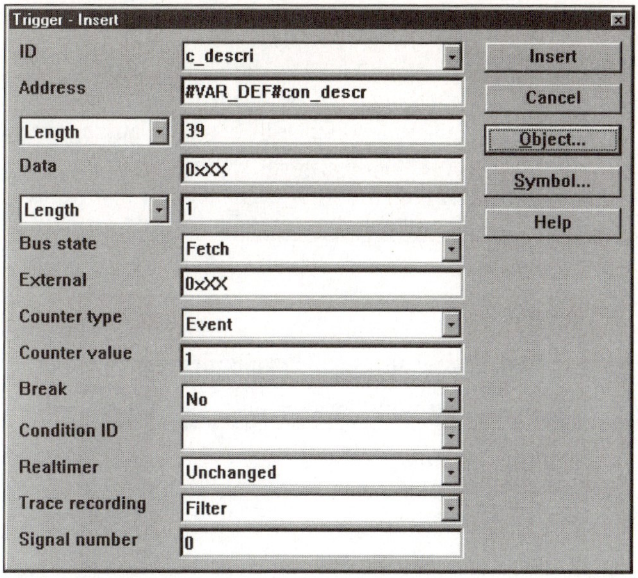

Bild 10.19: Triggerdefinition für Lesezugriff auf die komplette Struktur

Im Tracespeicher können bis zu 32-K-Frames des ausgeführten Programms aufgezeichnet werden. Zusätzlich zu den Programmadressen, Befehlscodes, Daten und Status können ein Zeitstempel und/oder bis zu 16 externe Signale gleichzeitig aufgezeichnet werden. Die Aufzeichnung kann durch Trigger und/oder über Trace-Regions gesteuert bzw. qualifiziert werden. Wird auf Hochsprachenebene getestet, kann die Aufzeichnung im Line-Trace-Mode auf Hochsprachenzeilen gefiltert werden, d.h., eine Traceaufzeichnung enthält 16 K Hochsprachenzeilen. Der Trace-Buffer kann im Raw-, Instruction- oder Line-Mode angezeigt werden.

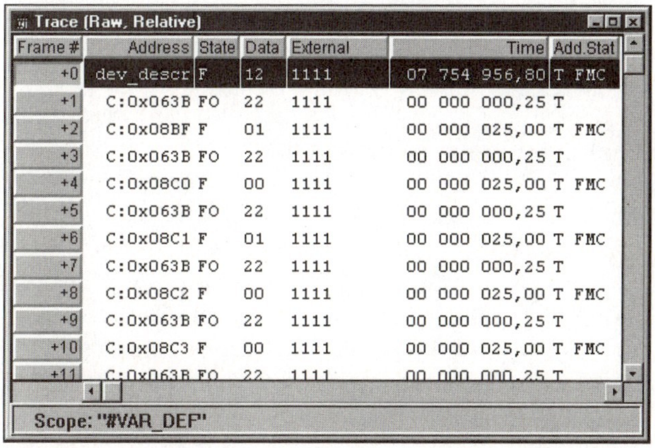

Frame #	Address	State	Data	External	Time	Add.Stat
+0	dev_descr	F	12	1111	07 754 956,80	T FMC
+1	C:0x063B	FO	22	1111	00 000 000,25	T
+2	C:0x08BF	F	01	1111	00 000 025,00	T FMC
+3	C:0x063B	FO	22	1111	00 000 000,25	T
+4	C:0x08C0	F	00	1111	00 000 025,00	T FMC
+5	C:0x063B	FO	22	1111	00 000 000,25	T
+6	C:0x08C1	F	01	1111	00 000 025,00	T FMC
+7	C:0x063B	FO	22	1111	00 000 000,25	T
+8	C:0x08C2	F	00	1111	00 000 025,00	T FMC
+9	C:0x063B	FO	22	1111	00 000 000,25	T
+10	C:0x08C3	F	00	1111	00 000 025,00	T FMC
+11	C:0x063B	FO	22	1111	00 000 000,25	T

Scope: "#VAR_DEF"

Bild 10.20: Trace-Fenster im Raw-Mode »gefilterte Aufzeichnung«

Auch eine Signaldarstellung ist möglich. Im Raw-Mode werden die Rohdaten aller Busse in ihrer zeitlichen Abfolge angezeigt. Im Instruction-Mode werden die ausgeführten Befehle disassembliert angezeigt. Im Line- oder HLL-Mode werden die Befehle einer Hochsprachenzeile zusammengefasst und zusammen mit den Datenzugriffen als Hochsprachenzeile angezeigt.

Werden externe Signale im Trace verwendet, so hat man im Signal-Mode eine grafische Darstellung aller Trace-Inhalte. Dies entspricht einer auf Buszyklen bezogenen Logikanalyse mit Adressen, Daten, Status und bis zu 16 externen Kanälen. Der Trace-Buffer kann auszugsweise oder auch komplett während laufender Echtzeitemulation ausgelesen werden. Dadurch kann z.B. der Programmablauf der USB-Kommunikation mit dem USB-Host angezeigt werden, ohne die Emulation anzuhalten, was z.B. während der Enumeration zum Abbruch der Kommunikation führen würde.

Erläuterung zum Inhalt des Trace-Fensters:

Frame #	Address	Stat	Data	HLL Source Line	Time
+0	#42			if (ep_info[0].count >= EP0_MAXPKTSIZE)	
+16	#43			EPLENn = EP0_MAXPKTSIZE;	00 000 004,00
+24	#47			free_pkt_space = EP0_MAXPKTSIZE;	00 000 002,00
+28	#49			while ((ep_info[0].count) && (free_pkt_space))	00 000 001,00
+42	#51			USBVAL = *ep_info[0].ptr;	00 000 003,50
+83	dev_descr	F	12		
+94	#52			ep_info[0].ptr++;	00 000 013,00
+106	#53			ep_info[0].count--;	00 000 003,00
+114	#54			free_pkt_space--;	00 000 002,00
+116	#55			}	00 000 000,50
+120	#49			while ((ep_info[0].count) && (free_pkt_space))	00 000 001,00
+134	#51			USBVAL = *ep_info[0].ptr;	00 000 003,50
+175	C:0x08BF	F	01		

Scope: "#USB_IO#WRITE_ONE_PACKET"

Bild 10.21: Trace-Fenster »HLL-Source-Line Anzeige«

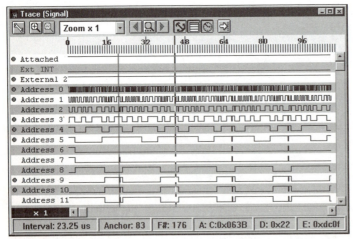

Bild 10.22: Trace-Fenster »Signaldarstellung mit Zeitmessung durch Cursor«

Die Werte des Device-Descriptor werden nacheinander als Konstanten gelesen (Fetch mit MOVC-Befehlen) und erscheinen im Feld Data. Die nächste Adresse mit Status FO (First-Opcode) kennzeichnet den darauffolgenden Befehl. Die Zeitanzeige zeigt die Distanzzeit zwischen den einzelnen Frames. Die Einheit ist xx,yy Mikrosekunden.

10.4.6 Spezielle Unterstützung für USB-Controller (SFR-Fenster)

Die Schnittstelle der CPU zum USB-Controller ist beim C541U über Special-Function-Register (SFR) realisiert. Zur Anzeige der globalen sowie der Bank-up-SFRs stehen eine Reihe von speziellen Fenstern in der Debug-Oberfläche zur Verfügung. Hiermit können die SFRs als Byte oder auch Bit-funktional in Textformat angezeigt und auch geändert werden. Bei den Bank-up-Registern (Adresse D:0xC1 bis D:0xC6) wird beim Anzeigen der Fenster vom Emulator automatisch das Endpoint-Select-Register (EPSEL) entsprechend gesetzt und anschließend wieder restauriert.

Diese Fenster sind frei konfigurierbar und können auch vom Anwender beliebig verändert werden. Es lassen sich auch neue Fenster generieren, z.B. für einen externen USB-Controller wie den USBN9602, wenn dieser über das X-Segment angesprochen wird.

Beispiele zur Anzeige von SFRs beim C541U

Anzeige der drei Interrupt-Enable-Register für externe Interrupts, Timer, synchrone serielle Schnittstelle und USB nach Ablauf der Initialisierung: Es werden jeweils die Byte-Werte der Register IEN0, IEN1 SCIEN sowie deren Bit-funktionale Bedeutung als Text angezeigt. So ist unmittelbar und auf einen Blick ersichtlich, dass die beiden Quellen für USB-Interrupt einen Interrupt erzeugen können.

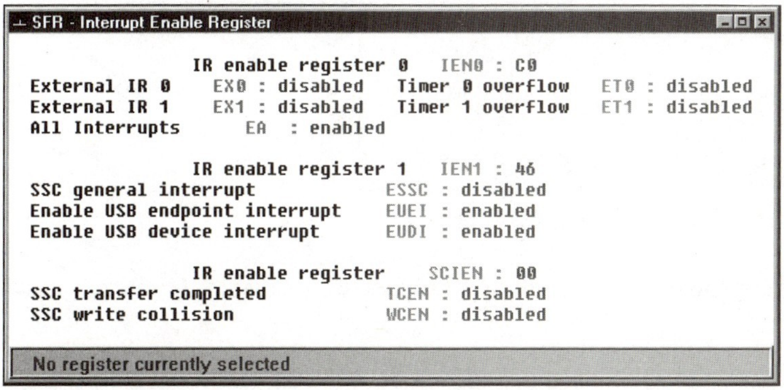

```
- SFR - Interrupt Enable Register                              _ □ ×
                    IR enable register  0    IEN0 : C0
   External IR 0        EX0 : disabled   Timer 0 overflow   ET0 : disabled
   External IR 1        EX1 : disabled   Timer 1 overflow   ET1 : disabled
   All Interrupts        EA : enabled

                    IR enable register  1    IEN1 : 46
   SSC general interrupt              ESSC : disabled
   Enable USB endpoint interrupt      EUEI : enabled
   Enable USB device interrupt        EUDI : enabled

                    IR enable register       SCIEN : 00
   SSC transfer completed             TCEN : disabled
   SSC write collision                WCEN : disabled

 No register currently selected
```

Bild 10.23: C541 SFR-Fenster »Interrupt-Enable-Register«

Das nächste Fenster dient zur Anzeige des Endpoint-Select-Registers mit Anzeige des aktuell eingestellten Registerblocks, der Wert des Address-Offset-Registers, Zustand des Global-Endpoint-Interrupt-Registers mit Bit-funktionaler Anzeige, welches Interruptflag gesetzt oder gelöscht ist. Das Register USBVAL wird nur auf spezielle Anforderung des Anwenders ausgelesen und angezeigt, da beim Autoincrement-Mode von USBVAL der Adresszeiger der USB-FIFO bei jedem Lesen automatisch inkrementiert und damit verstellt wird.

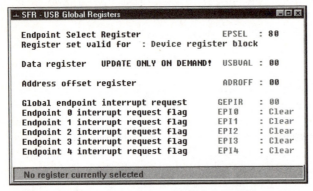

Bild 10.24: C541 SFR-Fenster »USB-Global-Register«

Im nächsten Fenster wird der globale Zustand der USB-Schnittstelle des C541 angezeigt. Die beiden Register »Device-Control« und »Device-Power-Down« zeigen den Zustand nach der Initialisierung. Die Schnittstelle ist auf Full-Speed-Modus konfiguriert und aktiv.

```
┌─ SFR - USB Device Control Registers ──────────────── ■□☒
│  Device control register            DCR     : C3
│  PLL clock select                   PCLK    : Enabled
│  UDC clock selection                UCLK    : Enabled
│  Resume bus activity                RSM     : Reset
│  Device initialization in progress  DINIT   : Clear
│  Suspend mode                       SUSP    : Non idle state
│  Software reset                     SWR     : Clear
│  Device attached                    DA      : DADD = 1
│  Speed select                       SPEED   : Full speed mode
│
│  Device power down register         DPWDR   : 00
│  Receiver power down                RPWD    : Active
│  Transmitter power down             TPWD    : Active
│
│  Frame number value      FNR_HL :   00  00
├─────────────────────────────────────────────────────
│  No register currently selected
└─────────────────────────────────────────────────────
```

Bild 10.25: C541 SFR-Fenster »Device-Control-Register«

Anzeige des Device-Interrupt-Enable-Registers bei der Enumeration. Es ist im Moment nur der Setup-Interrupt freigegeben.

Für jeden der 5 Endpoints gibt es ein separates Fenster für das Interrupt-Control-Register und das Endpoint-Buffer-Register. Beim Anzeigen der Fenster wird vom Emulator automatisch das Endpoint-Select-Register (EPSEL) entsprechend gesetzt und anschließend wieder restauriert.

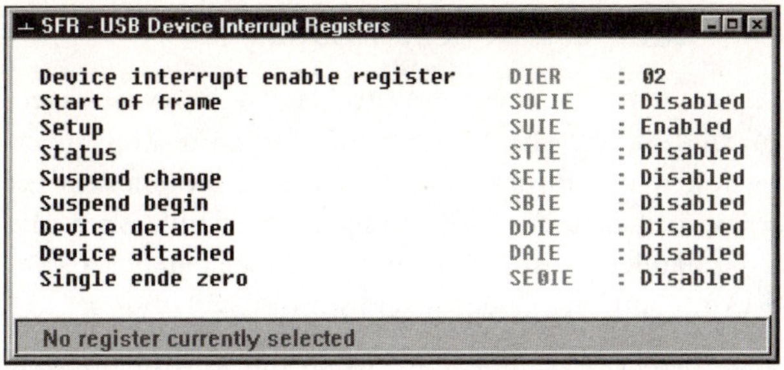

10.4 Debug der Mikrocontroller-Firmware

```
┌─ SFR - USB Device Interrupt Registers ──────────── ▁□▣
  Device interrupt enable register    DIER   : 02
  Start of frame                      SOFIE  : Disabled
  Setup                               SUIE   : Enabled
  Status                              STIE   : Disabled
  Suspend change                      SEIE   : Disabled
  Suspend begin                       SBIE   : Disabled
  Device detached                     DDIE   : Disabled
  Device attached                     DAIE   : Disabled
  Single ende zero                    SE0IE  : Disabled
├──────────────────────────────────────────────────┤
│ No register currently selected                   │
└──────────────────────────────────────────────────┘
```

Bild 10.26: C541 SFR-Fenster »Device-Interrupt-Register«

```
┌─ SFR - USB Endpoint Interrupt Control 0 ────────── ▁□▣
  Interrupt enable register           EPIE0  : 01
  Start of data interrupt enable      SODIE0 : Enabled
  End of data interrupt enable        EODIE0 : Disabled
  No data interrupt enable            NODIE0 : Disabled
  Data not ready interrupt enable     DNRIE0 : Disabled
  Read length error interrupt enable  RLEIE0 : Disabled
  USB not ackowledge inter. enable    NAIE0  : Disabled
  USB ackowledge interrupt enable     AIE0   : Disabled

  USB Endpoint Address/Length Registers:

  Base address register               EPBA0  : 02
  Buffer start address                       : 00
  Buffer page for endpoint n          PAGE0  : Page 0

  Buffer length register              EPLEN0 : 08
├──────────────────────────────────────────────────┤
│ No register currently selected                   │
└──────────────────────────────────────────────────┘
```

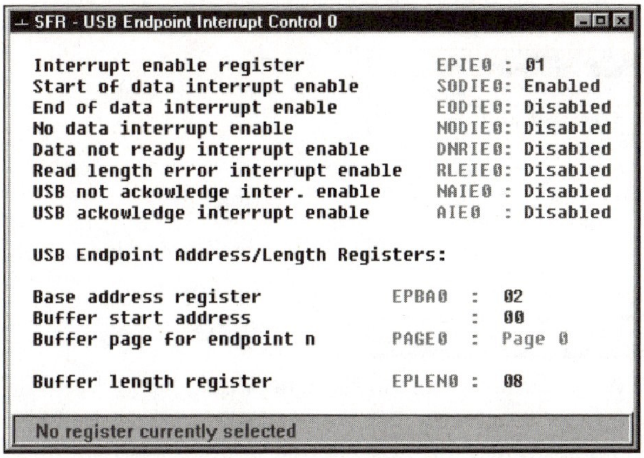

Bild 10.27: C541 SFR-Fenster »Endpoint Interrupt Control Endpoint 0«

Anzeige des USB-Endpoint-Buffer-Registers von Endpoint EP0. Die Felder mit ???? werden rot angezeigt und kennzeichnen Bits im Register EPBS0, die nur beschrieben werden können. Bits, die nur gelesen werden können, werden in pink angezeigt.

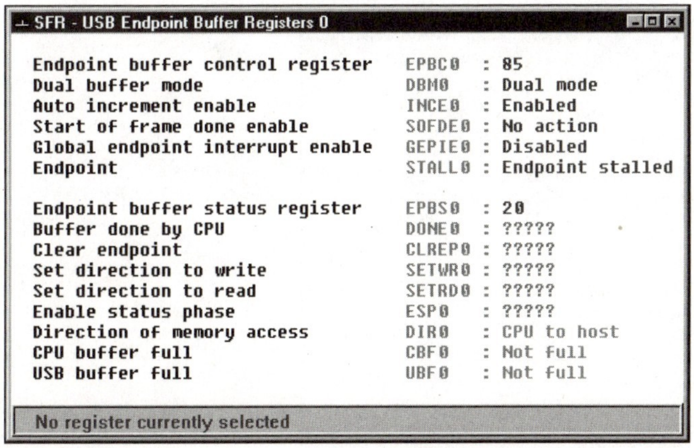

```
┌─ SFR - USB Endpoint Buffer Registers 0 ─────────── ▁□▣
  Endpoint buffer control register    EPBC0  : 85
  Dual buffer mode                    DBM0   : Dual mode
  Auto increment enable               INCE0  : Enabled
  Start of frame done enable          SOFDE0 : No action
  Global endpoint interrupt enable    GEPIE0 : Disabled
  Endpoint                            STALL0 : Endpoint stalled

  Endpoint buffer status register     EPBS0  : 20
  Buffer done by CPU                  DONE0  : ?????
  Clear endpoint                      CLREP0 : ?????
  Set direction to write              SETWR0 : ?????
  Set direction to read               SETRD0 : ?????
  Enable status phase                 ESP0   : ?????
  Direction of memory access          DIR0   : CPU to host
  CPU buffer full                     CBF0   : Not full
  USB buffer full                     UBF0   : Not full
├──────────────────────────────────────────────────┤
│ No register currently selected                   │
└──────────────────────────────────────────────────┘
```

Bild 10.28: C541 SFR-Fenster »Endpoint-Buffer-Register Endpoint EP0«

10.4.7 Performance-Messungen und Testabdeckungsanalyse

Zur Optimierung von Programmlaufzeiten, um z.B. einen entsprechenden Datendurchsatz über die USB-Schnittstelle zu erreichen, sind Meßmöglichkeiten für Performance-Messungen wichtig. Zum Nachweis einer gut ausgetesteten Firmware ist eine Code-Abdeckungsanalyse sehr nützlich. Der AX51 Emulator bietet zusätzlich zu den bisher aufgeführten Funktionen, die auch bei dem »kleinen Bruder« MX51 vorhanden sind, verschiedene Möglichkeiten der Performancemessung sowie der Code-Abdeckungsanalyse (Code-Coverage).

Als Beispiel wird hier die Profile-Analyse beschrieben, mit deren Hilfe die Aufrufhäufigkeit sowie die minimale, durchschnittliche und maximale Laufzeit von Funktionen oder Adressbereichen (Eventpairs) gemessen werden kann.

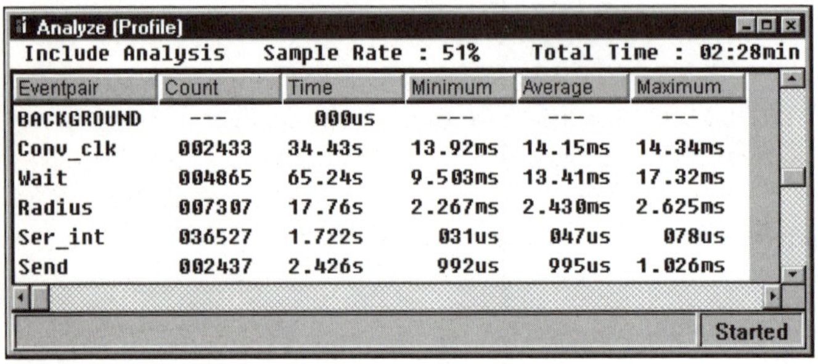

Analyze [Profile]					
Include Analysis	Sample Rate : 51%		Total Time : 02:28min		
Eventpair	Count	Time	Minimum	Average	Maximum
BACKGROUND	---	000us	---	---	---
Conv_clk	002433	34.43s	13.92ms	14.15ms	14.34ms
Wait	004865	65.24s	9.503ms	13.41ms	17.32ms
Radius	007307	17.76s	2.267ms	2.430ms	2.625ms
Ser_int	036527	1.722s	031us	047us	078us
Send	002437	2.426s	992us	995us	1.026ms

Started

Bild 10.29: Analyse-Fenster »Profile-Analyse, Include-Mode, tabellarische Anzeige«

Weitere Analysemöglichkeiten sind die Duration-, Count- und Nesting-Analyse. Bei der Duration-Analyse kann die Ausführungszeit (Entry bis Return) oder die Pausenzeit (Return bis Entry) eines Ereignispaares im Detail ermittelt werden. Mit der Count-Analyse lässt sich erfassen, wie oft ein Ereignispaar durch ein anderes Ereignis, z.B. einen Interrupt, unterbrochen wird. Die Nesting-Analyse zeigt den zeitlichen Ablauf sowie die Ausführungszeiten (include und exclude) und die Verschachtelungstiefe der definierten Ereignispaare.

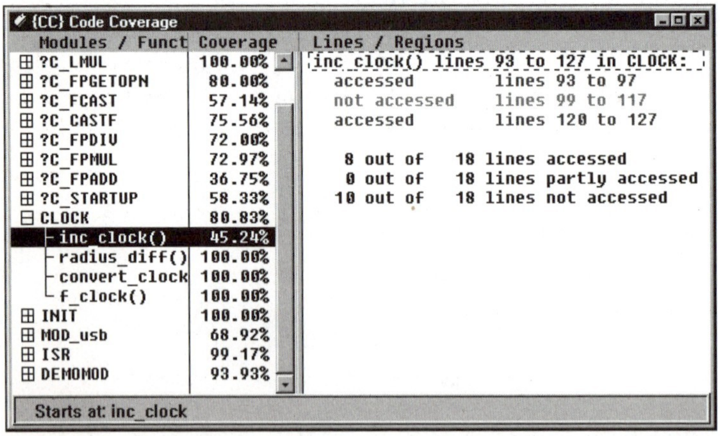

{CC} Code Coverage			
Modules / Funct	Coverage	Lines / Regions	
⊞ ?C_LMUL	100.00%	inc clock() lines 93 to 127 in CLOCK:	
⊞ ?C_FPGETOPN	80.00%	accessed	lines 93 to 97
⊞ ?C_FCAST	57.14%	not accessed	lines 99 to 117
⊞ ?C_CASTF	75.56%	accessed	lines 120 to 127
⊞ ?C_FPDIV	72.00%		
⊞ ?C_FPMUL	72.97%	8 out of 18 lines accessed	
⊞ ?C_FPADD	36.75%	0 out of 18 lines partly accessed	
⊞ ?C_STARTUP	58.33%	10 out of 18 lines not accessed	
⊟ CLOCK	80.83%		
- inc_clock()	45.24%		
- radius_diff()	100.00%		
- convert_clock	100.00%		
- f_clock()	100.00%		
⊞ INIT	100.00%		
⊞ MOD_usb	68.92%		
⊞ ISR	99.17%		
⊞ DEMOMOD	93.93%		

Starts at: inc_clock

Bild 10.30: Anzeige der Code-Coverage auf Modul- und Funktionsebene

Mit der Code-Abdeckungsanalyse kann sehr einfach ermittelt werden, ob alle Programmteile schon einmal durchlaufen und ausgetestet wurden. Dies ist besonders bei Fehlerbehandlungsroutinen oder bei CASE-Anweisungen wichtig und trägt erheblich zur Qualität einer Firmwarentwicklung bei. Die Anzeige kann im Code-Coverage-Fenster auf Modul- oder Funktionsebene mit Anzeige der ausgeführten, nicht ausgeführten oder teilweise ausgeführten Hochsprachenzeilen erfolgen oder auf Befehlsebene im Instruction-Fenster (siehe Bild 10.11)

10.5 Weitere Testgeräte

10.5.1 Logikanalysator

Da der USB ein serieller Bus ist, ist für die Timinganalyse auch der Einsatz eines Logikanalysators möglich. Eine Decodierung der Daten und die paketweise Darstellung, wie mit dem USB-Analysator, erfordert jedoch weitere Hard- und Softwareunterstützung. Der USB gestattet lediglich Messungen an der D+ und der D- Leitung. Anhand der Aufzeichnung lassen sich nur Aussagen zum zeitlichen Ablauf der Datentransfers treffen. Insbesondere Timeout-Fehler und verstümmelte SYNC-Felder können mit dieser Methode erkannt werden.

Bei Bridge-Lösungen kann mit Hilfe eines Logikanalysators weiterhin das Interface zum Mikrocontroller in Betrieb genommen werden. Sowohl parallele als auch serielle Schnittstellen (z.B. das Microwire™-Interface des USBN9602) sind auf diese Weise schnell und einfach zu überprüfen.

10.5.2 USB-Generator

Für viele Testzwecke ist es sinnvoll, auf Host-Seite mehrere Freiheitsgrade für die Initialisierung des USB-Datenverkehrs zur Verfügung zu haben. In einem USB-PC werden die Daten durch den im PCI-Chipsatz integrierten Host erzeugt. Sämtliche Low-Level-Routinen, wie Bit-Stuffing, NRZI-Codierung und CRC-Erzeugung, sind dabei komplett in Hardware implementiert und können durch Softwaretreiber nicht ersetzt oder manipuliert werden. Auch das Daten-Scheduling und die Festlegung der eingefügten Idle-Zeiten zwischen zwei aufeinanderfolgenden Paketen werden durch den Host selbst bestimmt. Für den Systemprogrammierer ist es also nicht möglich, für Testzwecke fehlerbehaftete Daten zu erzeugen (Bit-Stuffing-Fehler, CRC-Fehler, verkürzte EOPs).

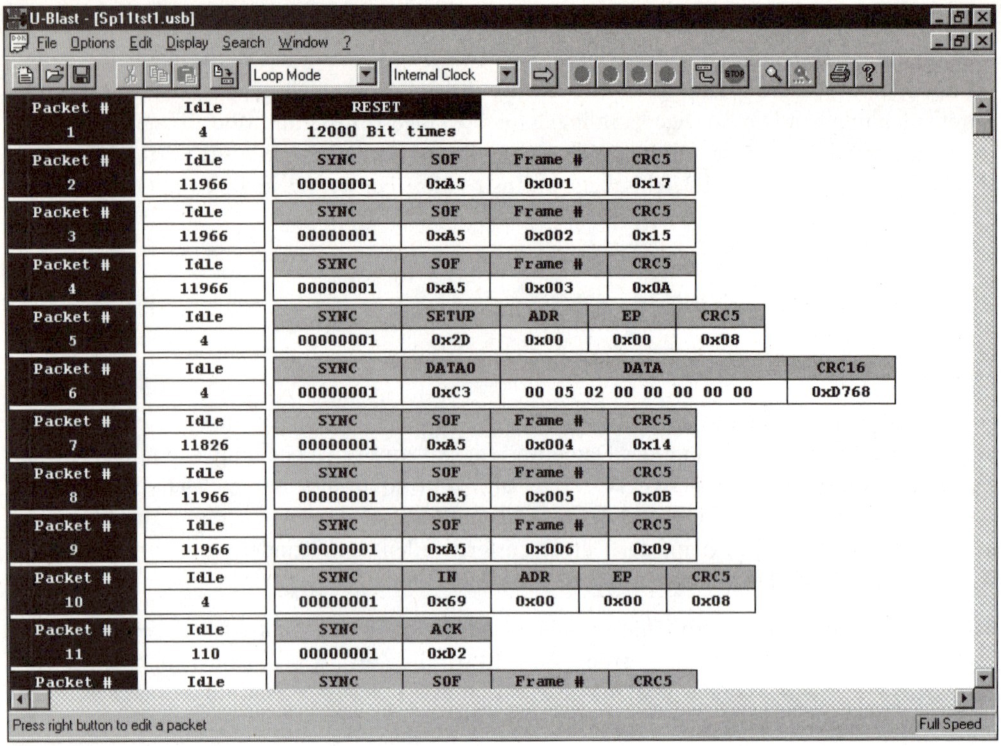

Kapitel 10: Test- und Analysegeräte

U-Blast - [Sp11tst1.usb]
File Options Edit Display Search Window ?
Loop Mode | Internal Clock

Packet #	Idle	\multicolumn{5}{c}{RESET}				
Packet # 1	Idle 4	12000 Bit times							
Packet # 2	Idle 11966	SYNC 00000001	SOF 0xA5	Frame # 0x001	CRC5 0x17				
Packet # 3	Idle 11966	SYNC 00000001	SOF 0xA5	Frame # 0x002	CRC5 0x15				
Packet # 4	Idle 11966	SYNC 00000001	SOF 0xA5	Frame # 0x003	CRC5 0x0A				
Packet # 5	Idle 4	SYNC 00000001	SETUP 0x2D	ADR 0x00	EP 0x00	CRC5 0x08			
Packet # 6	Idle 4	SYNC 00000001	DATA0 0xC3	\multicolumn{2}{c}{DATA 00 05 02 00 00 00 00 00}		CRC16 0xD768		
Packet # 7	Idle 11826	SYNC 00000001	SOF 0xA5	Frame # 0x004	CRC5 0x14				
Packet # 8	Idle 11966	SYNC 00000001	SOF 0xA5	Frame # 0x005	CRC5 0x0B				
Packet # 9	Idle 11966	SYNC 00000001	SOF 0xA5	Frame # 0x006	CRC5 0x09				
Packet # 10	Idle 4	SYNC 00000001	IN 0x69	ADR 0x00	EP 0x00	CRC5 0x08			
Packet # 11	Idle 110	SYNC 00000001	ACK 0xD2						
Packet #	Idle	SYNC	SOF	Frame #	CRC5				

Press right button to edit a packet — Full Speed

Bild 10.31: Bedienoberfläche eines USB-Generators

In solchen Fällen kommen USB-Generatoren als Host-Ersatz zum Einsatz. Mit deren Hilfe kann vollkommen frei definierbarer Datenverkehr erzeugt werden. CRC-Fehler, Time-Out-Fehler, verkürzte EOPs und weitere Fehlerbilder lassen sich schnell und einfach erzeugen. USB-Generatoren werden derzeit z.B. von der Fa. CATC *(USB-Traffic-Generator)* angeboten.

Im folgenden sollen auch die grundsätzlichen Eigenschaften eines USB-Generators am Beispiel eines Demonstrators beschrieben werden, welcher im IMMS entwickelt wurde. Die grafische Oberfläche ähnelt der des USB-Analysators.

Es stehen jedoch zusätzliche Eingabemasken zur Verfügung, die das Editieren der Datenpakete erlauben; der Nutzer kann z.B. die automatische CRC-Generierung abschalten und statt dessen eine selbstdefinierte, falsche Prüfsumme eintragen.

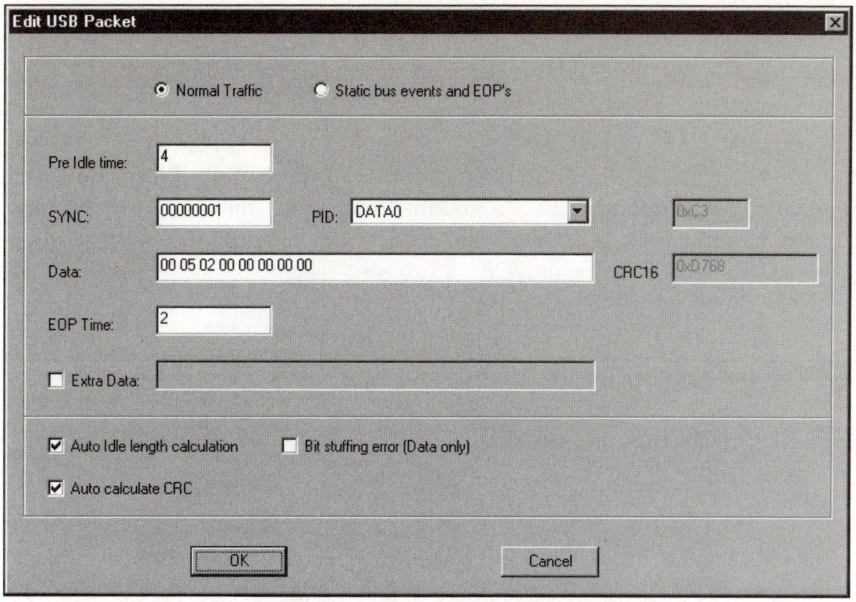

Bild 10.32: Eingabemaske zur Manipulation von USB-Daten

Die generierten Daten werden vom PC an eine zusätzliche Hardwareeinheit übertragen, die diese dann als USB-Host-Daten sendet. Es lassen sich mehrere Datensätze im Gerät auf verschiedenen Bänken speichern. Das Senden der Daten kann einmalig (»Single-Shot«) oder als Endlosschleife (»Loop-Mode«) erfolgen.

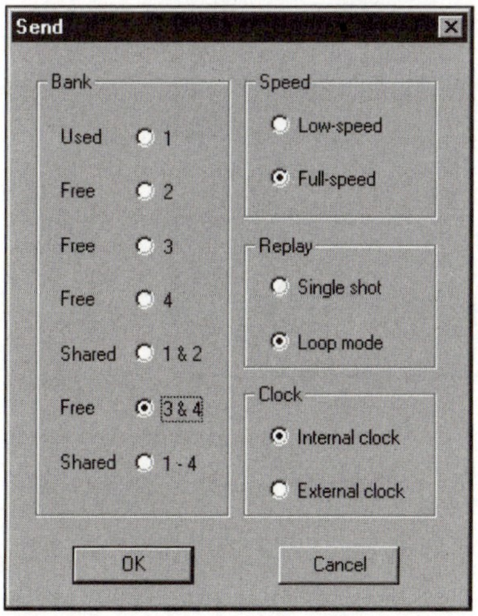

Bild 10.33: Sendeoptionen bei einem USB-Generator

USB-Generatoren besitzen keine eigene Intelligenz und können auf fehlerhafte Antworten von USB-Geräten nicht reagieren. Sie sind reine Pattern-Generatoren für USB-Daten.

10.6 Prüfprogramme

Durch das USB-Implementers-Forum werden zwei Prüfprogramme zur Verfügung gestellt, die dem Geräte- und Firmware-Entwickler einen umfassenden Test ihrer Geräte ermöglichen, ähnlich dem Prüfablauf beim USB-Compliance-Test. Im Rahmen einer Zertifizierung ersetzen diese Programme jedoch nicht die Teilnahme an einem offiziellen Test. Beide Programme sind in der *usbcomp.exe* (selbstextrahierendes Programm) enthalten, die von *www.usb.org/developers/index.html* heruntergeladen werden kann. Nach der menügeführten Installation stehen die zwei Programme *usbcheck.exe* und *hidview.exe* zur Verfügung.

10.6.1 usbcheck.exe

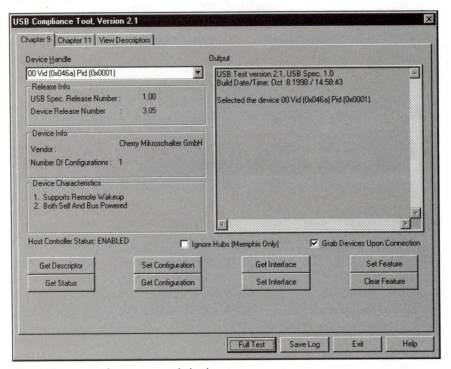

Bild 10.34: Hauptfenster von *usbcheck.exe*

Das Programm liegt derzeit in der Version 2.1 (Stand 10/98) vor und läuft sowohl mit UHCI- als auch OHCI-Host-Implementierungen unter Windows 98/95. Es ermöglicht die Überprüfung eines einzelnen USB-Geräts entsprechend der in Kapitel 9 der USB-Spezifikation definierten Standard-Device-Requests. Für Hubs bzw. für Compound-Geräte sind auch die speziellen Hub-Requests nach Kapitel 11 der USB-Spezifikation verifizierbar.

10.6 Prüfprogramme   343

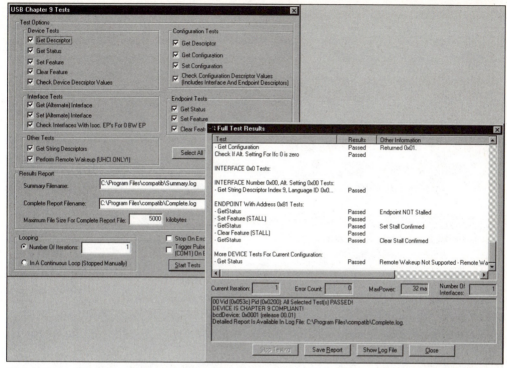

Bild 10.35: »Chapter-9«-Test mit *usbcheck.exe*

Der bestehende USB-Treiber wird während des Tests durch einen speziellen Diagnose-Treiber ersetzt, der erst am Ende des Programms wieder aus dem System entfernt wird. Das Programm ermöglicht auch die hierarchische Anzeige aller im Gerät enthaltenen Standarddeskriptoren (Device-, Configuration-, Interface- und Endpoint-Deskriptoren).

Die Requests können einzeln aufgerufen werden oder als Endlosschleife laufen. Das Programm gibt ein detailliertes Fehlerprotokoll aus. Trotzdem ist beim Auftreten von Fehlern die Verwendung eines USB-Analysators unverzichtbar.

344 *Kapitel 10: Test- und Analysegeräte*

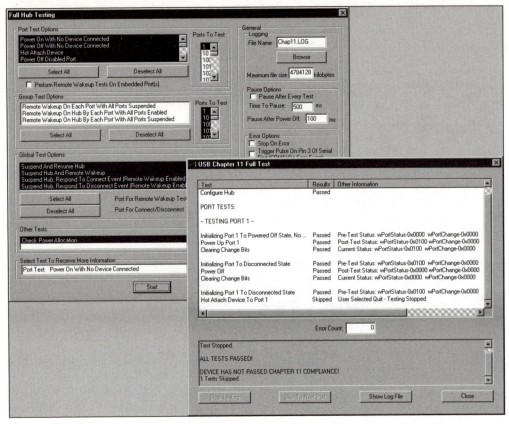

Bild 10.36: »Chapter-11«-Test mit *usbcheck.exe*

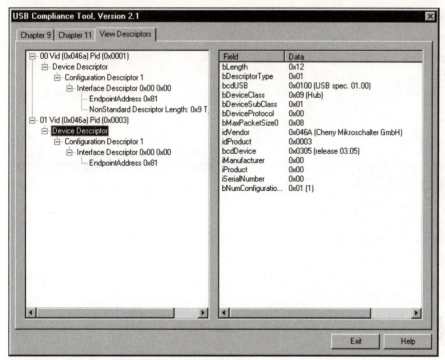

Bild 10.37: Descriptor-Listing mit *usbcheck.exe*

Neben dem Test aller Standard-Requests und Hub-spezifischer Requests können auch alle anderen Deskriptoren durch das Programm abgefragt und hierarchisch dargestellt werden.

10.6.2 hidview.exe

Das Programm liegt inzwischen in der Version 3.5 (Stand 10/98) vor und läuft unter Windows 98/95. Es ermöglicht den Test von HID-konformen Geräten, wie z.B. von Tastatur, Maus und Joystick.

Der Testablauf kann einmalig oder als Endlosschleife erfolgen. Neben den Standarddeskriptoren und HID-spezifischen Deskriptoren können auch Report-Daten per Interrupt-Pipe abgefragt werden.

Mit dieser Funktion ist es z.B. möglich, die von einer Tastatur übertragenen Reports anzuzeigen und auszuwerten. Die Abbildung zeigt die gesendeten Reports bei fortlaufender Betätigung der Tasten »a«, »s« und »d«.

346 Kapitel 10: Test- und Analysegeräte

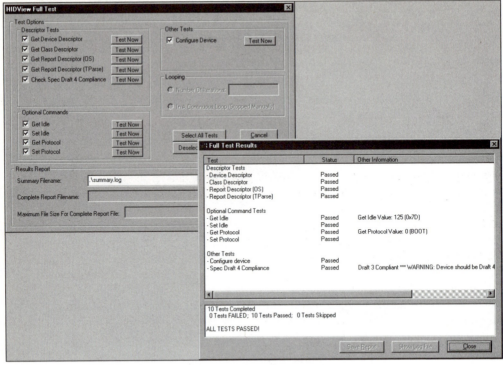

Bild 10.38: HID-Kompatibilitätstest mit *hidview.exe*

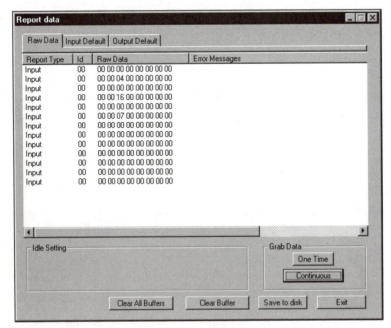

Bild 10.39: Darstellung von Interrupt-IN-Daten mit *hidview.exe*

11 Glossar

ACPI
Advanced Configuration and Power Interface (ACPI) ist eine Schnittstellendefinition für Power-Management-, Plug&Play- und System-BIOS-Schnittstellen zwischen PC-Hardware und Betriebssystemen. Über diese Schnittstellen ist neben anderen Funktionen die Steuerung der Stromsparfunktionen der Hardwarekomponenten durch das Betriebssystem möglich.

Babble
Unter Babble wird eine unerwartete Busaktivität verstanden, welche durch Fehlfunktion eines USB-Geräts hervorgerufen wird.

Bit-Stuffing
Bit-Stuffing bedeutet das Einfügen eines zusätzlichen Bits in den seriellen Datenstrom, um die Monotonie der Daten zu beheben. Speziell für USB: In den seriellen Datenstrom wird nach jeweils sechs aufeinander folgenden Einsen eine Null eingefügt.

Bulk-Transfer
Vom USB unterstützte Transferart. Bulk-Transfers laufen nicht periodisch ab und dienen insbesondere der Übertragung von umfangreichen, nicht zeitkritischen Datenblöcken. Bulk-Transfers werden nur innerhalb noch verfügbarer USB-Bandbreite durchgeführt und haben deshalb keine vorbestimmte Latenzzeit.

CDC
Die Communication-Device-Class (CDC) ist eine USB-Geräteklasse für alle PC-Komponenten, welche eine Kopplung zwischen PC und Telekommunikationsstandards erlauben.

Control-Endpoint
Ein Control-Endpoint ist ein bidirektionaler Endpoint (EP0), welcher in jedem USB-Gerät vorhanden ist und zur Konfiguration und Steuerung des Geräts dient.

Control-Transfer
Vom USB unterstützte Transferart. Control-Transfers laufen über Message-Pipes ab und dienen der Steuerung und Konfiguration eines USB-Geräts. Sie sind immer mit dem Control-Endpoint EP0 assoziiert. Dem Control-Transfer werden auf dem USB bis zu 10 % der verfügbaren Bandbreite reserviert. Control-Transfers laufen nicht zyklisch ab.

CRC
Cyclic-Redundancy-Check (CRC) ist ein Verfahren zum Erkennen von Fehlern im Rahmen einer Datenübertragung. Auf Senderseite wird hierfür aus den zu sendenden Daten eine Prüf-

summe generiert, die mit den Nutzdaten zusammen übertragen wird. Auf der Empfängerseite wird aus den empfangenen Nutzdaten ebenfalls eine Prüfsumme errechnet, welche mit der (vom Sender generierten) übertragenen Prüfsumme verglichen wird. Bei Übereinstimmung war die Datenübertragung fehlerfrei.

CWG
Die Class Working Group (CWG) ist ein Konsortium, welches für die Erstellung einer neuen Klassenspezifikation verantwortlich ist.

DDK
Im Device-Driver-Kit (DDK) sind alle für das Erstellen eines Gerätetreibers benötigten Tools, Funktionsbibliotheken und Header-Dateien sowie eine umfangreiche Auswahl an Beispielen enthalten. Ein DDK ist immer an das entsprechende Betriebssystem gebunden.

Deskriptor
Durch die USB-Spezifikation festgelegte Datenstruktur, die die physikalischen und logischen Eigenschaften eines Geräts vollständig beschreibt. Die Deskriptoren sind hierarchisch festgelegt und werden während der Enumeration durch den Host abgefragt. Anhand der darin enthaltenen Informationen kann der Host die entsprechenden Ressourcen und Softwaretreiber für das entsprechende USB-Gerät bereitstellen.

Downstream
Downstream bedeutet, der Datentransfer innerhalb eines USB-Baumes ist vom Host zur Function gerichtet.

DWG
Die Device Working Group (DWG) ist ein Konsortium, welches Klassenspezifikationen ab der Version 0.8 auf Inkonsistenzen mit existierenden anderen Klassenspezifikationen hin überprüft.

Endpoint-Descriptor
Alle in einem Gerät vorhandenen Endpoints werden durch jeweils einen Endpoint-Descriptor vollständig beschrieben. Der Endpoint-Descriptor stellt eine Datenstruktur dar, welche alle notwendigen Informationen bereitstellt, damit der Host-Controller über Transfer-Deskriptoren mit einem Endpoint kommunizieren kann.

Endpoint
Jeder Endpoint ist Endpunkt einer Pipe. Der Endpoint stellt physikalisch einen FIFO-Speicher innerhalb eines USB-Geräts dar, welcher als Datenquelle (IN-Endpoint) oder Datensenke (OUT-Endpoint) arbeiten kann. Die FIFO wird durch die Endpoint-Nummer adressiert. Alle Endpoints (außer dem bidirektionale EP0) arbeiten unidirektional.

Endpoint-Adresse
Die Endpoint-Adresse ist die Kombination aus der Endpoint-Nummer und der Richtungsangabe, welche sich aus der Transferrichtung bestimmt, die durch den jeweiligen Endpoint unterstützt wird.

Endpoint-Nummer
Zu jedem Endpoint gehört eine 4-Bit-Nummer (zwischen 0x0 und 0xF), die ein Bestandteil seiner Adresse für das Senden/Empfangen von Daten ist.

Enumeration
Unter der Enumeration wird die Identifikation und Konfiguration eines USB-Geräts verstanden, welches neu an den USB angesteckt wurde.

FIFO
Pufferspeicher einer definierten Tiefe, der nach dem Prinzip First-In-First-Out arbeiten, werden als FIFO bezeichnet. FIFOs dienen insbesondere der Anpassung von zwei unterschiedlich schnellen Datenverarbeitungseinrichtungen.

Frame
Die Kommunikation über den USB basiert auf der Datenübertragung in regulären Rahmen, den Frames. Ein Frame ist das Zeitintervall zwischen jeweils zwei Start-of-Frame-Token mit einer festgelegten Dauer von 1 ms im Full/Low-Speed-Modus.

Full-Speed
Datenübertragung mit einer Datenrate von 12 MBit/s. Siehe auch Low-Speed und High-Speed.

Function
Die Function ist ein USB-Gerät, welches eine gewisse Funktionalität (z.B. Tastatur) zur Verfügung stellt. Alle Peripheriegeräte, die über den USB mit dem PC verbunden sind, werden als Functions implementiert.

HCD
Der Host-Controller-Driver (HCD) stellt die Treiber-Schnittstelle zum Host-Controller dar.

HID
Human-Interface-Devices (HID) sind Peripheriegeräte, die der Interaktion des Anwenders mit dem PC-System dienen (z.B. Tastatur, Maus, Datenhandschuh, Joystick, Barcodeleser usw.).

High-Speed
Datenübertragung mit einer Datenrate von 480 MBit/s. Siehe auch Low-Speed und Full-Speed.

Host
Der Host ist das System, auf dem der USB-Host-Controller installiert ist. Der Host umfasst sowohl die Hardware als auch systemnahe Softwareschichten (Treiber) zur Steuerung des USB. Da der USB ein Single-Master-Bus ist, bleibt der Host als der einzige Master am Bus, ein-

schließlich der Steuerung aller Transaktionen, Verwaltung der Busbandbreite und Power-Management.

Hub
Ein wichtiges USB-Gerät in einem USB-Baum ist der Hub, da er zusätzliche Anschlüsse an den USB bereitstellt. Hubs verteilen Daten in Downstream-Richtung im Broadcast-Modus und konzentrieren Daten in Upstream-Richtung.

I/O-Manager
Der I/O-Manager ist die zentrale Komponente des WDM-Konzeptes. Er koordiniert alle Kommunikationsprozesse zwischen den Applikationen und Gerätetreibern sowie zwischen den Gerätetreibern selbst.

Interrupt-Transfer
Vom USB unterstützte Transferart. Interrupt-Transfers laufen über Stream-Pipes ab. Sie dienen der Übertragung von geringen Datenmengen mit einer definierten Latenzzeit. Hierfür wird der mit dieser Transferart verbundene Endpoint durch den Host in einem festgelegten Polling-Intervall zyklisch angesprochen.

IRP
Ein I/O-Request-Packet (IRP) ist die Basis für alle Kommunikationsvorgänge mit Gerätetreibern. In einem IRP werden alle Parameter eines I/O-Vorgangs zusammengefasst.

Isochronous-Transfer
Vom USB unterstützte Transferart. Isochronous-Transfers laufen über Stream-Pipes ab. Für Isochronous-Transfers werden bis zu 90 % der USB-Bandbreite reserviert. Die Transfers laufen zyklisch, jeweils innerhalb eines Frame, ab. Sie dienen insbesondere der Übertragung von Audio- und Videodaten und unterliegen keiner Fehlerkorrektur.

LOA
Als Loss-of-Activity (LOA) wird ein Busfehler bezeichnet, infolge dessen eine Transaktion nicht mit einem End-of-Packet (EOP) beendet wird. Loss-of-Activity wird beispielsweise durch den Ausfall eines USB-Geräts während des Datentransfers hervorgerufen, was das Fehlen des EOP-Signals bewirkt.

Low-Speed
Datenübertragung mit einer Datenrate von 1,5 MBit/s. Siehe auch Full-Speed und High-Speed.

Low-Speed-Keep-Alive
Als Low-Speed-Keep-Alive wird eine Signalfolge bezeichnet, die der eines Low-Speed-EOP entspricht. Diese Signalfolge wird im 1-ms-Abstand an Downstream-Ports generiert, an welchen sich Low-Speed-Geräte befinden. Die Aufgabe des Low-Speed-Keep-Alive besteht darin, Low-Speed-Geräte von der Einnahme des Suspend-Zustandes abzuhalten.

Message-Pipe
Message-Pipes übertragen Daten, die eine in der USB-Spezifikation festgelegte Struktur besitzen. Die Daten werden durch die Firmware des USB-Geräts interpretiert und dienen insbesondere der Steuerung und Konfiguration des USB-Geräts.

Micro-Frame
Die Kommunikation über den USB basiert auf der Datenübertragung in regulären Rahmen, den Frames. Ein Micro-Frame ist das Zeitintervall zwischen jeweils zwei Start-of-Frame-Token mit einer festgelegten Dauer von 125 µs im High-Speed-Modus.

MSDN
Durch die Mitgliedschaft im Microsoft-Developer-Network (MSDN) ist der Zugriff auf eine umfassende Sammlung von Informationen zur Unterstützung bei der Entwicklung von Applikationen und Gerätetreibern für alle Microsoft-Betriebssysteme möglich.

NRZI
Non-Return-to-Zero-Inverted (NRZI) ist ein in der Informationselektronik oft verwendetes Codierungsverfahren, mit dem Ziel, eine höhere Datensicherheit zu erreichen. Zusätzlich wird im Empfänger durch dieses Verfahren in Verbindung mit dem Bit-Stuffing eine Taktrückgewinnung möglich.

OnNow
Die grundlegenden Aspekte des Power-Managements werden innerhalb der OnNow-Initiative von Microsoft behandelt. Hauptziele dieser Initiative sind die Reduzierung des Energieverbrauchs im laufendem Betrieb von PC-Systemen durch das teilweise bzw. vollständige Abschalten von nicht benutzten Peripheriekomponenten und die Erhöhung der Transparenz dieser Vorgänge für den Nutzer.

Phase
Jede Transaktion von Daten über den USB besteht aus mehreren Phasen. Jede Phase wird durch ein entsprechendes Token-, Data- oder Handshake-Packet eingeleitet. Jede Transaktion kann aus 2 oder 3 Phasen bestehen, je nachdem, ob die Übertragung erfolgreich war oder nicht.

PID
Der Packet-Identifier (PID) ist ein Feld innerhalb eines USB-Paketes, welches den Typ dieses Paketes identifiziert. Das PID-Feld folgt unmittelbar nach dem SYNC-Feld. Der Empfänger interpretiert die empfangenen Daten immer entsprechend dem enthaltenen PID.

Pipe
Unter Pipe wird die logisch abstrahierte Datenverbindung zwischen einem physikalischen Endpoint in einem USB-Gerät und der dazugehörenden Host-Software verstanden. Pipes können als Stream- oder Message-Pipes arbeiten.

Polling
Als Polling wird ein Verfahren zur zyklischen Abfrage von USB-Geräten bezeichnet. Da der USB ohne Interrupts auskommt, muss der Host regelmäßig Interrupt-Endpoints danach abfragen, ob diese Daten übertragen wollen oder nicht.

präemptiv
Der Begriff präemptiv beschreibt in Zusammenhang mit der Verwaltung mehrerer Threads in einem Betriebssystem eine Verteilungsstrategie für Systemressourcen, welche vom Betriebssystem selbst gesteuert wird und nicht durch die Threads beeinflusst werden kann (Verdrängung).

Prozess
Ein Prozess ist die Repräsentation eines sequentiellen Programms zur Laufzeit des Systems. Im Gegensatz zur statischen Handlungsvorschrift eines Programms ist er durch einen zeitlich veränderlichen Zustand gekennzeichnet.

Queue
Eine aneinandergefügte Liste von Transfer-Deskriptoren.

Request
Durch das USB-Protokoll definierte Datenstruktur, die unter Verwendung eines SETUP-Packet übertragen wird. Requests dienen insbesondere zur Steuerung und zur Abfrage von relevanten Informationen, die mit einem USB-Gerät assoziiert sind.

Resume
Statischer Buszustand, der ein Aufwachen des Busses aus dem Suspend-Zustand kennzeichnet. Resume wird durch das Treiben der Busleitungen entgegen dem Idle-Zustand für mindestens 10 ms initiiert. Das Resume endet mit eine Low-Speed-EOP. Danach müssen USB-Geräte wieder voll betriebsbereit sein.

SOF
Start-of-Frame ist die jeweils erste Transaktion eines Frame. Das SOF wird durch ein spezielles, vom Host generierten SOF-Token angekündigt.

Split-Transaction
Eine spezielle Art von Transaktion, welche von Host-Controller und Hub unterstützt werden muss. Split-Transactions ermöglichen es, Full/Low-Speed-Geräte and Hubs anzuschließen, welche im High-Speed-Modus arbeiten.

Stage
Transaktion, die Bestandteil eines Control-Transfer ist. Durch das bei Control-Transfers benutzte erweiterte Protokoll besteht jede Übertragung aus mehreren Transaktionen.

Stream-Pipe
Über Stream-Pipes werden Daten als kontinuierlicher Strom übertragen, wie dies bei Bulk-, Interrupt- und Isochronous-Transfers der Fall ist. Die Struktur der Daten ist dabei nur der Applikation und dem Endgerät bekannt und unterliegt nicht einem USB-Protokoll.

Suspend
Statischer Buszustand, der durch Inaktivität auf dem Bus gekennzeichnet ist. USB-Geräte, die länger als 3 ms keine Aktivität auf dem Bus erkennen, müssen nach dieser Zeit automatisch in den energiesparenden Suspend-Modus gehen.

Transfer-Descriptor
Der Transfer-Descriptor stellt eine Datenstruktur dar, welche alle notwendigen Informationen bereitstellt, die der Host-Controller für die Bildung eines kompletten Datentransfers benötigt.

Thread
Ein Thread ist ein leichtgewichtiger Prozess, welcher einen bestimmten Ausführungspfad eines Prozessors inklusive aller zugehörigen Informationen repräsentiert. Bei modernen Microsoft-Betriebssystemen sind Threads die Grundlage für das gleichzeitige Ausführen mehrerer Programme (Multitasking).

Time-Out
Per Definition festgelegte Zeitspanne, innerhalb derer ein Sender vom Empfänger eine Bestätigung über einen erfolgreichen oder nicht erfolgreichen Datentransfer erwartet. Wird keine Bestätigung gesendet, so tritt ein Time-Out-Fehler auf.

Transaktion
Datenübertragung zu einem spezifizierten Endpoint in einem USB-Gerät. Jede Transaktion besteht aus dem Token-Packet mit der Adressierung des Geräts und des Endpoints, dem optionalen Data-Packet mit den eigentlichen Nutzdaten und dem optionalen Handshake-Packet.

Transaction-Translator
Bestandteil von High-Speed-USB-Hubs. Der Transaction-Translator übersetzt High-Speed-Transaktionen in Full/Low-Speed-Transaktionen für die am Hub befindlichen Full/Low-Speed-Geräte.

Upstream
Richtung des Datentransfers innerhalb des USB-Baumes, bei welchem Daten von einer Function zum Host übertragen werden.

URB
Der USB-Request-Block (URB) stellt eine Zusammenfassung aller zu einer USB-Ein/Ausgabeanforderung benötigten Informationen dar.

USB-Adresse
Jedes Gerät besitzt innerhalb eines USB-Baumes eine 7-Bit-Adresse. Nach dem Power-on-Reset besitzt ein USB-Gerät immer die Default-Adresse 0. Während der Enumeration wird vom Host eine neue, einzigartige Adresse an das Gerät vergeben.

USB-Klassen
In USB-Klassen werden Geräte oder Interfaces zusammengefasst, die gemeinsame Merkmale und Eigenschaften aufweisen, wie zum Beispiel die Nutzung gleicher Datenformate oder ein ähnliches Kommunikationsverhalten mit dem Host. Die Gruppierung von Geräten bzw. Interfaces in Klassen und die Spezifizierung der Charakteristiken in Klassenspezifikationen erlauben die Entwicklung und Verwendung von einheitlicher Host-Software für verschiedene Geräte jeweils einer Klasse.

WDM
Das Win32-Driver-Model (WDM) stellt ein einheitliches I/O-Modell für Windows 98 und alle darauf folgenden Microsoft-Betriebssysteme dar.

12 Literatur

[1] Universal Serial Bus Revision 2.0 specification , April 27, 2000,
Errata for »USB Revision 2.0 April 27, 2000« as of 12/7/2000,
USB 2.0 Specification Engineering Change Notice (ECN) #1: Mini-B connector Date: 10/20/2000,
The ECN is in the form of a new Chapter 6

[2] USB Developers Homepage, http://www.usb.org/developers

[3] Device Class Definition for Human Interface Devices (HID), Ver1.1
http://www.usb.org/developers/data/devclass/hid1_1.pdf

[4] Universal Serial Bus Class Definition for Communication Device Class, Ver 1.1,
http://www.usb.org/developers/data/devclass/usbcdc11.pdf

[5] Universal Serial Bus HID Usage Tables Documents, Ver1.1
http://www.usb.org/developers/data/devclass/hut1_1.pdf

[6] Universal Serial Bus Common Class Specification, Ver1.0
http://www.usb.org/developers/data/devclass/usbccs10.pdf

[7] Microsoft Related HID Documentation
http://www.usb.org/developers/hid/microhid.html

[8] Universal Serial Bus Class Definition for Audio Devices, Ver 1.0
http://www.usb.org/developers/data/devclass/audio10.pdf

[9] Universal Serial Bus Class Definition for Printer Devices, Ver 1.1
http://www.usb.org/developers/data/devclass/usbprint11.pdf

[10] Universal Serial Bus Mass Storage Class – Control/Interrupt/Bulk (CBI) Transport Ver 1.0
http://www.usb.org/developers/data/devclass/usbmass-cbi10.pdf

[11] USB Monitor Control Class Specification, Ver 1.0
http://www.usb.org/developers/data/devclass/usbmon10.pdf

[12] Universal Serial Bus PC Legacy Compatibility Specification, Ver 0.9
http://www.usb.org/developers/data/devclass/usb_le9.pdf

[13] Universal Serial Bus IrDA Bridge Device Definition, Ver 1.0
http://www.usb.org/developers/data/devclass/usbir10.pdf

[14] Reduced Block Commands (RBC) T10 Project 1240-D
ftp://ftp.symbios.com/pub/standards/io/x3t10/drafts/rbc

[15] Advanced Technology Attachment Packet Interface (ATAPI) for CD-ROMs. SFF-8020i

[16] Advanced Technology Attachment Packet Interface (ATAPI) for Tape. QIC-157

[17] Advanced Technology Attachment Packet Interface (ATAPI) for Floppies. SFF-8070i

[18] Video Electronics Standards Association (VESA), Display Information File (VDIF) Standard, Ver1.0
http://www.vesa.org/dload/summary/sumvdif10.htm

[19] Video Electronics Standards Association (VESA), Extended Display Identification Data (EDID™), Standard Ver3.0
http://www.vesa.org/dload/summary/sumedid3.htm

[20] Video Electronics Standards Association (VESA), Monitor Control Command Set (MCCS), Standard V1.0 http://www.vesa.org/dload/summary/summccsv1.htm

[21] IBM Corporation, Hewlett-Packard Company, Apple Computer, Inc., Counterpoint Systems Foundry, Inc. Serial Infrared Link Access Protocol (IrLAP), Ver1.1
http://www.irda.org

[22] Datenblatt TH6503, USB Low-Speed Interface, Rev. 3.3 October 1998, Thesys Gesellschaft für Mikroelektronik mbH

[23] Family of Application Specific ICs for USB Peripherals (CD-ROM), 1997, Motorola

[24] Product Specification PDIUSBH11A, June 04, 1998, Philips Semiconductors

[25] Leibwächter auf der Platine, Ingo Meyer, Elektronik 15/1998

[26] Universal Serial Bus System Architecture, Don Anderson, Addison-Wesley Developers Press, 1997

[27] Microsoft Developer Network Library CD, Microsoft Corporation

[28] Enhanced Host Controller Interface Specification for USB, Rev.0.95,
http://developer.intel.com/technology/usb/ehcisped.htm

[29] USB 2.0 – die Theorie funktioniert schon, Maik Otto, Stefan Schulze, Elektronik 19/2000

[30] http://www.catalyst-ent.com/Products/Exercisers/SBAE-20/sbeae-30.htm

[31] Universal Host Controller Interface (UHCI) Design Guide, Ver. 1.1
http://developer.intel.com/usb/uhci11d.htm

[32] Open Host Controller Interface Specification, Ver.1.0a,
http://www.compaq.com/productinfo/development/openhci.htm

Stichwortverzeichnis

µC-Interface 286
  Microwire 284, 289
  parallel 283
  seriell 284, 289
  SPI 284

A

ACK 160
ACPI 216
Adressbus 284
Adressdecoder 289
ADSL 199
Alternate Setting 292
Applikation 288
AT-Befehle 200
Audio Device Class 189, 197
Audio, Synchronisation 198
Ausgangsimpedanz 54

B

Babble 124, 142
Bandbreite 42, 60, 61, 62, 289
Bandbreitenausnutzung 115
bidirektional 58, 59, 60
Bidirektionales Interface 201
BIOS 194, 209
Bit-Destuffer 55
Bit-Stuffing 54
Bridge-Lösungen 283
Broadcast 43
Bus-Powered 29
bus-powered 43

Bustakt 64
Buszustände 50

C

CAN 283
CDC 199
Centronics-Schnittstelle 204
Change-Bit 138, 159, 161, 163
Class Driver 215
Class Working Group 190
Clock-Ausgang 285
CMOS-Technologie 54
Codesynchronisation 229
Communication Interface Class 199
Communication-Device-Class 189, 199
Composite-Gerät 286, 287
Compound-Device 28, 147
Compound-Gerät 286
Configuration-Descriptor 35, 147
Connect 42, 48, 52
Control-Endpoint 58
Controller-Lösungen 281
CRC 68
Critical Section 229

D

Data Interface Class 200
Data-Packets 69
Datenbus 284
Datencodierung 54, 55
Datenkanal 57
Datenleitungen 44, 47, 54

Datenmengen 61
Datensicherheit 54
Datenstruktur 59
Datentransfer 43
Datentransferrate 43
Datenübertragungsraten 281
Datenübertragungsrichtung 58
DDK 234
Deadlocks 230
Defaultadresse 42
den Open-Host-Controller (OHC) 26
Descriptor 97
   Endpoint 60
Device Driver 213
Device Driver Kit 234
Device Object 215, 220
Device Working Group 190
Device-Class 34
Device-Descriptor 35, 190, 194
Device-Qualifier-Descriptor 105
DirectInput 259
Disconnect 42, 48, 52
Dispatcher Objects 229
Dispatch-Funktionen 248
Dispatch-Routine 224
DMA
   Controller 284
   Transfer 284, 286, 294
Done Queue 177
Double-Buffering 283, 285
Downstream-Richtung 45
Driver Object 220
DriverEntry 248
DWG 190

E

Echtzeitübertragung 62
ECP 201
EDID 207

EHCI 42
   Architektur 185
   Datenstrukturen 187
   Host-Controller-Routing-Strategie 186
   Testbarkeit und Kompatibilität 187
Einchip-Lösung 281
Einerkomplement 68
Einschlafen 73
Einstiegspunkte 221
Empfänger 95
   differenzieller 51
   single-ended 51
Empfindlichkeit 52
EMV 285
End-of-Packet 51
Endpoint 57
   Anzahl 59
   Layout 288
   Nummer 59, 69
   Richtungsangabe 59
   Verwaltung 291
Endpoint Descriptoren, Interrupt 175, 176
Endpoint-Descriptor 36
Endpunkt-Deskriptoren 36
Enhanced-Host-Controller-Interface 185
Entry Points 221
Enumeration 42, 43, 49, 114, 216, 250, 283
EOF1 144
EOF2 144, 146, 159, 160
EOP 47, 51, 52, 68
EP0 58
EPP 201
Event 229
Extended Display Information Data 207

F

Fehlerbehandlung 69, 95
Fehlerkorrektur 60, 61
FIFO 58, 69, 263

Anzahl 282, 285
Tiefe 282, 285
File Object 220
Firmware 60, 78, 281, 283
Frame 42, 60
Frame List 166
Frame-Intervall 173
Framenummer 64
FreeBSD 38
Full-Speed 42, 288
Full-Speed-Geräte 29
Full-Speed-Kabel 30
Function 42
Functional-Descriptor 201

G
Gehäuse 286
Geräte-Deskriptor 35
Geräte-Deskriptoren 34
Gerätekonzeption 288
Gerätetreiber 213
Geschwindigkeitsklasse 49

H
Handshake 62, 77
Handshake-Packets 70
HCCD 175
HCD 165, 173, 174
HID 194
HID-Collection-Descriptor 259
HID-Descriptor 195
HID-Treiber 195, 257
   Kernel Mode Client 257
   User Mode Client 259
High-Speed-Modus
   Resume 141
   Suspend 141
Host 42
Host-Controller 26, 165

Host-Controller-Driver 32, 165, 173, 174
Hub 42, 286
   Bausteine 273
   Bus-powered 148
   Configuration-Descriptor 152
   Controller 123
   Deskriptoren 150
   Device_Qualifier-Descriptor 151
   Device-Descriptor 151
   Downstream-Ports 125
   Endpoint-Organisation 137
   Endpoint-Descriptor 152
   Feature-Selector 156, 157, 158
   Fehlerbehandlung 142
   Frame Timer 142, 146
   Frame-Synchronisation 142
   Interface-Descriptor 151
   Interrupt-Behandlung 138
   Interrupt-Endpoint 137, 138
   Interrupt-Generierung 138
   Klassenspezifische Deskriptoren 152
   Klassenspezifische Requests 155
   Low Speed Keep Alive 146
   Low-Speed-Verhalten 145
   Other_Speed_Configuration-Descriptor 152
   Powermanagement 147
   Register 160
   Repeater 123
   Reset-Verhalten 142
   Self-powered 147
   Skew 144
   Standard-Deskriptoren 150
   Standard-Requests 154
   Status-Bitmap 138
   Suspend 139
   Upstream-Port 129
Hub Register
   wHubChange 157, 159

wHubStatus 157, 160
wPortChange 141, 142, 157, 159, 163
wPortStatus 145, 157
Hub-Controller 29
Hub-Descriptor 152
Hub-Register
   wHubChange 161
   wHubStatus 160
   wPortStatus 162
Hub-Repeater 29
Hub-Status-Change-Register 161
Hub-Status-Register 160
Human Interface Device Class 189, 194, 208

I

I/O-Control-Code 222
I/O-Manager 219
I/O-Processing
   Buffered 226
   Direct 226
   Neither 226
I/O-Request-Packet 217, 223, 242
I/O-Request-Paket 34
I/O-Stack 223
I/O-System 219
Idle 50, 74
IN-Endpoint 58
INF-Dateien 241
Integration 287
Interface 189, 287
Interface-Descriptor 35, 191
Interrupt 228
   Eingang 284, 289
   Vektor 282
Interrupt Request Level 228
IrDA 208
IrDA Serial Link Access Protocol 208
IrDA-Bridge-Spezifikation 208
IrLAP 208

IRP 217, 223, 242
IRQL 228
ISDN 199

J

J-Zustand 50

K

Kabel
   Abschirmung 44
   Adernfarben 44
   Aufbau 44
   Länge 45
   Signallaufzeiten 45
   Spannungsverluste 45
   Stärken 45
Kernel Mode 214
Kernel-Speicher 218
Klassenkonzept 189
Klassenspezifikation 189
   Format 192
Klassenspezifische Descriptoren 36
Konfiguration 43, 60, 115
Konfigurations-Deskriptor 35
K-Zustand 50

L

Latenzzeit 289
Legacy Support 194
Legacy-Spezifikation 209
Legacy-Support 18
Leistungsfähigkeit 283, 285
Leistungsfähigkeit µC 281
Leitung, Pegel 50
Linux 38
LOA 124, 142
Logik-Analysator 315
lokaler Bus 283
Low-Speed 42, 288

Low-Speed-Geräte 29
Low-Speed-Kabel 31
Low-Speed-Keep-Alive 65

M

MacOS 38
Mass Storage Device Class 190, 204
Masse 44
Message-Pipe 59
Microsoft Developer Network 234
Microwire 339
MIDI-Device-Class 210
Mikrocontroller 263, 268, 281, 283
    Applikation 271
    Clock 286
    Interface 339
Minidriver 215
Modem 199
Monitor Control Device Class 207
Monitor Device Class 190
Monitorfunktionen 207
MSDN 234
Multi-Configuration-Treiber 242
Multi-Interface-Treiber 242
Multitasking 214
    präemptiv 227
    Scheduler 227
Multithreading 227
Mutex 229

N

Netzteil 43, 286
NRZI
    Codierung 68
    Datenstrom 54
    Decoder 55
    Encoder 54
    Polaritätswechsel 54

O

OHCI 42, 165, 173
    Endpoint-Descriptor 174, 178
    Listenstruktur 174
    Pufferspeicher 184
    Register 183, 184
    Transfer-Descriptor 174, 180
    Transfer-Mechanismus 174
    Übertragunsreihenfolge 173
OnNow 216, 232
Open Host Controller Interface 165, 173
OpenHCI.SYS 238
Oszilloskop 315
Other-Speed-Configuration-Descriptor 106
OUT-Endpoints 58

P

Page 218
Page Description Language 201
Page Directory 218
Page Table 218
Paging 281
Pakete 34
Paketfehler 83
Partitionierung 289
PCI 42
PCP 201
PDL 201
Phase 76
    Daten 76
    Handshake 76
    Token 76
Physical-Descriptor 197
Physical-Device-Object 241
PID 68
Pipe 57
Pipe-Handle 247
PLL 54, 68

Plug&Play 216, 230, 250
  AddDevice 231, 250
  Funktionscodes 232
  IRP_MN_REMOVE_DEVICE 253
  IRP_MN_START_DEVICE 251
  IRP_MN_STOP_DEVICE 253
PnP 259
Polling 60
Port 42, 283
  Downstream 42, 48, 52, 65
  Portzustände 125
  State-Machine 125
  Status 138
  Suspend 128
  Upstream 42, 48, 53
Port Status Change Register 163
Port-Indikatoren 134
Port-Status-Register 162
Power-Device-Class 190, 208
Powermanagement 42, 216, 232, 255, 292
  Funktionscodes 234
  WDM Interface 233
Power-On-Reset 42
Preamble-Packet 29
PRE-Token 29, 146
Printer Control Protocols 201
Printer Device Class 189, 201
Priorität 64
Prozess 227
Pufferspeicher 165

Q

QH 171
Quarz 283, 285, 286
Queue Head
  Element Link Pointer 171
  Link Pointer 171
Queue Heads 167

R

Register
  Frame List Base Address 167
  SOF Modify 166
Remote-Wakeup 75
Report 194
Report-Descriptor 194, 196
Request
  ClearHubFeature 156, 159
  ClearPortFeature 127, 141, 155, 157, 159
  Decodierung 282
  GetBusState 159
  GetHubDescriptor 155, 157
  GetHubStatus 155, 157
  GetPortStatus 155, 157, 162
  SetHubDescriptor 156, 159
  SetHubFeature 156, 159
  SetPortFeature 127, 128, 142, 156, 157
  Vendor-spezifisch 290
Ressourcen 115
Resume 50, 75, 139
Root-Hub 27, 42

S

Schieberegister 54, 55
Schmitt-Trigger 52
Schnittstelle
  parallel 201
  seriell 201
Schnittstellen-Deskriptor 36
SE0 47, 51, 52
Self-Powered 29
self-powered 43
Semaphor 229
Serial Interface Engine 29, 262
Serial-Interface-Engine 318
Serie A Stecker 30
Serie B Stecker 30

SFR-Bereich 281
SIE 29, 68, 262, 281, 285
Signalabfallzeiten 48
Signalanstiegszeiten 48
Single-Ended-Zero 51
Slew-Rate 48, 53
SOF 142, 146
SOF Modify Register 166
SoftIce 235
SOP 50
Spannungsbereich 52
Spinlock 230
Split-Transaktionen 134
Stage 60
STALL 159, 160
Standard-Descriptor 343
Standard-Device-Request 60, 342
Standard-Requests, Antwortzeiten 154
Start-of-Frame 42, 64
Start-of-Packet 50
Statusabfrage 60
Stecker, Belegung 44
Steckverbindungen 45
    A-Serie 45
    B-Serie 45
Störabstrahlung 44, 48
Stream-Pipe 59
String-Descriptor 36
Stromaufnahme 43, 74, 115, 149
Stromversorgung 42, 44, 45, 147
Suspend 65
    global 140
    selektiv 128
Symmetrierung 53
Synchronisation 62
Synchronisations-Header 67
Synchronisationsverlust 54

T

Taktfrequenz 282
Taktrückgewinnung 54
Thread 227
Timeout 339
Time-Out 77
Toggle-Bit 87
Token
    ACK 70
    DATA0 69
    DATA1 69
    IN 69
    NAK 70
    OUT 69
    PRE 70
    SETUP 69
    SOF 69
    STALL 70
Token-Packets 67
Topologie 41, 45
Transaktion 42, 76
Transaktionen 34
Transfer 33
    Bulk 59, 61, 290
    Control 59, 60
    Interrupt 59, 60, 290
    Isochronous 59, 61, 290
Transferarten 57, 59, 282, 288
    nichtperiodische 173
    periodische 173
Transfer-Descriptor 165, 174
Treiber 48
    differenzieller 51

U

Überstrombedingung 148
UHCD 166

UHCD.SYS 238
UHCI 42, 165, 166
   Queue Heads 171
   Register 172
   Transfer-Deskriptoren 168
   Transfer-Mechanismus 167
   Übertragunsreihenfolge 166
unidirektional 58
Unidirektionales Interface 201
Universal Host Controller Driver 166
Universal Host Controller Interface 166
Universal-Host-Controller (UHC) 26
Upstream-Richtung 45
URB 242
   Funktionscode 247
Usage Page 196, 208
USB 15
   Adresse 43, 58, 69, 317
   Analysator 316
   Compliance-Test 342
   Erweiterung 43
   Generator 339
   Implementers Forum 190
   Interface 58
   Kabel 43
   Reset 47, 51, 52, 72
USB Common Class 190
USB 2.0
   Device-Qualifier-Descriptor 106
   High-Speed 42
   High-Speed-Erkennung 72
   Other-Speed-Configuration-Descriptor 106
   Reset 72
   Transceivers 56
   Transaction-Translater (TT) 42
   Transmission-Envelope-Detector 57
USB-Adresse 286

USB-Bausteine 261
   Applikationsspezifische Bausteine 272
   Architektur 261
   Hub 273
   Interface-Bausteine 265
   Mikrocontroller 268
   USB-I/O Treiberbausteine 264
USB-Bustreiber 32, 238
USBD 238, 288
   I/O-Control-Codes 246
   Statuscode 247
USBD.SYS 238
USBD_Interface_Information 251
USBD_Pipe_Information 251
USB-Device-Driver 31
USB-Driver 32, 238
USB-Gerätetreiber 240
USB-Geräte-Treiber 31
USB-Host-Controller 26
USB-Host-Controller-Treiber 32, 238
USB-Host-Software 238
USB-Hub 28
USBHUB.SYS 238
USB-I/O Treiberbausteine 264
USB-I/O-Treiberschaltung 262
USB-IF 190
USB-Implementers-Forum 39
USB-Klassen 189
USB-Klassen 291
USB-Maus 209
USBMC 242
USB-Request 281
USB-Request-Block 242
USB-Reset 285
USB-Stecker 30
USB-Tastatur 209
USB-Treiber, Lokalisierung 190
User Mode 214

V

VDIF 207
Verlängerungskabel 47
VESA 207
VESA Display Information Format 207
Virtueller Speicher 218
    Nonpaged Memory 219
    Virtual Memory Management 218

W

WDM 214

Widerstand
    Pull-Down 49
    Pull-Up 49
Win32 Driver Model 214
WinDbg 235

Z

Zeichenketten-Deskriptoren 36
Zero-Data-Packets 69
Zero-Datentransfer 159

J21   R/BCE111   5996

Herrn
Rudolf Brendler
Schaeftlarnstr. 86

81371 Muenchen